集人文社科之思　刊专业学术之声

集 刊 名：东亚文明
主　　编：南京师范大学文物与博物馆学系

EAST ASIAN CIVILIZATION　Vol.4

第4辑

集刊序列号：PIJ-2019-397

中国集刊网：www.jikan.com.cn/ 东亚文明

集刊投约稿平台：www.iedol.cn

中国学术期刊网络出版总库（CNKI）收录
集刊全文数据库（www.jikan.com.cn）收录

东亚文明

EAST ASIAN CIVILIZATION

第4辑

南京师范大学文物与博物馆学系

主 编

社会科学文献出版社
SOCIAL SCIENCES ACADEMIC PRESS (CHINA)

目　　录
CONTENTS

【文明互鉴】

【博物馆与文化遗产保护】

【田野考古报告】

先秦考古

文明端点与阶段

——兼谈中华文明起源

周晓陆

（南京大学考古文物系）

[摘要] 人类文明起源于摆脱自然的动物状态，两性关系的调整、火的使用和审美意识，是确认起源"端点"的三大要素。以这些要素作为衡量标准，可以将人类文明发展历程分为前定居时代文明、农业文明前段、农业文明后段、工业文明……直至文明在将来的阶段。中华文明起源诞生于黄河中游，其模式是"一元一体多援"，周边多个文明共同支持着早期中华文明的发展，黄河中游古文明也主动从周边文明吸取多种养分。稳定的农业、追求大一统、高度中央集权、集体主义价值观、积极创造和文化继承是中华文明的主要特质。以此为标准，可以将古代中华文明划分为农业定居、古国、王国和帝国等阶段。对文明起源问题的剖析和反思，有助于更好地回顾历史和瞻望未来。

[关键词] 文明起源；阶段；标志；中华文明

一 文明端点与阶段

关于人类文明的定义，以及人类文明的起源问题，在国内外学术界已有为数众多的讨论。笔者认为在有关文明端点的确认、人类文明的发展阶段等关键问题上还有进一步讨论的必要。

（一）何以文明

汉语文献中，"文明"一词由来已久。"文"者，"错画也"；"明"者，"照也"。[1]《周易》有云："见龙在田，天下文明"，又"内文明而外柔顺，以蒙大难，文王以之"。[2]

---

① （汉）许慎撰，（清）段玉裁注《说文解字注》，上海古籍出版社，1988，第425、314页。
② 李学勤主编《周易正义》，《十三经注疏》标点本，北京大学出版社，1999，第20、155页。

《尚书》曰："浚哲文明，温恭允塞。"孔疏曰："经纬天地曰'文'，照临四方曰'明'。"[①]《苏氏演义》载："奏劾者，则以青布囊盛印于前，示奉王法而行也。非奏劾日，则以青缯为囊，盛印于后也。谓奏劾尚质直，故用布，非奏劾日尚文明，故用缯。"[②]亦见《贺黄云表》："柔远俗以文明，慑凶奴以武略。"[③] 由上述，可将文献中所见的"文明"提炼出三层含义：（物品）纹彩华丽、（个人）聪慧且明察或德才兼备、（国家）文治教化。

上述古典释义与今天人们认知当中的"文明"相去甚远，现代语言、文字系统中的"文明"一词，其词义内核已基本为西方词语"civilization"所熏染内化。[④] 而对于这种半"舶来"式、兼容异变的"文明"，则有必要从西方的文明史论及文明观中溯本清源。恩格斯于其著作《家庭、私有制和国家的起源》中借引摩尔根的原始历史分期法，将"文明时代"作为继"蒙昧时代"与"野蛮时代"之后出现的一个人类发展阶段。[⑤] 自此，在中西方学者进行定义与解读文明的研究过程中，其中一种主流的观点认为"文明"是相对于"蒙昧"与"野蛮"而存在的。在此观点基础之上，还可作进一步细致化、具象化阐释：文字、祭祀中心（宗教）和一定规模的城市（人口不少于 5000 人）可被视为文明最基本的元素，且多个子系统之间相互作用促成的多重影响力会催生文明。[⑥]

《荀子》卷十六云："故王者之制名，名定而实辨，道行而志通。"[⑦] 通过前文从中西方的差异化角度对于"文明"的定义与解读，可以看出现代语境下"文明"的内核是复杂且多元的：一方面，既保留了古代文献所见"文明"中包含的人类社会在发展、实践过程中所创造的精神内涵与精神财富；另一方面，也侧重并丰满了人类各个发展阶段中出现的聚落、阶级、社会，甚至是国家运作创造出的物质财富。[⑧] 例如王巍在《对中华文明起源研究有关概念的理解》一文中对"文明"的定义："文明是人类文化和社会发展的一个新的阶段。这一阶段的特征是：物质资料生产不断发展，精神生活不断丰富，社会不断复杂化，由社会分工和阶层分化发展成为不同阶级，出现强制性的公共权力——国家。文明是在国家管理下创造出的物质财富、精神财富的总和。"[⑨]

---

① （唐）陆德明音义，孔颖达疏《尚书注疏》卷二《虞书·舜典》，《景印文渊阁四库全书》第 54 册，台湾商务印书馆，2008，第 53 页。
② （晋）崔豹：《古今注·中华古今注·苏氏演义》，商务印书馆，1956，第 7 页。
③ （前蜀）杜光庭《贺黄云表》，载周绍良主编《全唐文新编》第 5 部第 1 册，吉林文史出版社，2000，第 12755 页。
④ 童恩正：《有关文明起源的几个问题——与安志敏先生商榷》，《考古》1989 年第 1 期。
⑤ 〔德〕恩格斯：《家庭、私有制和国家的起源》，人民出版社，1972。
⑥ C. Renfrew, *The Emergence of Civilisation: The Cyclades and the Aegean in the Third Millennium BC*, Oxbow Books, 1972, p. 7.
⑦ （清）王先谦撰，沈啸寰、王星贤整理《荀子集解》卷十六《正名》，中华书局，2013，第 414 页。
⑧ 林剑鸣：《如何理解"文明"这个概念》，《人文杂志》1984 年第 4 期。
⑨ 王巍：《对中华文明起源研究有关概念的理解》，《史学月刊》2008 年第 1 期。

（二）文明的起源端点及标志

文明，是一个极其宏大且高度抽象的研究对象，围绕"文明"定义，可以衍变、派生出无数个相对独立却又彼此关联的子命题，而在这些子命题当中，对文明起源的探寻似乎是永恒的话题。有趣的是，对于文明起源的讨论，并不能单纯地视作一场较强思辨性以及较高专业性的学术之争。探寻人类文明起源这件事对于人类而言，是一种自发性的、生理性的主动溯源行为，且这种行为并不仅为人类所独专，在动物界亦能看到。《礼记·檀弓上》云："大公封于营丘，比及五世，皆反葬于周。君子曰：'乐乐其所自生，礼不忘其本。古之人有言曰：狐死正丘首。仁也。'"① 又《淮南子·说林训》："鸟飞反乡，兔走归窟，狐死首丘，寒将翔水，各哀其所生。"② 先民们发现了存在于动物界的溯源规律，这种规律在某种层面上与人类的意识、情感或行为旨趣相通，于是他们便浪漫地将这些动物行为与人的诸多情感、行为进行附会与类比。

"文明的起源"讨论，重点应当落在"人类"与"起源"之上。所谓"人类"，应当区别于自然界里的其他动物，"人类文明"则是指一切由人类把握和创造出的文明，笔者认为人类在文明把握和创造这件事上并没有滞后，在人类完成由猿到人进化的那一刻，创造文明的进程就已经开始了。伴随着现代科学研究的不断深入，人类系由灵长目动物进化演变而来这一理论已基本成为不争的事实。那么要想讨论人类文明的起源，厘清由猿到人的变化过程十分有必要，换言之，找准"人"正式成为"人"的"瞬间"，是解决整个问题的关键所在。

根据著名的"界河说"与"直立说"等理论，似乎可以根据人与猿在体质上的根本区别对二者进行划分。此外，恩格斯认为劳动的出现、工具的使用是区分猿与人的重要标志，"即使最低级的野蛮人的手，也能做几百种为任何猿手所模仿不了的动作。没有一只猿手曾经制造过一把哪怕是最粗笨的石刀"③，可是根据最新发现，黑猩猩已掌握使用石头砸开坚果、使用树枝钓白蚁等技能，发明、利用劳动工具并不是人类的专利。上述理论从生物学、体质人类学、社会学等角度对人与猿进行了区分，虽然看似有理有据、能自圆其说，但无论哪一种理论都存在着局限性——都无法精准指出由猿到人进化过程中从动物行为向人类文明飞跃的关键节点——"端点"，在这一点上永存模糊之处。

如果人们关注的问题是文明发展的过程，对于"端点"的讨论于整个研究范畴而言不是如此重要的话，那么存在于由猿至人进化演变阶段的模糊部分是可以接受的。但是，对于文明起源的讨论，本质上就是区别进化演变以前的动物阶段和此后的人类文明阶段，故此其临界点和界面必须给予指出。尽管在现阶段各种科学途径都无法说清这一阶段的面

---

① 李学勤主编《礼记正义》卷七，《十三经注疏》标点本，北京大学出版社，1999，第 194 页。
② 何宁：《淮南子集释》卷十七，中华书局，1998，第 1171 页。
③ 〔德〕恩格斯：《劳动在从猿到人转变过程中的作用》，人民出版社，1971。

貌，但并不妨碍人们根据遗迹与逻辑总结出构成人类文明"端点"的要素。古语云："万物之始，大道至简，衍化至繁"，这些端点要素作为文明出现的标志，越是早期越是应该简单，符合事物由简到繁的基本发展规律。

1. 两性关系

在异性之间关系的处理这一点上，人类社会的组织性与规定性，是动物不可比拟的。例如人类普遍实行一夫一妻制，尽管动物当中比如著名的朱鹮也严格地执行着"一夫一妻"，但那是一种生物的生理本能。人类是从生物本能、感情需求、财产继承、社会规俗，以及社会资源配给的角度出发，经历了不同的性别组合的处理，克服着动物性的欲望膨胀，逐渐达到了目前最优化的组合阶段，并且在大多数地区将一夫一妻制从习惯法固化为成文法。

人类异性之间关系的最高社会性表现是"家庭"，家庭是社会最基础的组成部分、社会的细胞。一定数量家庭的集合促使聚落、部落的出现、壮大（首先是血缘纽带，进而服从于地缘范畴），直至民族国家的诞生，这一点是动物界达不到的。当人类社会的时时、种种纷争成为热点时，人类往往忘却了纷争最深刻最基本之处，其实是基于性别组合、家庭、分配以及继承而出现的矛盾。

在人类社会的基本演进中，文明端点这一要素始终在起着作用。

2. 火的使用

对于"火"这种自然现象，或许有部分的动物也具备接近光亮、趋近火焰的生理习性，比如"飞蛾扑火"。但是像人类这样主动地、有意识地亲近火，并且保留火种，乃至于创造火的动物目前还没有发现。

用火是人类认识自然，并且是人类创造能力的首次出现。除了用火之外，早期人类还逐渐掌握了其他的一些创造性能力，如攀折枝杆、打制石器等等，但无疑对火的认识要更早一点。

用火是人类认识自然、利用自然、改造自然的最基本表达。即使时至今日，科技水平已经发展到允许人类离开地球、飞向火星甚至飞出太阳系，但追溯这些高精尖科技、高效率生产力、对不竭能源的探求的文明源头，则应当是人类通过使用火种逐步培养起的创造能力。

这一端点对于人类社会存在、发展的启示作用，将是永恒的。

3. 审美创意

动物存在着对于"美"的反应，但只是基本的、适应性的、良性的反应。简单来说就是生物趋利避害的一些体现，这与最早的生物的良性应激相关。而人类对于美的欣赏或向往最早也来源于这一点，在一定程度上这是人类保留了自身进化演变过程中的部分原始性、生物性。但是，人类在此基础上上升到了"社会性"——人性。

动物对"美"的反应基本上是二元的，规避或者迎合，恐惧或者欢喜。人对这部分的继承表现在对事物的正确不正确、认可不认可、赞美不赞美等基本的二元表达上。但是，人类社会性的表现为基本审美的发展过程中对美的不断认可和对丑的不断扬弃，其中包含复杂的认识过程和实践过程，这和动物又有了根本的区别。

人类认识、发展、组织了对美的向往和创造，创造了艺术品，这点和动物是不一样的；更是造成了人类社会性的不断调整，摒弃丑恶（有的阶段性地被误认为"美"）、走向更美（即更加文明）。

这一端点是基于感性的，在五官、脑、身、手等方面，不断围绕美而"运动"。人类的审美创意直接刺激、导致了人类逻辑思维的不断丰富和成熟，导致了包括哲学、宗教在内的社会科学、意识形态的不断发展。

这一端点的作用是明显的，至今也还起着明显的作用。

以上指出了人类文明起源的三个端点，这个问题不复杂。人类之后文明发展的阶段性标志问题，随着社会的发展而复杂化，其中一些成为普适性的标准，一些可能是地域性、文化性的标准。在有的标志群中，出现了参差不齐的现象。而端点的简单与各个阶段标志的日益复杂，是人类社会发展规律所致。不可以因后来的复杂，而否定最早标志性端点的意义；同样，在人类历史长河中，每一阶段的标准都应当给予深入仔细的研究，并且厘清它们与"端点"的关系。

通过以上讨论，对于文明的最初阶段、始端，笔者认为：人类文明的起源不晚于二百万年前。当人类从动物界走向人类社会的时候，人类逐渐自觉地摒弃一些自然动物性；又把一些源自动物界的行为，向前推进为人类的社会性行为方式，从而跨入了人类文明的门槛。

（三）人类文明阶段试分

人类的文明并不是一条连续不断的长线，而是分阶段发展的，各个发展阶段的格局面貌并不一致，总体的规律应当是由低级向高级、由简单向复杂转变。在此之前，以宏观、完整的视角关注人类文明发展进程并提出分期、分阶段意见的学者并不多，其中影响较大的学说为摩尔根在《古代社会》中提出的"文明起源三段论"① 以及恩格斯在摩尔根的研究基础之上，从唯物史观的角度出发，提出的"三次社会大分工理论"②。此后虽仍偶有学者提出颇有见地的看法，如"文明起源三大阶段新论"③、文学伦理批评视角下的人类

---

① 〔美〕摩尔根将人类发展分为野蛮时代、开化时代和文明时代三阶段。《古代社会》，杨东莼等译，生活·读书·新知三联书店，1957，第 9～18 页。

② 〔德〕恩格斯：《家庭、私有制和国家的起源》提到三次社会大分工，第一次发生在野蛮时代的中级阶段，指游牧部落从其余的野蛮人群中分离出来；这次大分工使劳动生产率有了显著提高，促进了商品交换和价值形态的发展，为私有制的产生提供了物质基础；产生了第一次社会大分裂，出现了主人与奴隶、剥削者与被剥削者两个阶级。第二次社会大分工发生在野蛮时代的高级阶段，指手工业从农业中分离；这次大分工促进了生产规模的扩大和劳动生产率的提高，出现了直接以交换为目的的商品交换。第三次社会大分工发生在原始社会瓦解、奴隶社会形成时期，指手工业与农业进一步分离，出现了商人阶级。人民出版社，1972，第 156～162 页。

③ 王东：《文明起源的三大阶段新论》，《吉林大学社会科学学报》2003 年第 2 期。

文明三阶段论①等，但究其理论来源，也基本上是受到摩尔根 – 恩格斯的理论影响。

无论是"文明起源三段论"，还是"三次社会大分工理论"，都已经是百余年前的理论了。伴随着大量考古新资料的出土、公布以及古人类学、考古学、历史学等多学科的交叉合作，再经典的理论都会存在值得商榷之处。如果说摩尔根与恩格斯的理论真正有值得后学们学习、效法之处，那应该就是他们所揭示的文明阶段说。

笔者以"三大要素"作为衡量标准，拟对人类文明的发展历程进行阶段略分。

1. 人类文明第一阶段——前定居时代文明（大致相当于旧石器时代）

在此阶段，两性关系得到不断调整，人类家庭出现，具有血缘性质的管理组织出现。以采集与狩猎为主的社会劳动合作出现。有服务于"家庭"的建筑萌芽出现。

能够管理和制造火。基本掌握打制、编制技术。能够制造、使用复合工具。自然科学、工程技术科学萌芽。

爱美、求美、造美。本能、技能性教育出现。人类语言出现。有意识地制造、保存可传世的造型艺术品。在感知、传达的基础上，思维趋向复杂化。文学、初期哲学、早期宗教萌芽。

2. 人类文明第二阶段——农业文明前段（大致相当于新石器时代）

在此阶段，两性关系由普遍的调整得到巩固，出现习惯法。血缘氏族明晰，部落结构调整，内部架构趋于复杂，阶层、阶级出现，为向国家形态过渡做准备。不同地区文化面貌出现地缘差异，为地缘性部落、聚落的成形做准备。地域间发展不平衡，真正意义上的人类战争出现。

农业、畜牧业、制陶业、建筑业从出现到成熟。金属资源已开始为人类所利用。人类的生产知识开始趋于系统化。各地区产业出现差异，差异促进交流，早期商业出现。遮风避雨的建筑萌芽飞跃为人类对屋宇、村落、城镇的主动建筑行为。

方言大量出现。社会教育出现。文字出现。系统的艺术、文学、哲学、宗教进入早期发展阶段。具有民族特色的文化艺术出现。

地区性文明，例如中华文明在这一阶段起源，各区域文明走上了各具特色的演进道路。

3. 人类文明第三阶段——农业文明后段（大致相当于青铜—铁器时代）

在此阶段，各地域之间的文明发展不平衡凸显。

婚姻受民族、宗教、阶级、阶层的影响明显，受明确文字法令的强制规定。人类社会的高级组织——国家普遍出现。国家统治模式多元，既有基于血缘政治的，也有属于地缘政治的，既有民主传统，也有专制集权。冷兵器战争出现，基于国家意义上的侵略和反侵略战争出现。

农业占有基本的产业权重，同时手工业、商业高速发展。各个地域之间出现了明显的生

---

① 夏珍钊：《文学伦理学批评：人类文明三阶段论》，《东吴学术》2022 年第 5 期。

产不平衡。自然科学、工程技术在各个大区域之间不断地发展。都市与大型宫殿建筑出现。

音素文字普遍发展，表意文字在中华一枝独秀。民族艺术高度发展。教育机构普遍出现。影响人类未来的几大宗教基本都已出现。历史学、文学、哲学高度发展，形成了所谓的"轴心时期"。

4. 人类文明第四阶段——工业文明

在此阶段，阶级斗争与阶级合作交替出现。基于宪政制度的现代化国家出现，资本主义迅速发展。国际冲突加剧，热兵器战争出现并迅速成为主流。近代帝国主义和殖民主义出现并迅速扩张，近现代工业逐渐将世界连为一体。

工业革命，科技引领生产力，生产力空前发展。近现代意义上的城市和交通充分发展。

近现代艺术朝着多元化的方向演进，文学、历史学、哲学等人文学科高度发展，现代教育不断深入普及。人们的思想进一步觉醒，促使着人类对于自身文明进行深入反思。

5. 人类文明的步伐并未停止——后工业文明

关于这一点，现代人们已经有比较明确的感知。例如工业文明对农业文明的全面覆盖，世界性国际组织作用明显，人类城市化的高度发展，人类文明的共性不断增强、地区性的个体差异不断弱化。尤其是电子技术、生物技术、多媒体技术、3D 技术的发展，乃至 chat gpt 技术的飞速发展，都是后工业时代文明的标志。由于这一文明阶段还在发展当中，诸多标志还没有成为"痕迹"，目前还不可以进行基本的总结。

即便进入了后工业时代的文明发展阶段，文明端点的三大要素仍然在起着作用。

二 关于中华文明起源

"中华文明起源"一直是学界关注的话题，自 20 世纪 50 年代以来，国内外学者相继提出了"黄河流域中心"[①]、"满天星斗"[②]、"重瓣花朵"[③]、"中国相互作用圈"[④] 以及"文化的'场'"[⑤] 等有关中华文明模式的学说。这些建筑在考古学上的思考是绝对必要的，但它们都规避了中华文明的"主源"和拓展发展问题。关于中华文明的定义，笔者认为需要结合人类文明整体背景，以及从其对今后千百年的中华文化的影响中逆寻。

[①] 安志敏：《试论黄河流域新石器时代文化》，《考古》1959 年第 10 期。收入其著《中国新石器时代论集》，文物出版社，1982，第 58 ~ 68 页。石兴邦：《黄河流域原始社会考古研究上的若干问题》，《考古》1959 年第 10 期。

[②] 苏秉琦：《中国文明起源新探》，生活·读书·新知三联书店，2019，第 89 ~ 114 页。

[③] 严文明：《中国文明起源的探索》，《中原文物》1996 年第 1 期。

[④] 张光直：《中国相互作用圈与文明的形成》，载《庆祝苏秉琦考古五十五年论文集》编辑组编《庆祝苏秉琦考古五十五年论文集》，文物出版社，1989，第 1 ~ 22 页。

[⑤] 李学勤：《东周与秦代文明》，上海人民出版社，2016。

（一）中华文明起源模式的探索

由于研究理论与方法的差异，不同学派、学科在中华文明起源探索上的争论一直不断。文献史学曾经大多认为中华文明起源可追溯至轩辕黄帝时期，地理范围大致是在黄河流域①，这个意见有一定的合理性。疑古学派则认为古史是层累地造成的，因此需要进行严格的文献批判，其具有"革命性"意义。但无论是传统史学，还是疑古学派，都缺乏进一步实证而无法令人彻底信服。傅斯年提出的"夷夏东西"说，认为东西地理环境差别造成了二者文化与政治格局的区别对峙②，指出中国大地上的古代文明并不一致，这具有启发价值。中国学界于是认识到"要建设真正的古史，只有从实物上着手的一条路是大路"③。

1949 年之后，随着黄河流域新石器时代考古工作的开展，关于中华文明的"黄河流域中心"模式（或称"中原中心"模式）的说法再度占据主导地位。安志敏提到黄河流域的新石器时代文化时说："黄河流域的古代文明与世界上其他大河流域的古代文明相同，它的发生和发展也推动和影响了邻近地区的古代文化。"④ 石兴邦指出："黄河流域是我国历史发展的中心地区，历史上我国多民族国家的形成，是以这一地区为核心的。"⑤

伴随各地考古工作的深入展开，特别是 20 世纪 80 年代后红山文化和良渚文化等高等级遗存的发现，"黄河流域中心"模式受到严重挑战，陆续出现了"满天星斗"、"重瓣花朵"、"中国相互作用圈"以及"文化的'场'"等有关中华文明形成模式的学说。当然，这些学说依然强调着黄河流域的重要影响和作用。这些建筑在考古学上的思考是绝对必要的，它们均指向阶级国家形成，强调中华文明的"多元一体"，这些理论的影响日渐强大。但是，它们都似乎规避了中华文明的"主源"和其自我拓展、向周边发展的问题。

（二）中华文明起源的"一元一体多援"

中华文明的起源，要辨清"正源"。这个正源在最初时期要有相对独立的地域，后来有数千年的不断发展过程，而且延续影响到今天。这个正源要能够区别于周边其他早期文明，要包容吸收其他古代文明的诸多要素，并且发展囊括为一个不断更新的大文明。

在相对于现代中国的版图之中，红山文化大型的神庙，大汶口文化的文字和阶级分化，良渚文化出现的早期古国，江淮流域新石器文化复杂的社会阶级关系，石峁文化的大型城堡和宫殿……考古发现将日益增多，这些当然是一个个古老文明的实证，但这些均属中华文明起源之时存在的周边文明；有些在相同的时间点上，甚至在许多方面的成就要超

① （汉）司马迁：《史记》卷一《五帝本纪》记黄帝时疆域"东至于海，登丸山，及岱宗。西至于空桐，登鸡头。南至于江，登熊、湘。北逐荤粥，合符釜山，而邑于涿鹿之阿"。中华书局，1959，第 6 页。
② 欧阳哲生主编《傅斯年全集》第三卷，湖南教育出版社，2003，第 181～232 页。
③ 顾颉刚编著《古史辨》第一册，上海古籍出版社，1982，第 50 页。
④ 安志敏：《试论黄河流域新石器时代文化》，《考古》1959 年第 10 期。收入其著《中国新石器时代论集》，文物出版社，1982，第 58～68 页。
⑤ 石兴邦：《黄河流域原始社会考古研究上的若干问题》，《考古》1959 年第 10 期。

过中华古文明，可是它们不能被看作中华文明的正源。

对于中华文明起源的定义，笔者以为要考虑人类文明进程的整体背景，更要从其对今后千百年中华文化的影响中逆寻。基于此，我认为中华文明确实是从黄河流域发展起来的，相较于旧"黄河中心"模式，"新黄河文明中心"可以解释为"一元一体多援"，一元是指中华文明基本特质，一体是指黄河中游地域；所谓"多援"指多个帮手，即黄河流域以外的文明，它们或早或晚帮助、支持、充实着黄河流域文明的发展，同时黄河流域文明也主动从其他文明吸取所需的要素；或可将这个模式比喻为"一个摇篮多个保姆"。如若黄河中游是中华文明起源最温暖的一处摇篮，那么其他文明就是多个保姆；保姆往往比妈妈更年轻、更健壮、奶水更为丰富，甚至更漂亮，因此这种比喻对于中华早期文明的发展是合适的，这样的格局对于后来文明的融合以及进一步的发展产生了决定性的影响。

文明特质是认识文明起源与发展的重要视角，所谓"特质"是指某一文明所特有的社会性质，一般在其起源阶段、较早阶段就有别于其他文明，这些"特质"又往往主导了本文明的长时期发展。认识中华文明早期的发展，完全有必要梳理中华文明的特质。概括地说，中华文明的特质主要包括六个方面（图一）。

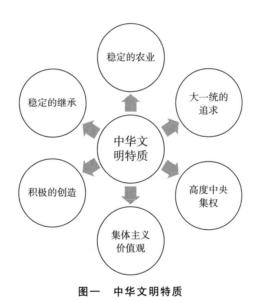

图一　中华文明特质

1. 稳定的农业

不晚于 8000 年前，黄河流域有了相当发达的农业。河南新郑裴李岗、河北武安磁山、甘肃秦安大地湾等新石器时代遗址中，都发现了大量的农业生产工具，如石铲、石斧、石刀、石锛、石镰、石磨盘、石磨棒等。[①] 磁山遗址中发现了大量的粟堆积。大地湾遗址中，

---

① 李友谋、薛文灿：《裴李岗文化》，中州古籍出版社，1992；河北省文物管理处、邯郸市文物保管所：《河北武安磁山遗址》，《考古学报》1981 年第 3 期；甘肃省文物考古研究所编著《秦安大地湾：新石器时代遗址发掘报告（上、下）》，文物出版社，2006。

发现了糜子和菜籽。到距今 6000～5000 年前，黄河流域原始农业有了进一步的发展，有关遗址中发现的粮食有粟、黍、糜、稻等，还有大麻子。农具的制作比以前更精致、更进步，并出现了石耜、木耒等新耕作农具和牲畜的栏圈、夜宿场。这是一种既可以精耕细作，也可以粗放经营的"大农业"，对水利的依赖相对于南方相对较小，显现了特别稳定的特征。

农业满足了古代先民的基本生命支撑，同时为手工业的进步、文化艺术的发展提供了物质保证。

2. 大一统的追求

这是中华民族普遍的政治诉求，它主要建筑在稳定的大农业基础之上，面貌基本一致的社会生活状态之中。如《春秋》："隐公元年春，王正月。"《公羊传·隐公元年》："何言乎王正月？大一统也。"① 《汉书·王吉传》："《春秋》所以大一统者，六合同风，九州共贯也。"②

大一统诉求已成为中华民族的血脉基因，一直保持到今天。在社会基本存在形式上，不允许政治分裂成为长时期、多数人的期许。

3. 高度中央集权

高度的中央集权统治，作为一种政治管理方式，来源于稳定的农业文明、农水资源管理以及农业收获分配；在民族意识形态上有大一统诉求与之相适应。中国古代这一高度的中央集权式的管理，经历了由血缘统治（宗法制）演进到地缘统治（郡县制），实现了大区域面积的有效的"金字塔"形的组织管理。从较长时期的历史发展来看，东亚大地上高度的中央集权政治在管理上是有效率的，其特色是十分鲜明的。

最迟从秦以来，维护庞大的全社会的稳定，是中央集权统治历经千年的中国政治特色之所在。

4. 集体主义价值观

早期出现集体的、组合的农业、手工业生产、分配方式，血缘性的人群呵护，相对封闭的环境，相近的生产生活方式和大农业生产，使得中华文明形成了集体主义价值观。这点与其他地区文明，尤其是商贸文明、异域、不同生产方式、频繁交流所形成的以个人为中心的价值观，有着明显的不同。

古代中国的集体主义价值观，有力地帮助了中央集权统治，在很大程度上团结和整合了中华民族，这是"金字塔"形组织管理模式的内在凝聚力。至今集体主义的价值观仍然是社会的主流意识。

5. 积极的创造

中华文明自古以来就具有独特的创造性，其社会性的创造发明是多方面的。从物质文

---

① （战国）公羊高撰，顾馨、徐明校点《春秋公羊传》，辽宁教育出版社，1997，第 1 页。
② （汉）班固：《汉书》卷七十二《王吉传》，中华书局，1962，第 3063 页。

明的角度看中华文明的创造是基于农本式的，无论是生产工具、生活用具，还是陶瓷青铜，一直影响到城镇都市建筑，等等。中华非物质文明、意识形态方面的创造发明首推数量庞大的、表意的汉字的发明，以及其他文化艺术。较晚时期在古代中国形成了以儒家学说为中心的民族意识形态，并且部分地吸收了佛教文明、伊斯兰文明和基督教文明的成就。

直至今日，中国的创造发明和世界其他地区的文明也有着可以分辨的区别。

6. 稳定的继承

从当今世界的角度来考量，中华文明的特质表现得非常明显。尽管长期以来，尤其是近现代以来中华文明和世界其他地区文明有着不断的交往历史，有着互相的学习、借鉴与融合。但是，与世界其他地区的文明还是有着显著的区别。

数千年来，中华文明的"世界对话语言"是比较稳定的，这表现在重视自我的发展，重视其他国家和地区的评价，表现在对于世界发展一定的责任意识。

中华文明在起源阶段和早期的发展中，表现出了"一元一体多援"的基本模式特征，体现了中华文明发展的六大特质和黄河中游的地域范围。"一元一体多援"的基本特征，有其后来基本融合为"多援一体"的阶段。所谓的六大特质，也在长期的发展过程当中，有的有所加强，有的有所削减。总的来看，上述模式与特质还是伴随了中华文明在数千年的发展当中一直不断前进。

（三）关于古代中华文明的发展阶段

根据以上人类文明"端点"、中华文明"起源模式"的讨论，结合中华文明"特质"的分析。笔者试将古代中华文明划分为若干个阶段。

考古学告诉人们，在东亚大地上200万年之前就有人科动物（也有划归古人类）的活动，直至若干万年之前，智人在今天中华版图上也有频繁的活动，被称为旧石器时代。这些当然属于世界范围的人类文明"端点"的范畴，但还不能称为"中华文明"。

1. 农业定居阶段——中华文明起源与最初时期

约在10000年前的新石器时代，中华民族开始了农业定居，主要在黄河中游，即豫晋陕"金三角"地区，中华民族诞生，中华文明起源，大体略早于磁山—裴李岗文化。在这个意义上，黄河是中华民族的母亲河，黄河流域是中华民族的摇篮。此时期的主要特征是农业定居、私有制、贫富分化现象开始出现。新石器时代的聚落已经具备后来国家的雏形。

值得注意的是，此时东亚的其他地区也产生了多支古老的文明，甚至在某些方面比黄河中游地区还要发达，如北辛文化、顺山集文化、河姆渡文化等。

2. 古国阶段——中华文明早期发展

至少在6000年以前，中国就进入了"古国阶段"。进入该阶段的标准不仅仅是定居，而且形成了地区性、地缘管理性质的聚落中心。通常是一个最大的聚落，附带一些相对较小的次生聚落。在聚落中，设有象征政治中心的公共建筑，聚落中还有宗教中心。其他还伴随着贫富分化，阶级统治出现。此阶段黄河中游已经出现了一些古国，如"仰韶古国""河洛古国"等。

黄河中游地区的周边，大汶口—山东龙山文化、红山文化遗存、崧泽—良渚文化、屈家岭—石家河文化、石峁遗存等新石器时代后期文化和遗存，都先后达到了"古国阶段"的水平，各具生产和生活，甚至宗法意识形态方面的特色。例如在良渚文化区域内出现众多小的古国，它的稻作水利、城区规划、宫殿陵墓、斧钺权杖、琮璧神徽、文字艺术，其文明发展程度往往在黄河流域之上。这是黄河流域文明吸收、融合近邻文明的阶段。

3. 王国阶段——中华文明基本定型

大致相当于客省庄上层文化、河南龙山—"夏"、商周时期。由于中国农业文明的高度发展，集体主义的价值观，中央集权的巩固和加强，古老中华大地上几支主要的文明逐渐走向大统一，见于史籍的"三代"出现，其中商周王朝的考古学表现已经十分清晰。中国进入"青铜时代"，生产力发展水平全面超过了新石器时代，在王朝疆域内汉字凸显为最重要的意识形态的可见符号系统。

在这一阶段稍后期，西周王朝出现。西周通过宗法制和分封制，完成了全国范围内的"大统一"。该设计看起来较为人性化，大宗小宗次第作为从中央到诸侯国的一家天下，普天之下莫非王土，率土之滨莫非王臣，天子"授民，授疆土"。西周的"大一统"留给后人许多想象和回忆，无论是孔子的"梦周公""吾从周"，还是后来秦统一的版图和西周大一统的版图基本叠压，都说明了这一点。但是，这种血缘政治的"大统一"也孕育着不可回避的"大分裂"。

4. 帝国阶段——中华文明的砥定

西周血缘政治的"大统一"所孕育的矛盾，在东周（春秋、战国）时期大爆发，各诸侯国之间政治、经济发展极不平衡，国家之间破坏性战争频仍。对西周王朝"大一统"的回顾，唤起着学术界和政治界许多杰出人物的梦想。秦始皇帝兼并诸侯、统一六国，他对国家政治的设计非常超前，抛弃了西周以宗法制为基础的血缘政治，"废分封"，实行了基于地缘统治的中央集权制和郡县制。汉承秦制，秦汉文明完整凸显了中华古文明的特点。

到了魏晋南北朝—隋唐之后，五代—宋、元之后，尤其是到了明、清之后，中华文明一面秉承"帝国阶段"地缘政治格局，一面经历了多种变化，与上述讲到的四个阶段都有了一定的区别，因此还可以再做更为细致的研究。至迟到了明清时代，西风东渐，工业文明相对于古老的农业文明呈现出一种强势的逐渐覆盖的势头；推翻清朝的帝制之后，中华文明进入了现代文明发展阶段。中华历史步入近现代之时，与全世界的人类文明发展的背景磨合匹配，这些有待学界更为详尽的认识，并做出进一步的定义。

余 论

（一）一点小结

本文当然有方法论上的考虑，前辈们对于探讨人类文明起源以及中华文明起源做过多种有益的尝试。我的研究，当然是踩在前辈肩膀之上的。前辈的研究当中，可能忽略了人与动物相区别的所谓的"端点"与界面，因此在谈到古代文明的时候，指明的标志如文字、金属冶炼、城堡、公共的权力机构、宗教等，往往都是较为后期阶段的产物，在逻辑上可能是割断了的、不延续的。笔者谈及的有关文明的三大"端点"，显然有着历史逻辑上的长期承袭性，所以在讨论文明阶段的定义时就可以规避"蒙昧""野蛮"等标识，而是由低级向高级、由简单向复杂的不断演进；同时，人们可以把握文明在今天及未来的新的阶段性的发展了。

至于中华文明的起源问题，以往的讨论往往将之混同于整个人类文明的起源问题，没有认识到一旦农业定居（包括早期商贸）出现，各个古代文明就走上有区别的发展道路，洲际如此，一个大洲之内、缘重要的河流区域也是如此。同时，以往的讨论过多地注重文献的记载，忽略了农业定居文明的考古实迹，所以会胶着于"五千年""四千年""三千多年"的表达。过去，相对较少研究黄河中游文明与其他区域文明的异同，这样就很难分析出中华文明的"一元一体"正源，同时也不能如实地估计"多援"的作用。至于"古国""王国""帝国"等学术用语及内涵，是苏秉琦、李伯谦等老师和同仁的发明，笔者仅仅是表达一些学习的心得。

（二）文明剖析，走向未来

对人类文明起源的探讨，不是一个经院的、玄学式的研究，它应当是一种基于社会性本能的人类回溯考量。对文明起源问题的剖析和反思，有助于更好地回顾历史并瞻望未来。由于实际存在的地域差异，各地区文明的特质迅速完全消失而融合成为单一文明，这恐怕是过于浪漫的想法。经过对人类文明起源的考察可以知道，地区性的文化差异会一直存在，但是对人类的爱、对人类共性的理解、对人类正确趋向的把握是占主流的，而种种偏狭的心理会不断被扬弃。

反思文明要了解各个民族的优缺点，人类各大文明都有其优缺点。中华文明具有在广大的东亚地区逐渐趋同的大一统进程，保证农业稳定发展、养活世界上最大的人群；思想的一统性，社会政治经济不断进行调整，保证了东亚地区人民所熟悉、习惯的社会生活方式等的延续。同时，中华文明也不可避免地存在着对个体的不尊重，虚大从众、放弃对弱小的同情，迎合强者、欺负弱者，对于现代文明不够敏感等缺点。

　　中华文明是有未来的，它的未来取决于对自身优点的发扬和对缺点的克服，取决于科学地融入人类的整体文明。值得注意的是，人们在研究文明进程时，也要关注各种各样"反文明"的状况，也要研究人类在一定时期内把一些"反文明"的行为举止、计划工程、意识文化等，误认作是文明的状况。只有正确认识在文明与"反文明"的矛盾中的人类发展，才能在将来建设更科学、更美好的人类文明社会。在这样的认知基础上，人们可以知道各大文明在本质上是没有绝对的高下之分的，各大文明应当彼此尊重，共同创造人类更加美好的未来。

　　附记：本文由曹泽乙、高庆辉根据 2023 年 3 月 26 日周晓陆教授在安徽大学历史学院所作"文明的起源"讲座录音修改、补充、删节而来。文字已经周晓陆教授审核。

编辑：彭辉

建构与解构：玉琮的社会生命*

徐　峰

（南京师范大学文博系）

[摘要]　西方人类学家提出过"社会生命""物的文化传记"一类概念，主张对物的生命史进行研究。他们认为，与撰写人物传记相似，社会同样以建构人的方式建构着物。一个丰富的物的传记，将会是理解文化认知和社会形塑力量的精彩切口。中华文明中的玉琮格外能够反映物的社会生命之连绵持久。玉琮见证了一个复杂社会中一种特殊类型的、神圣的威望物品的创造与流通。在琮的生命历程中，有明显的"生命转折点"，它的生命处于文化、场域和情境相互关系的不断的建构与解构中。琮传承千年，在器物实体和符号两个层面呈现了"活态传承"。毫不夸张地说，琮是中华文明源远流长的承载物之一。

[关键词]　建构；解构；玉琮；社会生命

一　物的社会生命

物是社会结构或社会存在的附属物。人类创造了形形色色的器物，发展了多种多样的物质文化。这类物质文化形成了人类审视和认知自我的"镜像"。有很多学者主张从"生命历程"的视角来理解物。希弗（Michael Brian Schiffer）提出一个生命史（life history）框架，认为文物从原材料，经过改造和组装、运输和交换、使用和再利用、维护，最终被丢弃、遗弃或仪式性地存放，构成生命史的内容和形式是无限的。[1] 阿帕杜莱（Arjun Appadurai）编写了《物的社会生命》（*The Social Life of Things*）一书，该书主张为物立传，把物看作与人一样具有社会生命。物在其生命历程中，体现出社会和历史的变迁，一个经历丰富的物必定经过复杂的社会情境的转变，凝聚了政治和文化价值，同时具有象征意

＊　本文系国家社科基金重大项目"长江下游社会复杂化及中原化进程研究"（20&ZD247）与"南京地域文明探源与早期吴文化研究"课题阶段性成果。

① Michael Brian Schiffer, *Studying Technological Change: A Behavioral Approach*, The University of Utah Press, 2011, p. 23.

义，影响人类世界。① 科普托夫（Igor Kopytoff）撰写了《物的文化传记》(The Cultural Bi-
ography of Things)，试图以文化传记的方式来记录物的商品化过程。他认为，对物的生命
史进行研究，与撰写人物传记相似，社会以建构人的方式同样建构着物。一个丰富的物的
传记，将会是理解文化认知和社会形塑力量的精彩切口。② 物不仅仅是社会政治结构的被
动反映，也是建构社会关系的能动要素。③ 类似于艺术品这样的物能够反映人与人之间相
互联系的"关系网"。④

　　考古学者研究的对象是田野发掘中出土的古人留下的各类物质遗存。对于物的生产、
使用、废弃、埋藏过程的重建是考古学研究的一个组成部分。因此，考古学者对于物的社
会生命这一视角其实是不陌生的。例如，在研究铜器和玉器时，很容易感慨有些物的生命
周期远远长于它们曾经的主人。青铜器和玉器通常会经历复杂的社会流转过程，交易、馈
赠、赏鉴成为它们生命历程的组成部分，形成了丰富的社会生命和"文化传记"。

　　受此启发，笔者拟对良渚玉器中的玉琮这样一种神秘、神圣、贵重、在千年历史长河
中身影未绝的玉器进行"物的社会生命"⑤ 的探讨。将玉琮置于文化、场域和情境三个空
间层次来观察其生命历程，包括了谁是经典玉琮的制作者，玉琮的功能是什么，玉琮的社
会价值、社会认同的变迁等一系列问题。笔者注意到，将玉琮放在一个漫长的时空框架中
对其变迁的研究近年在考古学界涌现出不少成果。如黄建秋较早关注良渚文化分布区以外
的史前玉琮；⑥ 最近李岩又更具体地介绍了湘鄂赣粤所见新石器时代玉琮；⑦ 王仁湘宏观
讲述了玉琮五千年的故事；⑧ 苏芳淑讨论了玉琮在古代墓葬中的诸意义；⑨ 蒋卫东阐述了
玉琮之变，揭示了一种玉礼器传统的失落与重构；⑩ 等等。这类研究虽然没有提到"物的
生命史""物的社会生命"这类概念，但实际上也或宽泛、或局部地涉及对玉琮的社会生
命的研究。本文拟将玉琮的变迁流转和"物的社会生命"的相关理论结合起来，进一步开
拓与丰富玉琮的研究视野。

① Arjun Appadurai, *The Social Life of Things*: *Commodities in Cultural Perspective*, Cambridge University Press, 1986.
② Igor Kopytoff, "The Cultural Biography of Things: Commoditization as Process," in Arjun Appadurai. *The Social Life of Things*: *Commodities in Cultural Perspective*, Cambridge University Press, 1986, p. 90.
③ Ian Hodder, *Symbols in Action*: *Ethnoarchaeological Studies of Material Culture*, Cambridge University Press, 1982, pp. 119 – 122.
④ Robert J. Wallis, "Re – Enchanting Rock Art Landscapes: Animic Ontologies, Nonhuman Agency and Rhizomic Person-hood, Journal of Archaeology," *Consciousness and Culture* 2(1), 2009, pp. 47 – 70.
⑤ "生命史""社会生命"概念大同小异，本文会混合使用。
⑥ 黄建秋：《良渚文化分布区以外的史前玉琮研究》，载氏著《史前考古学方法与实践》，生活·读书·新知三联书店，2014。
⑦ 李岩：《湘鄂赣粤所见新石器时代玉琮浅析》，载北京大学考古文博学院、北京大学中国考古学研究中心编《考古学研究（十五）：庆祝严文明先生九十寿辰论文集》，文物出版社，2022。
⑧ 王仁湘：《方圆一体：玉琮的故事五千年》，上海人民出版社，2021。
⑨ 苏芳淑：《古人存古：玉琮在古代墓葬中的诸意义》，载巫鸿等主编《古代墓葬美术研究》第二辑，湖南美术出版社，2013。
⑩ 蒋卫东：《玉琮之变——一种玉礼器传统的失落与重构》，载北京大学考古文博学院、北京大学中国考古学研究中心编《考古学研究（十五）：庆祝严文明先生九十寿辰论文集》，文物出版社，2022。

二　良渚文化：玉琮的母文化

良渚文化是玉琮的"母文化"（mother culture）。玉琮是良渚文化的典型玉器之一。被称为"琮"的这种玉器的社会生命始于良渚文化。玉琮的总体形制是内圆外方，好像方柱套在圆筒的外面，圆筒内空，上下贯通，圆筒略高出方柱，形成上下凸起的部分被称为"射部"。四方成角状，良渚人以角作为中轴线上下琢刻人面和兽面。

（一）造物

在良渚文化之前的崧泽文化中不见玉琮。玉琮是在良渚文化时期被设计创造出来的（图一）。从大的视野来看，在新石器时代中晚期，不同区域之间的交流互动日益加速，"相互作用圈"和史前社会上层交流网已经成形。[①] 对于不同的区域文化有什么不同的、典型的玉器，彼此是知晓的。例如在红山文化中，其典型玉器有兽面型玦饰、勾云形器等；在早于良渚文化的凌家滩文化中，有玉鹰、玉版等独具个性的器物。从这一点可以看出，不同区域的史前文化曾试图开发设计独具自身地域特色的器物，并且彼此间还存在着竞争的态势。良渚人为此开发设计了玉琮作为自己的标志性玉器。

图一　被誉为"琮王"的反山玉琮

从小处观之，良渚玉琮的造型设计定然也是有所借鉴的。比如，含山凌家滩遗址出土的玉版表面刻有两个圆圈，小圈含在大圈内，并处于中心位置，大小圆圈之间有八个箭头，分别指向四个方向以及每两方向之间的四维。[②] 牟永抗较早注意到玉琮的展开图与凌

---

① 张光直：《中国相互作用圈与文明的形成》，载《庆祝苏秉琦考古五十五年论文集》编辑组编《庆祝苏秉琦考古五十五年论文集》，文物出版社，1989；李新伟：《中国史前玉器反映的宇宙观——兼论中国东部史前复杂社会的上层交流网》，《东南文化》2004 年第 3 期。

② 安徽省文物考古研究所：《凌家滩——田野考古发掘报告之一》，文物出版社，2006，第 47 页。

家滩玉版在形制结构上的相似性。① 王爱和则曾经指出这种四方 - 中心结构是空间宇宙观的体现,并且和商代的四方 - 中心宇宙观以及汉代宇宙观之间有结构上的连续性。② 王仁湘注意到大汶口文化中的骨雕筒和玉琮的相似性。③ 笔者曾提出玉琮的原型是龟。④ 不论如何,玉琮的设计肯定有所参照。

(二) 信仰与权力背景

在良渚玉琮的生命史中,最初且最密切的历史背景自然是良渚文化。良渚玉琮所具有的社会价值首先是在良渚文化背景中被建构起来的。我们可以从经济、政治和意识形态三个层次来认识良渚玉琮的社会价值。

良渚文化玉器之所以达到史前玉文化发展的高峰,一个重要的原因是良渚文化稻作农业的发达。稻作农业是良渚文化的经济基础。经济力量增强后,社会分工的程度会更高,部分手工业专门化(如琢玉、髹漆、制陶等)得到更充分的保障。人类创造和累积其他财富的能力也相应增强。

玉器具备物质和精神双重层面的意义。良渚人开发、琢刻玉器既反映了生产力、物质生活水平的进步,也是追求身份地位和精神超越的体现。玉石既在审美的层面被开发使用,同时又具有宗教象征的意义。

不同于石器、铜器和铁器,包括玉琮在内的玉器不能作为生产工具使用。玉为人类所喜爱,首先因为玉是一种光彩之物。很多文献和人类学资料都表明,人类的确是将玉当作非凡之物来对待的,玉在人类的巫术 - 宗教经验中是有意义的,玉具有神圣力量的潜质,成为人神沟通的媒介。⑤

显然,由玉制成的玉琮也被赋予了非凡的意义,成为人类精神信仰领域的神物和灵物。从考古发现来看,玉琮被良渚社会中的少数人占有。良渚社会阶层、等级和玉器拥有方式的关联度非常突出。⑥ 玉琮可能同聚落的规模和等级以及聚落结构的复杂程度有关。尤其是良渚文化前期。对那些掌控玉琮的中等级聚落来说,玉琮被赋予特殊的社会背景关系,包含这个聚落同较高等级、相同等级或较低级聚落之间的相互关系。或者说,玉琮蕴含了聚落在良渚文化范围内的社会位置。如果失去对玉琮的掌控,那么与玉琮相关的社会背景关系就随之失去。⑦ 陈杰认为琮、钺是权力等级的重要标识物。玉钺和玉琮在良渚文

---

① 牟永抗:《关于璧琮功能的考古学观察——良渚古玉研究之一》,载《牟永抗考古学文集》,科学出版社,2009,第 437 ~ 449 页。
② 〔美〕王爱和:《中国古代宇宙观与政治文化》,金蕾、徐峰译,上海古籍出版社,2011,第 76 页。
③ 王仁湘:《方圆一体:玉琮的故事五千年》,上海人民出版社,2021。
④ 徐峰:《良渚文化玉琮及相关纹饰的文化隐喻》,《考古》2012 年第 2 期。
⑤ 徐峰:《物有其性:对玉和骨两类物质的知识考古》,载王荣主编《古代玉器研究》,上海书画出版社,2022,第 159 ~ 174 页。
⑥ 宋建:《良渚——神权主导的复合型古国》,《东南文化》2017 年第 1 期。
⑦ 宋建:《中国东部地区距约 4000 年玉琮功能之讨论——以良渚文化为参照》,载杨晶、蒋卫东执行主编《玉魂国魄:中国古代玉器与传统文化学术讨论会文集(六)》,浙江古籍出版社,2014,第 239 页。

化中具有重要意义，一般分别被视为世俗权力和宗教神权的象征。①

墓葬是重建良渚玉琮社会生命最主要的场域。随葬是良渚玉琮社会生命中的重要一环。以反山的数据来看，反山墓地共出土玉琮 21 件，其中 M12 出土最多，达 6 件。M15、M19、M22 没有出土玉琮。其余各墓出土 1~4 件不等。同样是琮，还有体积、工艺、纹饰等的差异。以位于中心位置的 M12 中的玉琮来说，有一件琮被称为"琮王"（图一），在琮的角柱之间的凹槽上，琢刻有完整的神人兽面纹图像。在凹槽的位置琢刻神人兽面纹的现象罕见，这件琮王的重要性可见一斑。琮的制作，在选料、开料、设计、钻孔、刻纹、抛光等一系列程序上都需要巨大的投入。因此，琮的有无、多少、精美程度是反映墓葬等级的重要指标。可见，玉琮与等级、身份和权力有着密切的联系。等级需要琮这种意识形态的载体来体现和巩固。②

再说神人兽面纹，在坚硬的玉石上雕刻这些精美而细密的线条，显然不是轻松易为之事。反山遗址 M12 出土的玉器上雕琢有神人兽面纹图像（图二），线条繁密纤细，雕刻之精，难度之大，令人惊叹。今天的学者对于神人兽面纹的解读虽然众说纷纭，但普遍认为良渚人设计制作的这种统一规范的图像模式表明他们在神灵崇拜方面，已几乎达到了一种类似一神教崇拜的程度。③ 神人兽面纹很可能是良渚人崇拜的神灵图像。良渚人创造这种图像既有他们对于宇宙、历史、神话的认识，也在这种图像规范化的设计、分配、传播过程中传递和塑造了意识形态的权力。神人兽面纹在环太湖地区的广泛存在表明其受到普遍的认同和崇拜，反衬了这种图像所承载的意识形态权力。这种意识形态权力还拥有一种合法化功能（a legitimating function），比如，良渚权贵利用玉器和神灵世界建立了联系；或者玉器上琢刻的是神灵的图像。良渚权贵把握和操纵着这种意识形态权力，就进一步为他们赢得了政治权力、经济影响力以及宗教主导权。

图二　神人兽面纹

① 陈杰：《良渚社会的权力结构》，载宋建、陈杰主编《"城市与文明"学术研讨会论文集》，上海古籍出版社，2016，第 278 页。
② Arjun Appadurai, *The Social Life of Things: Commodities in Cultural Perspective*, Cambridge University Press, 1986, p. 143.
③ 参见刘斌《神巫的世界》，杭州出版社，2013，第 88 页；赵晔《良渚文明的圣地》，杭州出版社，2013，第 105 页；赵辉《从"崧泽风格"到"良渚模式"》，载浙江省文物考古研究所、北京大学中国考古学研究中心编著《权力与信仰》，文物出版社，2015。

总体而言，良渚人制作玉琮，就是在制造一种特殊化的物品。良渚文化社会已经是一个复杂社会。这样的社会对特殊化的要求非常多，权力往往是借助一类对象的特殊化来象征性地确认自身。玉琮不仅仅是权力的象征物，也是被赋予神性的玉器。那么，按照伦福儒探讨的物与社会等级的关系，不断发展的生产和交换体系、拥有最高价值的物品的分配以及显著的社会等级的出现，三者是紧密联系在一起的。① 现在，在良渚社会中诞生的玉琮已经具有了社会声望，与社会等级有了密切关联。分配和流通也就顺理成章了。

（三）良渚文化时期的对外交流

根据考古发现，除了在良渚文化母区发现大量的玉琮外，在良渚文化分布区以外的地区也发现了大量的玉琮②，良渚文化曾经北进，穿过江淮地区向北传播，途经海安青墩、兴化蒋庄、阜宁陆庄，最远到达大汶口文化分布地盘的新沂花厅遗址。玉琮也相应扩散到这些地区。例如，兴化蒋庄出土了琮（图三）。③ 花厅出土的玉器中发现了典型的良渚琮式管和镯式琮，体现了南北文化融合的特点。安徽金寨④、定远⑤、肥东⑥等地都出土过良渚文化玉琮。

再往北，在大汶口－龙山文化谱系的背景中，五莲丹土出土一件变体琮（图四），器外缘四角阴刻三条规则直线和两个圆圈，组成兽面纹。⑦ 良渚文化也向宁镇地区传播，近年句容孔塘遗址 M126 中曾出土一件绿色的玉琮（图五）。⑧ 良渚文化也曾向珠江流域传播。石峡文化中发现了不少良渚式玉器，有琮、璧、钺、锥形器等，风格既有良渚文化早期的，也有晚期的。⑨ 石峡文化中的玉琮与良渚玉琮极为相似。考古学界一般认为，这些良渚玉器是良渚人从长江流域带到岭南去的。当时从长江流域到岭南已经存在几条交流通道。最近有研究认为良渚玉器文化向南已进入五岭以南沿海的范围。⑩ 在良渚文化时期，玉琮扩散到的遗址远不止这里介绍的遗址。随着良渚文化的对外交流，玉琮的社会生命自然得到了延展。

① Colin Renfrew, "Varna and the emergence of wealth in prehistoric Europe,"in Arjun Appadurai, *The Social Life of Things: Commodities in Cultural Perspective*, Cambridge University Press, 1986, p. 141.
② 已有不少学者做过梳理。参见杨建芳《玉琮之研究》，《考古与文物》1990 年第 2 期；黄建秋《良渚文化分布区以外的史前玉琮研究》，载氏著《史前考古学方法与实践》，生活·读书·新知三联书店，2014。
③ 南京博物院：《江苏兴化、东台市蒋庄遗址良渚文化遗存》，《考古》2016 年第 7 期。
④ 安徽省萧县博物馆：《萧县金寨村发现一批新石器时代玉器》，《文物》1989 年第 4 期。
⑤ 吴容清：《安徽省定远县德胜村出土良渚文化遗物》，载徐湖平主编《东方文明之光——良渚文化发现 60 周年纪念文集（1936—1996）》，海南国际新闻出版中心，1996。
⑥ 古方主编《中国出土玉器全集·6·安徽》，科学出版社，2005。
⑦ 山东博物馆、良渚博物院《玉润东方——大汶口－龙山·良渚玉器文化展》，文物出版社，2014，第 109 页。
⑧ 朱晓汀等：《江苏句容孔塘遗址》，《大众考古》2017 年第 1 期。
⑨ 方向明：《琮、璧、钺的考察》，《中国玉器通史·新石器时代南方卷》，海天出版社，2014，第 187 页。
⑩ 邓聪、张强禄、邓学文：《良渚文化玉器向南界限初探——珠江三角洲考古新发现的琮、镯、钺》，《南方文物》2019 年第 2 期。

  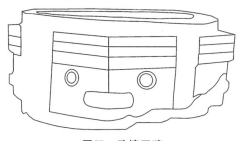

图三　兴化蒋庄玉琮　　　图四　五莲丹土玉琮　　　　　　图五　孔塘玉琮

三　后良渚文化时期的玉琮

倘若从整体的层面来讨论良渚文化玉琮的社会生命，我们会说琮这类器物最大的"生命转折点"在于良渚文化的衰亡。随着良渚文化的解体，玉琮的母文化背景就此消失。在后良渚文化时期，不同类型的玉琮将会在各种不同的文化背景中开始它们的生命史。所谓不同类型，大致包括如下几种：在良渚文化时期就交流出去的玉琮、良渚文化消亡后流散出去的玉琮、非良渚文化人群改制和仿制的玉琮。这些玉琮在新的文化、场域和情境中展开了生命历程。围绕它们的功能、社会价值都将经历社会关系的建构。下面以几个区域后良渚文化时期的材料为例来阐发玉琮的社会生命。

（一）环太湖地区

首先，在良渚文化分布的环太湖地区，比良渚文化晚的考古学文化中出土玉琮数量很少。广富林文化遗址迄今出土玉、石琮5件（图六）。这5件玉、石琮出土于地层，而非墓葬。黄翔认为，这5件玉琮应是良渚文化时期玉琮使用至广富林文化前期丢弃，由于玉料的枯竭及技术的失传，其虽与良渚文化玉琮相似，但已产生较大差异；而制作年代更晚，技术走形更甚，有的取料也改用石料，可能代表了玉琮功能上的缺失。[1] 王仁湘认为这些玉琮体型笨重硕大，琮虽然基本上遵循了良渚式两端有大小、弧凸边的原则，但纹样的关键内容不同，这些琮本质上与良渚式的完全不同，可能是广富林文化的先民凭借记忆的仿造。[2] 广富林的玉琮和良渚文化玉琮已不可同日而语。

（二）黄河中游地区

黄河中游龙山文化时期的石峁、芦山峁遗址都有良渚玉琮的发现。玉琮带有明显的良

---

① 黄翔：《广富林遗址出土玉石琮》，载杨晶、蒋卫东执行主编《玉魂国魄：中国古代玉器与传统文化学术讨论会文集（六）》，浙江古籍出版社，2014，第259~266页。

② 王仁湘：《方圆一体：玉琮的故事五千年》，上海人民出版社，2021，第78页。

图六 广富林玉琮

图七 芦山峁玉琮

渚文化风格。以芦山峁遗址早年采集的一件良渚玉琮为例（图七），该玉琮表面磨损严重，纹饰仅依稀可见。器身纵向断为四截，每侧钻两孔用于连接。① 该玉琮无论从玉质、外形还是纹饰看，均为良渚典型玉器，当为从长江下游流传至陕北的。

石峁文化中也有玉琮，大致可分为两类，一类为方柱形素面体，同齐家风格；另一类饰良渚文化风格简单的兽面纹。② 石峁文化中也见有将良渚高节琮改制的现象。③

苏芳淑曾推断，当地认识良渚玉琮大概在良渚文化式微之时，开始仿制玉琮并应用于祭祀环境在公元前三千年前后。④ 该观点承认了良渚文化对黄河中上游地区文化的重要影响，有学者则做出了更加大胆的判断，认为是"良渚部落有一支迁移到了陕北"⑤。

距离石峁不远的山西兴县碧村遗址也有玉琮的发现（图八）。碧村发现的玉琮纹样简单，琮的表面或有平行的凹槽，为典型的龙山样式；或为素面，可能时代更晚一些。⑥

清凉寺墓地发现 4 件玉琮，是晋南也是中原年代最早的玉琮。M52 出土的玉琮单组射矮体、四面平直、有射间距，射面光素无纹，发掘者认为整体风格与齐家文化比较一致。陶寺出土玉琮共有 13 件，多为矮方柱体，四角有素面也有雕琢弦纹。⑦

邓淑苹认为陶寺和清凉寺两件玉琮是在齐家玉琮基础之上，参照了良渚式玉琮特色而制成的"晋陕式玉琮"，是东、西方两股玉琮文化交会后出现的"混血儿"。⑧ 朱乃诚亦通

① 古方主编《中国出土玉器全集·陕西》，科学出版社，2005，第 22 页。
② 神木市石峁文化研究会编《石峁玉器》，文物出版社，2018。
③ 中华玉文化中心、中华玉文化工作委员会编《玉魂国魄：玉器·玉文化·夏代中国文明展》，浙江古籍出版社，2013，第 193 页。
④ 苏芳淑：《古人存古：玉琮在古代墓葬中的诸意义》，载巫鸿等主编《古代墓葬美术研究》第二辑，湖南美术出版社，2013。
⑤ 刘云辉：《陕西发现的非本地史前文化玉器》，载杨晶、蒋卫东执行主编《玉魂国魄：中国古代玉器与传统文化学术讨论会文集（四）》，浙江古籍出版社，2010。
⑥ 王晓毅：《山西吕梁兴县碧村遗址出土玉器管窥》，《故宫博物院院刊》2018 年第 3 期。
⑦ 王仁湘：《方圆一体：玉琮的故事五千年》，上海人民出版社，2021，第 84 页。
⑧ 邓淑萍：《交融与创新——夏时期晋陕高原玉器文化的特殊性》，载成都金沙遗址博物馆等编《夏商时期玉文化国际学术研讨会论文集》，科学出版社，2018。

图八 碧村及其他遗址出土玉琮比较

1、5. 碧村（A012、A011）；2、6. 陶寺（M1267：2、M3168：7）；3、7. 石峁；4、8.（李庄坪、后柳沟）

据王晓毅《山西吕梁兴县碧村遗址出土玉器管窥》，《故宫博物院院刊》2018 年第 3 期。

过分析推断，陶寺文化的玉璧和玉琮传统对齐家文化有重要影响。[①] 玉琮北上至黄河下游地区没有得到很好的发展，反而沿着黄河传播得到了接力传承。在琮的承继上陕晋地区远远领先黄河下游，包括齐家文化分布在内的黄河中上游地区，良渚玉琮的形制在黄河中上游表现为素面、近正方体、切割的射口多不圆弧，这有可能来自陕晋地区，进而扩展到黄河上游，并为商周玉琮所继承。[②]

（三）黄河上游地区

齐家文化玉器以琮和璧为核心。齐家文化玉琮一般为外方内圆的造型，大小相差明显。齐家文化玉琮和玉璧呈现了和良渚玉器非常亲密的联系，但是也有一目了然的差异。齐家文化遗址出现的玉琮以素面为主，偶有简陋的横线或分角纹饰（图九、图十），说明齐家文化时期的宗教信仰和图腾崇拜方式是非常独特的。齐家文化玉琮以素面方柱体或扁方体为主，琮孔一般较大，筒口以圆形为主，也见有筒口从八角形切割到圆形的过渡性特征。苏芳淑认为，甘陕齐家文化曾经直接接触过良渚玉琮原物，简陋的纹饰是良渚玉琮分节人兽纹在那里经过长时间演绎后的模糊结果。[③]

---

① 朱乃诚：《齐家文化玉器所反映的中原与陇西两地玉文化的交流及其历史背景的初步探索》，载朱乃诚等主编《2015 中国·广河齐家文化与华夏文明国际研讨会论文集》，文物出版社，2016，第 161～177 页。

② 方向明：《琮·璧：良渚玉文明因子的接力与传承》，《大众考古》2015 年第 8 期。

③ 苏芳淑：《古人存古：玉琮在古代墓葬中的诸意义》，载巫鸿等主编《古代墓葬美术研究》第二辑，湖南美术出版社，2013。

图九　齐家玉琮（甘肃临洮）　　　　图十　齐家玉琮（宁夏西吉县白崖乡）

（四）黄河下游地区

黄河下游龙山文化时期玉琮数量不多，莒县杭头①、诸城前寨②、临沂湖台③等遗址各有玉琮出土。这些玉琮在形制上与良渚玉琮已有较大的区别。属于龙山文化背景的玉琮在继承了良渚玉琮的基础上又有所简化、模仿，创造了本土化的新式样。

四　先秦两汉时期的玉琮

三代的玉琮既有良渚的遗物，也有新制的。二里头遗址、商代殷墟妇好墓中都有发现。妇好墓出土 14 件玉琮，朱乃诚认为其中 9 件是改制早期玉琮的作品。④ 风格既有与齐家文化玉琮近似的，也有商人的改制（图十一），加入当时流行的蝉纹、旋涡纹或其他几何纹饰。江西大洋洲墓出土的两件琮形玉器，比一般良渚"琮"形镯略大，以两节蝉纹或 C 型旋涡纹代替四角的人兽纹，大小及纹饰都与良渚有出入，属于商代出现的新风格（图十二）。安徽南陵县籍山镇出土有商代晚期玉琮（现藏南陵县博物馆），单节，风格近齐家文化玉琮。

约商周之际的三星堆和金沙遗址也出土了玉琮。根据王方的梳理，三星堆遗址中出土玉琮数量较少，形制较为简单，多为素面单组射。早年发现的矮体琮，射部刻有平行横线和双圆圈，类似良渚文化风格。金沙出土玉琮数量较多，有 A、B、C 型，A 型为多节刻纹玉琮；B 型为单节素面玉琮，为金沙玉琮的主要形制，数量最多；C 型，单节、素面、扁矮。Aa 型玉琮明显属于良渚文化晚期玉琮，经过长时期的流传而至成都平原（图十三）⑤，在商

①　常兴照、苏兆庆：《山东莒县杭头遗址》，《考古》1988 年第 12 期。
②　山东博物馆、良渚博物院编《玉润东方——大汶口 - 龙山·良渚玉器文化展》，文物出版社，2014，第 164 页。
③　山东博物馆、良渚博物院编《玉润东方——大汶口 - 龙山·良渚玉器文化展》，文物出版社，2014，第 115、116 页。
④　朱乃诚：《殷墟妇好墓出土玉琮研究》，《文物》2017 年第 9 期。
⑤　朱乃诚：《金沙良渚玉琮的年代和来源》，《中华文化论坛》2005 年第 4 期。

图十一　妇好墓玉琮

图十二　新干大洋洲玉琮

代晚期至西周早期埋于金沙遗址。B 型玉琮可能是蜀文化中特有的玉琮，在金沙流行，在礼器中占有特殊地位。金沙遗址出土的大多数玉琮的材质内部结构疏松，质地较差，滑石化现象十分严重，这在其他地区的玉琮中少见，应为本地制作。总之，金沙遗址出土玉琮中，既有典型的良渚文化玉琮，也有仿良渚文化玉琮，同时还出土了大量的商周时期玉琮。样式各异的玉琮在金沙遗址祭祀区域内的大量出土，一方面反映出良渚文化及其宗教思想对金沙礼制系统的影响，另一方面反映了玉琮的发展演变过程。①

图十三　金沙玉琮

图十四　张家坡玉琮

　　周代玉琮发现不多，部分也可能是由齐家文化玉琮改制，多为矮体的单组射，多光素无纹，少数饰有凤纹或兽面纹。② 周代玉琮改制现象颇明显，如沣西张家坡 M170 井叔墓出土的新石器时代玉琮上加琢有西周时期流行的凤鸟纹（图十四），同时对玉琮的射口加以磨削使其略微内敛。③ 湖北随州战国早期曾侯乙墓中也出土过玉琮（图十五：1），玉琮四周以阴线刻饰兽面纹，应当是在稍早的一件素面玉琮上加刻纹饰而成。曾侯乙墓中另有

①　朱章义、王方：《成都金沙遗址出土玉琮初步研究》，《文物》2004 年第 4 期。
②　王仁湘：《方圆一体：玉琮的故事五千年》，上海人民出版社，2021，第 99 页。
③　中国社会科学院考古研究所编著《张家坡西周墓地》彩版 9，中国大百科全书出版社，1999。

一件玉琮改制而成的半琮（图十五：2），器表抛光精良，透雕动物形状精巧可爱。这件玉琮的社会生命显然发生了很大的变化。

1　　　　　　　　　　　　　　　　　2

图十五　曾侯乙墓玉琮及半琮

　　秦汉出土的玉琮较少，江苏涟水县三里墩西汉墓中出土的一件系西周古琮①，大约在战国时期被镶嵌了鎏金银座，成为容器（图十六），与玉琮的原始功能和意义全无关系。河北满城中山王刘胜墓中的一件系仿良渚琮形的玉筒，从出土位置可知，乃墓主的生殖器罩，属于金缕玉衣的组成部分。② 刘胜墓的琮外表有不甚清晰的良渚风格的兽面纹，它的一端以圆玉片封闭，被用作生殖器罩盒（图十七），这表明琮在西汉前期已成为"古董"，经加工后派作其他用场。③ 近年邯郸十中汉墓出土了几件商代方形素面玉琮（图十八），当属汉人收藏的商玉。

图十六　三里墩西汉墓银鹰座玉琮　　　　图十七　刘胜玉衣玉琮

　　从汉代开始，玉琮鲜有传世，玉琮的含义在数千年的传承流变中已经迷失，人们对玉琮的认识仅停留在古籍记载，琮成了古人概念中的器物，只有"外方内圆"的核心特征

---

①　南京博物院：《江苏涟水三里墩西汉墓》，《考古》1973 年第 2 期。

②　中国社会科学院考古研究所、河北省文物管理处：《满城汉墓发掘报告》，文物出版社，1980，第 140 页。

③　王仁湘：《方圆一体：玉琮的故事五千年》，上海人民出版社，2021，第 61 页。

图十八　商代方形素面玉琮（2005 年邯郸十中汉墓出土）

作为定式想象延续了下来。此时的琮已经突破狭义的玉琮概念，成了符号化的广义概念，宋代复古之风兴盛，琮瓶的出现便是最好的证明。另外，有学者注意到还有一种以方形有孔片状玉琮为核心的玉琮传统，长期被另一路内圆外方柱体造型玉琮传统的光芒所掩盖。这类玉琮在明代定陵、西安北郊联志村发现的西汉祭祀坑等遗迹单位中均有发现。①

　　经过上文对自良渚文化至秦汉时期玉琮的大致梳理，良渚玉琮的踪影颇为清晰。良渚玉琮起初在良渚文化背景中生产，在良渚文化时期以及在良渚文化解体之后开始流动转移。当一件物品从一个社区转移到另一个社区时——无论是以什么方式：馈赠、购买、盗窃、交换——都不可能同时或者可靠地转移该物品在原初背景中拥有的功能或意义。它必须经历某种文化转型，才能在新的语境中获得地位和意义。② 良渚玉琮的社会生命正是在这样的过程中丰富起来的。

五　建构与解构：玉琮的功能与价值

　　科皮托夫曾说过："当物品从普通遗存变成珍贵的遗存，然后可能又变回来时，那么，我们就可以研究它们的文化传记。"③ 这句话的重点，我认为是价值的转变，从普通到珍贵，或从珍贵到普通。良渚文化玉琮也有这个特点，其社会价值介于神圣、贵重和普通

① 蒋卫东：《玉琮之变——一种玉礼器传统的失落与重构》，载北京大学考古文博学院、北京大学中国考古学研究中心编《考古学研究（十五）：庆祝严文明先生九十寿辰论文集》，文物出版社，2022。
② Patrick Geary, "Sacred Commodities: The Circulation of Medieval Relics, "in Arjun Appadurai, *The Social Life of Things*: *Commodities in Cultural Perspective*, Cambridge University Press, 1986, p. 181.
③ Igor Kopytoff, "The Cultural Biography of Things: Commoditization as Process, "in Arjun Appadurai, *The Social Life of Things*: *Commodities in Cultural Perspective*, Cambridge University Press, 1986, pp. 64 – 91.

之间。

玉琮是有着丰富社会生命的物品，可以被视为一个被文化建构的实体，被赋予了特定的文化意义。其社会生命经历了被反复归入不同的文化分类范畴的过程。在前文中，我们大致对不同文化背景中的琮做了介绍，下面再结合若干微观情境中的玉琮，来阐发玉琮所经历的"建构与解构"的经历。

玉琮诞生于良渚文化，是良渚文化的典型玉器之一，玉琮是政治权力和神权的载体，与社会等级挂钩。玉琮上的神人兽面纹是良渚人的独特设计，很可能是良渚人宇宙观和原始宗教观的反映，凝结着良渚人独特的神圣信仰。作为一种高端文化物，它们在多样化的背景下被传播到其他文化中是再正常不过的。玉琮的扩散，既有互惠与社交，也有战争掠夺。

从良渚文化时期开始，良渚玉琮已经播散，这个过程同时是良渚玉琮和良渚文化解构脱钩以及在新的文化背景中建构关系的过程。当与母文化脱钩之后，良渚玉琮的文化归属指征价值会消失或减弱。当离开母文化的时间越长，其功能和价值变异的程度自然也就越大。另外，物品向外传播的概率与物品所处的社会是复杂社会还是简单社会大致是正相关的，以良渚古城为中心的良渚文化的社会形态已经进入早期国家阶段。[1]

玉琮在新的社会关系背景中，是反映威望、身份的一个贵重物品，被用来炫耀、获取地位以及财富。作为一种特异化的物品，琮在异文化背景中，数量一般极其有限，因此"物以稀为贵"。芦山峁曾出土一件玉琮，器身破裂，芦山峁人钻孔缝缀，没有改制成小件而是继续修补使用，反而可以说明其珍贵程度，反映的不是对玉料的珍视而是对器型的重视。

纹饰的变化是反映玉琮社会价值变迁的一个重要指标。神人兽面纹是良渚人独特的设计，有独特的意义，良渚人不惜工时、费尽心思地在玉器上琢刻纹饰，必有重要的信仰在支撑。然而，这种具有独特含义和价值的纹饰，对于良渚文化以外的文化而言，其价值和意义则要另当别论。

其他文化在借鉴良渚玉琮而重新创作时，一般不会全盘接受良渚玉琮的所有元素，仿良渚式玉琮即是很好的说明，内圆外方的形制通常是被采用和继承的，但是纹饰层面则因情境各异。对于其他文化而言，照着刻神人兽面纹不但费时费工，也无意义，因为这种纹饰承载的意义和信仰是良渚人的，不是他们的。或者说，时过境迁，能否记得这些纹饰的模样都成问题。

齐家文化是使用玉璧和玉琮的最后一个高峰期。齐家文化玉璧和玉琮绝大多数素面，少数有弦纹。玉琮完全是借良渚的形，而无良渚的魂。由于文化的差异，齐家人无法真正明白玉琮背后的丰富内涵，只有外方内圆这一直观特征启发了当地文化创新，于是玉琮被

---

① Colin Renfrew, Bin Liu, "The Emergence of Complex Society in China: the Case of Liangzhu,"*Antiquity* 92 364(2018), pp. 975 – 990.

本地文化系统所吸纳，仿制的玉琮保持着内圆外方的基本形制，纹饰则在长期的演义中走了样，逐渐模糊了。有一件齐家文化玉琮，表面琢刻一只鸡（图十）。王仁湘曾经表示，由齐家文化开始玉琮的制作与使用明显衰退，这也影响到三代的变化趋势，是玉琮加速退出传统的早期信号。① 商代玉石琮不少是光素无纹的，显示出琮已趋于退化。其有纹饰者，除兽面或简化兽面外，尚流行以蝉纹代替兽面纹。周代玉琮光素者也多。②

三星堆遗址三号坑最新出土了一件刻有神树纹的玉琮（图十九），颇为奇特。从玉材和形制来看，该玉琮属于齐家文化风格。上面雕琢的神树应当与三星堆青铜神树有着类似的文化内涵，即"通天神树"。而良渚玉琮的内涵之一恰恰也是"宇宙之轴"，可见，尽管这件玉琮与良渚文化的玉琮不同，但在内涵上彼此仍有相通之处。正如王仁湘所言："三星堆与金沙遗址出土的玉琮显然并未失去初始的寓意，可能依然是执掌神权贯通天地的象征。"③

图十九　三星堆遗址三号坑新出玉琮及神树图像

相反的是沣西张家坡 M170 井叔墓出土的新石器时代玉琮，其上加琢有西周时期流行的凤鸟纹，神人兽面纹被取代了，玉琮原有的礼制性意义被摒弃了，而换成了另外一种。

良渚玉琮在交流中还有一种情形，即两种文化纹饰的混合。台北故宫博物院收藏的一件良渚文化玉琮上面刻有形状扭曲的双线条勾刻的菱形纹样，上下左右角相对错位，四边都内凹。林巳奈夫较早即指出，该菱形记号在莒县陵阳河出土的大口尊上也可以看到。他确信在良渚文化的玉琮上，大汶口文化的图像记号和良渚文化的图像记号是被刻在一起的。同样的情况也见于弗利尔美术馆所藏的短筒形玉器上，也是兼有良渚和大汶口文化的符号。在上海博物馆收藏的一件高节玉琮上，也有大汶口文化的记号。那么如何解释这种现象呢？林巳奈夫提出几点可能。其中一种是大汶口文化的氏族长通过战争缴获了刻有良渚文化图像记号的玉器或没有刻有记号的玉器，然后在这些战利品上面刻上了自己所属氏

① 王仁湘：《方圆一体：玉琮的故事五千年》，上海人民出版社，2021，第 88 页。
② 王仁湘：《方圆一体：玉琮的故事五千年》，上海人民出版社，2021，第 36～37 页。
③ 王仁湘：《方圆一体：玉琮的故事五千年》，上海人民出版社，2021，第 103 页。

族的图像记号。①

　　良渚玉琮的功能也因玉琮出土时的考古学情境不同而各异。在良渚文化背景中，玉琮随葬于高等级墓葬，以浙江反山、瑶山和上海福泉山三处墓地为例，玉琮处于墓主腹部的频率最高，其余位置包括头部、足端、胸部。② 琮在不同的位置体现了不同的功能，比如陶寺遗址出土的琮大多放于右臂或者右手腕处，有些直接穿戴在手臂上，可见这些琮是穿戴用的。可以认为，每一次琮随葬位置的变化都意味着其功能关系的建构和解构。特别能说明玉琮功能被解构的例子是，在山西天马－曲村 M8 晋侯墓和河南三门峡 M2011 虢国太子墓中，男性墓主人都用玉琮来保护他们的生殖器。河北满城中山王刘胜使用仿良渚琮形玉筒为生殖器罩（图十七），是他的金缕玉衣的重要设计单元。玉琮作为生殖器套可以视为古人对玉殓葬习俗的丰富和完善。曾经作为在人间和超自然世界间沟通的"宇宙之轴"，已经沦为生殖器套，神性荡然无存，礼器功能丧失，反映了亵慢之意。除此之外，还有很多玉琮经历过被切割改制而成为另一种形态的玉器，当然可以视为对原琮的一种解构。

　　简言之，玉琮处于不同的文化、场域和情境中，造型、风格、社会价值和出现在相关文化中的原因都各有不同。在玉琮的社会生命中，它们或多或少都会经历身份、功能、内涵、认同等多方面的重新构建。

六　结语

　　玉琮见证了一个复杂社会中一种特殊类型的、神圣的威望物品的创造与流通。不夸张地说，琮是中华文明源远流长的承载物之一。

　　琮的生命史具有空间广度和时间深度，显示了其社会生命的强劲。古老的琮脉能够维系延传，一方面缘于玉琮诞生于良渚文化，起初是作为神圣和等级象征的高端文化物而存在的。权力经常通过坚持其对一个物体、一组或一类物体的奇异化的权利，以符号化的方式明确地维护自己。上层人群通过将神圣权力投射到圣化物品上来，来扩大神圣权力的可见范围。③

　　另一方面，"中心－四方"或称"方圆一体"的形制，在琮的生命史中也起着重要作用。这是一种经典的艺术美学特征。良渚文化之后其他文化人群制作的玉琮，大抵都保持了"中心－四方"的特征，一直到宋代，仿古复古运动兴起，瓷器的制作也模仿琮的形制，出现琮式瓶。蒋卫东指出，尽管三礼注疏和礼图图解对于"琮"的形象聚

① 〔日〕林巳奈夫：《良渚文化和大汶口文化中的图像记号》，《东南文化》1991 年第 Z1 期。
② 王仁湘：《寻琮：玉琮在墓葬中的出土位置分析》，《南方文物》2020 年第 3 期。
③ Igor Kopytoff, "The Cultural Biography of Things: Commoditization as Process," in Arjun Appadurai, *The Social Life of Things: Commodities in Cultural Perspective*, Cambridge University Press, 1986, p. 73.

讼不已，但在实际祭祀操作中，基于"地有四方"的基本认识，祭地的玉礼器"琮"便也以四方作为最基本的形体特征，反复出现。① 甚至很多当代建筑也模仿玉琮之形，凡此，皆可视为琮形的一种活态传承和"符号化"。玉琮的社会生命也见证了不同的文化、场域和情境中人类对琮不断"建构与解构"的社会关系。值得一说的是，琮的社会生命仍然在继续。

编辑：徐良

---

① 蒋卫东：《玉琮之变——一种玉礼器传统的失落与重构》，载北京大学考古文博学院、北京大学中国考古学研究中心编《考古学研究（十五）：庆祝严文明先生九十寿辰论文集》，文物出版社，2022。

良渚文化水乡聚落的微观形态探析

——以昆山绰墩遗址为个案

郑　铎

（常州市考古研究所）

　　[摘要] 绰墩遗址位于长江下游的环太湖地区东部水网平原，是一处典型的水乡景观聚落。良渚文化时期的聚落因素包括生活遗存、生产遗存和丧葬遗存，显示出聚落内生产技术进步、人群分化，且存在强有力的社会组织，能够号召人群完成大体量的公共工程，其可能是一定范围内的中心聚落。良渚文化晚期聚落内性别比例失衡，男性的缺失预示着聚落开始衰退。绰墩遗址的聚落形态具有突出的地域性特征，是自然环境和社会生产力综合作用的结果，反映了长江下游地区新石器时代社会变迁的总体趋势。

　　[关键词] 长江下游；良渚文化；聚落形态；社会变迁；绰墩遗址

　　张忠培先生认为对单一聚落形态、布局及结构的个案研究是聚落考古研究的基本内容之一①，栾丰实先生则指出对聚落内部结构的研究是空间聚落形态和历时聚落形态研究的基础，具有不言而喻的重要性②。聚落微观形态研究的内容一般包括聚落位置、范围、内部布局和功能以及不同时期的动态变迁过程等内容。③ 对于考古学研究而言，对聚落构成要素及其空间形态进行深入剖析的个案研究类似于人类学研究中对文化符号的"深描"④，能够使社会现象的变迁脉络得到更为清晰地描述和阐释。因而，对于一些发掘较为全面的遗址如姜寨、半坡、兴隆洼、白音长汗等，学者从不同视角进行了多方位的解读。

　　相较于黄河流域和东北地区，长江下游地区缺乏全面揭露的遗址，对聚落形态的个案研究也不丰富。绰墩遗址是聚落形态要素体现得较为全面的一处，该遗址位于环太湖地区东部的水网平原，分布面积约 40 万平方米，核心区面积约 25 万平方米。1982 年曾进行试

---

① 张忠培：《聚落考古初论》，《中原文物》1991 年第 1 期。
② 栾丰实：《关于聚落考古学研究中的共时性问题》，《考古》2002 年第 5 期。
③ 王巍：《聚落形态研究与中华文明探源》，《文物》2006 年第 5 期。
④ 〔美〕克利福德·格尔兹：《文化的解释》第一编《深描：迈向文化的阐释理论》，纳日碧力戈等译，上海人民出版社，1999，第 3 ~ 36 页。

掘，1998 年至 2004 年又进行了六次正式发掘，揭露面积 3393 平方米，是长江下游发掘面积最大的史前遗址之一。^① 遗存时代涵盖马家浜文化、崧泽文化和良渚文化的多个阶段，每一时期都留存有较为丰富的聚落要素，可以作为深入研究长江下游地区聚落发展进程的典型个案。其中良渚文化遗存集中分布于Ⅰ、Ⅱ两区（图一），发掘报告对绰墩遗址的居住址和聚落做了简短的分析。近年来环太湖地区的新石器时代聚落考古取得了较多新发现，为进一步探析长江下游地区聚落形态的地方性特征和历时性变迁提供了参考。

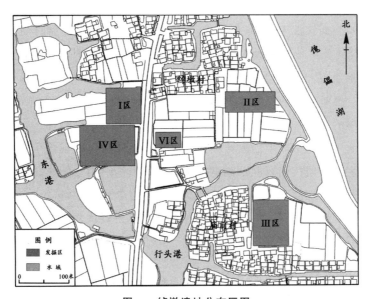

图一　绰墩遗址分布区图
（根据绰墩遗址发掘报告图三改制）

在前良渚时代的马家浜文化、崧泽文化时期，绰墩遗址的聚落已经经过了长期的发展。考古发现的马家浜文化遗迹包括房址 3 座、水田 64 块、灌溉水沟 4 条、墓葬 37 座以及灰坑 39 个，时代为马家浜文化晚期。崧泽文化时期遗迹有居址 3 座、水井 1 口、墓葬 38 座和灰坑 6 个，时代为崧泽文化早期偏晚阶段至中期。经过崧泽文化晚期的中断期，绰墩遗址在良渚文化时期再度被使用，发现的遗迹包括河道 1 条、房址 9 座、水井 10 口、墓葬 10 座、土台 1 座和灰坑 39 个。

良渚文化遗存主要包括前后两段，分别为该遗址的第五期和第六期，原报告认为第五期为良渚文化早期，第六期为良渚文化中期。从出土器物判断，第五期接近于新地里遗址第四段，时代应为良渚文化中期偏晚至晚期偏早阶段^②，第六期为典型的良渚文化晚期遗存。

①　苏州市考古研究所：《昆山绰墩遗址》，文物出版社，2011；南京博物院、昆山县文化馆：《江苏昆山绰墩遗址的调查与发掘》，《文物》1984 年第 2 期。本文关于绰墩遗址的考古资料，如无特殊说明均引自该发掘报告和简报，下文从略。

②　浙江省文物考古研究所、桐乡市文物管理委员会：《新地里》，文物出版社，2006，第 596 ~ 600 页。

一　生活遗存

绰墩遗址发现的良渚文化时期生活遗存除灰坑外，主要为 9 座房址和 10 口水井。考古发掘报告公布了 8 座房址的资料，包括第五期的 3 座，第六期的 5 座。

第五期房址为 F10、F11 和 F12，均位于 Ⅱ 区。F11 是较为特别的一座（图二），该房址为浅地穴式建筑，地穴深度 0.1～0.2 米。绰墩遗址在马家浜文化时期也存在一座地穴式建筑 F13，直径约 2.9 米，深约 0.96 米，房屋中部以两根立柱支撑，南部有台阶可供上下，室内未见其他遗迹。与该遗址马家浜文化时期的建筑相比，良渚文化的这座房址并不是下挖形成墙体，而是先堆筑房屋基础再下挖形成居住面，是建筑工艺的进一步复杂化，能够有效增加房屋的牢固程度。房屋西南角有突出的门道和木柱门楣，由门柱高度及木柱间距可知门高 0.8 米、宽 1.2 米。废弃堆积内有大面积的编织物覆盖于室内和北排柱洞之上，此为倒塌的屋顶。居住面东北部铺有木板，木板上铺芦苇编织物，编织物表面平整光滑，其上发现有陶豆、陶鼎残片，发掘者认为是睡觉之处。西北部发现一块大砾石，附近出土陶鼎、陶豆、陶罐、陶宽把杯、漆木杯等器，可能为餐饮之处。西北部还发现有竹篾编织物，内含稻谷，推测是粮食存放处。另外，出土器物还包括耘田器、石锤、石斧等器物，均为实用工具。

该房址内出土器物中包括一件器身刻满抽象鸟纹的黑皮陶宽把杯和一件外红内黑的漆木杯，发掘者据此推测这是一处高等级房屋。该房屋内部功能齐全，不似单一功能的特殊建筑，除与其他众多长江下游地区的房址一样在屋内未设灶之外，几乎涵盖了生产、消费、居住、养育子代等其他功能，是一处家用功能性齐备的"家户"①。绰墩遗址 F11 面积仅 10 平方米上下，容纳能力有限，像是一处单个核心家庭的居所，这也应是良渚文化复杂社会结构中最基本的社会单元。房屋门框低矮，可知 F11 居住者的社会等级并不高，只是聚落中的普通居民。但 F11 的主人能够使用精致的黑陶杯和漆木杯，说明良渚文化整体上的社会生产水平较高，普通民众也注重对日常生活品质的追求。此类情形亦见于良渚文化核心区的卞家山遗址，该遗址良渚文化时期河道内出土有较多类似的刻纹黑皮陶器和精美漆器②，墓地发掘资料表明其同样是一处普通聚落。

另两座房屋 F10、F12 为地面式房屋。F10 距离河岸 1.4 米左右，平面为长方形，基槽外有排水沟通向河道。F12 的平面形状较为特殊，呈刀形，西侧有一长条形通道连接灰坑 H105。灰坑填土为草木灰及被火烧过的动物骨头，包括鱼、猪和梅花鹿等，出土有陶鼎、石锤等器物，发掘者认为是兼具炊煮和窖藏功能的厨房，东侧房屋为居所。两座房屋

---

① 姜仕炜、栾丰实、路国权：《家户考古视野下鱼化寨遗址仰韶早期聚落研究》，《江汉考古》2023 年第 1 期。
② 浙江省文物考古研究所：《卞家山》，文物出版社，2014，第 312～319、331～350 页。

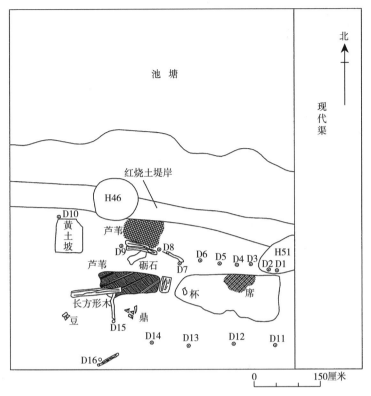

图二　F11 平面图

体现出的建筑特征，如沿河建造房屋并注意防水，有意将炊煮功能分离，是马家浜文化时期就已出现的居住习惯。该遗址的马家浜文化房屋 F7 西侧就已建有单独的厨房，厨房内设有灶坑 Z1。环太湖地区盛行木结构建筑，常将灶设于屋外，这样不仅可以避免火灾，也能够提升生活区的整洁度。绰墩聚落将房屋功能分离，又加盖专门的房屋作为厨房，表明环太湖地区精致化的日常生活自马家浜文化时期就开始了，并传承至良渚文化时期。

　　第五期的这三座房址分布于河道两侧，其中位于南侧的 F11 开口于 6 层下，被河道打破，年代相对较早。位于北侧的 F10、F12 分别开口于 4 层和 5 层下，比 F11 的年代稍晚。虽然发掘报告认为良渚文化时期的聚落以河道为中心，房址分布在河道的两岸，为依河而筑的布局，但这三座建筑的开口层位各不相同，且均未发现重建痕迹，应不是同时并存的房屋，所以也不存在组合关系。F11 先于河道存在，开凿河道破坏了 F11 的完整性，河道开凿后又建造了 F12，河道淤积后再建 F10，三座房屋是时代略有早晚的独立建筑。发掘区内，河道岸边同时存在的建筑并不多，可见河道附近不是这一时期绰墩聚落的居住中心区。河道两岸加工整齐，在聚落内十分受重视，岸边建筑 F12 的功能可能与河道的日常维护有关，F10、F11 因与河道不共存，其功能则无法判断。

　　第六期房址包括 F1、F2、F3、F5 和 F6 等 5 座，均位于 I 区。其中 F2 的面积约 65 平方米，残存有墙体及基槽、门道和柱洞，门道内侧埋有一具完整动物骨架，应与建房前的祭祀行为有关。祭祀遗迹在绰墩遗址的马家浜文化时期就有发现，灰坑 H128 即埋有完整的动物骨架，类似遗迹也发现于骆驼墩、神墩遗址[①]，重祭祀是长江下游自马家浜文化就已确立的社会传统。F3 为圆形房址，直径约 4.5 米，房屋范围内仅发现两个灰坑，位于房屋中心的灰坑为灶坑，另有一不规则形窖穴。F3 与 F2 位于相邻探方，且开口于同一层位下，应是具有组合关系的一组建筑，F3 可能为 F2 的炊煮和储藏场所。

　　F5、F6 为两座长方形的大房址。F5 揭露部分东西长 12.1 米、南北宽 9.5 米，东西方向延伸出探方之外，是绰墩遗址面积最大的一座房址。残存基本平行的基槽 4 条，北侧两基槽和南侧两基槽的间距都是 1 米左右。房屋中部分布有一线排列的六个柱洞，与南北两侧基槽的距离相若（图三）。从残存遗迹看，F5 应是前后带有廊檐的两面坡式建筑。这种大面积、双基槽的建筑遗存还见于庙前遗址，庙前遗址第五、六次发掘的"红烧土遗迹A"建筑遗存面积超过 200 平方米，有大面积平整的红烧土面，建造更为考究。[②] F6 分室内、室外两部分，室内已揭露部分东西长 10 米、南北宽 6.8 米，中间有一条南北向基槽将房屋分隔为东西两间。南墙东段有长达 4 米的排木印痕，紧贴基槽北壁，应是精细的墙体木骨。南墙之南约 2 米处有另一条平行的基槽，可能是支撑房屋廊檐的墙基。两道基槽之间分布有多排芦苇印痕，彼此间距匀称，但根据目前已掌握的材料尚不能明确墙体之间安插芦苇的具体功用（图四）。

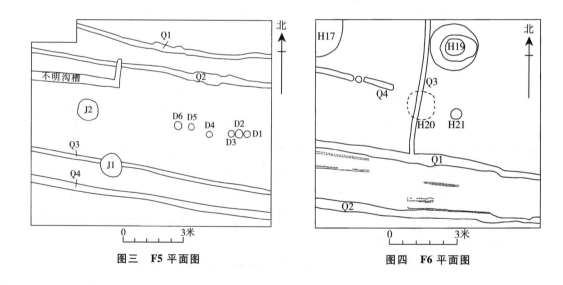

图三　F5 平面图　　　　　　　　　图四　F6 平面图

　　另一座房址 F1 仅清理了一角，基槽外可见有排水沟，整体布局不明。第六期的 5 座房址面积均较大，分布相对集中。房址所在的 I 区原有高大的土墩，南北长 70 米、东西宽 30 米、高 6 米左右，是良渚文化高等级中心聚落的规模，后被破坏而未能发掘。可以认为在这一时期，I 区为整个聚落的核心区，核心区不仅建造了大体量的居住建筑，且堆

---

① 南京博物院、宜兴市文物管理委员会：《江苏宜兴骆驼墩遗址发掘报告》，《东南文化》2009 年第 5 期；南京博物院、常州博物馆、溧阳市文化广电体育局：《溧阳神墩》，文物出版社，2016，第 343 页。

② 浙江省文物考古研究所：《庙前》，文物出版社，2005，第 247～250 页。

筑起高大的台墩，其聚落形态应是以台墩为中心、外围河渠纵横的水乡景观。

对比该遗址良渚文化之前的房屋遗存，马家浜文化时期的 3 座房屋揭露最大者 F7 面积为 27 平方米，崧泽文化时期的 3 座房屋揭露面积最大者 F14 面积约 50 平方米，而良渚文化时期的 F5 面积已在 100 平方米以上，房屋面积有不断增大的趋势。建筑体量的持续增大及建筑结构的日益复杂表明，环太湖地区的建筑技术不断进步，在良渚文化时期达到了顶峰。

水井是聚落内的另一项重要设施，从数量看，发掘区内的水井分布较为密集。但绰墩遗址的水井深度普遍较浅，较深者 J84、J20 的深度分别为 2.65 米、2.5 米，其余均在 2 米以下，其中 J21、J72 两口水井的深度不足 1 米。10 口水井的口径与深度的比值多在 0.4 ~ 0.8，一般口大底小，是新石器时代常见的土井形态，只有 J84 的口径与深度比值低于 0.4，较接近于现代水井。

J15、J16、J17 三口水井紧邻，J15 开口于 4 层下，略晚于河道，与 F10 同时，可能为该房址的附属设施。J16、J17 与河道同位于 5 层下，应与河道为同时期设施。将这两口水井开凿于河道岸边，应当是看重水井的过滤功能，既保证了水源的充足，又使饮用水得以洁净。

二 生产遗存

良渚文化时期的生产遗存主要为河道，未见水田、窑址等其他遗迹。河道位于Ⅱ区，呈东北—西南走向，揭露部分长 40 米，东北侧有折向北部的内湾（池塘），应是一处港湾。河道南北都筑有堤岸，南岸堆筑材料主要为红烧土，北岸用红烧土和黄土堆筑，黄土部分打有密集的木桩进行加固，建造得相当考究。河道宽 6 ~ 9 米，深约 1 米，河底有与河道平行的河床，南河床宽 1 ~ 3 米，北河床宽 1 ~ 4 米（图五）。

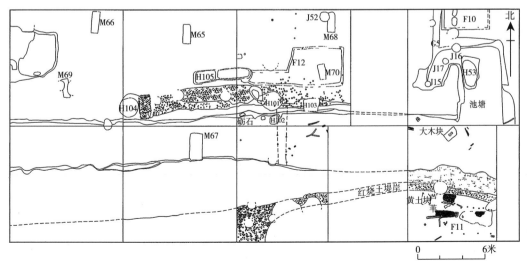

图五 河道及房址、水井等遗迹平面图
（根据绰墩遗址发掘报告图一九改制）

该河道打破良渚文化房址 F11，淤积后形成良渚文化第 5 层、第 4 层，淤积层之上发现良渚文化晚期墓葬 8 座。从层位关系看，河道的开凿时间最早至该遗址第五期。Ⅱ区未见马家浜文化和崧泽文化时期遗物，河道应为良渚文化时期开凿而成。河道内出土遗物主要为日用陶器和石器，为良渚文化晚期风格。其中一件陶鬶 CH - 1②：6 器形接近于好川墓地 M32：12①，过去被看作良渚文化末期遗物。但该器物与寺墩遗址第一次发掘上文化层出土的良渚文化晚期遗物 T8：2 也十分接近。② 河道的废弃时间应在良渚文化晚期，与河道的层位关系相一致，也与河道内遗存的测年（经树轮校正距今 4549 ± 73 年）相符。

绰墩遗址的河道宽而浅，不利于终年存水，河道内开掘有小沟也说明河道使用期间存在枯水期，蓄水不是其主要功能，聚落内的饮用水可能主要由水井提供。河道内出土一件长方体大木块，一端加工成斜面类似船头形状，上部中间有鼻孔形把手，经计算木块最大浮力 82.7 千克。良渚文化时期，已使用独木舟、浮筏作为水上交通工具，良渚古城可能使用竹筏运输石料修建城墙。③ 环太湖地区水路畅通，水上交通在史前时期是最为便捷的运输方式，绰墩遗址出土的大木块可以作为交通工具，也可以配合其他工具运输货物，绰墩聚落的河道正是长江下游良渚文化时期发达水路系统的反映。

绰墩遗址自马家浜文化时期开始种植水稻，在两个区域发现有 64 块水稻田及配套的灌溉系统。在发掘区内未发现良渚文化时期水稻田，从良渚古城池中寺发现的约 6000 立方米炭化稻谷和茅山遗址发现的 80 多亩水稻田看④，良渚文化时期的稻作农业非常发达。绰墩遗址房址 F11 内发现有稻谷遗存，聚落内的生业经济应当也是以水稻种植为主。灌溉系统直接影响水稻的收成，绰墩遗址的这处河道在作为水路的同时，可能也具备灌溉功能，是一处水利工程。良渚文化时期，环太湖地区的社会已具备修建大型公共工程的能力，尤以浙江余杭良渚古城外围的水利系统规模最大，11 条堤坝围成的蓄水库区面积达 8.5 平方千米，具有防洪、运输、用水、灌溉等诸方面的综合功能。⑤ 绰墩遗址发现的这条河道位于遗址东部边缘，其功能虽无法同余杭地区的水坝相提并论，但对于绰墩聚落而言却是稻作生产的基础设施，同时还可能是防洪和灌溉的保障，对于聚落生存而言具有举足轻重的地位。

三　丧葬遗存

绰墩遗址发现良渚文化墓葬 10 座，包括 1982 年试掘的 M1 和之后六次发掘的 9 座

---

① 浙江省文物考古研究所、遂昌县文物管理委员会：《好川墓地》，文物出版社，2001，第 211 页。
② 南京博物院：《江苏武进寺墩遗址的试掘》，《考古》1981 年第 3 期。
③ 浙江省文物考古研究所：《良渚古城综合研究报告》，文物出版社，2019，第 289 页。
④ 浙江省文物考古研究所：《良渚古城综合研究报告》，文物出版社，2019，第 11、180 页。
⑤ 浙江省文物考古研究所：《良渚古城综合研究报告》，文物出版社，2019，第 282 页。

（M28、M64～M71），其中 M1、M28 位于 I 区，另外八座位于 II 区，均为第六期遗存。II 区墓葬较分散，大致可看出两三座为一组，是多个核心家庭的规模。随葬品最多的一座 M66 为 11 件，被打破的一座 M68 未发现随葬品，其余 1～8 件，不见大型墓葬，也无赤贫者，为平民阶层的墓地。位于 I 区的 M1 出土器物 12 件，是出土器物最多的一座，器类为陶器和石器，石钺、石刀、石镰均有使用痕迹。M28 位于 F3 的南侧，因被破坏仅出土了一件陶盆。这两座墓葬的规模和随葬品与 II 区墓葬相差不大，也为平民阶层的墓葬。

墓主性别和年龄明确的有 7 座，其中女性墓 6 座，男性墓 1 座，与马家浜文化和崧泽文化时期相比，显然男性的比例较低。马家浜文化能够辨别性别年龄的 27 座墓葬中，成年女性墓 10 座，成年男性墓 8 座，未成年人墓葬 9 座，人口比例较均衡。崧泽文化墓葬中性别可辨的男性墓 6 座，女性 12 座，少年及儿童墓 12 座，当时的成年率并不高，男性比例已大幅下降，但降至最低点却是在良渚文化时期。

男性墓 M66 是唯一随葬钺的墓葬，随葬石钺 6 件，男性指向意义明显。M70 是较为特殊的一座，墓主为中年女性，随葬品 8 件全部为石器，包括 6 件石镞和 2 件石锛，石镞多残损，为实用器。石镞和石锛一般是作为武器和工具使用的，可知 M70 的墓主虽然为女性，但在聚落中承担了较多的体力活动。联系到 7 座墓葬的男女比例，似乎说明绰墩聚落在良渚文化晚期时遭遇了危机，男性在聚落中有所缺失，因而女性承担了较多的生产活动。

马家浜文化时期，绰墩遗址的 37 座墓葬中有 23 座无随葬品，数量超过墓葬总数的五分之三，其余 14 座墓葬的随葬品也仅一至三件。随葬品主要为陶器，个别墓葬有骨簪或象牙梳，不见玉器。随葬品的均质化分布表明绰墩遗址在马家浜文化时期社会无明显的贫富分化，是一处普通聚落。崧泽文化的 38 座墓葬中，未发现随葬品的 10 座，随葬品 10 件以下的 19 座，10 件及以上的 9 座。值得注意的是 10 件及以上随葬品的墓葬中，女性墓葬的比例远高于男性。从随葬品的分布比例看，大多数集中在 10 件以下，拥有较多随葬品和无随葬品的墓葬数量相当，如果以随葬品数量来衡量人群的等级，则当时大致呈橄榄型社会结构。随葬品最多的墓葬 M32 是一座壮年女性墓，共 15 件，包括 5 件石器和 10 件陶器，石器中包括一件石钺，显示出聚落内部可能存在初步的分化。

虽然绰墩遗址发现的良渚文化墓葬都是平民阶层墓葬，但 1981 年的发掘出土有玉琮、玉钺等器物，表明 I 区的台墩之上曾有高等级墓葬存在。玉琮方正，所刻图像为上下相同的人面纹[1]，形制接近于新地里遗址 M137：9、福泉山遗址 M65：49，纹饰与高城墩遗址 M11：7 相近[2]，为良渚文化中期偏晚至晚期遗物，与聚落同期，可知绰墩遗址在良渚文化时期应是一处等级较高的聚落。由于发掘墓葬较少，尚难以推断绰墩遗址墓葬分区的更详

① 车广锦：《良渚文化玉琮纹饰探析》，《东南文化》1987 年第 3 期。

② 浙江省文物考古研究所、桐乡市文物管理委员会：《新地里》，文物出版社，2006，第 312 页；上海市文物管理委员会：《福泉山》，文物出版社，2000，第 50 页；南京博物院、江阴博物馆：《高城墩》，文物出版社，2009，第 105 页。

细情况。从其他良渚时代高等级聚落的发掘情况看，一般都是将不同阶层的墓地进行空间隔离，绰墩遗址应当是相似的聚落布局，即在台墩之上埋设贵族墓，而将大部分平民墓埋设在了台墩之外。

与丧葬活动有关的还有一座土台，土台位于Ⅰ区，开口于 2 层下，平面呈长方形，东西长约 10 米、南北宽约 6 米，残存高度 0.5 米，东面、南面边缘环绕红烧土带。该土台建造于崧泽文化层之上，下压崧泽文化房屋 F8，台上仅发现两个柱洞和一处硬土面。关于土台的时代，发掘者认为是良渚文化遗存，但报告图四 "T0703 土台探沟西壁剖面图" 显示第 3 层（报告介绍为崧泽文化层）叠压于土台坡上，因而有学者认为应是崧泽文化遗存。[①]

土台遗存在环太湖地区出现于马家浜文化晚期[②]，崧泽文化土台已发现了十余处，一般用作祭台或墓地，也作为建筑基础使用。良渚文化时期，人工堆筑土台大量涌现，体量巨大者如良渚古城中心的莫角山宫殿区台基，面积近 30 万平方米，土方量约 228 万立方米。[③] 绰墩遗址发现的土台体量较小，虽然考古报告 "推测台的功用除祭祀外，还用作墓地"，但土台上未发现明确的祭祀遗迹，与之相关的墓葬仅 M28 一座[④]，实际上土台的时代和功用从已公布材料看都有商榷的余地。普安桥遗址见有良渚文化土台与崧泽文化土台相叠压的现象[⑤]，绰墩遗址的土台可能也是始建于崧泽文化时期，良渚文化时期以崧泽文化土台为基础进行了加高扩建。由于土墩被毁，这一推测是否成立已无法验证。

结　语

绰墩遗址的聚落演变经历了三个时期，第一期为马家浜文化晚期，第二期为崧泽文化早中期，第三期为良渚文化中晚期。三个时代的遗存有时间上的中断，并非同一聚落的连续发展。自马家浜文化至良渚文化，绰墩遗址数度被选择为安插聚落的场所，在一定程度上说明了其地理环境具有相当的优越性，适宜于长期定居。

绰墩遗址位于环太湖地区东部，所在地区平均海拔仅 3 米多，遗址东西两侧分别为阳澄湖和傀儡湖，核心区四周环水，周围河荡纵横，是一处典型的水乡聚落。马家浜文化晚期是环太湖地区聚落增长的第一个爆发期，绰墩遗址在这一时期开始被使用，与当时长江下游地区生存条件的极大改善有关。绰墩聚落建立之时便开始垦殖水田种植水稻，这首先

① 王宁远：《遥远的村居——良渚文化的聚落和居住形态》，西泠印社出版社，2010，第 156 页。
② 崧泽遗址考古队：《上海青浦崧泽遗址考古发掘获重要成果》，《中国文物报》2004 年 6 月 9 日。
③ 浙江省文物考古研究所：《良渚古城综合研究报告》，文物出版社，2019，第 67 页。
④ 土台位于Ⅰ区 T07032 层下，M28 位于该探方 1 层下，上部被破坏，但报告未明确墓葬和土台的相对关系。
⑤ 普安桥中日联合考古队：《桐乡普安桥遗址早期墓葬及崧泽风格玉器》，载浙江省文物考古研究所编著《浙北崧泽文化考古报告集（1996~2014）》，文物出版社，2014，第 134~135 页。

是由于长江中下游地区的水稻驯化和栽培有久远的历史，其次也说明了多水聚落环境对于稻作农业的重要性。绰墩遗址未发现崧泽文化和良渚文化时期的水稻田，而其他遗址的发现可以证明水稻在生业经济中的地位逐渐提升并成为环太湖地区人群的主食。灌溉系统与稻作农业休戚相关，绰墩遗址的马家浜文化水田以蓄水坑、水沟和水口调节水位，至良渚文化时期则开凿了具有灌溉功能的宽大河道。灌溉系统的演化，体现了长江下游地区生产技术的持续进步。

绰墩遗址的房屋颇具地域特色，表现出与黄河流域和东北地区不同的建筑特征。从聚落布局方面看，绰墩遗址始终不见数十座房屋朝向共同中心的向心性结构，也不见成排分布的建筑，而是呈现出离散分布的状态。有研究者通过对中国及西亚地区聚落形态的比较，认为当聚落内和聚落之间还未出现明显的贫富分化时，聚落布局体现出凝聚、向心的集体主义观念，是一种平等的"同质"形态；而在氏族社会向复杂社会转变的阶段，则会出现中心聚落和高规格建筑，是一种分化的"异质"形态。① 绰墩遗址的良渚文化房屋分布显然属于后一种形态，反映出在这个并不处于社会金字塔顶尖的聚落内，核心家庭的地位也在日益凸显，社会阶层明显分化。可知良渚文化时期，不仅核心区的良渚古城表现出国家文明形态，整个环太湖地区都处于社会快速复杂化的发展过程之中。

从单体建筑看，以地面式建筑为主，有个别浅地穴式房屋，房屋全部为土木结构，注重对房屋内部功能区的划分，反映出一种精致化的生活方式。建筑的地域性与聚落的微观地貌有直接关系，环太湖地区水位高而且受降水影响明显，在崧泽文化时期仍受海水侵袭的威胁②，建造房屋时需尽量抬高居住面保持房屋干爽。多水环境下，建造房屋主要是依地形布设，择高而居以避水患，自然环境对聚落布局和建筑形态都有着决定性的影响。在体现地域性的同时，绰墩遗址的房屋建造技术也在不断改进。良渚文化之前的房屋面积较小，结构简单，至良渚文化时期，房屋面积普遍增大，建筑结构也较为复杂，尤其是良渚文化晚期的房屋多见两层基槽，似普遍有廊檐，技术进步带来了房屋形态的不断变化。

墓葬资料表明，马家浜文化时期绰墩遗址聚落内性别结构稳定，社会财富较少且无明显的社会分化。崧泽文化时期女性比例增大，大部分墓葬有数量不等的随葬品，无随葬品的墓葬仅占少数，个别墓主人占有较多的社会财富，社会结构呈现出橄榄型特征。就环太湖地区的整体聚落结构而言，马家浜文化时期和崧泽文化时期的绰墩遗址均为普通聚落，可能是依附于同时并存的东山村聚落，为东山村聚落提供粮食等产品，并从东山村聚落获得相应的社会权力。至良渚文化时期，绰墩聚落快速发展，不仅开凿河道，堆筑高大土墩，建造大面积房屋，而且出现了随葬玉琮、玉钺的高等级墓葬。相对于土墩上的高等级墓葬，发掘所见的墓葬规模都较小，聚落成员之间有明显分化。此时绰墩聚落内应存在强有力的社会组织，能够号召人群完成大体量的公共工程，可能是一定范围内的中心聚落。

① 韩建业：《彩陶风格与聚落形态——以黄河流域和西亚史前几何纹彩陶为中心》，《江汉考古》2022 年第 5 期。
② 严钦尚、洪雪晴：《长江三角洲南部平原全新世海侵问题》，《海洋学报》1987 年第 6 期。

良渚文化晚期，绰墩聚落的男女比例严重失衡，女性承担了较多的体力劳动，预示着聚落的衰退已经开始。

土台是绰墩遗址的另一类人工建筑物，和河道一样是公共工程，两者的形成可能具有一定的关联，开凿河道的土方可以用来堆筑台墩，在聚落建设上具有一举两得的效果。叠压关系显示土台可能在崧泽文化时期就形成了，且制作得较为考究。良渚文化时期，以已有土台为基础，重新建造了更为高大的墩体。墩体未进行考古发掘，其功能不得而知，从其他遗址的发现看，良渚文化时期的土墩大多是房屋和墓葬共存，在社会生活中发挥有重要作用。台墩的大小往往和聚落的等级相关，能够体现出聚落的社会地位和组织能力，莫角山、寺墩、福泉山等中心聚落全部都是以高大的墩体作为聚落的核心，绰墩遗址的聚落形态和空间布局应遵循同样的规律。

绰墩遗址的聚落发展历程在环太湖地区具有普遍性，是长江下游地区史前社会发展的缩影。该遗址起初为水网平原上的一处普通农耕聚落，在良渚文化时期迎来了繁荣阶段，随后又走向衰落。在聚落断续发展的过程中，自然环境因素和社会因素共同塑造了绰墩遗址具有浓郁地域特色的水乡聚落空间形态。

编辑：徐峰

历史时期文物考古

都城制分期的历史学和考古学 *

——以曹魏邺城、洛阳城的复原为中心

〔日〕 佐川英治（东京大学大学院人文社会系研究科）

付晨晨　译（樱美林大学教养学部非常勤讲师）

[摘要] 魏晋时期的邺城和洛阳城是汉代向魏晋南北朝演进中出现的都城，在中国都城发展史上占据了重要位置。但由于相关文献记载模糊，其研究难有突破。20 世纪 80 年代以后，对其考古学调查、发掘逐渐推进。在中国考古学者发表复原图以后，其宫城配置、中轴线等复原令学界注意到两城的划时代意义。然而，实际上对魏晋时期都城的调查发掘范围有限，对都城整体的复原主要利用文献记载。中国历史学研究者与考古学者交流有限，几乎不见前者在都城研究中的身影。笔者认为，中国考古学者在利用文献时尚有不精审的地方，犯了从后世都城特征倒推的错误。这种复原反而令我们错失了历史的动态和多样性。因此，本文将重新审视中国考古学者的复原，意图阐明曹魏邺城和洛阳城的实际情况及其历史意义。

[关键词] 都城；邺城；洛阳城；中轴线

序　言

唐长安城的都城制度对以日本平城京、渤海上京龙泉府为首的诸东亚古代都城，乃至宋代以后中国的都城制度均产生了深刻影响，可谓是中国都城制度的经典成熟形态。探索唐长安城都城制度的形成史是了解中国文化如何形成东亚普遍性的突破口。我们已经知道西汉长安城与唐长安城完全不同。那么，唐长安城的都城制度是如何在汉代以后的历史中形成、发展的呢？

以上问题一直以来都是都城制度研究的一个焦点。在追溯唐长安城的根源时，多数研

---

* 本文的日文稿《都城制の画期をめぐる歴史学と考古学——曹魏の鄴城と洛陽城の復元を中心に》原刊于《中国考古学》第 18 号，2018。

究者将目光投向北魏的洛阳城。把北魏洛阳城视为唐长安城前身的观点，最早见于那波利贞[①]、陈寅恪[②]等学者基于文献的研究。佐藤武敏[③]继承了这一见解。这是因为唐长安城整齐划一的都城设计理念在北魏洛阳城初现萌芽，如纵贯都城正面的中轴线、条坊制构成的外郭城、左右对称的大市小市等等。贺业钜在其大著《中国古代城市规划史》中称：

> 隋唐长安与洛阳、宋东京、金中都、元大都以及明北京等历代名都规划，都是这种影响的历史见证。尽管这些名都规划，出现的形式各有不同，但仔细分析它们的规划机构，便可发现基本上都是沿着北魏洛都规划这座里程碑所指引的发展营国制度传统道路而规划的。[④]

指出唐代的都城制度直接继承自北魏洛阳城。不过也存在不同看法，如杨宽在其都城论中从新石器时代以来长期的历史流变出发，指出坐西朝东向坐北朝南的都城制度转变发生于汉代洛阳城。[⑤] 此外，原本只有少量文献记载的曹魏邺城、洛阳城在 20 世纪 80 年代以后开始考古发掘，中国考古学者据此绘制了复原图，其划时代意义开始被强调。受此影响日本学者积山洋[⑥]、外村中[⑦]、今井晃树[⑧]等也相继开始讨论曹魏都城制的划时代意义，为魏晋时期的都城研究注入活力。

然而回过头来看，在考虑曹魏邺城、洛阳城的历史意义时，基于中国考古学者的复原图进行讨论存在很大弊端。曹魏都城的调查、发掘范围有限，其复原多源于文献推测。而现在中国以文献研究为中心的历史学者又基本没有参与都城研究，因而对都城复原工作尚未进行过严格的文献批判。故而本文将进行这一工作。拙著[⑨]已经讨论过洛阳城，这里仅稍作补充。本文将专注于对邺城复原的批判。

一 邺北城遗址与曹魏邺城的复原

邺城在东汉末成为曹操魏国国都，此后接连成为后赵、冉魏、前燕、东魏、北齐的

① 〔日〕那波利贞：《从支那首都计划史考察唐长安城》，载桑原博士还历纪念祝贺会编《桑原博士还历纪念东洋史论丛》，弘文堂，1931，第 1203~1270 页。
② 陈寅恪：《隋唐制度渊源略论稿》（初版），香港中华书局，1946，重版于 1974 年。
③ 〔日〕佐藤武敏：《长安》，近藤出版社，1971。
④ 贺业钜：《中国古代城市规划史》，中国建筑工业出版，1996，第 474 页。
⑤ 杨宽：《中国都城的起源与发展》（日语版），〔日〕西嶋定生监译，〔日〕尾行勇、高木智见共译，学生社，1987。
⑥ 〔日〕积山洋：《中国古代都城的轴线设计与正殿》，《条里制·古代都市研究》第 22 号，后收录于氏著《古代的都城与东亚——大极殿与难波京》，清文堂，2013。
⑦ 〔日〕外村中：《魏晋洛阳都城制度考》，《人文学报》（京都大学）第 99 号，2010。
⑧ 〔日〕今井晃树：《魏晋南北朝隋唐时代都城轴线的变迁》，《中国考古学》第 11 号，2011。
⑨ 〔日〕佐川英治：《中国古代都城的设计与思想——圆丘祭祀的历史性展开》，勉诚出版，2016。

都城。东魏高欢自洛阳迁都邺城以后，在旧邺城城南修建了新的宫城和城郭。因此，曹魏以来的旧城被称作北城，东魏时期新建的部分称为南城。以下讨论中的邺城主要指邺北城。

邺城研究始于村田治郎。[①] 村田利用正史、《资治通鉴》、《魏都赋》、《邺中记》、《水经注》等史料讨论了邺城的平面结构、建筑和历史。在村田以前，已经有杨守敬根据北魏郦道元《水经注》卷十《浊漳水》的记载复原的邺城图（图一）。图中标示有环城内外的水路、七道城门、东西七里南北五里的城郭，还注明了以曹操所筑北宫、三台为代表的曹魏至后赵时期修建的楼阁、台榭等重要建筑。不过因连接城门与宫殿的道路相关记载阙如，图中未明确标示。村田利用西晋左思《魏都赋》、唐李善注复原了邺城内部的道路布局（图二），不过宫城内部构造依然付之阙如。而且该复原图反映的不过是他推测的三种可能性中的一种。

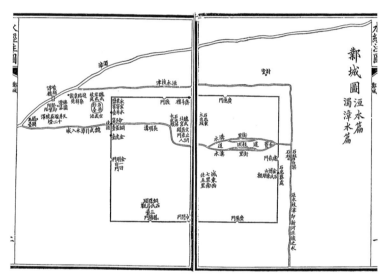

图一　邺城图

资料来源：（清）杨守敬等：《水经注图》，中华书局，2009，第628~629页。

而刘敦桢的复原图（图三）中[②]，文昌殿与中阳门、听政殿与广阳门相对。其根据是明代崔铣的嘉靖《彰德府志》卷八《邺都宫室志》。该资料列举了邺都的宫殿、都门等建筑，并注记了位置和相关故事。其中永（中）阳门注曰"北直端门，文昌殿"[③]，广阳门注曰"在永（中）阳门之东，北直司马门"[④]。司马门即听政殿正门。据此，如图三所示，文昌殿—端门—中阳门，听政殿—司马门—广阳门相对应。

---

① 〔日〕村田治郎：《邺都考略》，《建筑学研究》第89号，后收录于氏著《中国的帝都》，综艺社，1981。
② 刘敦桢主编《中国古代建筑史》（第二版），中国建筑工业出版社，1984，第50页。
③ （明）崔铣撰《嘉靖彰德府志》卷八《邺都宫室志》，明嘉靖元年（1522）刻本，第1页。
④ （明）崔铣撰《嘉靖彰德府志》卷八《邺都宫室志》，明嘉靖元年（1522）刻本，第1页b。

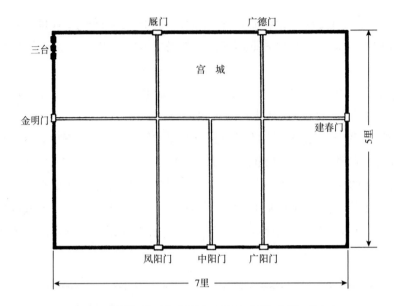

图二 曹魏邺城（邺北城）平面复原图（村田治郎）

资料来源：〔日〕村田治郎：《中国的帝都》，综艺社，1981，第195页。

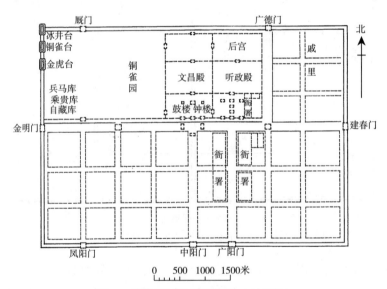

图三 曹魏邺城平面复原图（刘敦桢）

资料来源：刘敦桢主编《中国古代建筑史》（第二版），中国建筑工业出版社，1984，第50页。

　　据研究，崔铣《邺都宫室志》转抄自宋陈申之的《相台志》。① 即便如此，我们还是无从得知宋代地方志中端门和司马门位置的依据。《邺都宫室志》宣称文中标注有依据者都附注了出处："异代改更，历年弥多，是以魏赵之制，纷然淆杂。今总取而志之，其有

----

① （晋）陆翙等撰，许作民辑校注《邺都佚志辑校注》，中州古籍出版社，1996，第13页。

传其名而不得其地者，附见于后云。"① 但是邺南城闾阖门的注释则仅为："南直止车门，北直太极殿，盖宫室外正门也。"②

可见《邺都宫室志》的作者也只能从各个史料记载中推测魏晋南北朝时期邺城建筑的位置。文中没有明确标示出处的记载应当多源于推测。

以上是根据文献复原的情况。1983~1989 年中国社会科学院考古研究所、河北省文物研究所首次对邺城遗迹进行了全面的考古调查。③ 这次调查明确了城墙、城门、道路、南城宫殿、护城河等地表已经不存的遗构位置。考古调查发现了邺城三面南门、一面东门、一面西门、一面北门，贯通东西二门的东西大道和与该大道垂直的三条连接南门的南北大道，以及两条北向的道路遗迹（图四）。这些发现与此前仅存于文献记载的邺城结构十分吻合，为认识南面凤阳门、中阳门、广阳门，东面建春门，西面金明门，北面广德门、厩门，及其相互连接的道路提供了重要根据。

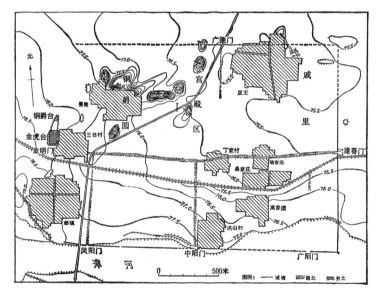

图四　邺北城遗址实测图

资料来源：中国社会科学院考古研究所、河北省文物研究所、河北省临漳县文物旅游局编《邺城考古发现与研究》，文物出版社，2014，第 31 页。

根据考古确认的外郭门与道路的组合情况，以及《魏都赋》及其注释中对宫殿宫城门、官署里坊的描述，负责上述发掘调查的邺城考古队第一任队长徐光冀制作了邺城复原图（图

---

① （明）崔铣撰《嘉靖彰德府志》卷八《邺都宫室志》，明嘉靖元年（1522）刻本，第 2 页 a。
② （明）崔铣撰《嘉靖彰德府志》卷八《邺都宫室志》，明嘉靖元年（1522）刻本，第 14 页 a。
③ 中国社会科学院考古研究所、河北省文物研究所邺城考古工作队：《河北临漳邺北城遗址勘探发掘简报》，《考古》1990 年第 7 期，后收录于中国社会科学院考古研究所、河北省文物研究所、河北省临漳县文物旅游局编《邺城考古发现与研究》，文物出版社，2014。

五)。① 该复原图作为首个根据考古成果且附有比例尺的邺城复原图具有划时代的意义。②
时至今日，朱岩石③、今井晃树④、积山洋⑤、牛润珍⑥、岩本笃志⑦等新近研究都依据这
个复原图讨论邺城的特征。

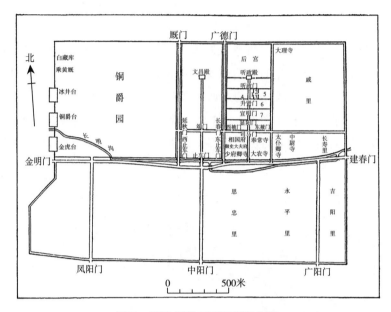

图五 曹魏邺城平面复原示意图

1. 听政阁；2. 纳言阁；3. 崇礼门；4. 顺德门；5. 尚书台；6. 内医署；7. 谒者台阁、符节台阁、御史台阁

（指北针指磁北，图廓纵线为真子午线）

资料来源：中国社会科学院考古研究所、河北省文物研究所、河北省临漳县文物旅游局编《邺城考古发现与研究》，文物出版社，2014，第 244 页。

不过如后将述，徐氏的复原实际上并非完全基于考古发掘，更近于对图三进行的考古学修正。徐氏在《邺城遗址的勘探发掘及其意义》中指出邺城的意义在于：

> 邺北城的规制，标志着我国都城发展史上的一个新阶段，改变了汉代和汉代以前的，宫殿区南北分散的形制，对称均匀的中轴线，改变了以前都城不规整的布局，这种规制对北魏、东魏、北齐、隋唐以及以后历代都城的规划，都产生了深远的影响。⑧

---

① 王思达：《徐光冀揭秘邺城考古——唤醒沉睡的六朝古都》，《河北日报》2017 年 4 月 20 日。

② 徐光冀：《曹魏邺城平面复原研究》，载中国社会科学院考古研究所编著《中国考古学论丛——中国社会科学院考古研究所建所 40 年纪念》，科学出版社，1993；又见中国社会科学院考古研究所、河北省文物研究所、河北省临漳县文物旅游局编《邺城考古发现与研究》，文物出版社，2014。

③ 朱岩石：《曹魏邺城遗迹与铜雀三台遗迹》，载富士美术馆编《大三国志展》，东京富士美术馆，2008。

④ 〔日〕今井晃树：《魏晋南北朝隋唐时代都城轴线的变迁》，《中国考古学》第 11 号，2011。

⑤ 〔日〕积山洋：《古代的都城与东亚——大极殿与难波京》，清文堂，2013。

⑥ 牛润珍：《古都邺城研究——中世纪东亚都城制度探源》，文物出版社，2015。

⑦ 〔日〕岩本笃志：《东魏北齐政权与邺城的构造——研究史与问题点》，《中国考古学》第 16 号，2016。

⑧ 徐光冀：《邺城遗址的勘探发掘及其意义——在磁山文化学术讨论会上的发言》，《文物春秋》1989 年第 Z1 期。

徐氏无疑将邺城中央的南北道路视为中轴线。但是这条中轴线的出现并非基于直接的发掘结果，而是源自将该道路连接文昌殿的复原图。

但是以上复原却被直接作为考古成果。黄石林、朱乃诚著《中国重要考古发现》中便根据徐氏的复原图对邺城特征总结如下：

> 邺北城的平面布局特点是：（1）都城中轴线的确立。城址中间的中阳门及门内南北干道与宫殿区衔接，形成邺北城的中轴线。（2）邺北城西面金明门至东面建春明这条唯一的东西大道将城址基本分为南、北两区，北区大于南区。北区集中了宫城、官署等。南区主要为居民区。（3）邺北城首次把一般居民以里坊形式纳入城市规划，形成整齐的棋盘格式街道。①

第（1）点和第（2）点正是徐氏所强调的邺城意义。第（3）点是该书作者在前者基础上的演进。以上三点均与唐长安城的特征相符。另外近年刘庆柱主编的《中国古代都城考古发现与研究》中也对邺城的意义作如下判断：

> 邺北城在中国古代都城规划史上的特殊之处在于设置了城市中轴线：城址正南门与宫殿区的主要宫殿衔接成贯通南北的城市中轴线。这在中国古代都城史具有里程碑的意义。②

可见直到最近，徐氏的复原依然被视为纯粹的考古学成果。但所谓贯通邺城南北的中轴线，确切而言——徐氏复原的中轴线并非考古发掘调查直接反映的事实。

二　关于邺城复原的史料批判

如前所述，徐氏的复原近似于利用考古调查对此前依据《邺都宫室志》的文献复原进行的修订。因此，文昌殿—端门—中阳门一线被置于都城的中央，形成都城的中轴线。整个都城被划分为南北两区，北面集中了宫城、官署等机构。后者还需要一些补充说明。与图三相比较，就可以发现官署区的位置与听政殿前司马门的位置密切相关。司马门区分禁中和外朝，司马门内为中朝（内朝），门外为外朝。图三中司马门朝向连接建春门和金明门的东西大道。外朝官署被复原在贯通司马门和广阳门的南北大道两侧。而图五中东西大道北侧又复原了一条东西道，司马门面朝这条道路。司马门与东西大道之间又有一条南北向道路，官署分布在这条道路两侧。又听政殿—司马门以东还有一条区分宫城和戚里南北向道路。由此，徐氏复原图中的内外官署集中在东西大道北面。

---

① 黄石林、朱乃诚：《中国考古的重要发现》，日本エディタースクール出版部，2003，第267页。
② 刘庆柱主编《中国古代都城考古发现与研究》上册，社会科学文献出版社，2016，第346页。

那么，徐氏为何如此复原呢？《邺都宫室志》中司马门的注释"在端门东"① 是一个依据。不过端门的确切位置本就不明确。而《邺都宫室志》中广阳门"北直司马门"②，构成听政殿—司马门—广阳门一线。但是邺城考古队的调查发现广阳门的位置相当靠东，那本应是戚里的位置。《魏都赋》中邺城的宫城以文昌殿为中心，东边为听政殿，西边为铜爵园。又"有戚里，置宫之东"③，即宫城东边是称作戚里的住宅区。因此，考古队调查发现的广阳门街正对着戚里，而不应是听政殿—司马门。另一方面，文昌殿—端门以东应当是听政殿—司马门。《魏都赋》中司马门前的街道分布官署（后详述）。然而考古队没有发现与之相应的道路遗构。于是徐氏根据《邺都宫室志》中司马门在端门以东的记载，在东西大道北面又画了一条东西道以安置司马门，并从司马门延伸出一条通往东西大道的南北向道路，在其两侧配置官署。通过以上复原，形成了宫殿区和官署区均集中在都城北面的邺城分布。

但是从文献学的角度来看，徐氏的复原存在很大问题。

第一，司马门不与广阳门相对就说明了《邺都宫室志》的记载有问题。而徐氏依然根据《邺都宫室志》作出了文昌殿—端门—中阳门一线和端门东边是司马门的复原。

第二，为了整合考古发掘的成果和《邺都宫室志》的记述，复原图添加了东西大道北面的东西道、司马门前的南北道、听政殿—司马门以东的南北道三条道路。但这些道路既不见于《魏都赋》，也非发掘成果。况且《魏都赋》刘渊林注有以下记载："邺城内诸街，有赤阙黑阙正当东西南北城门，最是其通街也。"④ 可见诸街连接各个城门。刘渊林与左思生活在同一时期，一说刘注本就是左思的自注（《世说新语·文学篇》刘孝标注）。总之，刘注是《魏都赋》完成后不久出现的可信度很高的史料。但是徐氏复原的以上三条道路均没有直通城门。就当时司马门的重要性而言，不可能不直接朝向都城的主干道。

第三，《魏都赋》称邺城"设官分职，营处署居，夹之以府寺，班之以里闾"，对此刘渊林注曰："当司马门南出，道西最北东向相国府，第二南行御史大夫府，第三少府卿寺。道东最北奉常寺，次南大农寺。"⑤ 可见司马门前官署夹道分布，官署外是居住区。图三中都城南面为居住区，衙署夹道两侧的复原比较合理。而徐氏将官署区划分到都城北部，与居住区分离，这反而与《魏都赋》的记载矛盾。

第四，据上面《魏都赋》刘注，司马门前的南北大道至少分布了三处以上的外朝官署。若根据徐氏复原图，这些官署将局限在至多长 200 米的街道里。而《洛阳伽蓝记》卷

---

① （明）崔铣：《嘉靖彰德府志》卷八《邺都宫室志》，明嘉靖元年（1522）刻本，第 2 页 b。
② （明）崔铣：《嘉靖彰德府志》卷八《邺都宫室志》，明嘉靖元年（1522）刻本，第 1 页 b。
③ （梁）萧统编，（唐）李善、吕延济、刘良、张铣、吕向、李周翰注《六臣注文选》第六卷《左太冲魏都赋一首》，中华书局，2012，第 128 页下。
④ （梁）萧统编，（唐）李善、吕延济、刘良、张铣、吕向、李周翰注《六臣注文选》第六卷《左太冲魏都赋一首》，中华书局，2012，第 128 页上。
⑤ （梁）萧统编，（唐）李善、吕延济、刘良、张铣、吕向、李周翰注《六臣注文选》第六卷《左太冲魏都赋一首》，中华书局，2012，第 128 页。

一《城内》记载，北魏的铜驼街一里（约414米）大概分布两座官邸。[①] 即一座官署的边长有200米左右。徐氏复原图中司马门前的南北道显然太短。

如上所见，徐氏的复原图尚存在诸多问题，尤其是司马门周边的复原与《魏都赋》、刘渊林注等文献学角度上本应最重视的史料背道而驰[②]，令人很难全盘接纳这一部分的复原。那么司马门前的南北大道应该在哪里呢？笔者认为，既然考古队已经明确广阳门街是东面的一条大道，那只能将其视为邺城中央的中阳门街。也就是听政殿—司马门—中阳门形成一线，其西为文昌殿—端门。

实际上这种推测已经存在。2001年出版的傅熹年编《中国古代建筑史》中曹魏邺城的复原图（图六）[③] 便是如此。如果不拘泥于《邺都宫室志》，而只根据唐代以前史料和调查发掘成果，反而这种复原更合理。

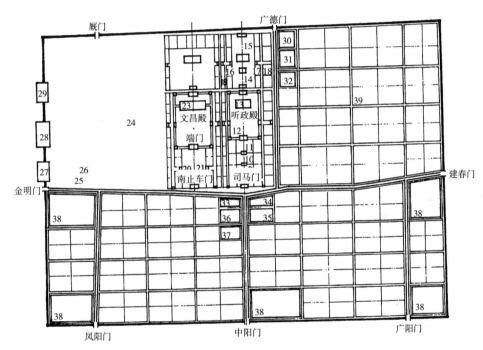

图六　曹魏邺城平面复原图

资料来源：傅熹年主编《中国古代建筑史》第二卷《两晋南北朝隋唐五代建筑》，中国建筑工业出版社，2001，第2页。

[①] 参见〔日〕佐川英治《中国古代都城的设计与思想——圆丘祭祀的历史性展开》，勉诚出版，2016，第200页；傅熹年主编《中国古代建筑史》第二卷《两晋南北朝隋唐五代建筑》，中国建筑工业出版社，2001，第85页，《北魏洛阳城平面复原图》。

[②] 六臣注本作刘渊林注，近年将其视为张载注的观点占上风。无论是刘渊林（刘逵）还是张载，都与左思同时，《魏都赋注》与《魏都赋》一样是关于曹魏邺城最具可信度的史料。参见熊良智《试论韩国奎章阁本〈文选·魏都赋〉注者题录的有关问题》，《四川师范大学学报》（社会科学版）2007年第6期；栗山雅央《〈三都赋〉刘逵注的注释态度》，《西晋朝辞赋文学研究》，汲古书院，2018。

[③] 傅熹年主编《中国古代建筑史》第二卷《两晋南北朝隋唐五代建筑》，中国建筑工业出版社，2001，第2页。

但是这个复原也有令其不受关注的缺陷。①《魏都赋》描写宫城时，首先叙述文昌殿，其次是东边的听政殿，最后是文昌殿西面的铜爵园。"造文昌之广殿，极栋宇之弘规"②，文昌殿是最壮丽的宫殿，是宫城的中心。那么，文昌殿怎么可能在都城偏西，且不面向都城正门？徐氏参考《邺都宫室志》连接文昌殿与中阳门，正是出于唐长安城以后宫城正殿面朝都城正门的"常识"。《邺都宫室志》的描述本身就可能基于这种常识。那么，接下来应该讨论的是这样的常识真的适用于曹魏时期的邺城吗？

三　曹魏邺城及其地理环境

首先确认《魏都赋》中邺城的构造。如前所述，《魏都赋》首先描写文昌殿的雄伟宏壮；其次是"左则中朝有赩……"，描写文昌殿东边的听政殿；接着是"右则疏圃曲池……"，即西边的铜爵园；最后是"四门轞轞，隆厦重起……"，概括宫城的整体景象。至此为宫城部分。后面则以"菀以玄武，陪以幽林……"把视角转向了宫城西面的玄武苑；最后以"内则街冲辐辏，朱阙结隅……其间阎则长寿吉阳，永平思忠，亦有戚里，置宫之东……"总结外郭城内的官署、里闾和市场。《魏都赋》以宫城为起点，扩大到外侧的玄武苑和外郭城。

宫城的中心确实是文昌殿，但其东边的听政殿才是主要的政务处理空间。而文昌殿的作用是"用觐群后，观享颐宾"，即诸侯、宾客行礼的地方。问题在于诸侯、宾客从哪里进入文昌殿。《魏都赋》中有如下描述："亦有戚里，置宫之东，闬出长者，巷苞诸公，都护之堂，殿居绮窗，舆骑朝猥，蹀躞其中，营客馆以周坊，饬宾侣之所集，玮丰楼之闬闳，起建安而首立。"又刘渊林注："邺城东有都亭，城东亦有都道，北有大邸，起楼门临道，建安中所立也。古者重客馆，故举年号也。"③ 即诸侯、宾客居住在戚里的邸宅、客馆（都亭）。他们沿着建春门—金明门的东西大道（都道），自东向西进入文昌殿（图七）。由此可见邺城是以东西大道为都道的都城。

根据邺城考古队的调查，东西大街、凤阳门大街、广阳门大街均道宽 13 米，中阳门

---

① Nancy Shatzman Steinhardt, *Chinese Architecture in an age of turmoil, 200－600*, University of Hawaii Press, 2014，利用了该复原，也指出可能存在多种中轴线的复原方案。又张学锋提出的"邺城模式"也以此复原为前提，参见张学锋《所谓"中世纪都城"——以东晋南朝建康城为中心》，《社会科学战线》2015 年第 8 期。

② （梁）萧统编，（唐）李善、吕延济、刘良、张铣、吕向、李周翰注《六臣注文选》第六卷《左太冲魏都赋一首》，中华书局，2012，第 128 页下。

③ （梁）萧统编，（唐）李善、吕延济、刘良、张铣、吕向、李周翰注《六臣注文选》第六卷《左太冲魏都赋一首》，中华书局，2012，第 128 页下。诸本作"邺城南有都亭，但"南"应该是"东"。参见高步瀛《文选李注义疏》第三册，1985，第 1370 页。

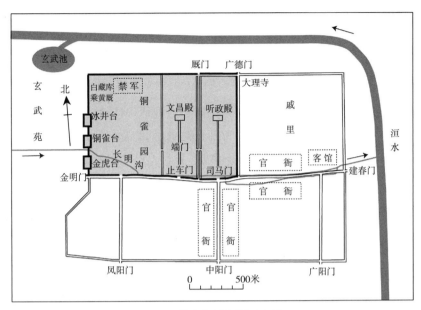

图七 曹魏邺城复原示意图

资料来源：窪添庆文编《今日的魏晋南北朝史》，勉诚出版，2017，第157页。

大街比其他大道宽阔一些，为17米①，却绝不像唐长安朱雀大街那样突出。曹魏邺城和汉长安城一样，是没有宽阔中轴大道的传统都城。

如上所述，邺城以东西线为轴，以文昌殿为中心，前有听政殿和戚里，背靠铜爵（雀）园和玄武苑，是一座坐西朝东的都城。邺城的构造与它所处的地理环境密切相关。

邺城位于漳水出太行山脉进入河北平原的出口。其西是曹操高陵所在的"西原"。流经这个高地，漳水在邺城北与洹水支流合流。② 从西门豹"河伯娶妇"的故事可知，邺城一带是漳水的河漫滩地。邺城地势西高东低。《魏都赋》中描写邺城中的宫城耸立③，说明宫城处在不易受洪水侵蚀的高地。

《晋书》卷一百二十三《慕容垂载记》中，383年淝水之战后，慕容垂进攻苻丕守卫的邺城，"垂攻拔邺郛，丕固守中城，垂堑而围之"④，又《魏书》卷九十五《慕容垂传》中"乃引漳水以灌之，不没者尺余"⑤。这里的"中城"显然是曹魏的宫城。

《慕容垂载记》又称"进师入邺，以邺城广难固，筑凤阳门大道之东为隔城"⑥。慕容

① 中国社会科学院考古研究所、河北省文物研究所邺城考古工作队：《河北临漳邺北城遗址勘探发掘简报》，《考古》1990年第7期，后收录于中国社会科学院考古研究所、河北省文物研究所、河北省临漳县文物旅游局编《邺城考古发现与研究》，文物出版社，2014。

② 程森、李俊锋：《论曹魏邺城及其周边自然景观和文化景观》，《三门峡职业技术学院学报》2008年第3期。

③ 《魏都赋》称："四门辗辗，隆厦重起。凭太清以混成，越埃壒而资始。巍巍标危，亭亭峻峙。临焦原而弗悦，谁劲捷而无慁。与冈岑而永固，非有期乎世纪。"见（梁）萧统编，（唐）李善、吕延济、刘良、张铣、吕向、李周翰注《六臣注文选》第六卷《左太冲魏都赋一首》，中华书局，2012，第126页下。

④ （唐）房玄龄等：《晋书》卷一百二十三《慕容垂载记》，中华书局，2012，第3085页。

⑤ （北齐）魏收：《魏书》卷九十五《慕容垂传》，中华书局，2013，第2066页。

⑥ （唐）房玄龄等：《晋书》卷一百二十三《慕容垂载记》，中华书局，2012，第3087页。

垂应该是利用了地势较高的隔城西侧。北魏孝文帝在邺城修造宫殿也"起宫殿于邺西"①。又明屠乔孙版北魏崔鸿《十六国春秋》中有后赵石虎在"邺西文昌故殿"② 建太武殿的记载。尽管从文献学角度来看，屠本《十六国春秋》不可尽信③，但文昌殿在邺城西偏的可能性很高。

郭城修建在宫城的东面和南面也是因为受制于这种地理环境。曹操进攻邺城时，切断漳水堤防，以水围城④。据图四，铜爵园和三台是邺城最高点，曹操在此安置禁军⑤，并且为了提高宫城西面的防御力，筑三台，不开城门。另外，宫城北面靠近漳水和洹水，易遭洪水。在这种条件下，只能在宫城东面和南面修筑郭城。

邺城是宫城设置在高地的西高东低的都城，作为中轴线的都道是连接建春门和金明门的东西大道。诸侯、宾客沿着这条道路自东向西进入文昌殿。客馆在都城东面的形制还见于南朝建康城。⑥ 从邺城西宫城、东郭城的配置来看，比起唐长安城，它更近于汉长安城那种坐西朝东的都城。故而曹魏邺城的文昌殿—端门不朝向中阳门也无甚可疑。

四 魏晋时期都城的司马门与正门

汉魏禅代以后，魏都城迁回东汉旧都洛阳，西晋继续定都洛阳。永嘉之乱以后洛阳城荒废，直到北魏才得到复兴，重新成为大都市。北魏分裂为东西魏，东魏都邺城，西魏都长安。隋炀帝虽以洛阳为东都，但其都城完全另起炉灶，与汉魏旧城不在一处。因此所谓的汉魏洛阳城可分为东汉时期、魏晋时期和北魏时期三个阶段。

其中因北魏郦道元《水经注》、东魏杨衒之《洛阳伽蓝记》等同期的史料的存在，比较可能通过文献复原的是北魏洛阳城。20 世纪 60 年代的考古调查又明确了北魏时期的宫城、正殿太极殿、正门阊阖门的位置。⑦ 尽管北魏宫城在都城北面稍偏西，但是太极殿与阊阖门南北相对。阊阖门又通往都城宣阳门，连接两门的是长约五里的铜驼街。出宣阳门

① （北齐）魏收：《魏书》卷七下《高祖纪》，中华书局，2013，第 173 页。
② （北魏）崔鸿，（明）屠乔孙校《十六国春秋》卷五《后赵录·石虎上》："虎大起宫殿于邺都，遂于邺西文昌故殿处造东西太武二殿。"
③ 〔日〕梶山智史：《屠本〈十六国春秋〉考——明代五胡十六国研究一窥》，《史学杂志》第 119 编第 7 号，2010。
④ （晋）陈寿撰，（南朝宋）裴松之注《三国志》卷六《袁尚传》："太祖遂围之，为堑，周四十里，初令浅，示若可越。（审）配望而笑之，不出争利。太祖一夜掘之，广深二丈，决漳水以灌之。"中华书局，2013，第 202 页。
⑤ 《魏都赋》："附以兰锜，宿以禁兵。"见（梁）萧统编，（唐）李善、吕延济、刘良、张铣、吕向、李周翰注《六臣注文选》第六卷《左太冲魏都赋一首》，中华书局，2012，第 126 页下。
⑥ 〔日〕佐川英治：《唐长安城朱雀大街与日本平城京朱雀大路——都城中轴道路所见日唐政治文化的差异》，《唐代史研究》第 21 号，2018。
⑦ 中国科学院考古研究所洛阳工作队：《汉魏洛阳城初步勘查》，《考古》1973 年第 4 期；又见杜金鹏、钱国祥主编《汉魏洛阳城遗址研究》，科学出版社，2007。

后御街经洛水浮桥直抵伊水北岸的圆丘。这是唐长安城朱雀大街的前例，自此纵贯宫城—都城—郭城，垂直连接太极殿和圆丘的中轴道路正式登场。①

在此之前，东汉的洛阳城分为北宫和南宫，连接南宫的平城门是都城正门。平城门外有"南北郊路"，但这是都城外的道路，并非贯通都城内外的中轴线。②

因董卓对洛阳的破坏，曹魏在北宫新修了建始殿和承明门。明帝时期又营造了太极殿和阊阖门。曹魏的太极殿的具体位置不明，《三国志》裴松之注和《水经注》都称在"南宫"③，也有与北魏太极殿位置相同的说法④。阊阖门的考古发掘表明北魏阊阖门的基址基本与魏晋期的基址重叠⑤，北魏的阊阖门与太极殿很可能沿袭了曹魏的基础⑥。图八是钱国祥根据以上考古发掘绘制的魏晋洛阳城复原图。⑦ 图中没有南宫，阊阖门正对宣阳门，即认为太极殿—阊阖门—宣阳门的中轴线成立于曹魏洛阳城。⑧ 笔者曾经认为下层的曹魏基址未必就是阊阖门和太极殿⑨，在受到向井佑介、田中一辉等学者的指正后，目前认为北魏的阊阖门和太极殿沿袭曹魏基址确有道理⑩。但是魏晋时期是否取消南宫建制尚无考古学的明确证据支持，而且阊阖门不可能正对着宣阳门。

汉魏洛阳城南垣因洛水河道北移而遗构不存，钱氏复原中宣阳门的位置并非考古发掘的结果，而是从太极殿—阊阖门的情况类推，认为当时的南宫、宣阳门与北魏的配置相同。但是《水经注》卷十六谷水条有如下记载：

---

① 〔日〕佐川英治：《六朝建康城与日本藤原京》，载黄晓芬、〔日〕鹤间和幸编《东亚古代都市圈的探索——日、越、中考古学最前线》，汲古书院，2018。

② 〔日〕佐川英治：《中国古代都城的设计与思想——圆丘祭祀的历史性展开》，勉诚出版，2016，第63～66页。

③ （晋）陈寿撰，（南朝宋）裴松之注《三国志》卷二《文帝纪》黄初元年条裴松之注："至明帝时，始于汉南宫崇德殿处起太极、昭阳诸殿。"中华书局，2013，第76页。又（北魏）郦道元著，陈桥驿校证《水经注校证》卷十六谷水条："魏明帝上法太极于洛阳南宫，起太极殿于汉崇德殿之故处，改雉门为阊阖门。"中华书局，2007，第397页。

④ 郭湖生：《魏晋南北朝至隋唐宫室制度沿革——兼论日本平城京的宫室制度》，载山田庆儿编《中国古代科学史论》续编，京都大学人文科学研究所，1991。

⑤ 中国社会科学院考古研究所洛阳汉魏故城队：《河南洛阳汉魏故城北魏宫城阊阖门遗址》，《考古》2003年第7期；又见杜金鹏、钱国祥主编《汉魏洛阳城遗址研究》，科学出版社，2007。

⑥ 钱国祥：《由阊阖门谈汉魏洛阳城宫城形制》，《考古》2003年第7期；又见杜金鹏、钱国祥主编《汉魏洛阳城遗址研究》，科学出版社，2007。此后的考古发掘表明太极殿也基本上沿袭了魏晋时期的基础。参见中国社会科学院考古研究所洛阳汉魏故城队《河南洛阳汉魏故城发现北魏宫城四号建筑遗址》，《考古》2014年第8期。目前发掘成果的图录参见聂晓雨主编《汉魏洛阳城——遗址保护与展示图集》，中州古籍出版社，2017。

⑦ 钱国祥：《汉魏洛阳故城沿革与形制演变初探》，载《21世纪中国考古学与世界考古学》，中国社会科学出版社，2002；又见杜金鹏、钱国祥主编《汉魏洛阳城遗址研究》，科学出版社，2007。

⑧ 钱国祥：《魏晋洛阳都城对东晋南朝建康都城的影响》，《考古学集刊》（18），科学出版社，2010，第387～403页。

⑨ 〔日〕佐川英治：《汉魏洛阳城研究的现状与课题》，载《洛阳学国际学术报告论文集——东亚中洛阳城的位置》（明治大学东洋史资料丛刊第8卷），2011，后收录于氏著《中国古代都城的设计与思想——圆丘祭祀的历史性展开》，勉诚出版，2016。

⑩ 参见〔日〕佐川英治《中国古代都城的设计与思想——圆丘祭祀的历史性展开》，勉诚出版，2016，第127页；〔日〕向井佑介《近年来曹魏洛阳宫城的讨论》，《史林》第95卷，2012；〔日〕田中一辉《魏晋洛阳城研究序说》，《立命馆史学》第34号，2013，后收录于氏著《西晋时代的都城与政治》，朋友书店，2017。

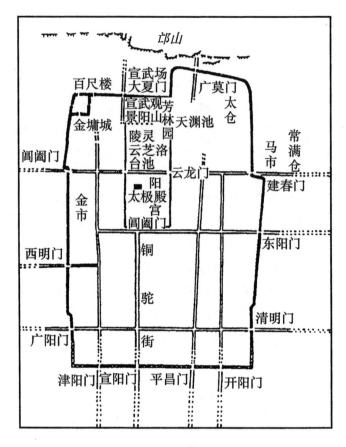

图八　魏晋洛阳城复原示意图

资料来源：杜金鹏、钱国祥主编《汉魏洛阳城遗址研究》，科学出版社，2007，第 402 页。

渠水自铜驼街东经司马门南。魏明帝始筑，阙崩，压杀数百人，遂不复筑，故无阙门。南屏中旧有置铜翁仲处，金狄既沦，故处亦褫，惟坏石存焉。自此南直宣阳门，经纬通达，皆列驰道，往来之禁，一同两汉。

又："又东径宣阳门南，故苑门也，皇都迁洛，移置于此，对阊阖门南，直洛水浮桁。"[1] 可见魏晋的宣阳门与北魏宣阳门位置不同，且魏晋宣阳门没有朝向阊阖门，而是其东边的司马门。[2] 也就是说，魏晋时期的宣阳门在北魏宣阳门的东边（图九）。

---

[1]　（北魏）郦道元著，陈桥驿校证《水经注校证》卷十六谷水条，中华书局，2007，第 399~400 页。

[2]　笔者的这一史料解释与村元健一、向井佑介的以下研究同样需要进一步验证，但具有一定的合理性。参见〔日〕村元健一《佐川英治著〈中国古代都城的设计与思想——圆丘祭祀的历史性展开〉》，《唐代史研究》第 20 号，2017；〔日〕向井佑介《佐川英治著〈中国古代都城的设计与思想——圆丘祭祀的历史性展开〉》，《日本秦汉史研究》第 18 号，2017。

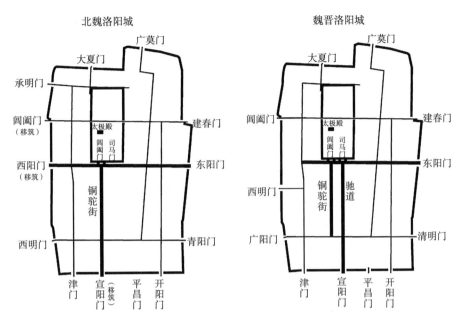

图九　北魏洛阳城中轴线变化示意图

资料来源：佐川英治：《中国古代都城的设计与思想——圆丘祭祀的历史性展开》，勉诚出版，2016，第129～130页。

有研究认为魏晋时期的史料中司马门前的道路记载不详[1]，也有司马门前分布大量官署的说法[2]。《三国志》卷三《明帝纪》记载明帝修建太极殿在青龙三年（235）三月，而《三国志》卷三景初元年（237）条裴松之注引《魏略》则称："是岁……，大发铜铸作巨人二，号曰翁仲，列坐于司马门外。"[3] 可见在太极殿建成后，又在司马门外安置了大型铜像。尽管有了太极殿—阊阖门，司马门的重要性也没有下降。以上的纪念碑式铜像的设置表明司马门与阊阖门同样具有宫城正门的象征性地位。

永嘉之乱以后，司马睿于建康中兴，建康成为东晋王朝的国都。建康都城的城门名直接来自西晋洛阳城，明显具有继承西晋洛阳城的意图。[4] 建康城中与宣阳门正对的宫城门正是大司马门。《建康实录》卷七注引《修宫苑记》如下："南面正中大司马门，世所谓章门，拜章者伏于此门待报。南对宣阳门，相去二里。"[5]

如果魏晋洛阳城的宣阳门朝向阊阖门，那么建康何必以大司马门朝向宣阳门呢？如前所述，这无非是因为魏晋洛阳城的司马门与宣阳门相对，建康城直接继承了这个设计

---

[1]〔日〕田中一辉：《魏晋洛阳城研究序说补遗》，《奈良史学》第33号，2016，后收录于氏著《西晋时代的都城与政治》，朋友书店，2017。

[2] 傅熹年主编《中国古代建筑史》第二卷《两晋南北朝隋唐五代建筑》，中国建筑工业出版社，2001，第11页。

[3]（晋）陈寿撰，（南朝宋）裴松之注《三国志》卷三《魏书三》卷三景初元年（237）条，中华书局，2013，第210页。

[4]〔日〕中村圭尔：《建康的传统与革新》，载《大阪市立大学东洋史论丛》别册特集号，后收录于氏著《六朝江南地域史研究》，汲古书院，2006。

[5]（唐）许嵩：《建康实录》卷七注引《修宫苑记》，中华书局，1986，第181页。

而已。更进一步追溯的话，这是继承了曹魏邺城的司马门与中阳门的对应关系。换言之，魏晋都城的正门对应的宫城门一直是司马门，阊阖门与都城正门相对实际上是北魏的创造。

结　语

东汉的平城门在魏晋时期改称平昌门，失去了都城正门的地位。取而代之的是连接汉南宫的小苑门被改造为宣阳门成为正门。[①] 但是平昌门依然发挥作用[②]，直到北魏时期才被封闭[③]。洛阳南宫是否在魏晋时期完全被放弃还尚不明确，有待今后的调查。

目前魏晋期都城的调查发掘范围相当有限，远不能据此复原都城的全貌。因此，对都城整体的复原图不得不在这些局部发掘的考古学成果的基础上整合文献的记载。然而这些文献记载也存在不同时代的层累堆积，若不仔细辨别，很可能出现时代前置的误读。为了避免这种结果，需要历史学者和考古学者的互相验证。

我们在考察制度发展的时候，往往会受到后世特点的影响而投射到前代。从本文的考察来看，对中轴线的预设就属于这种情况。然而这样的分析可能让我们错失各个时代的多样性，而陷入对历史发展的单线型发展的、预定调和式理解的陷阱。即使某一现象成为后世的渊源，在当时也不一定具有后来同样的作用和意义。在都城中央铺设道路，与都城的中轴线设计完全是不同层面的问题。都城制的研究也不必沿着此前的发展轨道前进，而有必要将目光转向各个时代都城个体的固有性及其特殊性。

编辑：刘可维

---

① 〔日〕佐川英治：《中国古代都城的设计与思想——圆丘祭祀的历史性展开》，勉诚出版，2016，第 124 页。
② （晋）陈寿撰，（南朝宋）裴松之注《三国志》卷九《曹爽传》："大司农沛国桓范闻兵起，不应太后召，矫诏开平昌门，拔取剑戟，略将门候，南奔爽。"中华书局，2013，第 287 页。又（唐）房玄龄等《晋书》卷一百二《刘聪载记》："（王）弥等未至，晏留辎重于张方故垒，遂寇洛阳，攻陷平昌门，焚东阳、宣阳诸门及诸府寺。"中华书局，2013，第 2658 页。
③ （北魏）郦道元著，陈桥驿校证《水经注校证》卷十六谷水条："池东旧平城门所在矣。今塞。北对洛阳南宫。"中华书局，2007，第 400 页。

素髹、单素漆器及相关问题

蒋迎春

（保利艺术博物馆）

[**摘要**] 通体光素不作装饰的所谓"素髹"漆器，在中国古代漆器中应用最广，存世数量最丰富，但也往往最容易被忽视。实际上，作为漆器装饰工艺技法之一的"素髹"，与仅仅胎上髹漆或油即《髹饰录》中所称的"单素"区别明显，它是中国漆工艺发展到一定阶段的产物。区分"素髹"与"单素"，剖析高端漆器与普通日用漆器的分别，有助于揭示古代社会漆器的使用面貌及漆器贸易等相关情况，探讨漆器奢侈品化、高端艺术品化的进程。

[**关键词**] 漆器装饰；素髹；单素；《髹饰录》；日用漆器

人们一般将器表髹漆、通体光素无纹的漆器称为"素髹漆器"，或"一色漆器""无文漆器"①，它们通体一色，或表里异色，或底等局部作他色，以器表光素、质朴无纹为特色。从宽泛的角度讲，自漆器诞生之始直至今天，素髹一直被广泛使用，但也往往因装饰素朴、工艺看似简单而被忽视，远不能与雕漆、螺钿、戗金等相比。长期以来关于素髹的专门论述较为有限，且主要集中在宋代部分。然而，围绕素髹需要廓清的问题不少，诸如素髹的内涵、与《髹饰录》所记"单素"的差异等，而且其诞生、发展与流行，涉及工艺进步、社会思潮变化及漆器功能和使用方式分化等诸多方面，实有深入探讨的必要。本文拟就此作粗略分析，敬请方家指正。

一 素髹与单素

"素髹"一词，不见文献记载，系一些学者根据扬明对《髹饰录》"质色"的注释，

---

① 王世襄：《中国古代漆工艺》，载王世襄、朱家溍主编《中国美术全集·工艺美术编·漆器》，文物出版社，1989，第 44~45 页。

以及参照其下所列分类而归纳整理出来的，因定名较为合理①，目前使用较为普遍。

成书于明代晚期的《髹饰录》，是唯一传世的中国古代漆工专著，为隆庆年间（1567～1572 年）新安名漆工黄成所著，天启年间（1621～1627 年）嘉兴名漆工扬明又为之逐条注释。它系统确立了髹饰工艺体系，并提出较为合理的髹饰工艺分类，书中"坤集"部分将漆器装饰技法分质色、纹𬙊、罩明等 14 大类并逐一说明。其中"质色"章开篇，扬明注称："纯素无文者，属阴以为质者，列在于此。"② 随后分类介绍了黑髹、朱髹、黄髹、绿髹、紫髹、褐髹、油饰、金髹等 8 种装饰技法，即今人所指的"素髹"。

"坤集"部分又设与"质色"并列的"单素"一章，扬明注称："髹器一髹而成者，列在于此"③，其下分列单漆、单油、黄明单漆、罩朱单漆等 4 种装饰技法。通过书内正文及注释可知，它们直接在木胎上髹漆或髹油（图一），最多将胎骨简单打底处理，"皆漆饰中尤简易而便急也"。

图一 清《漆工图》之木胎加工打底漆

相对"质色"而言，"单素"确实"简易""便急"。透过《髹饰录》及更早的陶宗仪《南村辍耕录》卷三十相关记述可知，"质色"类素髹漆器需经打底、布漆、垸漆、糙漆几个阶段，完成制素胎、合缝、捎当、布漆、垸漆（丸漆）、糙漆等工序，然后上𬙊漆（髹推光漆）。其工艺复杂，制作周期长，绝不可能"一髹而成"。

---

① 长北：《〈髹饰录〉析解》，江苏凤凰美术出版社，2017，第 42 页。
② 《蒹葭堂抄本〈髹饰录〉》，转引自长北《髹饰录与东亚漆艺》，人民美术出版社，2014，第 613 页。
③ 《蒹葭堂抄本〈髹饰录〉》，转引自长北《髹饰录与东亚漆艺》，人民美术出版社，2014，第 650 页。

尽管素髹漆器与单素漆器大部分外观相似，今人亦多将之混为一谈，统一以素髹漆器称之，但实则两者工艺差异巨大，装饰效果也殊为不同。故《髹饰录》将两者予以明确区分，代表了明代乃至明代以前漆工界的普遍认知。

二 素髹的技术背景及出现时间

据《髹饰录》等记述，素髹漆器需经布漆、垸漆（丸漆）、糙漆等工序，然后上𩬷漆。这一工艺流程及相关技法，是中华祖先在长期漆工生产实践中逐渐总结并完善的。

布漆，系用漆将麻布一类织物粘贴于胎体之上，主要用于加固，使胎棱角缝合之处不易解脱，又可做到不露胎及其木质筋脉。此类做法在战国晚期及汉代漆器中多见，学术界多称之为夹纻胎或麻木合胎。尽管西周早期的滕州前掌大 206 号墓出土漆器内夹杂有织物痕迹[1]，墓主为秦景公（公元前 576～前 536 年在位）的凤翔 1 号春秋大墓亦有此类夹纻胎漆器的报道[2]，但据长治分水岭墓地[3]等考古发现可知，布漆工艺当至迟发明于战国早期[4]。

垸漆，又称灰漆，用生漆调和角、瓷、骨、蛤一类粉末制成灰漆再涂抹于器物之上，使器形规整、器面致密平整，更可满足雕刻、镶嵌的需要。[5] 因研磨的粉末有大小之分，故灰漆亦有粗细之别，以先粗后细顺序涂抹。这一做法起源甚早，目前可上溯至新石器时代末期的陶寺文化。襄汾陶寺墓地出土漆器，漆绘下多见一层薄薄的白色或黑色物质，其中白色物质又可分两类，一类为质地细腻的乳状物，至今仍稍有黏性，当用于抹平器表缝隙；另一类较厚，硬度较大。黑色物质为以漆调制的胶状物，厚约 0.2 厘米，黏性较大；[6] 经检测，内含大量有机物及非晶态物质，可能羼入了石英（SiO_2）和黄磷铁矿等矿物质[7]。这黑、白两种物质当属垸漆所用灰漆，主要用于加固器身，以及封固木胎上的孔隙，防止漆层渗入造成漆面塌陷，与后世的"打底"更为接近。商周时，漆器胎骨批刮灰漆现象相当普遍，且灰层增厚。根据对宝鸡竹园沟、长安张家坡等地出土漆器残迹的观察可知，当时不仅棺及罍、禁、盾一类大型器具批刮灰漆，连木柲、车马饰一类构件亦如此。至迟西周时，垸漆工序已基本完备。

糙漆，是指垸漆工序完成后，再在器物上涂多遍漆，其间磨平磨顺，使漆渗入灰漆层

① 中国社会科学院考古研究所：《滕州前掌大墓地》，文物出版社，2005，第 69～72 页。
② 王学理、尚志儒等：《秦物质文化史》，三秦出版社，1994，第 51 页。
③ 山西省考古研究所等：《长治分水岭东周墓地》，文物出版社，2010，第 354 页。
④ 蒋迎春：《略论夹纻胎漆器》，《故宫博物院院刊》2022 年第 12 期。
⑤ 长北：《〈髹饰录〉析解》，江苏凤凰美术出版社，2017，第 33 页。
⑥ 中国社会科学院考古研究所等编著《襄汾陶寺：1978～1985 年考古发掘报告》，文物出版社，2015。
⑦ 中国社会科学院考古研究所实验室李敏生、黄素英、李虎侯：《陶寺遗址陶器和木器上彩绘颜料鉴定》，《考古》1994 年第 9 期。

的孔隙，确保胎体坚实且表面光滑平整。已知部分战国中晚期楚墓出土漆器，表面髹多层漆，其中近灰胎处者或为此类糙漆。经检测，巢湖放王岗西汉吕柯墓等出土漆器的漆膜多分三层，有的表层漆与底部灰漆间还有一漆层；[①] 望城风篷岭 1 号墓西汉墓漆器漆膜的面漆层下均有漆灰层和底漆层（图二），有的底漆层达两层，"面漆层厚度小于漆灰层和底漆层厚度"[②]，这其中无疑包含了"糙漆"遗存。

图二　风篷岭 1 号墓"长沙王后家杯"铭漆耳杯

后世素髹漆器常用的一些生漆调制与装饰技法，也在此时得以发明并取得重大进展。例如，对邗江姚庄、盱眙东阳等地出土的一批西汉后期漆器标本的检测及模拟分析后发现，部分漆器漆膜中添加了桐油一类改性材料。[③] 检测结果表明，长沙马王堆 3 号西汉墓漆屏风添加干性油所生成的氧化物相对含量与亚麻籽油吻合。[④] 尽管判定汉代漆器所用油料是桐油还是荏油或是其他植物油，尚需更多更确切的实验证据，但汉代添加油类物质来改进生漆性能的现象已相当普遍，技术与工艺成熟。而且，汉代漆器用色丰富，虽以黑、红二色为主，但还可见灰、黄、白、紫、褐、蓝、绿、金、银诸色调，且深浅变化复杂，达数十种之多，比汉代的丝织品还要斑斓多彩。[⑤]

再有，依现代漆工经验，加黄栀子煎汁及藤黄、松脂等可制成透明漆。后世将漆地上罩以透明漆的工艺称"罩明"，《髹饰录》则有"色糙罩明""金髹罩明""洒金罩明""描金罩明"等分类。巢湖放王岗吕柯墓漆杖等，漆膜光亮透明，现呈紫褐色。[⑥] 高邮天山西汉广陵王刘胥墓漆器残片，"面漆下沉伏着游丝般的漆绘，可见漆工选用了比较透明的原料漆"[⑦]。通过这些推测，汉代漆工匠师当已发明了透明漆及原始的罩明工艺。

① 金普军、王昌燧等：《安徽巢湖放王岗出土西汉漆器漆膜测试分析》，《文物保护与考古科学》2007 年第 3 期。
② 蒋成光、佘玲珠等：《长沙风篷岭 M1 出土漆器检测研究》，《文物保护与考古科学》2016 年第 1 期。
③ 张炜、单伟芳等：《汉代漆器的剖析》，《文物保护与考古科学》1995 年第 2 期；金普军、毛振伟等：《江苏盱眙出土夹纻胎漆器的测试分析》，《分析测试学报》2008 年第 4 期。
④ 付迎春、魏书亚：《马王堆三号墓出土屏风所用有机材料分析》，载陈建明、聂菲主编《马王堆汉墓漆器整理与研究》（上），附录七，中华书局，2019，第 402 ~ 404 页。
⑤ 傅举有：《中国漆器的巅峰时代——汉代漆工艺美术综论》，载《中国漆器全集》（3），福建美术出版社，1998，第 45 ~ 46 页。
⑥ 安徽省文物考古研究所等：《巢湖汉墓》，文物出版社，2007，第 69 页。
⑦ 长北：《扬州漆器史》，江苏人民出版社，2017，第 11 页。

已知汉代高级贵族墓随葬漆器几乎表面不见橘皮、挂流和针孔等缺陷，亦罕见明显刷痕。对此，有专家认为当时可能采用了专门的漆膜打磨和抛光处理工艺。[①] 被誉为日本"人间国宝"的著名漆艺大师松田权六（1896～1986 年），早年曾参与平壤乐浪出土汉代漆器的修复工作。他观察发现，这部分漆器表面加工"以涂立和蜡色磨两种手法比较发达"[②]，其中的蜡色磨指涂漆后打磨抛光，即中国漆工界所称的揩光或推光。如确切无误，则至迟东汉时揩光工艺业已发明并获得较为广泛的应用——经揩光处理，漆器表面越发致密光亮。

通过以上分析，可知素髹所依托的各类工艺技法于战国秦汉时期均已齐备，相应工序也于此时大体定型。就是在这一发展过程中，素髹工艺诞生并用于漆器装饰。已知东汉漆器实物中保存完整者甚少，检视时代稍晚的马鞍山三国朱然墓等出土漆器中（图三），素髹者工序完备，做工讲究，追求大美至简的艺术效果。从这一意义上讲，素髹从此开始成为中国漆器传统装饰工艺的重要技法之一。诚如王世襄先生称誉朱然墓漆凭几时所指出的那样："把无纹饰的一色漆器作为艺术精品来制作，于此似初见端倪。"[③]

图三　朱然墓漆凭几

三　素髹漆器的流行及其时代背景

工艺技术的普遍应用乃至流行，与其发明往往并不同步，两者也没有必然的因果关系。素髹亦如此，它受重视并被大量使用始于三国两晋南北朝，广为流行则要迟至几百年后的宋元时代。

①　王子尧、王冰等：《扬州"姜莫书"墓出土漆耳杯制造工艺研究及扬州汉代漆器"工官"的思考》，《江汉考古》2019 年增刊。
②　〔日〕松田权六：《漆艺史话》，唐影、林梦雨译，江苏凤凰美术出版社，2022，第 280 页。
③　王世襄：《中国古代漆工艺》，载王世襄、朱家溍主编《中国美术全集·工艺美术编·漆器》，文物出版社，1989，第 44～45 页。

（一）三国两晋南北朝素髹漆器

尽管工艺流程与技术均大体齐备，但素髹在汉代并无多少用武之地。当时描饰、镶嵌、雕刻（锥画）等工艺盛行，各式云气禽兽纹（虞纹）及云龙纹、鸟云纹等形象充斥漆器器表。以出土漆器群而言，以素髹为主要装饰的并不多，仅见于长沙庙坡山刘氏长沙王后墓及扬州平山养殖场墓群、扬州东风砖瓦厂墓群等数例。

东汉末及三国时，素髹漆器开始受到重视，最初与崇尚节俭的社会风气有关——魏武帝曹操即"雅性节俭，不好华丽"，带动一时风习；还曾以素屏风、素凭几赏赐重臣毛玠。① 真正流行开来，则更多缘自它与新时尚——东晋、南朝玄学广为传播并形成巨大影响，社会上兴起一股崇尚简单、朴素、淡雅之风——相契合。南京仙鹤观东晋高氏家族墓地出土漆器情况②，形象展示了这一变化：墓主为东晋早期丹杨尹、光禄大夫高悝的 6 号墓，所出 10 余件漆器大都嵌柿蒂形铜饰或鎏金铜扣，有些描绘弦纹、水波纹及圆圈等纹样，虽明显图案化，但仍具孙吴、西晋时一定特点；高悝之子高崧，葬于东晋永和十二年（356），墓内现存 8 件漆器已全部为素髹漆器，仅个别的镶铜扣、银扣；至于第三代高耆之墓，因早年被盗及破坏未见漆器，遗留的陶瓷器等颇为素简，估计随葬漆器也当如此。此外，墓主为东晋中晚期高级文官的江宁下坊村晋墓，所出 6 件漆器亦皆素髹，无一装饰。③

东晋、南朝时素髹漆器流行，也和此时与素髹相关的漆工艺进步密不可分。其中胎骨加工方面，大同湖东 1 号北魏墓木棺、大同北魏司马金龙墓漆屏风等检测与观察结果④表明，当时木胎制作工艺、工序已与明清时几无差别。

在髹饰方面，司马金龙墓漆屏风等"最外层覆盖着一层白色半透明的薄膜物质"⑤，表明后世常用的罩明技法这时已成熟且应用更广泛。经对现有部分实物的观察，并考虑到填嵌磨显工艺业已应用于漆器装饰，推测退光工艺此时应已出现——当采用细瓦灰一类材料推擦掉漆器表面浮光；有的退光后，或有很大可能再作推光处理，即用油泥反复揩擦，使漆面内蕴精光，亮滑可人。

反映在用色方面，虽然已知这一时期漆器实物不多，但色彩繁杂，不仅汉代已有的各色系俱备，而且白、黄、橙等浅色应用更普遍，色彩也越发明艳。这缘于当时以油调漆工艺进步，特别是所属油料日益丰富。除传统的荏油外，从西域引入的麻油、胡桃油（核桃

① （晋）陈寿：《三国志》卷十二《魏书十二·崔毛徐何邢鲍司马传》，中华书局，1982，第 245 页。
② 南京市博物馆：《江苏南京仙鹤观东晋墓》，《文物》2001 年第 3 期。
③ 南京市博物馆等：《江苏江宁县下坊村东晋墓的清理》，《考古》1998 年第 8 期。
④ 山西省大同市考古研究所：《大同湖东北魏一号墓》，《文物》2004 年第 12 期；宋志辉：《中国古代漆器制作工艺探析——以北魏司马金龙墓漆屏风画为例》，《文物世界》2020 年第 3 期。
⑤ 李涛、杨益民等：《司马金龙墓出土木板漆画屏风残片的初步分析》，《文物保护与考古科学》2009 年第 3 期。

油）也在此时用于调漆。① 此外，被密陀僧②的颜料也很可能自波斯等地传入，并用于漆的调制。这时新出现一种被称作"绿沉漆"或"青漆"的绿漆，并广泛流行。绿沉漆内调合有油料，色泽较深沉，髹涂后具有美丽光泽。据《钦定古今图书集成·字学典》卷一百四十七引东晋王羲之《笔经》载，"书圣"本人曾多年使用绿沉漆笔管的毛笔且颇为珍爱。

在坚牢且精致的胎骨上髹漆并罩明，再辅以表漆磨顺——原始退光、推光工艺，这时的素髹漆器更加规整、美观、光亮，而且也只有这样，素髹漆器为高级贵族日常使用才能成为可能。江宁下坊村晋墓素髹黑漆奁等，出土时光亮如新，即说明了这一问题。

（二）唐、五代素髹漆器

随着盛唐时崇尚富丽奢华的唐文化装饰风格的确立，金银平脱（图四）、螺钿等镶嵌类漆器迅速取代素髹漆器成为时尚之选。虽然地位下降，但素髹漆器此时仍在大量制作和使用，而且还发明了对其发展影响深远的圈叠胎。

可能在卷木胎基础上发展而来的圈叠胎③，大大突破了原有工艺传统，它将松、杉一类木材截削成的片（条）或竹篾盘曲成圈，再以接口相错方式一圈圈叠垒粘合成碗、盘、盆一类器型，然后打磨并施布漆及灰漆（垸漆）。每层的形状甚至厚度，"都要根据具体器物腹壁的曲面来特别定制，木条向外（扩展）延伸，并阶梯式平滑上升形成弧度，木条形状要随着器壁弧度削成倾斜面，最后还需将内外壁打磨光滑"。④ 这一方法费工费时，且颇具难度，但优点明显，不仅保持了木胎轻薄的特性，还有效割断木料纤维并使之变得很短，胎骨更不易豁裂，强度大大增强。更重要的是，它可使胎骨本身造型更加丰富，花口及器壁弧曲等制作变得相对容易，能更好体现器壁从上至下优美的弧度。日本奈良正仓院藏漆胡瓶，为天平胜宝八年（唐至德元年，公元756年）敬献给东大寺的日本圣武天皇遗物，经X光检测，瓶身显现多重横线，可知其为以数量众多的细木条卷制后叠垒而成⑤，属圈叠胎无疑。扬州唐城石

图四　金银平脱漆胡瓶

---

① 王世襄：《髹饰录解说》，文物出版社，1983，第36页。

② 密陀僧为一种铅的氧化物（PbO），既作黄色颜料，入油调色作画还可起到速干作用——当时胡桃油等植物油至多为半干性油，要干燥成膜需要催干剂。参见乔十光主编《中国传统工艺全集·漆艺》，大象出版社，2004，第24页。

③ 吴福宝、张岚等：《关于宋代漆器圈叠胎制作工艺的研究》，载马承源主编《上海博物馆文物科技论文集》，上海科学技术文献出版社，1996，第460页；张赛勇、王宇洁：《圈叠胎工艺源流考析》，《装饰》2021年第5期。

④ 丁忠明：《漆器制作工艺X-CT检测报告》，载上海博物馆编《千文万华——中国历代漆器艺术》，上海书画出版社，2018。

⑤ 〔日〕内藤：《漆胡瓶》，《正仓院展》（第68回），图版说明，日本奈良国立博物馆，2009，第23页。

塔寺木桥遗址、宁波和义路遗址等，则发现一批晚唐圈叠胎漆器遗物；① 常州半月岛五代墓漆盏托等亦采用圈叠工艺制作。这些皆表明，盛唐时圈叠胎工艺即已发明，晚唐、五代普遍流行开来，中国漆器木胎有了"组织结构的革新"②，素髹漆器于宋元时步入鼎盛阶段与之密切相关。

目前存世的唐、五代素髹漆器，大都出土于下层官吏与普通地主富商的墓葬，以及扬州、宁波等地日常居址内，使用者身份往往不是很高，但大都漆层坚牢且精光内含，所显示的工艺水平并不低。例如，南昌江西电机厂唐墓漆钵（图五），为木质圈叠胎，造型规整，通体髹黑漆，出土时乌黑发亮，光泽如新；经自然脱水后亦状态良好。③ 传世的"九霄环佩"等唐代宫琴，历经千年岁月至今仍色泽纯正，内蕴精光，所显示的髹漆技艺令人称叹。

（三）宋元素髹漆器

历经剧烈的社会变革，宋代许多方面都有了明显改变，其中文人士大夫阶层主导下的日常器用的审美，从华美富丽变为以造型简约、装饰内敛含蓄为突出特色。以往不受重视的素髹漆器，开始为文人士大夫阶层所普遍接受和广泛使用，地位有了大幅提升。

北宋早中期，整个社会"崇尚俭素，金银为服用者鲜，士大夫罕以侈靡相胜，故公卿以清节为高"（南宋·王栐《燕翼诒谋录》卷二）。宋真宗、宋徽宗等崇信道教，崇尚自然含蓄、清淡质朴。范仲淹、欧阳修、王安石、苏轼、司马光等发起诗文革新运动，力戒浮华，讲求平易，提倡简而有法，反对追求奇险，他们的诸多观念都给当时及后世的艺术审美以重要影响。风习之下，素简、自然、含蓄的素髹漆器大行其道，此前广受追捧的金银平脱器销声匿迹，甚至连描饰漆器都出土甚少。

装饰素简并不等于美。宋代漆工匠师将唐代发明的木质圈叠胎工艺及多曲花瓣造型（图六）发扬光大，使碗、盘等常见器类呈现优雅别致的造型、婉转多变的线条，绝少繁琐浮夸与矫揉造作，再经布漆、垸漆等各工序精心制作与髹饰，大都漆层肥厚，色彩纯

图五 江西电机厂唐墓"三升"漆钵

图六 江阴文林南宋墓花瓣形漆奁

---

① 陈晶：《三国至元代漆器概述》，载《中国漆器全集》卷四，福建美术出版社，1998，第 11 ~ 12 页。
② 陈晶：《三国至元代漆器概述》，载《中国漆器全集》卷四，福建美术出版社，1998，第 11 ~ 12 页。
③ 刘安平：《漆钵》，载《中国漆器全集》卷四，图版五六说明，福建美术出版社，1998。

正，素雅沉静，又光亮照人，熠熠生辉；有的精光内蕴，富含内敛之美；有的抚之如丝般顺滑，圆润优雅，秀美可爱，臻于"其质至美，物不足以饰之"（《韩非子·解老》）境界，艺术性完全可以和明末清初的明式家具等相比拟，达到了后世难以企及的高度。

这些素髹漆器工序复杂，工艺考究，制作难度与耗时并不逊于雕漆、戗金等其他工艺门类，更是以前历代素髹漆器所难以比拟的。当时开封、杭州、温州等地民营漆工作坊以素髹为主打产品，产品畅销多地，甚至远销海外，有的还在所书铭文中突出"素漆"，强调自家"素漆"工艺精湛、质量上乘。例如，宝应安宜东路 10 号北宋墓花口漆盆的腹壁外侧，特别标注"孙行素漆"等字样①（图七、图八）；淮安杨庙 3 号墓花口漆碗的外底，朱漆书"选行素漆　丙子□张家自造上牢"铭文②（图九）。

图七　宝应安宜东路 10 号北宋墓花口黑漆盆

图八　宝应安宜东路 10 号北宋墓花口
黑漆盆铭文

图九　淮安杨庙 3 号墓花口
漆碗铭文

迄今出土宋代素髹漆器，涉及黑髹、褐髹、朱髹等诸多品种，以黑髹居多，栗壳色、酱红色或紫褐色等褐髹色泽华丽但不失深沉，更富时代特点。它们几乎件件长期浸泡于水中，对漆面有一定影响，即便如此，不少出土时仍光彩夺目，展现了高超的工艺水平。例

---

① 赵进、季寿山：《清新淡雅 质朴无华——介绍宝应宋墓出土的光素漆器》，《东南文化》2003 年第 4 期。

② 罗宗真：《淮安宋墓出土的漆器》，《文物》1963 年第 5 期。

如，杭州老和山 201 号墓漆碗（图十、图十一），一套大小三件，质地细密，器表黑漆色泽纯正，内蕴精光。据器腹"壬午临安府符家真实上牢"铭文，可知它们为南宋绍兴三十二年（1162）临安（今杭州）漆工作坊"符家"所制。宜兴和桥南宋墓漆圆盒（图十二），口径 23 厘米、底径 16 厘米、高 25.3 厘米，形体虽大，但壁厚仅 0.4 厘米，颇显轻盈秀丽；器表髹栗壳色漆，内涂黑漆，漆层细密，色泽美观，光洁如新，惹人喜爱。

图十　杭州老和山 201 号墓漆碗

图十一　杭州老和山 201 号墓漆碗铭文

图十二　宜兴和桥南宋墓漆圆盒

　　元灭南宋后，原南宋子民即所谓"南人"地位最低。而且，在元代相当长一段时期内，科举被废止，许多读书人仕途受阻，被迫转投艺术创作。由于深受文人影响与启发，加之元王朝统治者"质朴少文"，视除螺钿以外的漆器为粗笨之物而极不重视，宽松环境之下，元代素髹漆器得以大体保持宋代以来的工艺传统，有的仍具很高艺术水准。美国华盛顿亚洲艺术博物馆藏南宋晚期及元代褐漆盘，即颇具典型性。该盘作七曲花瓣造型（图十三），盘口设宽沿，盘壁弯曲呈"S"形，内外轮廓往还反复形成波浪起伏，颇具流动之美；通体髹紫褐色漆，漆层肥厚，色泽莹润，风雅迷人。此外，元代一扫宋代"禁朱令"影响，朱红髹几成时尚，其红中偏橙红、橘红，特征明显，甚至有学者称之为"元代红"①。

---

① 陈晶、包燕丽：《"元代红"素面漆器考释》，原载台北《故宫文物月刊》2005 年总第 270 期，后收录于《漆石汇——陈晶考古文辑》，文物出版社，2016，第 266~276 页。

武进孙家村元墓漆碗（图十四）、日本德川美术馆藏元代朱漆盏托（图十五）等，所涂朱漆色泽偏橙红，鲜艳光亮，堪称精品。

图十三　七曲花瓣形褐漆盘

图十四　武进孙家村元墓漆碗

图十五　元代朱漆盏托

（四）明清素髹漆器

明清两代统治者偏爱雕漆、戗金、填漆等类漆器，素髹漆器的地位重又跌落。这时的工艺技法承继宋元传统，器表髹漆以色调纯正、光泽晶莹润泽者为佳。此时最突出的成就，当属约明代中晚期从日本传入的泽漆揩光技术——"近年揩光有泽漆之法，其光滑殊为可爱矣"（扬明注《髹饰录》）。

泽漆揩光工艺指漆面经推光处理后，用棉球等蘸上等精制生漆，以画连续圆的方式横向依次薄薄揩擦漆面，此时漆面似笼罩一层雾气；将漆面揩擦干净后，入荫室干固；再用手掌蘸鹿角粉全面揩擦漆面，至"雾气"散尽而表面清澈。"如此三遍或三遍以上，一遍比一遍泽漆稀薄，一遍比一遍入窖时间长，漆液一遍一遍被挤压渗入漆层微孔，一遍比一遍渗入更深，一遍比一遍所用研磨粉更细，至漆膜坚细，莹滑如玉。"① 这一工艺的传入，使中国素髹漆器的装饰工艺更加丰富和完善。

① 长北：《〈髹饰录〉析解》，江苏凤凰美术出版社，2017，第46页。

此外，又名"浑金漆"的"金髹"，因金光璀璨、装饰效果富丽堂皇而在明清两代应用甚广，上自北京紫禁城太和殿内的云龙纹屏风、宝座，下至普通殷实之家的日用器具，皆采用此类技法装饰。广东潮州、浙江宁波等地民间还将金髹施之于木雕，且往往与朱髹、描漆等相结合，形成所谓"金漆木雕"，应用广泛，富有鲜明特色。

四　作为奢侈品的漆器背后

自新石器时代晚期开始，对包括漆器在内的部分高级手工业产品的占有与否，是昭示聚落族群内部身份、地位和财富的重要手段之一，也是当时初级礼制的一项重要内容。良渚文化、陶寺文化等的漆器，皆承担了这一功能。在最普通的单素（单漆）漆器基础上，此时还通过描饰及嵌玉、嵌绿松石来强化这一功能。

夏商以降，漆器作为青铜礼器的补充或替代品，曾长期承担着礼器功能，也基本上为贵族阶层所垄断——当时漆器生产及生产资料供给等皆为国家及各级贵族所控制。约春秋中晚期开始，漆工艺获得重大发展，于战国及秦汉时期步入历史上最繁荣阶段。漆器逐渐向日常生活领域拓展，礼器功能下降，同时生产规模迅速扩大，产品质量提升。这时漆器以描饰为最主要的装饰手段，图案繁缛，色彩丰富，技法高超，同时大量应用镶嵌、雕刻等手法，追求瑰丽多姿的艺术效果。而素朴无文的漆器，绝大多数属单漆制品，工艺简单，艺术性明显逊色。

战国晚期，以血缘为纽带的社会结构受到严重冲击，世袭的贵族有的破落沉沦，原本难以逾越的等级界限不再牢不可破，甚至出现了个别庶民乃至吕不韦那样地位很低的商人一跃为卿相的例子。随着工商业发展，围绕漆器生产和使用的森严壁垒也被打破，范围日益扩大。荆州九店楚墓群[①]中，九店7号墓、56号墓皆单棺墓，墓主生前社会地位当为庶人，但两墓漆器及陶鼎、陶壶等其他随葬品的数量，超过同墓地中不少士一级贵族墓，应属富裕地主或商人。这是礼崩乐坏的结果，也是当时社会剧变的一个缩影。汉代，这类现象日益明显。景帝后元二年（前142）的随州孔家坡48号墓，墓主作为库啬夫——县令（长）属下管理物资和制造的小吏，竟随葬耳杯、卮、扁壶等漆器22件。[②] 西汉后期的仪征胥浦101号墓，墓主朱凌仅小地主而已，亦随葬耳杯、盘、碗、奁、勺、魁、案等20件漆器。[③] 与此同时，从南到北全国多地皆发现汉代普通庶民墓随葬漆器现象[④]，为此前所难以想象的。这些漆器往往仅在木胎或竹胎上作简单髹涂，漆层很薄，与当时描绘精美、嵌饰华贵的高档漆器判然有别。

---

① 湖北省文物考古研究所：《江陵九店东周墓》，科学出版社，1995，第13页。
② 湖北省文物考古研究所等：《随州孔家坡汉墓简牍》，文物出版社，2006，第21页。
③ 扬州博物馆：《江苏仪征胥浦101号西汉墓》，《文物》1987年第1期。
④ 陈振裕：《战国秦汉漆器群研究》，文物出版社，2007，第332~334页。

也正是这一时期的文献中，出现了诸如"舒玉纻器，金错蜀杯，夫一文杯得铜杯十""一杯棬用百人之力，一屏风就万人之功"（西汉桓宽《盐铁论》）等记述，展现了汉代漆器奢华、贵重难得的另一面。这里所指称的当是考工、供工和蜀、广汉等中央工官及部分诸侯国直属漆工场的产品，它们用料讲究，甚至镶嵌金银等贵金属及各类宝石，工序复杂，加之漆工场管理规范、严格，技术水平卓越，生产成本高企；如对外销售，自然价格不菲。不过，它们以满足自身需求为主，还被当作珍稀之物对外赏赐，对漆器贸易及日常消费的影响不大。①

与之相对照，时人日常使用的往往是单素类漆器，它们产自散布各地、以家庭手工业生产为特征的民营漆工作坊，生产成本中需对外支出的大项可能仅有生漆材料费一项，自然成本有限。即便是增加布漆、垸漆等工序，抑或是作简单的描漆装饰，成本也能得到有效控制。

这时制作漆器耗费最大的生漆原料，随着各地漆树种植规模扩大，产量较此前大幅提升。《盐铁论·本议》称赞各地特产时有"陇、蜀之丹漆旄羽，……兖、豫之漆丝绨纻"之语；《太平御览》引三国魏何晏《九州论》称"共、汲好漆"。清代《金石索》曾著录"常山漆园司马"印，显示今河北中南部一带曾设立漆园。汉代民营漆工作坊的生漆原料，或自给自足，或自市场采购；抛开前者不谈，后者在当时生漆社会供给充足的情况下也应问题不大。

汉代生漆的市场价格，今已无从查考——约成书于东汉前期的《九章算术》，曾以数学题形式记述购买一斗漆需花费约 345 钱②，但它是算书中虚拟的价格还是真的来源于现实生活，以及所述漆价的时间、地点皆不得而知，只能略作参考。不过，《太平御览·杂物部一》引南朝萧广济《孝子传》："申屠勋，字君游。少失父，与母居。家贫，佣力供养。作寿器，用漆五六斛，十年乃成。"孝子申屠勋做佣工竟能积攒下五六斛（约合今天200 升）漆！③ 这足以说明当时生漆产量大且价格不高。

正因如此，当时民间所产漆器面向市场，以成本定价法确定的产品售价较为合理，比缣、绣等织物要便宜很多。④ 例如，荆州凤凰山 10 号墓随葬简牍显示，西汉前期荆州一带每件漆笥大都售 54 钱，仅相当于七八束麻的价格。⑤ 由于价格合理，汉代民间漆器交易十分活跃，西汉后期"中氏"作坊的漆器甚至同时出现在相距数百里的邗江胡场 5 号墓与连云港海州侍其繇墓⑥，市场影响力可见一斑。因此，汉代漆器至少可以分高端豪华品与普通日用器两大类，它们分属两种不同定价体系，后者以单素漆器为主，很难将之与"奢侈

① 蒋迎春：《论汉代漆器的价格及其生产和贸易——从刘贺墓漆笥、漆盾铭文谈起》，《江汉考古》2022 年第 4 期。
② 李继闵：《九章算术校注》，陕西科学技术出版社，1993，第 192 页。
③ （汉）班固：《汉书》卷二十一《律历志》："合龠为合，十合为升，十升为斗，十斗为斛。"中华书局，1962，第 968 页。汉代一升约合今 200 毫升。
④ 蒋迎春：《论汉代漆器的价格及其生产和贸易——从刘贺墓漆笥、漆盾铭文谈起》，《江汉考古》2022 年第 4 期。
⑤ 湖北省文物考古研究所：《江陵凤凰山西汉简牍》，中华书局，2012，第 135～136 页。
⑥ 扬州博物馆等：《江苏邗江胡场五号汉墓》，《文物》1981 年 11 期；南波：《江苏连云港海州西汉侍其繇墓》，《考古》1975 年第 3 期。

品"画上等号。

五　高档漆器与日用漆器的分化

随着素髹工艺的成熟与广泛应用，素髹漆器与单素漆器在制作工艺、消费人群等诸多方面渐行渐远。

单漆、单油等单素漆器，长期以来一直是社会中下层人士日常漆器消费的对象，它们普遍具有材廉、工简、实用性强、售价低等特点，且产量巨大，充斥于人们日常生产和生活的诸多领域、各个角落。不过，除部分传世的明清作品外，此类早期单素漆器出土数量不多，且鲜有保存完好者，目前以广东台山南海Ⅰ号沉船遗址的发现最为集中。这艘南宋时沉没的阿拉伯商船，除了出水剔犀、剔红漆器外，还有漆八方盘（图十六）、漆盒等一批日用漆器，它们只是在加工完成的木胎或竹胎上髹涂薄薄一层橘黄色漆或涂刷一层桐油而已。[①] 不过，有的木材材质致密且底板较薄，罩透明的薄漆后木纹隐约可见，与日本"春庆涂"的装饰效果有些类似，具有一定特色。

图十六　南海Ⅰ号沉船遗址漆八方盘

伴随漆工艺日益完善，以及瓷器逐渐取代漆器在社会日常生活领域的主导地位，漆器面临瓷器、金银器等门类残酷挤压，约三国以降，包括素髹漆器在内的部分高端漆器主要面向上层社会，其设计与制作日趋奢侈品化；一部分则转向宗教供奉、典章礼仪等特殊领域，而这一转变又进一步引发、促进了漆器制作工艺与装饰技术的进步和创新。宋元以来，特别是晚明与清中期，文人士大夫阶层参与漆器设计及制作，更进一步推动了漆器工艺品化，艺术欣赏功能越发突出和强化，原本的实用价值被大大削弱，甚至出现了专作陈

---

① 国家文物局水下文化遗产保护中心等编著《南海Ⅰ号沉船考古报告之二——2014～2015 年发掘下》，文物出版社，2017，第 543～564 页。

设欣赏的文玩漆器。

制作精良的素髹漆器，则一直体现着实用性与艺术性相结合的特点，其造型设计、色彩选择、材料与技术的应用等方面基本上以实用为方针，在此基础上追求装饰效果。它们是贵族阶层日用器具的重要组成部分，至迟北宋时代开始，使用范围拓展到广大普通社会富裕阶层，涌现出许多实用性与艺术性皆臻妙境的佳作。

其实，美学与生活在漆工艺上呈现分野迹象，早在战国中期就已显露端倪。荆门包山①、荆州天星观②及枣阳九连墩③等地战国中期楚墓出土的双连杯（图十七）、匜形杯、凤鸟莲花豆等，皆具造型别致、装饰美观却不甚实用的特点。而且，素髹漆器与单素漆器在使用阶层等方面的分化并非一蹴而就，早期高级贵族所用漆器存在着两者并用的情况。例如，曾任孙吴左大司马、右军师等显赫要职的朱然，他生前日常所用的凭几、屐等皆素髹漆器，而同时出土的漆砚则直接在木胎上涂漆即告完成④，属单漆漆器。

图十七　荆门包山 2 号墓漆双连杯

简而言之，作为装饰技法的"素髹"，与"单素"明显有别，且明代漆工专著《髹饰录》早已做区分，今人以"素髹"统称似有不妥。将两者予以分别，有助于揭示古代社会漆器使用面貌及漆器贸易等相关情况，探讨漆器奢侈品化、高端艺术品化的进程。素髹是中国漆工艺发展到一定阶段的产物，约发轫于战国秦汉之时，三国两晋南北朝时期定型和完善。素髹漆器的流行，则与社会思潮、审美等相关联，东晋、南朝曾为高级贵族一时之选，宋元时更是遍及大江南北，风行一时，并在艺术上达到历史巅峰。

编辑：刘可维

① 湖北省荆沙铁路考古队：《包山楚墓》，文物出版社，1991，第 30 页。

② 湖北省荆州博物馆：《荆州天星观二号楚墓》，文物出版社，2003，第 149 页。

③ 湖北省文物考古研究所等：《湖北枣阳九连墩 M1 发掘简报》，《江汉考古》2019 年第 3 期；湖北省文物考古研究所等：《湖北枣阳九连墩 M2 发掘简报》，《江汉考古》2018 年第 6 期。

④ 訾威、方晓阳等：《马鞍山朱然墓漆砚的实验研究》，《文物保护与考古科学》2020 年第 3 期。

墓葬资料所见汉代侯国地理与都城

刘尊志

（南开大学中国社会史研究中心暨考古学与博物馆学系）

[摘要] 列侯是汉代分封制度的重要组成内容，随着考古工作的不断开展，已有较多的汉代列侯墓葬被发现和发掘。数量众多的汉代列侯墓葬及其他有关墓葬对汉代侯国地理与都城的内容有较为丰富的体现，涉及汉代侯国的分布与位置、侯国都城与列侯墓葬的位置关系，其中还包括侯国位置的变化及与侯国地理相关的特殊性等内容。墓葬资料体现的汉代侯国地理与都城内容，对于认识汉代列侯的分封及发展、演进等可提供相应的参考。

[关键词] 汉代；墓葬；侯国地理；都城

列侯享有爵位，封邑之地为侯国所在，《后汉书·百官志》载："列侯，所食县为侯国。""本注曰：'……功大者食县，小者食乡、亭，得臣其所食吏民。'"① 汉代封嗣的列侯众多，侯国分布于汉王朝疆域内的很多地区，有些列侯及其后代嗣封者一直在朝廷或诸侯国任职，也有一些留驻京师或诸侯王国都城的列侯，形成侯不就国的情况，但其所封侯国应该是存在的，而且列侯还会享有自身侯国的食邑。两汉时期，列侯尤其是分封于地方且就国于地方的列侯，被封侯国有自身的地理位置和封邑范围，也有侯国的都城，体现出汉代列侯、侯国的内容和发展。关于汉代侯国地理与都城，已有较多研究从文献的角度进行了深入分析和论述，而随着考古工作的不断深入，汉代墓葬尤其列侯墓葬资料对侯国地理与都城也有着较多的体现。本文拟以墓葬资料为参考，对汉代侯国地理与都城作简要分析。

一 汉代侯国的地理位置

汉代，较多的列侯就任封国，生活于此并在死后葬在所封侯国境内，嗣封列侯及列侯的相关家庭成员也是如此，这在地方列侯中表现尤为明显，进而体现出汉代侯国地理的内

---

① （南朝宋）范晔：《后汉书》，中华书局，1965，第3630页。

容。关于两汉侯国地理，已有学者以文献为主要参考，借鉴考古资料（含出土的简牍）等，进行了较为深入的分析和研究，如马孟龙先生对西汉侯国地理的研究①，赵海龙先生关于东汉侯国地理的研究等②，对开展汉代侯国地理研究具有十分重要的参考作用。

从考古资料看，已发现发掘的汉代列侯及有关人员墓葬已有相当数量，这些墓葬分布于多个不同地区，时代有差别，且分属于不同的侯国。有些列侯墓葬出土的简牍资料对侯国地理位置及与侯国地理有关的内容记载较详细。湖南怀化沅陵虎溪山 M1（沅陵侯吴阳墓）出土《计簿》简记有"故沅陵在长沙武陵郡""沅陵侯国凡六乡四"（2 处），另有"百卅二里沅水""廷到□""□里终千五百""□陵三百六十六里""廷到长安道武关二千六百九十六里""廷到长安道涵浴三千二百一十九里其四百卅二里沅水""上沅水与辰春界死＝浴＝到廷里一十六里"等，相关内容涉及西汉沅陵侯国的位置、下辖的乡、地理范围及与一些地理坐标的距离等，体现的沅陵侯国地理位置及有关内容较为丰富，而《计簿》简还记有沅陵侯国下辖的都乡、黔梁乡、庑乡、郪乡、武春乡、平阿乡等的人口，另有乡的界限与有关道路和亭等设施、乡内吏员设置等等，对研究沅陵侯国的地理及有关内容提供了宝贵的资料和参考。③

需要指出的是，诸如湖南怀化沅陵虎溪山吴阳墓出土记录侯国地理内容的简牍相对少见。目前已发现、发掘的其他汉代列侯墓葬，由于埋藏原因、保存环境及后世的盗掘和破坏，一些具有重要信息的物品，特别是带有文字的印章、简牍、刻铭或书写文字的器物、墓碑等极为少见或不见。考古工作者多是在大致确定墓葬等级的背景下，根据墓葬时代及墓葬所在的位置等，合理推定墓主为分封或嗣封于某地的某位汉代列侯，而这些资料也可在一定程度上间接反映出汉代侯国的地理位置与分布情况。目前已知汉代列侯墓葬资料中，根据墓葬位置和时代推定墓主及所属侯国的列侯墓葬较多。

西汉列侯墓葬数量较多。山东滕州市染山汉墓，所处的地理位置及侯国的分封时间与墓葬及墓主郁郎侯刘骄相吻合。④ 山东平度界山西汉墓地的时代大致为西汉宣元时期，墓地与今山东省平度市灰埠镇之间的距离仅 3.5 公里，而西汉时的平度县城在今灰埠镇附近，结合墓葬形制、规模及出土遗物等，综合判断该墓地很可能是西汉中期偏晚阶段的顷侯刘钦或孝侯刘宗及其夫人和未封侯爵儿子的墓地⑤，今灰埠镇一带在当时应属于平度侯国。山东日照五莲仲崮西汉墓地在西汉时属琅琊郡，墓地位置与汉元帝初元元年（前48）所封折泉侯国位置较为相符，该处墓地很可能是第一代折泉侯刘根及其两位夫人和未封侯

① 马孟龙：《西汉侯国地理》，上海古籍出版社，2013；《西汉侯国地理》（修订本），上海古籍出版社，2021。
② 赵海龙：《东汉侯国地理研究》，郑州大学硕士学位论文，2015。
③ 湖南省文物考古研究所：《沅陵虎溪山一号汉墓》，文物出版社，2020，第118~119页。
④ 滕州市汉画像石馆：《山东滕州市染山西汉画像石墓》，《考古》2012年第1期。
⑤ 青岛市文物局、平度市博物馆：《山东青岛市平度界山汉墓的发掘》，《考古》2005年第6期；刘尊志：《山东平度界山汉墓相关问题浅析》，《南方文物》2020年第2期。

爵的儿子刘祖的墓地（图一）。① 西汉临乐侯国置于武帝元朔四年（前 125），地望在今河北省南皮县东南，而具有相应等级的南皮县芦庄子西汉墓地所在地点与西汉临乐侯国地望较为吻合（图二）。河北邯郸五里郎村东北汉墓，墓主为西汉中期晚段的第二代象氏侯

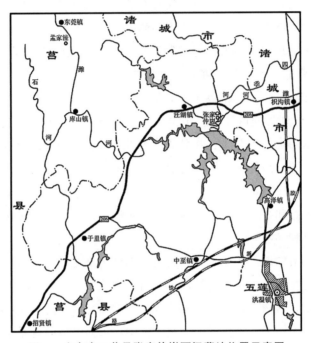

图一　山东省五莲县张家仲崮西汉墓地位置示意图

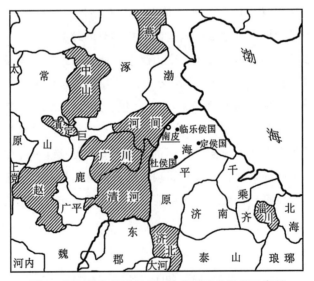

图二　西汉部分侯国与今河北省南皮县位置示意图

---

① 潍坊市博物馆、五莲县图书馆：《山东五莲张家仲崮汉墓》，《文物》1987 年第 9 期。关于墓地为西汉折泉侯墓地的问题，笔者有专文进行论述。

刘安意①；隆尧县城村南西汉墓，墓主为西汉中晚期的第三代或第四代象氏侯（刘千秋或刘汉强）的可能性最大②，二处墓葬墓主的确定依据除时代因素外，还有墓葬位置，而第二代象氏侯刘安意的墓葬与第三代或第四代象氏侯的墓葬距离稍远，又在一定程度上体现出象氏侯国的范围等内容。鳣侯刘应是齐悼惠王刘肥的后代，封侯于襄贲，发掘简报称，襄贲即今江苏省涟水境，涟水三里墩西汉墓葬的地理位置和时代与鳣侯刘应封地和分封时间基本一致。③ 江西吉安安福县城西北角起凤山汉墓，墓葬位置和时代表明墓主可能与西汉安平侯有关。④ 湖南永州市鹞子岭西汉墓地中的 M1 出土一件圆柄漆器座，底部朱书有"泉陵家官第三河平二年（前 27）八月工张山彭兄缮"十八个字，推定墓主为西汉泉陵侯国的某一代侯，同时说明鹞子岭墓群应是西汉泉陵侯的家族墓地⑤，相关墓葬资料表明，今鹞子岭附近当属西汉泉陵侯国的管辖地带，而且西汉泉陵侯国的都城亦距离今鹞子岭不会太远。

东汉列侯墓葬也有一定数量。河北石家庄北郊柳辛庄东汉墓，根据墓葬所在位置和所处时代，初步推定墓主为东汉初期真定国或常山国的刘姓列侯⑥，而真定国或常山国的封地应在附近区域。东汉蠡吾侯国，初封列侯刘翼为河间孝王刘开子，封于今河北省蠡县一带，结合墓葬时代，判定蠡县东汉墓为刘翼之墓⑦，封地与墓葬位置相对应。山东济宁邹城地区发现两座东汉列侯墓葬，一座位于邹城峄山路⑧，另一座位于郭里镇庙东村⑨，就郭里镇一带来讲，东汉时属高平侯国，故推测二墓，特别是郭里镇庙东村东汉墓的墓主，应为东汉高平侯国某一代侯及其夫人，亦是侯国封地与列侯葬地的统一。河南濮阳地区南乐宋耿洛村东汉墓地，M1 的男性墓主应为原东武阳侯，后诏贬为都乡侯，死于家并葬于该地的宦者侯具瑗，M2 墓主很可能为袭封具瑗都乡侯爵位的养子与其夫人（图三）。⑩ 具瑗生前曾封为东武阳侯，侯国地望在今山东聊城莘县十八里铺一带，距离南乐宋耿洛村不远，具瑗死于家中并葬于附近，其被贬为都乡侯时的家应在原东阳侯国的范围内，因此也可被视为葬在侯国境内。安徽亳州曹氏宗族墓地中有多座墓葬，其中包括宦者侯曹腾的墓葬与其儿子曹嵩的墓葬。⑪ 曹腾被封费亭侯，养子曹嵩袭爵费亭侯，侯国地望在今河南永

① 黎晖：《玉衣片》，《文物参考资料》1958 年第 11 期。

② 隆尧县文物保管所：《河北隆尧县出土刻花贴金玉片》，《文物》1992 年第 4 期。

③ 南京博物院：《江苏涟水三里墩西汉墓》，《考古》1973 年第 2 期。

④ 胡啸、郭一淳、满帅：《江西安福发现西汉时期高等级墓葬》，央视网，2021 年 3 月 3 日，http://m.news.cctv.com/2021/03/03/ARTIOXH6yw4G1pOB6PewATBu210303.shtml。

⑤ 湖南省文物考古研究所、永州市芝山区文物管理所：《湖南永州市鹞子岭二号西汉墓》，《考古》2001 年第 4 期。

⑥ 石家庄市文物保管所：《石家庄北郊东汉墓》，《考古》1984 年第 9 期。

⑦ 河北省文物研究所：《蠡县汉墓发掘记要》，《文物》1983 年第 6 期。

⑧ 程明：《邹县发现东汉铜缕玉衣片》，《中国文物报》1990 年 3 月 29 日，第 1 版。

⑨ 胡新立、王军、范维扬：《邹城抢救发掘东汉墓葬》，《中国文物报》1998 年 2 月 4 日，第 1 版。

⑩ 安阳地区文管会、南乐县文化馆：《南乐宋耿洛一号汉墓发掘简报》，《中原文物》1981 年第 2 期；王国平、张文彦、史国强、李小彬编著《南乐汉墓》，中州古籍出版社，2015，第 15～50、62～80 页。

⑪ 安徽省亳县博物馆：《亳县曹操宗族墓葬》，《文物》1978 年第 8 期；任晓民：《曹操宗族墓群》，江苏科学技术出版社，2010，第 16～160 页；亳州市文物管理所：《安徽亳州董园村一号墓》，载安徽省考古研究所、安徽省考古学会编《文物研究》第 20 辑，科学出版社，2013，第 228～241 页。

城市新桥乡境内，由于亳州与费亭相距不是很远，或亳州即在费亭侯国的范围之内，因此可视曹腾、曹嵩死后葬于封国内家乡附近，而且很可能是新辟墓地，而非葬在祖茔。宋耿洛村东汉墓地与亳州曹氏宗族墓地较好体现出与列侯封地位置有关的内容，同时也反映出家乡或家居之地与侯国的位置关系。

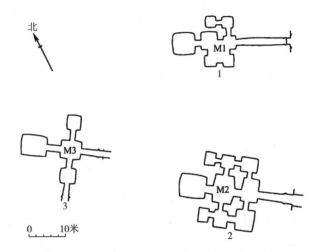

图三　河南濮阳南乐宋耿洛东汉墓地墓葬分布图

可以说，将考古资料（以列侯墓葬为主体）与文献资料（含出土文献）有机结合、相互印证、综合判断，以考古发现、发掘的不同地区、数量较多汉代列侯墓葬为点，连点成面，再细分出同一侯国的列侯墓葬、同一诸侯王国都城附近的列侯墓葬，可以更好地认识汉代侯国尤其是地方侯国的地理位置，厘清汉代侯国的分布状况和特点。

二　与汉代侯国地理有关的问题

关于汉代侯国的地理位置，还有三个方面的内容需作说明。

（一）侯国地理位置的变化

汉代，较多侯国的地理位置相对固定，但因朝廷关于地方政策的变化、对一些具体地区的调整，加之出于政治需要的改封等，一些侯国的封邑范围会发生变化，甚至会有一些侯国迁徙他地，导致侯国地理位置的变化。

关于汉代侯国地理位置的变化，文献有相关记载外，考古资料亦有相应体现。项襄，汉初归顺刘邦后被赐刘姓，是为刘襄，高帝十二年（前195），刘襄被封为桃侯，封地在今河北省东南部，惠帝七年（前188），刘襄因有罪被免，侯国被除；高后二年（前186）刘襄再被封为桃侯，汉文帝前元十年（前170）刘襄死，子刘舍继承爵位，刘舍之后又传

二代，至刘自为于元鼎五年坐酎金免，国除。①相关研究
指出，从文献记载来看，桃侯国几经变迁，其中可能涉及
迁徙、改封。②湖北省随州市周家寨墓地西汉 M8 出土的
木牍《告地书》中载："元年后九月丙戌，桃侯国丞寿
（？）成、都乡佐疵：高里公乘路平不有从车一乘、马二
匹、奴婢十人，各将千石米，谒告地丞下。以律令从事。"
（图四）该木牍说明墓主人为桃侯国都乡下辖之高里人，
其爵为公乘，为二十等爵的第八级，墓葬的年代为公元前
140 年（武帝建元元年）或公元前 134 年（武帝元光元
年）。而木牍关于桃侯国的记载进一步确认了汉今随州境
内存在桃侯国的事实，可补史载之不足，有关桃侯国记载
的再次出现，有助于认识该地区在西汉时期的行政区划，
对研究西汉侯国地理制度及其历史演变有重要价值。③湖
北省随州境内的桃侯国，与汉初桃侯国的最初封地今河北
省东南部相距较远，反映出侯国的迁徙及地理位置的变化
等内容。这一变化或许与刘襄被免侯后又再被封同一侯有
关，也可能与其他侯在朝廷任职（如刘襄子刘舍在景帝时
先后担任太仆、御史大夫、丞相的职位）等有一定关系。
再如平度侯国，初由淄川国别属齐郡，元狩六年（前
117），齐郡更置为王国，平度侯国徙至东莱郡④，至侯国
除未再徙封他地。上文所述平度市界山西汉墓地的三座墓
葬很可能就是某代平度侯与夫人及未封爵儿子的墓葬，也
较好地证明了这一点。

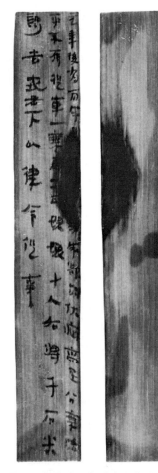

图四　湖北随州市周家寨墓地
M8 出土木牍（M8：66）

（二）葬于家乡或祖茔

西汉列侯墓葬中仅个别具有特殊性质者属此类墓葬，东汉列侯墓葬中则有一定数量，
这与东汉时期家族墓地全面发展影响下归葬习俗的推广和普及有着相应的联系。

江苏省徐州市北郊簸箕山山顶的 M3 墓主为西汉景帝时期参与"七国之乱"的宛朐侯

① （汉）司马迁：《史记》卷十八《高祖功臣侯者年表第六》，中华书局，1982，第 971 页；（汉）班固：《汉
　　书》卷十六《高惠高后文功臣表第四》，中华书局，1962，第 614 页。《汉书·高惠高后文功臣表》记为"桃
　　安侯"，实为第一代桃侯刘襄的谥号，记载的其他具体内容也与《史记·高祖功臣侯者年表》稍有差异。
② 马孟龙：《西汉侯国地理》（修订本），上海古籍出版社，2021，第 247～248、293 页。
③ 湖北省文物考古研究所、随州市曾都区考古队：《湖北随州市周家寨墓地 M8 发掘简报》，《考古》2017 年第 8
　　期。
④ 马孟龙：《西汉侯国地理》（修订本），上海古籍出版社，2021，第 349～352 页。

刘执^①，其封地宛朐为西汉梁国的属县，地望在今山东菏泽西南，距离西汉楚国都城彭城今江苏省徐州市有一定的距离。"七国之乱"平息后，刘执作为叛乱的参与者，自杀或被诛杀，但并未葬在宛朐侯国的境内，而是葬在其父、兄、侄为王的楚国都城彭城北部山头之上，而彭城（今徐州市）北九里山北侧诸多独立的山头又是西汉早中期刘姓贵族的聚葬地，已发现、发掘多座等级较高的刘姓贵族墓葬。因此，宛朐侯刘执死后应是葬在家乡，且墓葬位于该时期楚国贵族葬地的大范围之内。

河北衡水安平逯家庄东汉墓可能是东汉宦者侯赵忠及其夫人的同穴合葬墓^②，而赵忠即安平人，可视为葬于家乡，但该墓附近未见其他东汉墓葬，故赵忠并非葬在祖茔。另外还有宦者侯曹腾及袭爵的养子曹嵩，墓葬位于安徽亳州董园村一带，既在侯国范围之内，又是葬于家乡，且很可能是新辟墓地，而非葬于祖茔。

陕西潼关吊桥汉代杨氏墓群为东汉时期杨姓家族的祖茔，由东向西顺序埋葬，间距 15～27 米，相关墓葬分别编号为 M1～M7（图五）。M2 基本确定为太尉杨震的墓葬，M7 为官至太尉、封临晋侯、中平二年（185）卒、赠骠骑将军、谥文烈侯的杨赐墓葬。^③ 可以说，作为列侯的杨赐，死后是明确葬在家乡祖茔之内的。类似的如东汉司徒刘崎，死后亦葬在祖辈和平辈的茔地之中，墓地位于陕西省华阴市岳庙镇油巷新村西。^④ 但刘崎非列侯，不作过多讨论。

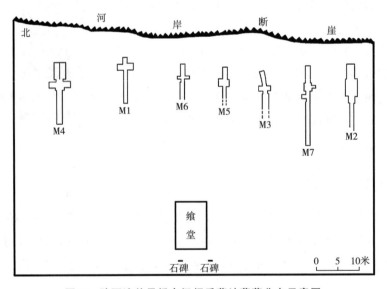

图五　陕西潼关吊桥东汉杨氏墓地墓葬分布示意图

① 徐州博物馆：《徐州西汉宛朐侯刘执墓》，《文物》1997 年第 2 期。
② 河北北省文物研究所：《安平东汉壁画墓发掘简报》，《文物春秋》1989 年创刊号；《安平东汉壁画墓》，文物出版社，1990。
③ 陕西省文物管理委员会：《潼关吊桥汉代杨氏墓群发掘简记》，《文物》1961 年第 1 期。
④ 杜葆仁、夏振英、呼林贵：《东汉司徒刘崎及其家族墓的清理》，《考古与文物》1986 年第 5 期。

（三）葬于帝都、王都附近或其他侯国、郡县境内

汉代，葬于京畿附近的两汉列侯有一定数量，其中较多是在死后陪葬于帝陵，也有在京师为官死后葬在都城附近者，限于篇幅，仅就个别举例说明。东汉时期，宦者侯在封侯后多就其侯国，但也有一些在京师继续从事政治活动，或死后陪葬帝陵，或葬在京师附近。宦者新丰侯单超为桓帝时"五侯"之一，其墓葬很可能为河南洛阳汉魏洛阳城西（白马寺墓园）东汉墓[①]，这一点笔者有专文作相关分析。单超死后未葬在封地，与其一直在朝廷为官且受桓帝器重有关，另外或许还有一个重要的原因，即单超为洛阳人氏，死后葬在洛阳即是葬在家乡，这与上述第二点又有相似之处。

两汉时期许多诸侯王国都城附近也有一定数量的列侯墓葬。墓主属于诸侯王国列侯者居多。湖南长沙杨家大山汉墓的墓主刘骄或为封君[②]，江苏徐州陶楼西汉 M1 的墓主刘顾为君侯[③]，二者很可能分别为西汉刘姓长沙国和楚国所封列侯。山东济南长清大觉寺 M2，男性墓主身份应该是东汉晚期的嗣侯，与东汉济北国有关。[④] 山东东平王陵山东汉墓，墓主可能是与东平王家族有关的列侯夫妇。[⑤] 较少部分为朝廷从诸侯国王子等中分封的列侯，如前文所述宛朐侯刘埶，存在一定的原因。还有一些朝廷分封异姓列侯的墓葬，相关列侯有的在诸侯国任职，死后葬在生前任职的诸侯国都城附近。湖南长沙马王堆西汉轪侯墓地中，二号墓为轪侯利苍墓，一号墓为利苍夫人墓，三号墓墓主为利苍未嗣封轪侯的儿子[⑥]（图六）。轪侯国地望在今河南省罗山县境内[⑦]，因利苍在长沙国为相，死后与夫人等家庭成员葬在长沙国都城附近，而非侯国封地之内。

另据文献记载，淮南王刘长因谋反被废王，并被遣往蜀郡，死于途中，朝廷"以列侯葬淮南王（刘长）于雍，守冢三十户"。[⑧] 刘长自身及其去世均具有特殊性，以列侯礼葬于生前所封王国之外的他地，某种程度上与侯国无关，但也说明有以侯礼葬于他地的现象存在。刘长子东城侯刘良，去世时仅十五六岁，去世后所封侯国被除，且很可能葬在其兄刘安所封的阜陵侯国境内，其夫人去世较晚，死后与刘良异穴合葬于一处墓地，今安徽巢湖北山头 M2 与 M1[⑨] 很可能为东城侯刘良与其夫人的异穴合葬墓[⑩]。

① 中国社会科学院考古研究所洛阳汉魏城队：《汉魏洛阳城西东汉墓园遗址》，《考古学报》1993 年第 3 期。
② 中国社会科学院考古研究所编著《长沙发掘报告》，科学出版社，1957，第 95~129 页。
③ 徐州博物馆：《徐州市东郊陶楼汉墓清理简报》，《考古》1993 年第 1 期。
④ 济南市考古研究所、长清区文物管理所：《济南市长清区大觉寺村一、二号汉墓清理简报》，《考古》2004 年第 8 期。
⑤ 山东省博物馆：《山东东平王陵山汉墓清理简报》，《考古》1966 年第 4 期。
⑥ 湖南省博物馆、中国科学院考古研究所：《长沙马王堆一号汉墓》，文物出版社，1973，第 156~158 页；湖南省博物馆、湖南省文物考古研究所：《长沙马王堆二、三号汉墓》，文物出版社，2004，第 237~240 页。
⑦ 马孟龙：《西汉侯国地理》（修订本），上海古籍出版社，2021，第 488 页。
⑧ （西汉）司马迁：《史记》卷一百一十八《淮南衡山列传第五十八》，中华书局，1982，第 3080 页。
⑨ 安徽省文物考古研究所、巢湖市文物管理所：《巢湖汉墓》，文物出版社，2007，第 90~141、149~150 页。
⑩ 刘尊志：《安徽巢湖北山头两座墓葬的墓主及相关问题》，《考古》2023 年第 3 期。

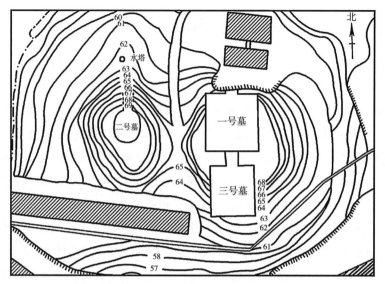

图六　湖南长沙马王堆一、二、三号墓位置示意图

由上可知，虽然很多汉代列侯死后葬在自身的封国境内，对确认汉代侯国的地理位置和分布可提供重要参考，但也有一些列侯因各种原因并未葬在自身的封国境内。这些列侯的墓葬位置并不能准确反映侯国的位置或地望，而这一问题，需要从墓葬墓主的确认、墓主生前的职务和工作、墓主去世时是否具有特殊性等多个方面去分析。

三　侯国都城

汉代列侯有封邑，封邑之内基本会有侯国都城。侯国都城对于分封至地方的列侯较为重要，尤其是封侯就国后，作为列侯与家庭成员长期生活和处理侯国及其他事务的地方，为侯国的核心所在。关于汉代侯国都城，部分列侯墓葬资料有所体现。

河北省邢台市隆尧县固城村南西汉象氏侯墓地位于汉代象氏城西郊一处高 1.5 米台地上（图七）。西汉初期，在固城一带置有象氏县，《汉书·地理志》"钜鹿郡"载："象氏，侯国。莽曰宁昌。"① 城址在今固城村东南，面积约 1 平方公里，原有残存城墙。② 沧州市南皮县芦庄子汉墓很可能为西汉晚期偏早阶段的墓葬③，而且很可能是临乐节侯刘万年与其夫人的同穴合葬墓，根据《西汉侯国地理》一书所绘汉武帝太初元年（前 104）侯国分布图（含关东地区局部放大图）④，可明确看出西汉临乐侯国的都城位置与芦庄子西汉墓

---

① （东汉）班固：《汉书》卷二十八上《地理志第八上》，中华书局，1962，第 1575 页。
② 隆尧县文物保管所：《河北隆尧县出土刻花贴金玉片》，《文物》1992 年第 4 期。
③ 沧州市文物管理处：《河北南皮县芦庄子汉墓》，《文物春秋》1998 年第 1 期。
④ 马孟龙：《西汉侯国地理》（修订本），上海古籍出版社，2021，第 213～215 页。

的位置大致重合，表明临乐节侯夫妇的墓葬位于侯国都城的附近①。蠡县东汉墓位于蠡县城西1公里，蠡县在汉时为蠡吾县，西汉属涿郡，东汉属中山国，《后汉书·郡国志》"冀州·中山"载："蠡吾，侯国，故属涿。"② 相关资料较明确体现出侯国都城与墓葬的位置关系，而自河间孝王刘开子刘翼于汉顺帝永建五年（130）被封侯起，这里前后经历三代蠡吾侯，其中还有成为皇帝的刘志（汉桓帝）。

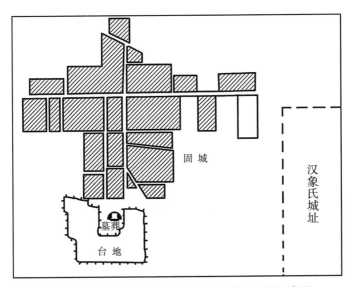

图七　河北隆尧县西汉象氏侯墓葬与城址位置示意图

山东省青州市九龙涧西汉墓为广共侯召嘉的墓葬，位于青州城西南汉代广县城遗址附近，汉代广县城应为西汉广侯国的都城。③ 日照市五莲县仲崮西汉墓地很可能是折泉侯刘根及其家庭成员的墓地。《汉书·地理志》载："折泉，侯国。折泉水北至莫入淮。"④ 仲崮西汉墓地南约1公里处有一座汉代的古城址，现城墙遗迹尚存，曾出土西汉时期的文化遗物⑤，城址符合史书记载的汉折泉城方位，且城址与墓葬距离不远，关系密切。西汉平度侯国在武帝元狩六年（前117）由他郡迁徙至东莱郡，西汉平度县城属东莱郡，在今灰埠镇附近，而界山西汉某代平度侯与其家庭成员的墓地距灰埠镇仅有3.5公里，较好体现出列侯去世后葬在都城附近的特征。

安徽阜阳双谷堆西汉汝阴侯夏侯灶与夫人的异穴合葬墓（M1、M2）位于阜阳城西南，距离城中心约为3公里。⑥ 据《汉书·地理志》的记载，女（汝）阴，故胡国，属汝

① 刘尊志：《河北南皮芦庄子汉墓的性质》，《中原文物》2020年第2期。
② （南朝宋）范晔：《后汉书》，中华书局，1965，第3435页。
③ 王瑞霞、周麟麟：《以青州为例看山东的可移动彩绘陶质、石质文物》，《文博》2009年第6期。
④ （东汉）班固：《汉书》卷二十八上《地理志第八上》，中华书局，1962，第1586页。
⑤ 潍坊市博物馆、五莲县图书馆：《山东五莲张家仲崮汉墓》，《文物》1987年第9期。
⑥ 安徽省文物工作队、阜阳地区博物馆、阜阳县文化局：《阜阳双古堆西汉汝阴侯墓发掘简报》，《文物》1978年第8期；阜阳市博物馆：《阜阳双古堆汉墓》，中华书局，2022。

南郡①，故城即在今安徽省阜阳市。相关资料反映了列侯去世后葬在侯国都城附近的内容。

江西南昌一带有不同时期的西汉海昏侯墓地。经全面、系统的考古调查，发现了海昏侯国都城紫金城址，众多海昏侯墓地又基本分布于都城紫金城的周边。紫金城址有城墙，整体呈不规则的方形，西侧规整，东南与东北侧不甚规则。② 城、墓的调查和发掘很好体现出海昏侯国都城与墓地距离不远、城墓相依的特征（图八）。

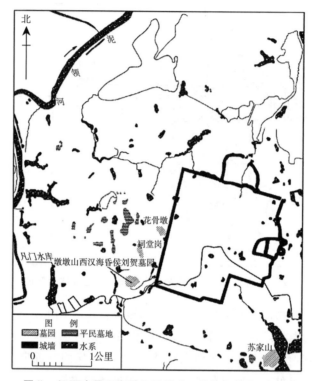

图八　江西南昌现海昏侯国城址、墓园与墓葬分布图

整体来看，汉代侯国都城尤其东汉侯国都城的考古资料较少，这一方面与考古发现的欠缺有关，另一方面也可能与东汉时列侯权力、等级下降有关。一般来讲，侯国都城的规模不大，大致与当时的县邑相当，或许还会更小一些。相关研究将其归于县邑城之列，指出："县邑城指郡国首县之外的一般县城、列侯国都邑和少数民族地区的道。"③ 江苏连云港东海尹湾 M6 出土木牍一正面第一段记载中也有相关内容："县邑侯国卅八县十八侯国十八邑……"④ 从现有资料看，较多列侯墓葬与侯国都城的关系较为密切，大多位于城外

① （东汉）班固：《汉书》卷二十八上《地理志第八上》，中华书局，1962，第 1561 页。
② 江西省文物考古研究所、南昌市博物馆、南昌市新建区博物馆：《南昌市西汉海昏侯墓》，《考古》2016 年第 7 期。
③ 徐龙国：《秦汉城邑考古学研究》，中国社会科学出版社，2013，第 80 页。
④ 连云港市博物馆、中国社会科学院简帛研究中心、东海县博物馆、中国文物研究所：《尹湾汉墓简牍》，中华书局，1997，第 13、77 页。

距离不远、地望较好的位置。但如上文所言，东汉中晚期的一些列侯，特别是宦者侯等，墓地距离侯国都城可能稍远一些，如曹腾墓距费亭城、具瑗墓距东武阳城皆略远一些。这应该存在相应的原因，如曹腾是葬在家乡，具瑗去世前被贬为都乡侯并选择葬在家居之地，另外还应与选择形胜吉地有一定关系。

综合来讲，已发现、发掘的汉代列侯墓葬及其他有关墓葬所反映汉代侯国地理与都城的内容较为丰富，涉及汉代侯国位置、分布及都城等有关的诸多内容。这对于认识汉代列侯的分封及发展，考察侯国都城与列侯墓葬之间的关系等均可提供相应的参考。

编辑：刘可维

再论中国汉代官印封泥编年

陈瑛民

（高丽大学考古美术史学科）

[**摘要**] 不同时期的封泥、印章具有时代性特征，印文信息可与史料直接比对。目前所见的封泥中包括部分赝品，严重阻碍了相关研究的发展。前人的研究并未鉴别所有传世封泥的真伪，而是统一视为研究对象，导致封泥编年出现循环论证的逻辑谬误，无法保证封泥真伪鉴别方法的客观性。本文提出，封泥编年研究的对象须是出土情况明确的封泥标本，同时应检验已有编年体系的正确性。通过编年再次确认封泥形制历时性变化的正确性，但在各个型式封泥的始用年代与存续范围等问题上差异较明显。由此可见，仅依据型式开展的汉代封泥编年研究存在缺陷，必须综合考虑印文字体与封泥的组合方式。因目前开展封泥的编年研究所需的纪年标本数量有限，故不能认为原有的编年体系已发展至成熟阶段，还需更多出土材料的积累以不断完善。本文对封泥的分析，可为同一时代乐浪郡出土封泥的研究提供参考。

[**关键词**] 汉代；封泥；赝品封泥；封检；官印

一　绪论

现有考古材料表明，封泥的制作肇始于战国以前，但直至秦汉时期其才成为完备文书行政体系中"检署制度"的核心装置。前人的研究将封泥功能概括为"保密"与"封印"。《后汉书》是最早记录封泥相关信息的文献，表明封泥与公文行政体系关系密切。① 秦始皇统一六国后废分封置郡县，开始实施中央集权制度。"诏书"即皇帝"诏令"的文书形式，诏书在下达至各郡县的过程中，使用封泥封印以保证文书的密闭性。中央下达的公文以封泥封印，不得擅自开封，文书的接收人则需通过封泥上的印章确认发信人的身份与文书效力。封泥不仅用于诏书一类的下达文书，也用于上达、平达等文书类型。封泥的

---

① "守宫令一人，六百石。本注曰：主御纸笔墨，及尚书财用诸物及封泥。"见（南朝宋）范晔《后汉书》，中华书局，1965，第3592页。

印面保留了朝廷所用中央官署、郡县官署或官吏的印章信息，可与文献史料直接比较，故对校对文献也有所助益。

前人的研究主要是依据封泥印面的官署、官职和郡县名称对文献查缺补漏、订正错误，完善印章材料的同时对官制进行考察。① 墓葬出土的封泥可以准确地反映墓主身份与下葬年代，因此被作为考古编年的重要依据。封泥的作用堪比出土文献，它与甲骨文、简牍并称为"三大文字资料"②。

目前所见封泥大多为汉代封泥，该时期也是封泥的盛行期。但是，由于未确定封泥的真伪，故而编年研究具有逻辑谬误。鉴于此，本文将检验已有封泥的编年体系，并为日后开展汉代封泥编年研究的新标准提供参考。

二 汉代封泥的研究现状与问题

(一) 封泥的发现与赝品封泥的出现

清道光二年（1822），一位四川农民偶然发现了中国境内的首枚封泥。③ 此后，清代的金石学家开启了封泥研究，至今已持续近 200 年。截至 2000 年，中国境内共发现封泥 8500 件以上，其中约 5500 件源于田野发掘。④ 西安相家巷遗址出土的秦代封泥数量最多，约 5000 余件。余下的 3000 件封泥发现于清末至 20 世纪 50 年代，由各地金石学家搜集而来，大部分为汉代封泥。这些实物资料是早期封泥研究的核心，学者在其基础上对封泥编年体系标尺进行了界定。但需要指出的是，传世材料中掺杂了部分伪造的赝品封泥，阻碍了学界正确开展封泥的检验与研究。

赝品封泥的出现可追溯至清末，当时的金石学家高价收购封泥，导致其价格水涨船高。于是，古董商纷纷开始制造赝品，真品与赝品一同流通于市。金石学家的著录⑤中也明确记载收集而来的封泥中掺杂赝品。因此，我们必须对传世封泥的真伪进行辨识。

① 罗振玉：《齐鲁封泥集存》，上虞罗氏永慕园影印本，1913；罗福顺：《封泥证史录举隅》，《文物》1982 年第 3 期；孙闻博、周晓陆：《新出封泥与西汉齐国史研究》，《南都学坛》2005 年第 5 期；孙慰祖：《新见秦官印封泥考略》，《大公报·艺林》1996 年 7 月 12 日；（清）吴式芬、陈介祺：《封泥考略》，上海石印本，1904；吴荣曾：《西汉王国官制考实》，《北京大学学报》（哲学社会科学版）1990 年第 3 期；王献唐：《临淄封泥文字叙目》，山东省立图书馆，1936；刘庆柱：《西安相家巷遗址秦封泥考略》，《考古学报》2001 年第 4 期；刘弘：《汉代西南诸郡太守封泥考略》，《四川文物》1992 年第 6 期；张懋镕：《试论西安北郊出土的封泥的年代与意义》，《西北大学学报》（哲学社会科学版）1997 年第 1 期；周明泰：《续封泥考略》，建德周氏影印本，1928；周明泰：《再续封泥考略》，建德周氏影印本，1928；周天游：《秦乐府新仪》，《西北大学学报》（哲学社会科学版）1997 年第 1 期；黄盛璋：《徐州狮子山楚王墓墓主与出土印章问题》，《考古》2000 年第 9 期。
② 孙慰祖：《封泥的发现与研究》，上海书店出版社，2002，第 48 页。
③ 孙慰祖：《封泥的发现与研究》，第 1 页。
④ 孙慰祖：《封泥的发现与研究》，第 187 页。
⑤ （清）吴式芬、陈介祺：《封泥考略》，上海石印本，1904。

陈介祺是最早开展封泥研究的代表之一，他认为"封泥不见绳痕，材质较新者多为赝品"[①]，"南昌君布封泥见于旧谱，仿其字制成"[②]。如今来看，当时的鉴定标准过于直观，缺乏说服力，具有一定的时代局限性。赝品封泥中可见一些早期制作粗糙的产品，此后造假技艺越发成熟，赝品封泥也十分精巧。

印面　　　　　　　　　　　　　　　　背面

图一　胶东太守章印泥

（现藏于东京国立博物馆，原为陈介祺藏品）

最具代表性的赝品封泥是现藏于东京国立博物馆的"胶东太守章"（图一）。封检与背面的印痕均与真品相似，原收藏者陈介祺也未能鉴别其真伪。后经确认为赝品，主要依据是印文中的"章"字与同时期其他封泥明显不同，赝品的"立"字两横间距更宽[③]，而目前所见的真品封泥中尚无与之相似的字体。笔者曾前往东京国立博物馆实地考察，该件赝品封泥的制作技艺的确非常精巧，肉眼难辨真伪。有鉴于此，我们认为封泥背面是否存在封检并不能作为辨识封泥真伪的唯一标准。

（二）封泥的编年研究与赝品封泥的鉴别方法

有关封泥的早期著述包括吴荣光《筠清馆金石》，刘喜海《长安获古编》，刘鹗《铁云藏陶》，吴式芬、陈介祺《封泥考略》，罗振玉《齐鲁封泥集存》，周明泰《续封泥考略》《再续封泥考略》等。整体而言，清末出版的《封泥考略》已将封泥的分期与编年划分为战国至秦、西汉、新莽、东汉。同时，印章学的研究成果成为该时期封泥编年的重要参考，一是由于金石学家对印章研究的长期积淀，二是因为封泥由印章派生而来、二者变化同步且关系密切。但如前文所述，受限于先学的能力与封泥数量，当时所开展的封泥真伪鉴别存在谬误。此后，王国维[④]、王献唐[⑤]、罗福顺[⑥]、孙慰祖[⑦]、周晓陆[⑧]等学者从封

① （清）吴荣光：《筠清馆金石》，南海吴氏家刻本，1842。
② 孙慰祖：《封泥的发现与研究》，第 131 页。
③ 孙慰祖：《封泥的发现与研究》，第 133 ~ 134 页。
④ 王国维：《简牍检署考》，《王国维遗书》，上海古籍书店，1983。
⑤ 王献唐：《临淄封泥文字叙目》，山东省立图书馆，1936。
⑥ 罗福顺：《封泥证史录举隅》，《文物》1982 年第 3 期。
⑦ 孙慰祖：《古封泥概述》，载孙慰祖主编《古封泥集成》，上海书店出版社，1994。
⑧ 周晓陆、路东之、庞睿：《秦代封泥的重大发现——梦斋藏秦封泥的初步研究》，《考古与文物》1997 年第 1 期。

检方法、传世封泥的真伪辨识、封泥的编年研究等多个角度，不断完善了封泥研究。可以确认，从形制、印式、印文内容、文字排列及印文字体的笔画等多个维度来看，封泥具有历时性的发展演变态势。

鉴别封泥真伪的标准也源自上述研究。一般而言，学界鉴别封泥真伪的方式如下：首先依据文献确定封泥年代，之后归纳各个时期封泥的共时性特征，若某件封泥不符合该时期的共时性特征，即可能为赝品。① 封泥的要素包括印文、印式、印文字体、字数及文字排列（读法顺序）、封泥形制、背面的简牍与封检痕迹等。只有综合考虑所有要素，才能提高辨识封泥真伪的准确度。因此，在鉴别封泥真伪之前，首先要明确封泥的编年体系。

（三）汉代封泥编年的检验方法

封泥真伪能够左右封泥研究的学术价值。如前文所述，封泥的真伪鉴别标准要以封泥编年研究为前提。1950 年以前，封泥编年研究无法有效排除赝品，因此该阶段所设定的编年体系必须经过检验。有学者曾指出，考古发掘出土的部分封泥也符合收集而来的封泥特征，由此证明已有的编年体系仍然可行。② 但这无法从根本上解决循环论证的逻辑错误。孙慰祖提出，封泥研究的对象应是纪年明确的墓葬出土遗物。但实际上，大部分编年所用标本封泥均是传世藏品，来自墓葬的标本极少。因此，即便本文结论与前人研究一致，也必须对编年体系进行检验。为此，笔者提出以下几种方法。

1. 将 1950 年以后通过正式考古发掘出土的可释读印文的封泥纳入编年体系。

2. 将非考古发掘出土但记录明确且没有争议的封泥纳入编年体系。这些封泥通常发现于 2000 年以后，由博物馆或考古机构的研究人员整理。

3. 选择可经史料确认年代的封泥。

4. 鉴别封泥真伪时，要同时考察印文和背面的封检痕迹。但考古报告、简报往往只公布印面的拓本，未刊载背面的拓本或照片，并且有关封泥背面的具体情况也是只言片语或省略。好在可通过如下专著弥补上述遗憾，如《古封泥集成》③《中国の封泥》④《中国古代封泥》⑤《新出汝南郡秦汉封泥集》⑥《新出封泥汇编》⑦。这些专著不仅记录了金石学家收藏的传世封泥，还囊括了 2000 年以后中国、日本等研究机构、博物馆收藏的封泥详情，并且较为系统地整理了封泥的基础信息，诸如封泥印面、背面与侧面的绘图与照片

① 这一方式较为合理。为了提高完成度，伪造者在制造赝品前需先凿刻、铸造印章，并制作封检。伪造者需了解封泥的制作工序与规格，否则无法掩藏细微的差异。此外，考虑到其他各种变数，还要确保仿制对象的完整性。综上可知，封泥仿制十分复杂。
② 孙慰祖：《中国古代封泥》，上海人民出版社，2002，第 37 页。
③ 孙慰祖主编《古封泥集成》，上海书店出版社，1994。
④ 日本东京国立博物馆：《中国の封泥》，二玄社，1998。
⑤ 孙慰祖：《中国古代封泥》。
⑥ 王玉清、傅春喜编著《新出汝南郡秦汉封泥集》，上海书店出版社，2009。
⑦ 杨广泰：《新出封泥汇编》，西泠印社出版社，2010。

等。基于此，研究者可将正式考古发掘出土的封泥或 2000 年后出土的新材料与背面信息明确的传世封泥进行比较，如果印文、读法顺序、字体一致，即可鉴定为真品。由此，在鉴定封泥真时又可参考其背面信息。

日本东京国立博物馆出版的《中国の封泥》一书中，详细记录了《封泥考略》的作者之一陈介祺收藏的 556 件封泥信息。《封泥考略》的另一位作者吴式芬也收藏了相当数量的封泥，大部分现藏于上海博物馆。吴式芬所藏封泥的图版资料可见于孙慰祖《中国古代封泥》一书，该书还收录了《续封泥考略》《再续封泥考略》的作者周明泰所藏的 450 余件封泥信息，这些封泥同样现藏于上海博物馆。

5. 排除由私印制作的封泥。印章分为官印与私印，官印是依照律法规定制作而成，在印式与印文字体上具备时代特征；而自战国时期以降，上至贵族下至平民均可制作私印，或用于日常佩戴，或用于随葬①，无须遵循官方印章规定。实际上，墓葬出土的私印与私印封泥仅少部分与官印形制一致，大多数私印的材质、字数、字体等均与官印大相径庭。因此，本文将私印封泥排除在编年体系之外。另外还需剔除拓本保存状况较差、无法开展字体比较的封泥标本。

6. 封泥的要素包括印式、印文字数、排列（读法顺序）、字体、封检形式等。其中，印式还可细分为有无界、印章规格。本文所涉及的封泥标本均无法确认界隔存在与否以及印章规格②，因此本文将其他要素进行分类。

三　汉代官印封泥的分期与编年

（一）封缄装置的属性分类

汉代的封缄装置由封泥和封检③构成。封泥是保障文书封合的官印印戳，由黏土制成，附着于封检之上，而封检则是为防止运输过程中文件封泥脱落、损坏而设的装置。从发掘出土的遗物标本来看，汉代前期与后期的封缄装置形制存在明显不同。前人的研究成果认为，封检形制存在历时性变化，并以此作为编年研究的重要依据。通过观察封泥的形制、背面与侧面残留的痕迹，可以窥探当时所用封泥的类型和封缄方式。下文将详细探讨封泥、封检的类型划分，并将本文所考察的封泥标本带入编年体系之中，以检验先学所述的

① 实用印章与随葬印章的性质有所不同，具体内容请看赵胤宰《高敞出土铜印考》，《韩国考古学报》第 71 辑，韩国考古学会，2009。

② 本文所涉及的封泥研究对象并未发现有界隔的标本，原始资料中的绘图上也并未记载可确认封泥规格大小的比例尺。

③ 根据《论衡·程材篇》和《论衡校注》中"封蒙约缚，简绳检署，事不如法"的文献记载，王国维对文书封检的过程进行了如下说明："首先在文书上覆盖木板，用绳子捆绑牢固之后放置封泥并用印章戳印，最后题签收信人的姓名等信息。《论衡·程材篇》中将这一过程描述为'简绳检署'，即署为最后步骤。""检"意指封印物件使其不裸露于外，检上写字称为"署"，一般来说写的是收信人的姓名。封检为木板，其上刻字为"署"。

历时性变化是否正确。

1. 封泥的类型

以平面和侧面形制为标准，可将汉代封泥划分为三型（图二）。Ⅰ型为平面呈圆形 + 侧面呈长方形，Ⅱ型为平面呈方形 + 侧面呈长方形，Ⅲ型为平面呈倒三角形 + 侧面呈近似三角形的所谓"舌形""半馒头形"。①

图二　封泥的类型

<small>1. 安陵丞印（东京国立博物馆，笔者摄）；2. 泗水相印章（东京，笔者摄）；3. 掌教大夫章（中国社会科学院考古研究所，1996）</small>

2. 封检的类型

目前，学界已将封检划分为平检式、印齿式、印槽式、箱式等多种类型。为了更加便利地开展研究，本文以 A、B、C 标识封检类型。同型封检的捆绳方式也存在差异，因此笔者将根据封泥背面的痕迹进一步细化。

A 型

A 型封检即所谓的"平检式"，呈长条状的扁平木牍（图三）。在使用该型封检的封泥背面，可发现横向或纵向的条带状木板封检遗痕，以及绳子缠绕的痕迹。另外我们推测，可能也存在不使用检，直接将简牍附着于封泥上的封检方式。秦至西汉前期所用简或平检的宽度大多在0.9～1.2厘米，也有学者主张可宽至1.3～2.0厘米。② 需要说明的是，由于未发现"平检"的实物资料，因此目前还难以进行准确判断。但已有前人进行推测，当时所用平检的形制可能与古代埃及出土的"纸草文书"封检相似。

B 型

B 型封检即所谓的"印齿式"，木材表面下挖出一个长条状的方形凹槽。与 A 型封检相比，该型封检有所进化，可使封泥更加牢固，并且封泥在压印过程中两端多余的黏土可在压力之下自然挤出。由于封泥平面呈圆形，因此在压力作用下，上下两侧的黏土末端可能变形呈"一"字状（图四：1）。此外，为进一步加强封泥的稳定性，检底面的中央凸起（图四：2），因此使用该型封检的封泥背面可见纵向的凹痕。

---

① 孙慰祖：《中国古代封泥》，第 214、330 页。

② 孙慰祖：《中国古代封泥》，第 58～59 页。

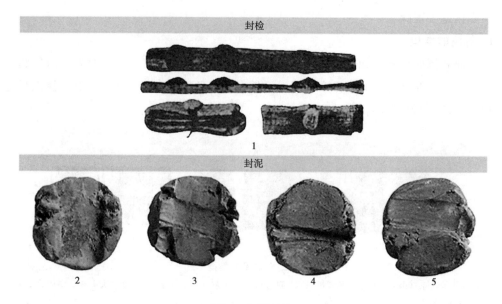

图三　A 型封检

1. 埃及纸草文书的封检；2～5. A 型封检的痕迹

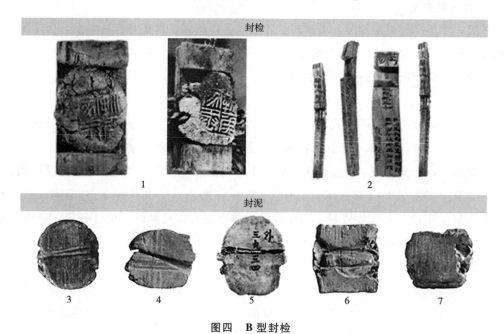

图四　B 型封检

1. 长沙马王堆 1 号汉墓出土；2. 居延出土；3～7. B 型封检的痕迹

C 型

C 型封检即"印槽式""箱式"。首先将木材的中央挖开以确保可放入封泥，之后再在其内挖出三条凹槽并穿绳。该型封检是在 B 型基础上进一步发展而来，能够更加牢固地捆绑封泥＋封检＋封印物品，显著降低运输过程中封泥的脱落率。根据使用 C 型封检的封泥背面捆绳痕迹，我们可进一步划分亚型（图五）。

此外，鉴于其他属性不必先行开展分类，因此相关内容将在下文年代标本编年的过程中予以讨论。

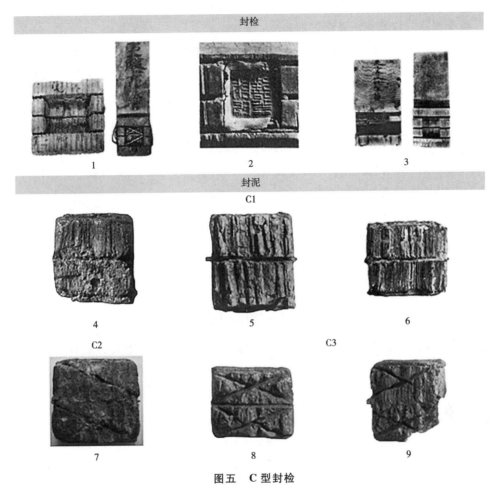

图五　C 型封检

1. 居延出土；2. 尼雅出土；3. 长沙走马楼三国时代吴简；4 ~ 9. C 型封检痕迹

（二）汉代官印封泥的分期与编年

可以认为，目前汉代封泥的编年体系研究基本是由孙慰祖建立的，他将汉代封泥划分为西汉前期（高祖 ~ 景帝）、中期（武帝）、后期（昭帝 ~ 孺子婴居摄）、新莽时期、东汉前期和东汉后期。[1] 如前文所述，其在开展前期封泥编年研究的过程中，引用了印章学的编年。但从目前印章学代表工具书[2]中有关汉代印章的部分内容来看，相反应是其使用了孙慰祖所设定的编年体系。实际上，鉴于印章和封泥之间的关联性，出现这种结果也不足为奇。

① 孙慰祖：《西汉官印、封泥分期考述》，《上海博物馆集刊》第 6 辑，上海古籍出版社，1992，第 184 页；孙慰祖：《封泥的发现与研究》。

② 曹锦炎：《古代玺印》，文物出版社，2005，第 73 页。

在汉代封泥和印章的编年体系中，分期的时间节点大多以文献所载的印章制度重大变化为依据。从目前的情况来看，笔者也对这一标准表示赞同，因此借鉴了孙慰祖的分期。本文的研究对象中，不包含分期年代范围以外的资料。

1. 西汉前期（汉高祖～景帝时期）

根据文献，因官制改革，景帝、武帝时期的官名变化最为频繁，特别是西汉前期景帝在位期间的"七国之乱"前后，首次发生了重大的官制改革。景帝三年（前 154）平定"七国之乱"后，诸侯势力逐渐削弱。在此过程中，中央收归了官秩四百石以上的官吏任命权，诸侯王仅能任命四百石以下的官吏；禁止使用此前各诸侯国制作的印章，由中央管理印章的颁发和铸造，型式统一。前人的研究将西汉前期进一步划分为汉高祖至景帝以前（公元前 206～前 157 年）、景帝时期（公元前 156～前 141 年）两个阶段。

（1）长沙咸家湖西汉曹㛆墓①

1974 年，对长沙市陡壁山的 1 座西汉时期墓葬进行了发掘。该墓葬位于山顶，依山建墓，未发现封土，墓制为黄肠题凑式的竖穴木椁墓。墓室内出土 8 件封泥，报告书中仅收录了其中 1 件的拓本，其余 7 件的印文情况较差。

长沙左（右）丞（图六：1）

[封泥：Ⅱ，封检：B，字数：4] 读法顺序：

3	1
4	2

报告书中将封泥印文释读为"长沙□（尉）丞"，但从拓本印文的篆书来看，应更似"长沙左丞"或"右丞"。"尉"的篆书与之完全不同，应是报告者的误读。《汉书》② 载长沙国设立于高祖五年（前 202），因此该封泥的制作年代应不早于公元前 202 年。

（2）山东省临淄齐国故城刘家寨遗址③

1958 年 10 月，山东省文化局对山东临淄齐国故城进行了为期 1 个月的钻探和试掘工作，在大城内刘家寨村 T102 中出土了 40 余件封泥，其中可辨识印文、上下限年代明确的封泥如下。

齐中尉印（图六：2、3）

[封泥：Ⅰ，封检：A，字数：4] 读法顺序：

3	1
4	2

据《汉书》卷十九下《百官公卿表第七下》：王先谦的注④，景帝中元二年（前 148）废官职"中尉"，因此该件封泥的制作年代应不晚于公元前 148 年。

齐祠祝印（图六：4、5）

---

① 长沙市文化局文物组：《长沙咸家湖西汉曹㛆墓》，《文物》1979 年第 3 期。

② （汉）班固：《汉书》卷二十八《地理志第八下》："长沙国，秦郡，高帝五年为国。莽曰填蛮，属荆州。"中华书局，1962，第 1639 页。

③ 山东省文物管理处：《山东临淄齐故城试掘简报》，《考古》1961 年第 6 期；山东省文物考古研究所：《临淄齐故城》，文物出版社，2013 年。

④ 王继如：《汉书今注》，凤凰出版社，2013，第 389～391 页。

［封泥：Ⅰ，封检：A，字数：4］读法顺序：

3	1
4	2

据《汉书》①，景帝中元六年（前144）将官名"太祝"变更为"祠祝"，故该件封泥的制作年代应不早于公元前144年。

齐悼惠园②（图六：6~9）

［封泥：Ⅰ，封检：A，字数：4］读法顺序：

3	1
4	2

据《汉书》③，高帝儿子齐悼惠王刘肥死于惠帝六年（公元前189年），与"园"相关的印章颁制时期相近，故该件封泥的制作年代应在公元前189年之后。

齐哀园印④（图六：10）

［封泥：Ⅰ，封检：A、B，字数：4］读法顺序：

3	1
4	2

一方面，据《汉书》⑤，惠帝七年（前188）册封齐哀王，其死于12年之后。但同书记载文帝二年（前178）其子继位齐文王，即《汉书》记载的年代自相矛盾。另一方面，《史记》⑥载齐哀王死于文帝元年（前179），齐文王继位于公元前178年。我们怀疑《汉书》记载有误，因此该件封泥的年代应在公元前179年之后。

齐哀寝印⑦（图六：11）

［封泥：Ⅰ，封检：A、B，字数：4］读法顺序：

3	1
4	2

年代与上一件相同。

（3）湖南省长沙马王堆1号汉墓⑧

长沙马王堆1号汉墓是西汉早期长沙国丞相轪侯利苍的妻子辛追墓。墓葬主体为竖穴木椁墓，出土"轪侯家丞"封泥。

轪侯家丞（图六：12）

［封泥：Ⅰ，封检：B，字数：4］读法顺序：

3	1
4	2

马王堆1号汉墓的年代略晚于文帝十二年（前168），因此该件封泥的制作年代不早于公元前168年。

（4）河南省平舆县平舆古城村遗址

2006年，河南省平舆县古城村的一位农民在此处发现了大量封泥，并指出当地此前也时

① （汉）班固：《汉书》卷十九《百官公卿表第七》："景帝中六年更名太祝为祠祀。"第726页。
② 杨广泰：《新出封泥汇编》，西泠印社出版社，2010。
③ （汉）班固：《汉书》卷十四《诸侯王表第二》："齐悼惠王肥，高帝子，正月壬子立，十三年薨。"第398页。
④ 杨广泰：《新出封泥汇编》，西泠印社出版社，2010。
⑤ （汉）班固：《汉书》卷十四《诸侯王表第二》："孝惠七年，哀王襄嗣，（在位）十二年薨"；"孝文二年，文王则嗣，十四年薨，亡后。"第398页。
⑥ （汉）司马迁：《史记》卷十七《汉兴以来诸侯王年表第五》，中华书局，1982，第826页。
⑦ 杨广泰：《新出封泥汇编》，西泠印社出版社，2010。
⑧ 湖南省博物馆等：《长沙马王堆一号汉墓》，文物出版社，1973。

常发现封泥。孙慰祖得知消息后前往现场，在田地东侧发现了残损的封泥、绳纹板瓦残片和破损的砖块。通过分析遗物纹饰，将其断代为汉代，并推测此处可能存在汉代建筑遗址。①

平舆古城村出土的封泥均为秦汉时期，相关资料已公开发表于两本著作中。《新出汝南郡秦汉封泥集》② 中表明封泥数量为 544 件；《新出封泥汇编》③ 中表明一共发现 3216 件，其中 72 件为秦代、3144 件为汉代（包括新莽时期）。前者报告的数量较少，应是将印文相同的封泥合并计算。实际上，两本报告中的封泥有所重复。此外，由于尚未刊发该遗址的简报或正式报告书，故目前只能参考上述两册书籍。两本专著中不仅发表了封泥印面的拓本，还公开了背面照片和观察记录等信息，对我们开展研究十分有益。

樊侯相印（图六：13～15）

［封泥：Ⅱ，封检：B，字数：4］读法顺序：

3	1
4	2

据《汉书》④，文帝元年（前 179）始封蔡兼为樊侯，后于武帝元鼎四年（前 113）废侯国，故该件封泥的年代为公元前 179～前 113 年。

吴房侯相（图六：16～18）

［封泥：Ⅱ，封检：B，字数：4］读法顺序：

3	1
4	2

据《史记》⑤，高帝八年（前 199）设侯国，后于景帝后元元年（前 143）废立。故该件封泥的年代应在公元前 199～前 143 年，但景帝中元五年（前 145）⑥ 将诸侯王丞相改称为"相"，因此该件器物的年代上限为公元前 145 年。

吴房国尉（图六：19～21）

［封泥：Ⅱ，封检：C1、C2，字数：4］读法顺序：

3	1
4	2

官名为国尉，因此该件封泥制作于侯国被废之前的公元前 199～前 143 年。

吴房丞印（图六：22）

［封泥：Ⅱ，封检：B、C2，字数：4］读法顺序：

3	1
4	2

与该官名相同的遗迹中还出土了细阳国丞、宜春国丞、弋阳国丞、召陵国丞、营侯国丞封泥，从该封泥印文非国丞、侯丞来看，可以确认其是县丞官印。如前文所述，侯国被废之后吴房为县名，故该封泥制作年代应在公元前 143 年之后。

汝南太守（图六：23～25）

① 孙慰祖：《新出汝南郡秦汉封泥群研究》，载王玉清、傅春喜编著《新出汝南郡秦汉封泥集》，上海书店出版社，2009，第 2～3 页。
② 王玉清、傅春喜编著《新出汝南郡秦汉封泥集》，上海书店出版社，2009。
③ 杨广泰：《新出封泥汇编》，西泠印社出版社，2010。
④ （汉）班固：《汉书》卷四《文帝纪第四》："……故常山丞相蔡兼为樊侯。"第 115 页。
⑤ （汉）司马迁：《史记》卷十八《高祖功臣侯者年表第六》，第 943 页。
⑥ （汉）班固：《汉书》卷十九《百官公卿表第七》："景帝中五年令诸侯王不得复治国，天子为置吏，改丞相曰相，省御史大夫、廷尉、少府、宗正、博士官，大夫、谒者、郎诸官长丞皆损其员。"第 741 页。

［封泥：Ⅱ，封检：B，字数：4］读法顺序：

3	1
4	2

据《汉书》①，景帝中元二年（前148）将官名"郡守"变更为"太守"，后因武帝时期印章制度的改革又将官名"太守"变更为五字印文。该封泥印文为"太守"且是四字印文，故其制作年代应为公元前148～前104年。

2. 西汉中期（汉武帝时期）

"夏，汉改历，以正月为岁首，而色上黄，官名更印章以五字，因为太初元年。"②

上述文献是开展汉代印章制度研究时引用最多的记录，即汉武帝太初元年（前104）将官印印文的字数变更为五字。从出土的官印、封泥实物资料来看，五字印章仅限于俸禄在"比二千石"以上的官职。③ 但"比二千石"以上的皇帝、王侯印依然使用四字印章。④ 即，太初元年伊始，王侯以下、"比二千石"以上高等级官吏的官印为五字。武帝执政时期，汉代官制发生了重大变革，因此以其为时间节点划分西汉中期。

（1）洛阳西郊汉代居住遗址⑤

1955年春，中国科学院考古研究所河南发掘队开始对洛阳西郊的汉代河南县城遗址进行发掘。在1101建筑址以东3米的2个灰坑中出土了20余件封泥，并发表了其中8件印文可释读的遗物标本，但印文完整的封泥仅3件。

河南太守章（图七：1）

［封泥：Ⅱ，封检：B，字数：5］读法顺序：

5	3	1
	4	2

该件封泥的官名并非郡守，而是太守。如前文所述，景帝中元二年（前148）将"郡守"变更为"太守"，且武帝太初元年（前104）将官秩"比二千石"以上的官印由四字变更为五字。综上，该封泥的制作年代不早于公元前104年。

（2）宁城县黑城古城遗址⑥

黑城古城遗址出土了战国至西汉时期的遗物标本，其中包括3件汉代封泥。

渔阳太守章（图七：2）

［封泥：Ⅱ，封检：C?，字数：5］读法顺序：

5	2	1
	4	3

包含"太守"的五字印文，因此制作于武帝太初元年（前104）之后。值得注意的是，该件封泥的读法不同于同时期的其他标本。自西汉前期封泥读法已统一为 $\begin{smallmatrix}3&1\\4&2\end{smallmatrix}$，唯独该件封泥较特殊，不禁令人生疑，但因其为单例故难以厘清缘由。

---

① （汉）班固：《汉书》卷五《景帝纪第五》："秋七月，更郡守为太守，郡尉为都尉。"第146页。

② （汉）司马迁：《史记》卷十二《孝武本纪第十二》，第483页。

③ 孙慰祖：《封泥的断代与辨伪》，《上海博物馆集刊》第8辑，上海书画出版社，2000。

④ 曹锦炎：《古代玺印》，文物出版社，2005，第74页。

⑤ 郭宝钧：《洛阳西郊汉代居住遗迹》，《考古通讯》1956年第1期。

⑥ 冯永谦、姜念思：《宁城县黑城古城址调查》，《考古》1982年第2期。

（3）临淄刘家寨遗迹①

梁邹丞印（图七：3、4）

［封泥：Ⅰ，封检：A，字数：4］读法顺序：

3	1
4	2

据《史记》②，西汉高帝六年（前 201）设梁邹侯国，武帝元鼎五年（前 112）废，设县。该件封泥的印文应为县丞印章，而非侯丞或国丞，故其年代应在废国设县的公元前 112 年之后。

（4）河南省平舆县平舆古城村遗址③

参考前文的遗迹说明。

临汝国丞（图七：5、6、7）

［封泥：Ⅱ，封检：B，字数：4］读法顺序：

3	1
4	2

据《史记》④，武帝元光二年（前 133）册封西汉开国大将军灌婴之孙灌贤为临汝侯，后因灌贤受贿重罚，于元朔五年（前 124）废侯国。因此，该件封泥的制作年代应在公元前 133 ~ 前 124 年。

河东太守章（图七：8）

［封泥：Ⅱ，封检：C2，字数：5］读法顺序：

5	3	1
	4	2

"太守"五字印文，制作年代在武帝太初元年（前 104）之后。

九江太守章（图七：9、10）

［封泥：Ⅱ，封检：C2，字数：5］读法顺序：

5	3	1
	4	2

"太守"五字印文，制作年代在武帝太初元年（前 104）之后。

汝南太守章（图七：11 ~ 18）

［封泥：Ⅱ，封检：B、C1、C2，字数：5］读法顺序：

5	3	1
	4	2

"太守"五字印文，制作年代在武帝太初元年（前 104）之后。

南阳太守章（图七：19）

［封泥：Ⅱ，封检：C2，字数：5］读法顺序：

5	3	1
	4	2

"太守"五字印文，制作年代在武帝太初元年（前 104）之后。

3. 新莽时期

王莽篡权时期，不仅改变了自西汉以来形成的郡国县旧名，并对官制、货币制度等多

---

① 王玉清、傅春喜编著《新出汝南郡秦汉封泥集》，上海书店出版社，2009；杨广泰：《新出封泥汇编》，西泠印社出版社，2010。

② （汉）司马迁：《史记》卷十八《高祖功臣侯者年表第六》："六年正月丙午，孝侯武儒元年……元鼎五年，侯山柎坐酎金，国除。"第 897 ~ 898 页。

③ 杨广泰：《新出封泥汇编》，西泠印社出版社，2010。

④ （汉）司马迁：《史记》卷十八《高祖功臣侯者年表第六》："元光二年，封婴孙贤为临汝侯。侯贤元年，元朔五年，侯贤行赇罪，国除。"第 896 页。

个方面进行了改革。这一历史背景，也能够帮助我们更好地辨别新莽时期的封泥。

（1）汉长安城未央宫第4号建筑遗址①

该遗址公开发表的封泥数量共计111件，其中仅18件记载了详细的印文、拓本等信息。

□□里附城（图八：1）

［封泥：Ⅲ，封检：?，字数：5］读法顺序：

5	3	1
	4	2

据《汉书·王莽传》，"里附城"是王莽统治时期使用的关内侯爵邑。②

掌教大夫章、掌牧大夫章（图八：2、3）

［封泥：Ⅲ，封检：?，字数：5］读法顺序：

5	3	1
	4	2

报告者将印文释读为"掌厩大夫章"，孙慰祖释读为"掌教大夫章"。③ 依笔者之见，印文与篆书体的"厩"差异较大，更接近"教"，因此遵循了孙慰祖的释读方案。据《汉书》④记载可知，与该件封泥一同出土的"掌牧大夫章"封泥年代应在新莽时期。由于二者的字体相近，背面均残留封检痕迹，因此我们认为它们年代相同。

（2）西安卢家口遗址⑤

西安卢家口遗址出土了大量新莽时期的封泥标本，该遗址位于西安汉长安城内，具体位置大约是未央宫前殿，很有可能是重要的官署。

安阳宰之印（图八：4）

［封泥：Ⅱ，封检：C3，字数：5］读法顺序：

5	3	1
	4	2

据《汉书》⑥，王莽将县令、县长均变更为"宰"，故该件封泥的制作年代在王莽始建国元年的公元9年至东汉建武元年的公元25年之间。

宜阳县宰印（图八：5）

［封泥：Ⅱ，封检：C?，字数：5］读法顺序：

5	3	1
	4	2

官名同样为"宰"，制作年代为公元9～25年。

富昌大尹章（图八：6）

［封泥：Ⅱ，封检：C3，字数：5］读法顺序：

5	3	1
	4	2

据《汉书》，"大尹"是王莽设立的官名，年代在公元9～25年。

桓宁大尹章（图八：7、8）

---

① 中国社会科学院考古研究所汉城工作队：《汉长安城未央宫第四号建筑遗址发掘简报》，《考古》1993年第11期；中国社会科学院考古研究所：《汉长安城未央宫》，中国大百科全书出版社，1996。

② （汉）班固：《汉书》卷九十九《王莽传》，第4174页。

③ 孙慰祖：《封泥的发现与研究》，第177页。

④ （汉）班固：《汉书》卷九十九《王莽传》："（地皇）二年（21）……乃拜侍中掌牧大夫李棽为大将军，扬州牧。"第4168页。

⑤ 杨广泰：《新出封泥汇编》，西泠印社出版社，2010。

⑥ （汉）班固：《汉书》卷九十九《王莽传》："改郡太守曰大尹，都尉曰太尉，县令长曰宰。"第4104页。

［封泥：Ⅱ，封检：C1、C2、C3，字数：5］读法顺序：

	5	3	1
		4	2

官名为"大尹"，制作年代为公元 9~25 年。

赏都大尹章（图八：9）

［封泥：Ⅱ，封检：C2，字数：5］读法顺序：

	5	3	1
		4	2

官名为"大尹"，制作年代为公元 9~25 年。

子同大尹章（图八：10）

［封泥：Ⅱ，封检：C2，字数：5］读法顺序：

	5	3	1
		4	2

官名为"大尹"，制作年代为公元 9~25 年。

陈定属令章（图八：11）

［封泥：Ⅱ，封检：C3，字数：5］读法顺序：

	5	3	1
		4	2

据《汉书》[①]，王莽废梁国后设陈定郡，属令、属长是天凤元年（14）王莽按《周官》所设，如同都尉。因此该件封泥的制作年代在公元 14~25 年。

河平属令章（图八：12）

［封泥：Ⅱ，封检：C3，字数：5］读法顺序：

	5	3	1
		4	2

据《汉书》，王莽将平原郡改称"河平郡"，属令也是王莽设立的官名。该标本的年代为公元 14~25 年。

赏都属令章（图八：13）

［封泥：Ⅱ，封检：C2，字数：5］读法顺序：

	5	3	1
		4	2

官名为"属令"，故制作年代在公元 14~25 年。

辽东襄平卒正（图八：14）

［封泥：Ⅱ，封检：C3，字数：6］读法顺序：

	5	3	1
	6	4	2

据《汉书》，"卒正"为王莽设立的官名，故该标本年代在公元 14~25 年。

洛阳纬言州长（图八：15）

［封泥：Ⅱ，封检：C3，字数：6］读法顺序：

	5	2	1
	6	4	3

据《汉书》[②]，"州长"为天凤元年王莽设立官名，故该标本年代在公元 14~25 年。

保忠信卿章（图八：16）

［封泥：Ⅱ，封检：C3，字数：5］读法顺序：

	5	3	1
		4	2

---

① （汉）班固：《汉书》卷九十九《王莽传》："莽以《周官》《王制》之文，置卒正、连率、大尹，职如太守；属令、属长，职如都尉。置州牧、部监二十五人，见礼如三公。监位上大夫，各主五郡。公氏作牧，侯氏卒正，伯氏连率，子氏属令，男氏属长，皆世其官。其无爵者为尹。"第 4136 页。

② （汉）班固：《汉书》卷九十九《王莽传》："益河南属县满三十，置六郊州长各一人，人主五县。"第 4136 页。

据《汉书》①，天凤元年王莽将"河南大尹"改称为"保忠信卿"，故该标本年代在公元 14~25 年。

4. 东汉时期

前人的研究大致以 100 年为标准，将东汉时期的封泥划分为前期、后期，原因有二，一是纪年标本数量较少，二是东汉时期郡县、官制改革幅度不如西汉时期。本文所讨论的东汉时期封泥中，年代确定的标本数量十分有限，因此并未开展更为精细的分期。

（1）河南省平舆县平舆古城村遗址②

参考前文的遗址描述。

固始丞印（图九：1、2）

［封泥：Ⅱ，封检：C1、C2，字数：4］读法顺序：

3	1
4	2

据《汉书·地理志》，世祖时期将原属于汝南郡的寝县变更为"固始"，《后汉书·郡国志》中出现了"固始侯国"。由此可见，固始县设立于东汉光武帝时期，之后可能变更为侯国。由于能在封泥上刻官印的至少是"县"以上职位，因此该件标本应是固始为县时期的封泥。虽然目前还不清楚固始侯国是何时由县变为侯国的，但从下文"固始国丞"封泥的年代来看，本文的推测具备一定可信度。

固始国丞（图九：3、4）

［封泥：Ⅱ，封检：B，字数：4］读法顺序：

3	1
4	2

固始侯国的"丞"名封泥，制作年代在光武帝建武元年（25）之后。

司空之印章（图九：5）

［封泥：Ⅱ，封检：C2，字数：5］读法顺序：

5	3	1
	4	2

据文献记载，西汉成帝绥和元年（前 8）将"御史大夫"改称"大司空"③，之后东汉光武帝建武二十七年（51）又改称"司空"④，司空、太尉和司徒统称为"三公"，官秩为"万石"。因此该件封泥的制作年代在公元 51 年之后。

思善侯相（图九：6~8）

［封泥：Ⅱ，封检：C1、C2、C3，字数：4］读法顺序：

3	1
4	2

东汉章帝章和二年（88）分治城父县后设立思善侯国⑤，故该封泥的年代在公元 88 年之后。

① （汉）班固：《汉书》卷九十九《王莽传》："更名河南大尹曰保忠信卿。"第 4136 页。
② 王玉清、傅春喜编著《新出汝南郡秦汉封泥集》，上海书店出版社，2009；杨广泰：《新出封泥汇编》，西泠印社出版社，2010。
③ （汉）班固：《汉书》卷十《成帝纪第五》："御史大夫为大司空，封为列侯。"第 329 页。
④ "世祖即位，为大司空，建武二十七年，去'大'。"（南朝宋）范晔：《后汉书》，中华书局，1965，第 3562 页。
⑤ 魏嵩山：《中国历史地名大辞典》，广东教育出版社，1995。

富波国丞（图九：9）

［封泥：Ⅱ，封检：C1、C2，字数：4］读法顺序：

3	1
4	2

《汉书·地理志》载富波为汝南郡下辖县，《续汉书·郡国志》载东汉和帝永元年间恢复为侯国。因此该件封泥的年代在公元 89～105 年。[①]

褒信侯相（图九：10、11）

［封泥：Ⅱ，封检：C1、C2、C3，字数：4］读法顺序：

3	1
4	2

《后汉书·郡国志》记载了"褒信侯国"[②]，但《汉书》中却并无记录。因此我们如此，该件封泥的年代为东汉时期。

征羌国尉（图九：12、13）

［封泥：Ⅱ，封检：C1、C2，字数：4］读法顺序：

3	1
4	2

《续汉书·郡国志》记载了"征羌侯国"[③]，但《汉书》中却并无记录。因此我们推测，该件封泥的年代为东汉时期。

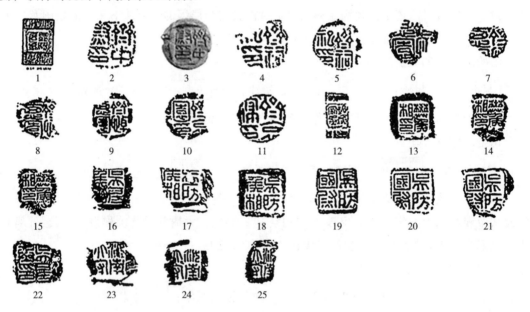

1　　　2　　　3　　　4　　　5　　　6　　　7

8　　　9　　　10　　　11　　　12　　　13　　　14

15　　　16　　　17　　　18　　　19　　　20　　　21

22　　　23　　　24　　　25

图六　西汉前期封泥的编年标本

① "富波侯国，永元中复。"见（南朝宋）范晔《后汉书》，第 3424 页。需要注意该文献所用"复"字，即表明其以前可能为"侯国"。实际上从封泥刻印的官名印章来看，与文献存在诸多矛盾。例如，文献中记载为"县"，官印封泥却为"侯国"；又或者文献记载为"侯国"，但却未发现刻官印的封泥。我们认为，这应是由于文献不能及时、完整地反映侯国、郡县编制的实时信息。与文献相比，印章和封泥更能够实际反映所处时代郡县、官制的实时变动。需要特别指出的是，在西汉末期至东汉建立之前的政治混乱期内，文献与文物（官印、封泥）相悖的现象越发频繁。

② （晋）司马彪：《续汉书》志第二十《郡国二》，见（南朝宋）范晔《后汉书》，第 3424 页。

③ （晋）司马彪：《续汉书》志第二十《郡国二》，见（南朝宋）范晔《后汉书》，第 3424 页。

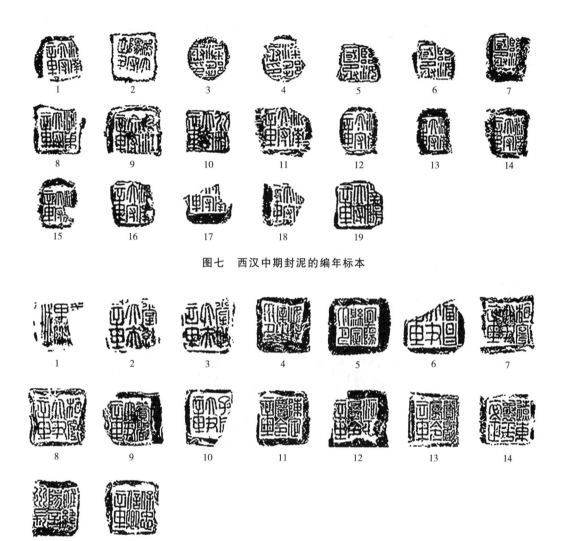

图七　西汉中期封泥的编年标本

图八　新莽时期封泥的编年标本

注：仅从拓本来看，难以准确辨识图 8 - 2、8 - 3 封泥的型式，但从报告书中的照片来看应属于Ⅲ型。在未开展实物考察、无图片资料的情况下，Ⅲ型标本的辨识极为困难。通过实物观察，可以确认 4 ~ 16 号标本均为Ⅱ型。

5. 其他

豫州刺史（图十：1）

［形制：Ⅱ，封检：C2，字数：4］读法顺序：

3	1
4	2

据《汉书》《后汉书》百官公卿表可知，"刺史"源自武帝元封五年（前 106）设"部刺史"，成帝绥和元年（前 8）改称"州牧"，官秩升至"二千石"，东汉光武帝建武十八年（42）重新设立"十二州刺史"。故该件封泥的年代为公元前 106 ~ 前 8 年，或者公元 42 年之后。

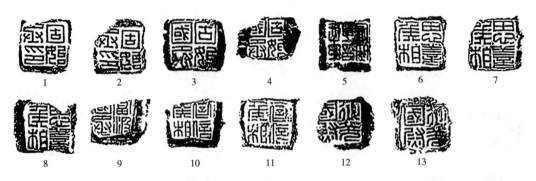

图九　东汉时期封泥的编年标本

西平侯相（图十：2）

［形制：Ⅱ，封检：C1、C2，字数：4］读法顺序：

3	1
4	2

西汉时期设西平县，西汉宣帝甘露元年（前 53）为侯国，新莽时期改称，东汉初期又恢复其原称。东汉章帝建初七年（82）复为"西平侯国"，章和二年（88）改为县。[①]

图十
1. 豫州刺史；2. 西平侯相

四　编年序列的多方位检验

（一）字体比较

封泥是将未干的黏土粘贴于封检后压印，并通过手制修整后干燥制成。仔细观察封泥实物材料不难发现，大多数封泥的表面均见有指压痕迹或指纹印迹，以及挤压导致文字发生变形。随着时间的推移，汉代字体逐渐产生一定的变化。在此之后，印章所用的篆书也表现出具有时代特征的变化。[②] 鉴于此，我们在分析字体时，需要重点考察笔画的走向趋势。综合考察汉代前期，我们发现"印""丞""相""侯""章""守"等字的重复率最

① 魏嵩山：《中国历史地名大辞典》，广东教育出版社，1995。
② 赵胤宰：《高敞出土铜印考》，《韩国考古学报》第 71 辑，韩国考古学会，2009，第 120 页。

高（图十一）。西汉时期的"印"字，最后一笔呈向下弯曲并拉长的形制，其后该笔画越来越短，至东汉时期演变为平滑的直线。整体而言，西汉时期"印"字拓本质量较差，仅"吴房丞印"中的"印"字最后一笔为平滑直线。根据封泥的年代可知，末笔画呈平直形态的字体年代上限为公元前143年。西汉时期"丞"字的最后一笔"一"的两端上翘，至东汉时期则趋近平直。需要特别指出的是，东汉时期的"固始国丞"依然保留着西汉时期的风格，该例是东汉时期标本中唯一的例外，不具备代表性。西汉前期的"相"字的部首"目"字四角较为圆滑，至东汉时期则演变为标准的直角。西汉时期的"侯"字整体笔画较为圆折，至东汉时期笔锋逐渐硬朗挺直，差异较大。"章"字变化较小，后期"十"字中的竖画末端略微变短。除字体之外，我们还发现，原本"县令""县长"等级别的"宰"字官印，演变为五字印文印，由此可见王莽时期对官职进行了改革，废除了汉武帝时期制定的"官秩比二千石"上使用五字官印的规定。西汉前期的"守"字形制呈纵短横宽，至西汉中期开始逐渐向纵长横窄方向演变。

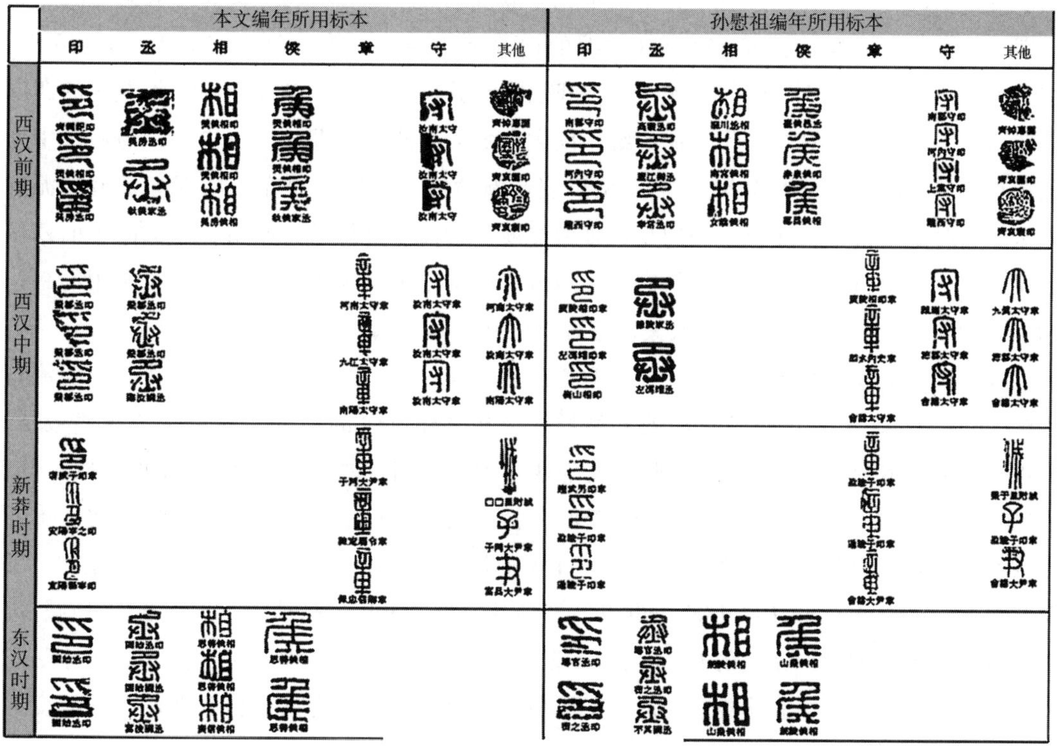

图十一　汉代官印封泥印文字体对比

通过将本文编年研究标本与先学编年研究标本进行对比，可以确认，二者均符合不同时期字体整体风格的变化趋势。虽然本文所选择的标本中发现了一些新的字体特征，但也仅限于两套编年体系中有所重复的标本。若将研究范围扩大至其他年代的封泥，那么均存在相同的字体。综合而言，前期的字体较为圆滑，笔画多呈曲折或圆折；后期的字体逐渐以方折的形式向方形发展。

（二）封泥类型分析

除印文字体之外，我们还对更能够反映年代变化的封泥、封检展开了分析。本文将先论证上述属性的时代特征，之后对比先学的研究成果，并进行深入讨论。

按照不同的分期，表一对封泥、封检的类型进行了排列。分期的顺序以封泥的绝对年代为标准。另外，考虑到多个封泥存在印文相同、年代不同的情况，因此将相同字体的封泥划分为同一类，再采用 a、b 加以细分。结果表明，西汉前期的封泥形式包括ⅠA（圆形＋简牍或平检）、ⅠB（圆形＋印齿式检）、ⅡB（方形＋印齿式检）、ⅡC1（方形＋印槽式检）、ⅡC2（方形＋Z 形绳纹）型，西汉中期包括ⅠA、ⅡB、ⅡC1、ⅡC2 型，新莽时期包括ⅡC1、ⅡC2、ⅡC3（方形＋X 形绳纹）和Ⅲ（舌形、半馒头形）型，东汉时期包括ⅡB、ⅡC1、ⅡC2 和ⅡC3 型。关于不同型式封泥的年代范围，ⅠA 型见于西汉前期至中期，ⅠB 型见于西汉前期，ⅡB 型不见于新莽时期，ⅡC1、ⅡC2 型见于整个汉王朝时期。需要注意的是，上述所有型式封泥的初始年代很有可能在公元前 199～前 143 年。综合考察西汉前期型式相同的封泥年代，我们推测其可能出现于公元前 143 年左右的西汉前期末叶。目前，学界对汉代封泥的编年仅大致划分为西汉前期、西汉中期，与西汉中期武帝在位的时间节点相差无几。ⅡC3 型出现于新莽时期、沿用至东汉时期。Ⅲ型封泥仅见于新莽时期，与Ⅰ、Ⅱ型不同的是，Ⅲ型侧面、背面修整得较为平滑，印文的表面残留木质痕迹，孙慰祖认为居延甲渠候官第 4 烽燧遗迹的出土遗物中有该类型封泥所用的封检标本[1]，但因图片和参考文献的缺失，笔者难以确认是否属实。

综合考虑分期体系内封泥的年代、数量比例（表二），我们认为，西汉前期主要流行ⅠA、ⅡB 型。ⅠA 型式秦代封泥的典型样式，从文化延续的角度来看该型的年代最早，ⅡB 型的年代稍晚。ⅡC1、ⅡC2 型出现于西汉前期末叶，并流行了相当长的一段时间，ⅡC2 型的捆绑方式（Z 形绳纹）大大减少了封泥的淘汰率，因此其与ⅡC1 型相比，虽然型式有所进化，但几乎不存在年代差异。ⅠA 型消失于西汉中期的公元前 112 年左右，ⅡB 型则与占据主流的ⅡC1、ⅡC2 型共存。至新莽时期，ⅡB 型已消失不见，ⅡC1 型减少，新出现了捆绑方式更加先进的ⅡC3 型（X 型绳纹）。东汉时期又发现了少量ⅡB 型封泥[2]，后演变为ⅡC 型，长沙走马楼三国时代的吴简（图五：3）中所见封检为ⅡC 型的演变趋势提供了材料支撑。

随着时间的变化，汉代封泥经历了由Ⅰ型（圆形）到Ⅱ型（方形）最后至Ⅲ型（舌形、半馒头型）的演变过程，封检则由 A 型（简牍或平检）转变为 B 型（印齿

---

① 孙慰祖：《未央宫遗址新出王莽封泥再释》，载西安碑林博物馆编《碑林集刊》第 10 辑，三秦出版社，2004。
② 众所周知，东汉建立后，光武帝废弃了多项王莽改革制度，变更郡县，并重新修改了官职名称。因此我们认为，很有可能在此过程中曾短暂恢复使用了西汉时期的ⅡB 型封泥。

式）最后变为 C 型（印槽式）。通过对比本文分析结果与前人的编年（表三），得出了较为一致的结论，即ⅠA、ⅠB、ⅡB型的年代较早，ⅡC型年代较晚。但如若更加细致地对比分期，可以看出西汉前期与中期具有较大差异，因此有必要界定不同封泥型式的上限、下限年代。根据本文的编年结果，ⅠA型存续至西汉中期前叶，ⅠB型消亡于西汉中期以前，ⅡC1、ⅡC2型的始见年代不晚于景帝时期，ⅡC3型出现于新莽时期。

封泥的型式变化反映出一定的时间性和倾向性，但目前通用的汉代封泥编年体系与分期中，个别型式的存续时间过长。我们认为，这种仅以某些型式为标准界定整个汉代封泥年代的方式，存在不合理之处，特别是ⅡC1、ⅡC2型可见于整个汉王朝时期。因此，在开展封泥编年研究时，必须综合考虑印文字体、封泥、封检的组合方式。例如，表1中归类于"其他"的"豫州刺史"封泥年代在公元前106～前8年或公元42年以后，该封泥为年代上限在西汉前期末叶的ⅡC2型，但与新莽时期"洛阳纬言州长"（图八：15）相比，"豫州刺史"中的"州"字更加方折，因此我们认为该封泥成型于东汉时期的公元42年之后。"西平侯相"封泥的年代为公元前53～9年或公元82～88年，组合方式为ⅡC1、ⅡC2型，"侯""相"的字体更接近东汉时期风格，因此我们认为该封泥成型于公元82～88年。

此外我们还注意到，即便是印文相同的封泥，也可能属于不同型式。表1中西汉前期封泥"吴房国尉"与"吴房侯相b"的印文、字体均相同，但分属于ⅡC1型和ⅡC2型，即封合方式存在差异。西汉中期"汝南太守章a"存在ⅡB、ⅡC1、ⅡC2等多种型式。C型封检虽然流行时间较晚，但从数量占比来看，ⅡB型具有压倒性优势。至新莽时期和东汉时期，C型封检的各个亚型中都出现了相同印文的情况，即封检的等级差异与官秩无关。但从时间上来看，C型封检的持续时间最长，封合方式也具备一定的发展态势。尽管如此，我们也不能排除不同封检用于不同封印对象的情况，该问题需在今后的研究中加以完善。

综上，通过本文的研究，我们对前人所开展的汉代官印封泥编年研究成果表示部分赞同。为了更快地辨别出赝品封泥，前人研究中所设定的"编年倾向"依然有效。但鉴于笔者的编年与前人存在诸多不同，因此我们认为需要对以往的编年体系进行修改。目前学界倾向认为，汉代封泥的编年体系已较为稳定，但通过对新材料的收集和分析，提醒我们应该不断检验、完善以往的研究成果。此外，汉代中期王莽篡权建立新朝的过程中，依然沿用了前代的封泥、封检。我们认为，这是由于即便在政治环境较为混乱的情况下，考虑到邮驿制度的便利性，新莽时期沿袭了前代传统并进一步发展。

表一　汉代官印封泥的编年与类型
（◎：表示印文相同、类型不同的封泥数量）

分期	印文	年代	封泥							数量
			I A	I B	II B	II C1	II C2	II C3	III	
西汉前期	长沙左（右）丞	公元前 202 年之后			◎					1
	齐悼惠园	公元前 189 年之后	◎							3
	齐衰园印	公元前 179 年之后	◎（3）	◎（1）						4
	齐衰寝印	公元前 179 年之后	◎（1）	◎（1）						2
	轪侯家丞	公元前 168 年之前		◎						1
	齐中尉印	公元前 148 年之前	◎							2
	齐柯祝印	公元前 144 年之后	◎							3
	吴房丞印 a	公元前 143 年之后			◎					1
	吴房丞印 b	公元前 143 年之后					◎			3
	吴房国尉	公元前 199 ~ 前 143 年				◎（6）	◎（1）			7
	吴房侯相 a	公元前 145 ~ 前 143 年			◎					2
	吴房侯相 b	公元前 145 ~ 前 143 年				◎（15）	◎（6）			21
	樊侯相印	公元前 179 ~ 前 113 年			◎					6
西汉中期	汝南太守	公元前 148 ~ 前 104 年			◎					10
	临汝国丞	公元前 133 ~ 前 124 年			◎					5
	梁邹丞印	公元前 112 年之后	◎							9
	汝南太守章 a	公元前 104 年之后			◎（20）	◎（1）	◎（1）			22
	汝南太守章 b						◎			1
	河南太守章				◎					1
	南阳太守章						◎			2

续表

分期	印文	年代	封泥							数量
			I A	I B	II B	II C1	II C2	II C3	III	
西汉中期	河东太守章	公元前104年之后					○			1
	九江太守章 a						○			1
	九江太守章 b						○			1
	渔阳太守章						○?			1
新莽时期	宜阳县宰印	公元9~25年					○?			1
	栢宁大尹章					◎(1)	◎(1)	◎(1)		3
	赏都大尹章						○			1
	子同大尹章						○	○		2
	富昌大尹章							○		1
	安阳宰之印							○		1
	□□里附城								○	1
	赏都属令章	公元14~25年					○			1
	陈定属令章							○		2
	河平属令章							○		2
	辽东襄平卒正							○		1
	洛阳纬言州长							○		1
	保忠信卿章							○		4
	掌教大夫章	—							○	1
	掌牧大夫章	公元21年							○	1

续表

| 分期 | 印文 | 年代 | 封泥 | | | | | | | 数量 |
			I A	I B	II B	II C1	II C2	II C3	III	
东汉时期	固始丞印	公元 25 年之后				◎（1）	◎（5）			6
	固始国丞	公元 51 年之后			○					3
	司空之印章	公元 88 年之后					○			1
	思善侯相	公元 88 年之后				◎（6）	◎（9）	◎（1）		16
	富波国丞	公元 89～105 年				◎（3）	◎（3）			6
	褒信侯相	东汉				◎（12）	◎（8）	◎（9）		29
	征羌国尉	东汉				◎（2）	◎（1）			3
其他	豫州刺史	公元前 106～前 8 年或公元 42 年之后					○			3
	西平侯相	公元前 53 年～公元 9 年或公元 82～88 年				◎（3）	◎（19）			22

表二　汉代官印封泥的分期与类型分布情况

分期	IA	IB	IIB	IIC1	IIC2	IIC3	III

（图表：西汉前期、西汉中期、新莽时期、东汉时期）

表三　对比前人研究的编年与封泥类型

分期	笔者编年	孙慰祖编年
西汉前期	I A，I B II B，II C1，II C2	I A，I B II B
西汉中期	I A II B，II C1，II C2	I B II B，II C1，II C2，II C3
新莽时期	II C1，II C2，II C3 III	II C1，II C2，II C3 III
东汉时期	II B，II C1，II C2，II C3	II C1，II C2，II C3

五　结论

汉代封泥是体现帝国体制中央集权系统的核心——文书行政体制的重要载体。本文首先指出，"赝品封泥"对前人开展编年研究产生了不良影响。为了修正这一问题，我们以出土情况较为明确的实物材料为对象，重新进行了编年研究，并与前人设定的编年体系进行对比。整体来看，两套编年体系部分相同，但也存在差异，因此有必要对汉代封泥的编年体系进行更加细化地修改。

从传世封泥的角度来看，本文所划分的封泥型式还可进一步细化，但限于基础材料标本的数量不足，因此遗憾地未能开展相关研究。实际上我们发现，在捆绑封检＋封物的过程中，也出现了绳子从封泥中间穿孔而过的迹象，如果能够获取到封泥侧面的信息，也可开展更为详细的型式划分研究，但现有材料还不足以支持相关讨论。期待日后新材料的出土，能够补充、完善本文所设定的编年体系。

编辑：刘可维

两汉至南北朝时期承托蹲踞式畏兽图像研究

武钰娟

（中国社会科学院大学历史学院考古系）

[**摘要**] 根据形态的差异，两汉至南北朝时期的承托蹲踞式畏兽图像可分为兽首人身、人首兽身、兽首兽身三类以及与之相关的力士类图像。同一时间段内南北方地区的此类图像数量和流行类型差距较大，并分别形成了东汉的四川和南朝的江苏为中心的南方畏兽图像分布核心区，以及以东汉的山东、西晋的甘肃、北朝的豫陕地区为中心的北方畏兽图像分布核心区。东汉时期畏兽图像最为兴盛，其形制与载体十分丰富，却受"薄葬"之风的影响在三国时期几乎消失，至西晋开始才在边疆地区多现。虽然畏兽图像自北魏开始不断与外来宗教和新兴墓葬装饰手段结合，但形制只局限于力士和兽首人身。此外，结合传世文献，可考证出这类畏兽图像造型具有承托与支撑、镇墓与辟邪、沟通与指引三个方面的寓意。

[**关键词**] 畏兽；两汉；南北朝；力士；画像石

一　引言

"畏兽"，即威猛之兽，东晋郭璞在为《山海经》所作的注中提到的"畏兽画"[①] 为其最早的来源。迄今学界多用之形容一类身生有羽、兽首人身的神兽图像。畏兽作为一种泛称，所囊括的图像种类之丰富无须多言。仅就畏兽姿态，便可分为十大类，[②] 更不用说再加上畏兽手持物品、结构体态上的区别。为了使研究进行得更加精深，笔者将本文的研究对象定为乳脐突出的神兽图像，这类图像大多双手呈承托状，腿作蛙状蹲踞于地。同时，由于一类力士图像同样具有上述特征，并在部分墓例中与神兽图像对应出现，故本文将其作为畏兽的相关图像，亦归为研究对象之列。

---

① （晋）郭璞注，（清）毕沅校《山海经》卷二《西山经》，上海古籍出版社，1989，第19页。

② 孔令伟：《"畏兽"寻证》，《"考古与艺术史的交汇"国际学术研讨会论文集》，中国美术学院出版社，2009，第422页；焦博：《关于"乌获"等神兽图像的探讨》，《苏州文博论丛》，文物出版社，2015，第56~61页；刘美斌：《北朝畏兽研究》，南京大学硕士学位论文，2018。

就目前的考古材料而言，这类图像分布时空跨度较广，两汉至南北朝皆有，南方地区与北方地区均出。其载体丰富，使用范围广泛，既见于墓葬壁画、石葬具线刻画、墓志纹饰和随葬品装饰中，亦见于佛教石窟壁画、雕刻。学界自 20 世纪 50 年代起便对这类图像极为重视，在对其母题的考证、渊源和流传的追溯①，以及艺术表现的解释②等方面都取得了较大的突破，但其研究对象多集中于北朝，对于汉魏时期以及南方地区的畏兽图像鲜有涉及，仅有的几例也只是将其作为一个比较小的论据用以辅助对北朝这类图像的解读。故本文试图对两汉至南北朝时期的畏兽图像进行系统性的搜集与梳理，探讨其类型，进而以此为基础，考察其背后蕴含的信仰结构层次，以求教于方家。

二 两汉至南北朝时期畏兽的考古发现与类型

承托蹲踞式畏兽图像大多出土于墓葬之中，或作为墓室的建筑构件，或为棺椁的装饰部分，抑或直接作为随葬品陪葬，总体数量较少。现仅就笔者所见的两汉至南北朝时期承托蹲踞式畏兽图像（共 78 例）来看，无论是其出现的时间段，还是其分布地域和呈现载体都十分广泛，在西汉高等级诸侯王墓的随葬品、东汉时期的画像石墓、孙吴时期的铜镜、东晋的壁画墓、南朝的画像砖墓、北朝的石制葬具等场景中都可以见到畏兽及其相关图像的身影。欲厘清畏兽这一复杂的图像形态，进而研究其分布规律，需要以科学的标准对其进行分类。因而，本文根据畏兽形态的不同，将其分为兽首人身、人首兽身、兽首兽身三类以及与之相关的力士类图像。

第一类：兽首人身类。这类畏兽图像最为多见，材质有鎏金银和石质两种，可根据其组成要素进一步细分为三类。

A 型：兼体型。目前此型仅见满城汉墓 1 号墓出土的鎏金银小型铜铺首 1 例（图一：1）。铺首共一对，出土时位于"玉衣"头部的西侧位置。铺首由多种瑞兽构成：除了头部以外，其躯体为一鸟首，双翼处为二龙盘绕。兽面鎏银，龙体鎏金，在背面设置一插钉，环为上下双连式，下为绞索状环，亦鎏金。

B 型：持斧型。以山东省临沂市吴白庄出土的两枚"方相氏"画像石为代表（图一：

---

① 总体来说可分为外来因素影响和本土固有传统两种观点，其中前者还可细分为佛教因素和祆教因素两类，后者可分为《山海经》、汉代传统和力士三类，由于相关的讨论较多，故此处仅举代表人物观点：施安昌：《北魏冯邕妻元氏墓志纹饰考》，《故宫博物院院刊》1997 年第 2 期；史苇湘：《敦煌佛教艺术产生的历史依据》，《敦煌研究》1981 年第 1 期；孔令伟：《"畏兽"寻证》，《"考古与艺术史的交汇"国际学术研讨会论文集》，中国美术学院出版社，2009，第 422 页；〔日〕林巳奈夫：《兽首·铺首的若干问题》，《东方学报》第 57 册，1985 年 3 月；〔日〕八木春生：《中国北魏时代的金刚力士像》，《宿白先生八秩华诞纪念文集》，苏哲译，文物出版社，2002，第 364 页。

② 孙武军：《入华粟特人墓葬畏兽图像述考》，《装饰》2012 年第 2 期；过常宝：《论上古动物图画及其相关文献》，《文艺研究》2007 年第 6 期。

3）。这类畏兽图像大多正面蹲立，头顶弓弩，口衔箭矢，双手抬升且一手执斧，目前研究者均因其形态与《周礼·夏官·方相氏》郑玄注中所记载的方相氏"掌蒙熊皮"[1] 的特征十分相似，将其直接命名为"方相氏"，但该类顶弩执斧的图像与文献中的"执戈扬盾"是否算得上吻合，尚不明确。且在汉代，方相氏属于最高等级的丧葬设置[2]，《后汉书·礼仪志》中记载了大丧时方相氏的使用情况[3]，太皇太后、皇太后崩亦如之。直到晋代，随着其他神祇的出现，方相氏才逐渐为各种等级的人使用。吴白庄出土的这两枚画像石均为汉代晚期，墓主人身份显然不属于最高等级的范畴，故"方相氏"的定名值得商榷。但由于此种定名较为流行，文献中又未能见到更符合其形象的名称，本文暂且采用前人观点。

C 型：长毛型。此型最为常见，无论在画像石、画像砖还是壁画中都可见到，自东汉至南朝未曾断绝（图一：2、4、5）。与其他两型相比，此型格外强调对羽翎的描绘，至六朝时期甚至出现了为了突出羽翎，将双手描绘为细弱的爪，甚至出现以羽翎代替双手的现象。以襄阳贾家冲画像砖墓出土神兽画像砖为例，该神兽的头部类似狮子，上身赤裸，下身似着裙裤，有四肢，皆有爪上两肢从头部两侧举过顶，再向内弯，下两肢屈膝张开着地，外表凶恶，间或饰有云气和莲草纹。

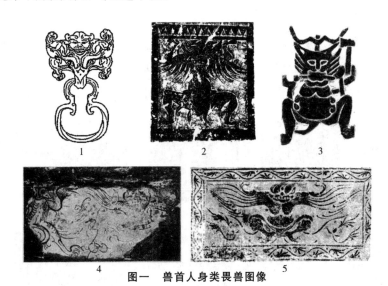

图一　兽首人身类畏兽图像

1. 满城汉墓 1 号墓；2. 沂南汉墓；3. 山东临沂吴白庄汉画像石墓；4. 朝阳袁台子墓；5. 襄阳贾家冲画像砖墓
资料来源：1. 中国社会科学院考古研究所、河北省文物管理处：《满城汉墓发掘报告》（上），文物出版社，1980，第 34 页；2. 南京博物院、山东省文物管理处合编《沂南古画像石墓发掘报告》，文化部文物管理局，1956，图版 40；3. 临沂市博物馆编《临沂吴白庄汉画像石墓》，齐鲁书社，2018，第 230 页；4. 辽宁省博物馆文物队、朝阳地区博物馆文物队、朝阳县文化馆：《朝阳袁台子东晋壁画墓》，《文物》1984 年第 6 期；5. 襄樊市文物管理处：《襄阳贾家冲画像砖墓》，《江汉考古》1986 年第 1 期。

---

① （清）孙诒让：《周礼正义》卷五十九《夏官》，中华书局，2015，第 3003 页。
② 张琦：《方相氏源流考》，《天府新论》2008 年第 3 期。
③ （宋）范晔撰，（唐）李贤等注《后汉书·志第六·礼仪下》，中华书局，2012，第 2534 页。

第二类：人首兽身类。此类畏兽图像亦可被称为"羽人"。以山东省临沂市吴白庄出土的羽人、虎头怪喂鸟画像砖为例（图二：1），画面上部为三羽人嬉戏的场景。羽人双乳突出，腹部长有鳞片，并具有鸟腿和兽尾。相似的图像在沂南汉墓中亦有出现（图二：2）。

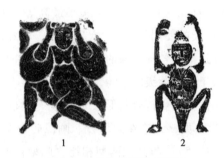

图二　人首兽身类畏兽图像

1. 山东临沂吴白庄汉画像石墓；2. 沂南汉墓

资料来源：1. 临沂市博物馆编《临沂吴白庄汉画像石墓》，齐鲁书社，2018，第 222 页；2. 南京博物院、山东省文物管理处合编《沂南古画像石墓发掘报告》，文化部文物管理局，1956，图版 42。

第三类：兽首兽身类。这类畏兽图像的总体数量虽然不多，但并不缺乏造型独特者，根据其姿态可再分为两型。

A 型：蛙型。如于河南南阳征集的辟鬼神兽画像石（图三：1），该畏兽神似巨蛙，头生长角，躯体披毛，瞪目巨口露齿，上肢举起，鼓腹振爪，形骸凶猛。山东滕县龙阳店出土的铺首凤鸟、双马画像石（图三：2），在铺首下的圆环设置一蹲蛙形神兽。

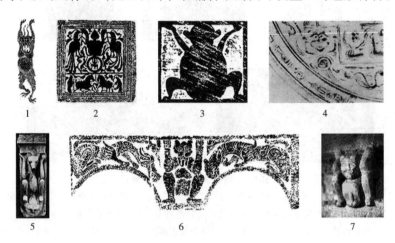

图三　兽首兽身类畏兽图像

1. 河南南阳；2. 山东滕县龙阳店；3. 陕西绥德；4. 五岛美术馆；5. 山东临沂吴白庄汉画像石墓；

6. 江苏徐州贾汪区；7. 四川三台郪江崖墓群柏林坡 5 号墓

资料来源：1. 中国美术全集编辑委员会编《中国美术全集 绘画编 18 画像石画像砖》，上海人民美术出版社，1988，第 92 页；2. 林巳奈夫：《兽首·铺首的若干问题》，《东方学报》第 57 册，1985 年 3 月；3. 李国新：《中国汉画造型艺术图典·神仙》，大象出版社，2014，第 257 页；4. 林巳奈夫：《兽首·铺首的若干问题》，《东方学报》第 57 册，1985 年 3 月；5. 临沂市博物馆编《临沂吴白庄汉画像石墓》，齐鲁书社，2018，第 190 页；6. 杨孝军、郝利荣：《徐州新发现的汉画像石》，《文物》2007 年第 2 期；7. 四川省文物考古研究所、三台县文物管理所：《四川三台郪江崖墓群 2002 年度发掘报告》，《四川文物》2004 年第 1 期。

B 型：龟型。如现藏于五岛美术馆的孙吴永安四年（261）重列神兽镜上刻画的畏兽图像，该兽位于主体画框以外，双目瞪张，身躯似负龟壳（图三：4）。而陕西绥德征集的兽身神人画像石（图三：3），其画面为一负有龟壳的人形神兽双手举起以肩背承托梁头。

C 型：玄熊型。其中最典型的是江苏徐州贾汪区出土的熊、翼龙和翼虎画像石（图三：6）。该图像位于墓门横楣处，画面中心熊身体赤裸，胸脯、肚子和肚脐均向上凸起，瞪大双眼，张口吐舌，双手上举，两后腿弯曲，呈正面蹲踞状。早在《鲁灵光殿赋》中，王延寿便对此类图像有过描述："玄熊甝甝以断断，却负载而蹲跠"，李周翰为其所作注更是绘出木构建筑上雕刻的黑熊吐舌出齿、蹲踞负梁的情景。① 尽管当时的木构建筑多已不存，但在汉代保存下来的画像石中，仍可较为清楚地辨识这类图像。此外，尚有山东临沂吴白庄汉画像石墓前室西过梁北壁支柱（图三：5）、四川三台郪江崖墓群柏林坡 5 号墓中室左、右侧室人口处立柱所承一斗二升式斗拱的栌斗和中室额枋之间（图三：7）刻有此类图像。

第四类：力士。这类画像石数量最多，写实性也最强，出现年代亦最早，多为身形壮硕的力士形象。其所在位置十分丰富，有位于石阙上的，如武氏西阙子阙栌斗西面画像（图四：1）和武氏祠前石室第三石中处于石阙中心部分的力士形象（图四：3）；有位于画像石墓支柱上的，如现藏于徐州汉画像石艺术馆的透雕龙形斗拱，其拱心蜀柱被雕刻成一双腿蹲踞，用力上托的力士（图四：2），以及山东临沂吴白庄汉画像石墓前室西过梁南壁支柱上雕刻的形体丰满、用力驮柱的胡人形象（图四：4）。

以上力士类图像与畏兽形态相仿，所分类型基本重合，存在的位置也大体不出畏兽图像分布的石阙、墓室横额、斗拱、立柱等范围。这样的配置在山东临沂吴白庄汉画像石墓中显得十分清楚。位于前室中过梁北壁、南壁的支柱上分别刻有胡人力士和羽人，而西过梁北壁、南壁则分别为负熊（图三：5）和胡人力士（图四：4）。这几处图像的造型相同，位置对应，说明在当时人们的观念中，它们所具有的象征意义相近，因此才会让它们相伴而出、相对设立。故这类题材应当视为畏兽图像的相关图像，共同作为本文的研究对象。

三 汉至南北朝时期畏兽的分布及地方差异

在上文分类的基础上，将汉至南北朝时期南、北方地区所见承托蹲踞式畏兽及其相关图像按照出土地点进行汇总，可得出关于其分布密度的认识并由此对不同时期承托蹲踞式畏兽图像的分布中心及其载体的演变进行探讨。

同一时间段内南方地区的此类图像数量与北方地区差距较大，仅见 20 例。虽然最早

---

① （梁）萧统编，（唐）李善注《文选》卷十一《宫殿》，上海古籍出版社，1986，第 514 页。

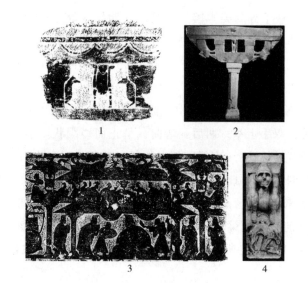

图四　力士类图像

1. 山东嘉祥武氏祠；2. 徐州汉画像石艺术馆；3. 山东嘉祥武氏祠；4. 山东临沂吴白庄汉画像石墓

资料来源：1. 朱锡禄编著《武氏祠汉画像石》，山东美术出版社，1986，第 97 页；2. 笔者于 2019 年 1 月 13 日摄于徐州汉画像石艺术馆；3. 朱锡禄编著《武氏祠汉画像石》，山东美术出版社，1986，第 20 页；4. 临沂市博物馆编《临沂吴白庄汉画像石墓》，齐鲁书社，2018，第 184 页。

在西汉初年的长沙马王堆出土的 T 形帛画中就能看到此类图像，但再次大规模出土则要到东汉中期的四川重庆地区的石阙上以及东汉中晚期的四川彭山崖墓中，而南方地区真正成熟的畏兽图像在南朝时期方才出现。南方地区的此类图像集中分布在四川和江苏，它们分别成为东汉和南朝畏兽图像的中心区域。

相比之下，最早在河北满城汉墓 1 号墓中出土的鎏金银铺首可为北方地区畏兽图像的最早实例，其数量和分布范围远远超越南方地区，在墓葬石构建、石葬具、壁画、墓志、随葬装饰品以及石窟壁画石刻中都能窥见该类图像的身影，并形成了以东汉的山东、西晋的甘肃、北朝的河南与陕西地区为中心的北方畏兽图像分布核心区。

具体来看，东汉中晚期南方地区所见的畏兽相关图像位于四川彭山崖墓 M166、M169、M175、M460 门檐处，为长耳、尖嘴之蹲兽，双手举起以肩背承托梁头，属兽首兽身类 C 型。而北方地区除了江苏徐州贾汪区出土的同类位于过梁处的玄熊型，亦存在以山东滕州市孔集出土画像石为代表的力士类、临沂吴白庄汉画像石墓为代表的人首兽身类和以沂南汉墓为代表的兽首人身类 C 型。东汉末期时南方地区畏兽图像种类增多，但仍集中于四川地区。三台郪江崖墓群柏林坡 M5 中的兽首兽身类 C 型畏兽图像位于承一斗二升式斗拱的栌斗和中室额枋之间，而同时期北方地区的图像则以力士类为主，在画面中占据阙的中心位置，人物身材较为肥硕，且刻画抽象。

两晋时期畏兽图像均只见于北方地区，以位于仿木柱间的兽首兽身类 C 型畏兽图像和紧束发髻、袒露上身、下身着短裤的力士为主。同时，力士出现了新的题材，以甘肃敦煌佛爷庙湾西晋画像砖墓 M37（图五）为例，该图像中力士的两臂曲张，承托上部的连绵群山。需要指出的是，辽宁朝阳袁台子东晋墓墓室壁顶的月亮图中出现了长毛型兽首人身畏兽图像的成熟形态，即出现了以翎羽代替手臂向上托举的形式，这也是南方地区六朝时期，以南朝帝王陵墓神道石刻为代表的最典型的畏兽形象，在一定程度上可以说明南方地区这类图像的产生与北方地区原有畏兽传统的发展不无关系。

图五　甘肃敦煌佛爷庙湾西晋画像砖墓 M37 托山力士画像

资料来源：甘肃省文物考古研究所：《敦煌佛爷庙湾西晋画像砖墓》，文物出版社，1998，图版六八。

　　南北朝时期为畏兽图像进一步发展的时期。南方地区以江苏为中心，该类图像集中出现于帝王陵墓神道石刻上和画像砖墓中，主要为兽首人身类 C 型和力士类，且常常与佛教因素结合。而在以河南和陕西为核心的北方地区，畏兽图像多与外来的祆教相结合，以墓志盖或石葬具装饰元素的形式出现，也有部分与佛教因素融合，这类则常见于石窟中。它们不仅数量很多，还以兽首人身类 C 型为基础发展出了新的形式，不仅延续了西晋出现的背负山林的畏兽（图六），畏兽所持之物也进一步丰富，包括山、石等。

图六　元昭墓志志盖下方承托山林畏兽

资料来源：施安昌：《善本碑帖论集》，紫禁城出版社，2002，第 394 页。

刘美斌曾根据《南齐书·魏虏传》中有关北魏蒋少游出使南齐，摹写南齐的宫殿形制的记载，推测属于"东园秘器"之列的畏兽图像可能因此传播至北朝或影响北朝艺术形象的造型风格。[①] 然而，通过前文的分析可知，早在南朝之前，北方地区的畏兽图像就已趋于成熟，并出现了以沂南北寨汉画像石墓和临沂吴白庄汉画像石墓为代表的多座墓葬对于畏兽图像的综合运用，故上述说法是值得商榷的。

总体来看，东汉时期是畏兽图像发展的高峰时期，随着画像石墓的盛行，该阶段畏兽图像的形制、数量与载体最为丰富，并常常与其他画像的形式结合出现。三国时期，受"薄葬"之风的影响，畏兽图像与其他墓葬装饰图案一起消失，至西晋时期，才在边疆的敦煌再现，风格也较为单一，基本都是力士的形象。北魏开始，畏兽图像既与外来宗教信仰不断融合，又与新兴的各类墓葬装饰艺术相结合，但只见兽首人身类和力士类两种类型，其流行程度远不如东汉时期。

四 关于畏兽造型寓意的考证

如前所述，两汉至南北朝时期畏兽及其衍生图像的造型趋于多样，时代不同，形象不同，蕴含的象征意义也不同。其主要载体为画像石、画像砖等墓葬的砖石构件，代表了时人对死后世界的想象和期许。墓主人对死后升入仙界、长生不老的愿景，对辟除不祥、驱傩镇鬼的祈佑，都通过造型生动、特征明显的墓葬艺术体现出来，不同的造型具有不同的含义，又由于不同地域经济社会发展状况的差异所导致的人们意识形态上的不同，同一象征意义也会表现出不同的形态。综合考量这一时期的文献材料和思想文化传统等多方面的因素，可考证出此类承托蹲踞式畏兽及其衍生图像可能具有承托与支撑、镇墓与辟邪、沟通与指引三个方面的寓意。

（一）承托与支撑

从图像本身来看，承托蹲踞式畏兽图案都格外强调"力举"的姿势，无论是力士、玄熊抑或巨龟，其本身都是力大无穷的象征，它们位于石构建筑的柱顶、额枋和屋檐或构架间，很可能是想仿照建筑中起到平衡支撑的构建，进而从造型上展现承托与加固的含义。比如刻于南朝皇室陵墓石刻底座上的畏兽图像（图七：1），双手高举，显然是在承托整个神道石柱，其象征意义不言而喻。

也有的畏兽图像不仅起装饰作用，而且起到承重支撑建筑的作用。四川地区现存东汉时期的石阙较多，著名者如雅安高颐阙（图七：2）、芦山樊敏阙、绵阳杨氏阙、渠县赵家村二无铭阙等，大都在主阙楼部四角、副阙楼部底层外侧两角雕刻这类图像。这些畏兽被

---

① 刘美斌：《北朝畏兽研究》，南京大学硕士学位论文，2018。

雕刻在建筑转角处出挑的华拱部位，单手撑托起一条槫，以双肩扛负石梁，怒目圆睁，气势恢宏。

同样地，现藏于徐州汉画像石艺术馆的透雕龙形斗拱（图四：2）便为仿木结构的柱头科斗拱，它位于柱与梁之间，起着承上启下、传递荷载的作用，具体体现为荷载自屋面和上层构架向下传递，并经由斗拱传给柱子，再由柱子到达基础。其拱心蜀柱被雕刻成力士，在满足建筑构造的基础上，使得造型更加优美、壮观。其中力士位于画面正中，格外粗壮，牢牢地占据观看者的视觉中心，以其为中线，左右两边对称雕刻两条龙，其间还装饰有云纹。双龙对力士呈拱卫之势，使得力士在整个画面中的地位更加稳如泰山，画面也因此获得了绝对平衡和稳定。

1 2

图七　承托与支撑含义的畏兽图像

1. 梁临川靖惠王萧宏的神道石柱基座；2. 高颐阙华拱上的力士

资料来源：1. 南京博物院：《南朝陵墓雕刻艺术》，文物出版社，2006，第 137 页；2. 梁白泉：《中国早期力士造像举隅》，《东南文化》1994 年第 1 期。

（二）镇墓与辟邪

一般墓葬中会利用造型各异的镇墓兽来专门起到镇墓作用，它们的造型都将怪异可怕发挥得淋漓尽致。在古人观念中，这样便能够震慑死后地下世界的鬼怪。兽类的畏兽图像最能体现这样的内涵。一般的兽类畏兽造型都面目狰狞，上肢力举的姿势也让畏兽身形看起来更加庞大伟岸，河南南阳的辟鬼神兽画像石，不仅头生长角，遍体长毛，而且瞪大双眼，张开大口呈威慑状，增强了其作为镇墓兽的啖食能力——噬鬼、吃蛇、驱魔、辟邪。这些应属于饕餮蚩尤之类的凶神，刻此以镇阴宅。

江苏常州戚家村画像砖墓的神兽画像砖位于墓室西壁第一层画像砖的最顶层，其正下方有一幅飞仙画像，飞仙两旁各有一副虎纹画像和直棂假窗（图八）。该神兽由二顺长方形砖以及三层平砌的拱券顶砖侧拼接成，正面朝向墓内，呈蹲坐姿。依据简报推测，在残损的东壁的相同位置应当对称分布相同的画像砖，其守卫墓室及墓主的仪式感便更加强烈。

最能体现镇墓效果的，当属持斧型畏兽——"方相氏"。《周礼·夏官·方相氏》记载："方相氏掌蒙熊皮，黄金四目，玄衣朱裳，执戈扬盾，帅百隶而时难，以索室驱疫。

大丧，先柩，及墓，入圹，以戈击四隅，驱方良"①，可见，方相氏不仅作为驱傩的首领，要在墓室之内搜索疫鬼并将其殴打驱除，还可作为葬礼的先驱使者，等到木棺放入墓圹时，用武器攻击墓室四角以清理邪祟方良，既能达到保护墓主人形体不受侵害、灵魂不受侵扰的目的，也使得参与葬礼的亲属不受邪祟迫害。

图八　江苏常州戚家村画像砖墓墓室西壁线描图

资料来源：姚律：《常州戚家村画像砖墓图像主题思想浅见》，《长江文化论丛》2013 年第 1 期

（三）沟通与指引

承托蹲踞式畏兽的造型姿势是力举，那么它脚下的世界和头顶举起的世界应当是两个独立的部分。古有神话"盘古开天"，便是盘古以一人之力将天举起从而使天地分开。天地虽分但还是有联系的媒介。《淮南子》云："昔者，共工与颛顼争为帝，怒而触不周之山，天柱折，地维绝"②，《淮南子》将不周山称作"天柱"，认为不周山不仅仅是天地间的支撑，同时也是天地间的联系，那么这些始终做着向上托举的畏兽也很有可能具有支撑阴阳世界并传递联系的作用。山东临沂吴白庄汉画像石墓中各壁支柱的栌斗处皆饰云纹，敧部饰三角竖线纹，象征山海。而畏兽图像处于二者之间，上承天宇，下接冥河，周围的卷云蔓草则犹如升腾的天梯。同时，身生双翼的畏兽图像，尤其是羽人，作为天上仙人的代表，是仙界的使者，是接引墓主人飞升天界极乐净土的"摆渡人"。

此外，在长沙马王堆 1 号汉墓出土的 T 形帛画中，帛画的最下一部分便是一个典型的同类形象的人物托起画面的上部分（图九）。帛画中的力士膀大腰圆，双手上托举起各类贡品，双脚赤裸踩着两只似鱼又似蛇的有鳞怪兽，在帛画的构图中处于地下和人间的连接处，稳稳地托起了人间。戚家村墓中的神兽图像所在位置极为特殊，由发掘简报可知，戚家村画像砖墓的甬道顶和墓室顶在发掘时都已经倒塌了，墓壁也遭到严重破坏。但根据墙壁上残存的倒"人"字形残拱可知，墓室顶为穹隆形，穹隆顶的结构对应了中国古代天文学对于天穹的独特体察——"盖天"。而神兽图像恰恰位于穹隆顶起券的小拱上，而处于

---

① （清）孙诒让：《周礼正义》卷五十九《夏官》，中华书局，2015，第 3003 页。

② （汉）刘安著，（汉）许慎注，陈广忠校点《淮南子》卷三《天文训》，上海古籍出版社，2016，第 54 页。

神兽画面之下的，是以飞仙为代表的天界的象征，加之人间的代表——仿照地上墓主居住建筑的直棂假窗，那么这只神兽应当是沟通了宇宙、天界、人间三处，将不同的界面联系在一起。而它向上托举的姿势亦是给了墓主人方向上的指引。而位于这一核心地位的畏兽，显然也有着指引墓中人成仙的功用。

图九　马王堆 1 号汉墓 T 形帛画上的力士

资料来源：湖南省博物馆、中国科学院考古研究所：《长沙马王堆一号汉墓发掘报告（上集）》，文物出版社，1973，第 40 页

五　结语

就目前的考古材料而言，承托蹲踞式畏兽图像所属的时空范围跨度较广，从西汉开始至南北朝时期未曾断绝，出土地点也不局限于一处，北方地区与南方地区均有涉及。该图像的载体亦十分丰富，不仅存在于墓葬的石质建筑构件、棺椁装饰品上，而且亦作为随葬品陪伴墓主人长眠地下。根据畏兽形态的不同，可将其分为兽首人身、人首兽身、兽首兽身三类，其中兽首人身类还可细分为兼体型、持斧型和长毛型，而兽首兽身类则能够继续分为蛙型、龟型和玄熊型。而同一时期广泛存在的持有相同姿态的力士图像则可作为畏兽的相关图像。

同一时间段内南方地区的此类图像数量与北方地区差距较大，虽然最早在西汉初年的长沙马王堆出土的 T 形帛画中就能看到，但再次大规模出土则要到东汉中期的四川重庆地区的石阙上以及东汉中晚期的四川彭山崖墓中，并在东汉晚期随着画像石墓的发展达到流行的高峰，其形制、载体不断丰富。三国时期，受"薄葬"之风的影响，畏兽图像与其他墓葬装饰图案一起消失，至西晋时期，才在边疆的敦煌再现，风格也较为单一，基本都是力士的形象。北魏开始，畏兽图像开始了"文艺复兴"，不仅不断地与佛教、祆教等外来宗教相融合，还广泛地出现在新兴的墓葬装饰上，如石葬具、陵墓石刻上。然而，这一时期只见兽首人身类和力士类两种类型，其流行程度远不如东汉。

从地域上看，南方地区的畏兽图像集中分布在四川和江苏，它们分别成为东汉和南朝畏兽图像的中心区域。相比之下，最早北方地区畏兽图像的数量和分布范围都远远超越南方地区，在墓葬石构建、石葬具、壁画、墓志、随葬装饰品以及石窟壁画石刻中都能窥见该类图像的身影，并形成了以东汉的山东、西晋的甘肃、北朝的河南与陕西地区为中心的北方畏兽图像分布核心区。

基于丰富的例证，结合文献资料中对于这一时期社会经济风貌的记录可知，这类承托蹲踞式畏兽图像不仅具有象征意义和现实意义上的承托与支撑功能，其"力举"的姿势可以让畏兽本身看起来更加凶猛狰狞，从而达到镇守阴宅、辟除鬼邪的作用。而畏兽手部承托与脚底踩踏的为两个世界，作为沟通天、地、人三界的中心环节，它亦能够指引墓主人的升天途径。

附记：本文从选题到撰写再到修改的全部过程中，都受到了南京师范大学刘可维先生的启发与鼓励，特此致谢！

编辑：韩茗

南朝襄阳孝子画像砖及相关问题探讨

高庆辉

（江西科技师范大学旅游与历史文化学院）

[摘要] 南北朝墓葬孝子图分布的重心在北方。襄阳孝子画像砖的出现与北人南渡密切关联。南朝孝道思想具有多元化的内涵，既是社会宣扬、教育的主题之一，也是通达鬼神、求仙寻道必备的品质。这也决定了孝子画像砖的功能，必然与彰显孝道、消灾祈福和羽化升仙有关。襄阳与建康的学术文化有着各自的发展脉络，建康重义理、崇尚清谈，对孝子图本就兴趣不高。且江南重视死后居丧，注重居丧之情，当时推崇的孝道典范是如王戎一般不拘礼制的名士，而非郭巨等传统的孝子形象。这些是在建康乃至南朝其他地区墓葬罕见孝子图的主要原因。

[关键词] 襄阳；孝子画像砖；孝道思想；建康

由于襄阳"南北交接"的地理特征①，提及当地画像砖与北朝墓葬壁画的相似性因素，大都视为南北文化交流的例证。这固然是合理的认识，只是在强调外来影响的同时，容易忽略襄阳地方的文化传统及其在南朝社会中的特殊性。这些因素为何出现在襄阳，又为何只出现在襄阳？联系到襄阳在南朝政局、社会中的重要性，重新审视这些问题，无疑能进一步深化对南朝襄阳区域文化的形成以及南北文化交流问题的认识。在这方面，襄阳出土的孝子画像砖，就是一个很好的观察对象。

以公布的资料来看，南北朝孝子图主要出土于洛阳、固原、大同的北朝墓葬，南朝则仅见于襄阳，故以往学术界的焦点主要集中在北朝孝子图，对于襄阳孝子画像砖的研究略显不足。李梅田先生在探讨南朝襄阳地域文化时曾提及孝子画像砖的功能。② 安然先生对

---

① 本文讨论的襄阳区域包括今湖北襄阳市与河南南阳市。从汉末至六朝，襄阳逐渐兴起并取代南阳成为南阳盆地乃至汉水流域的中心城市，学界一般也将两地作为一个文化区进行讨论。相关研究可参见鲁西奇《区域历史地理研究：对象与方法——汉水流域的个案考察》，广西人民出版社，2000；李梅田《论南北朝交接地区的墓葬——以陕南、豫南鄂北、山东地区为中心》，《东南文化》2004 年第 1 期；韦正《汉水中游三座南朝画像砖墓的初步研究》，载氏著《将毋同——魏晋南北朝图像与历史》，上海古籍出版社，2019，第 90～116 页。

② 李梅田、周蓉：《试论南朝襄阳的区域文化——以画像砖墓为中心》，《江汉考古》2017 年第 2 期。

汉晋南北朝孝子图作了长时段的考察，就襄阳孝子画像砖的功能提出了不同解读，并认为"竹林七贤"壁画其实就是南方的孝子图。[①] 张潇则就邓县学庄墓孝子图图样来源、流行原因与功能等提出诸多新论。[②] 总体来看，前辈学者对襄阳孝子画像砖的研究取得了一定成果，但相关问题仍有讨论的空间。本文不揣谫陋，拟就襄阳孝子画像砖的来源、功能以及南朝其他地区墓葬罕见孝子图的原因等作些探讨。不当之处，谨请方家指正。

一　孝子画像砖与北方移民

孝子画像砖出土于邓县（今河南邓州市）南朝画像砖墓，襄阳贾家冲画像砖墓、麒麟清水沟画像砖墓以及柿庄 M15 四座大型的画像砖墓中。[③] 它们大都是南朝齐、梁时期墓葬。[④] 其中邓县墓规模较大，砖室总长 9.8 米，墓室宽 3.09 米，稍次于齐梁帝陵，与约略同期或稍后的萧融[⑤]、萧秀[⑥]、萧伟[⑦]等宗王墓规模相当。余下墓葬长度在 6～9 米之间，核检相近时期墓主身份可考者如武昌齐永明三年（485）刘觊墓[⑧]、南京燕子矶梁辅国将军墓[⑨]的规模，可知它们墓主的身份应较高，都具备一定的财力基础。该区孝子图都在画像砖平面，为单砖独幅形式，常被布置在墓室侧壁或砖柱上，涉及的孝子故事有"老莱子娱亲"、"蔡顺闻雷泣墓"和"郭巨埋儿"三种（图一）。

前面提到，除了襄阳，南朝其他地区墓葬均不见孝子图的出土。不少研究者已注意到这一问题，认为孝道主题进入襄阳丧葬系统与受到北方影响有关，但由于文献不足征，并没有明确的回答。例如安然先生只是引用墓葬中的其他"北方文化因素"以为旁证。实际上，占据南朝襄阳地方社会主导的就是南渡而来的侨寓士族，注意到这一事实，让人联想到习俗地理的变化。

---

① 〔德〕安然：《孝子贤孙不见了——一个在时代变迁中消失的主题（东汉至南北朝）》，载氏著《从文物考古透视六朝社会》，周胤等译，南京大学出版社，2021，第 112～147 页。

② 张潇：《论邓县学庄墓孝子图像与南朝襄阳豪族的文化风尚》，载刘中玉主编《形象史学》2021 年冬之卷，中国社会科学出版社，2021，第 208～228 页。

③ 陈大章：《河南邓县发现北朝七色彩绘画象砖墓》，《文物参考资料》1958 年第 6 期；河南省文化局文物工作队：《邓县彩色画象砖墓》，文物出版社，1958；襄樊市文物管理处：《襄阳贾家冲画像砖墓》，《江汉考古》1986 年第 1 期；襄阳市文物考古研究所：《湖北襄阳麒麟清水沟南朝画像砖墓发掘简报》，《文物》2017 年第 11 期；襄阳市文物考古研究所：《湖北襄阳柿庄南朝画像砖墓发掘简报》，《文物》2019 年第 8 期。

④ 柳涵：《邓县画象砖墓的时代和研究》，《考古》1959 年第 5 期；林树中：《从"战马"画像砖题字考证邓县墓的年代与墓主》，《南京艺术学院学报（美术与设计）》2015 年第 1 期；李梅田、周蓉：《试论南朝襄阳的区域文化——以画像砖墓为中心》，《江汉考古》2017 年第 2 期；韦正：《汉水中游三座南朝画像砖墓的初步研究》，载氏著《将毋同——魏晋南北朝图像与历史》，上海古籍出版社，2019，第 103 页。

⑤ 南京市博物馆：《南京梁桂阳王肖融夫妇合葬墓》，《文物》1981 年第 12 期。

⑥ 南京博物院、南京市文物保管委员会：《南京栖霞山甘家巷六朝墓群》，《考古》1976 年第 5 期。

⑦ 南京博物院：《南京尧化门南朝梁墓发掘简报》，《文物》1981 年第 12 期。

⑧ 湖北省博物馆：《武汉地区四座南朝纪年墓》，《考古》1965 年第 4 期。

⑨ 南京市文物保管委员会：《南京郊区两座南朝墓清理简报》，《文物》1980 年第 2 期。

图一　柿庄 M15 "郭巨埋儿" 画像砖

资料来源：襄阳市博物馆、襄阳市文物考古研究所、谷城县博物馆编《天国之享：襄阳南朝画像砖艺术》，科学出版社，2016，第 142 页。

　　东晋南北朝时期的襄阳侨民，主要来自秦陇、河洛地区，即以关辅、洛阳为中心的周边。其中既有京兆韦氏、杜氏，河东柳氏、裴氏、薛氏，弘农杨氏等汉魏旧姓大族，也有安定席氏、北地傅氏、河南宗氏等地方著姓，甚至不乏西域康氏、南安氏族焦氏等族群。[①]他们崇尚武力，部曲众多，又相互联姻，把持着地方实权，成为宋、齐、梁三朝一股不可忽视的地方势力。

　　这些族群在迁徙到襄阳时，将原有的生活方式、习俗带入襄阳，是很自然的现象。梁简文帝在给萧恭的信中提到襄阳，"彼士流肮脏，有关辅余风，黔首扞格，但知重剑轻死"[②]。襄阳侨民还有相对浓厚的宗族意识，杨公则"居家笃睦，视兄子过于其子，家财悉委焉"[③]。韦放"轻财好施，于诸弟尤雍睦。每将远别及行役初还，常同一室卧起，时称为'三姜'"[④]。显然是延续了"北土重同姓"的家族观念。[⑤]且秦陇、河洛地区是汉魏十六国时期墓葬壁画的集中分布地之一[⑥]，对使用历史故事题材壁画的做法当然也不陌生。

　　北方侨民南渡襄阳的时间始于永嘉之乱，高潮则在胡亡氐乱之后，至刘宋大明年间（457～464）大规模的移民才近乎停滞。[⑦]尽管如此，襄阳与北方之间的联系并没有中断。

①　王永平、徐成：《略论东晋南朝时期襄阳豪族集团的社会特征》，《扬州大学学报》（人文社会科学版）2010年第 1 期。

②　（唐）姚思廉等：《梁书》卷二二《南平王萧伟传附萧恭传》，中华书局，1973，第 349 页。

③　（唐）姚思廉等：《梁书》卷一〇《杨公则传》，中华书局，1973，第 197 页。

④　（唐）姚思廉等：《梁书》卷二八《韦放传》，中华书局，1973，第 424 页。

⑤　（唐）李延寿等：《南史》卷二五《王懿传》，中华书局，1975，第 672 页。

⑥　有关汉魏十六国时期墓葬壁画的出土情况，可参看贺西林、郑岩主编《中国墓室壁画全集 1·汉魏晋南北朝》，河北教育出版社，2011，第 12～81 页。

⑦　有关东晋南朝时期襄阳的移民情况可参见徐成《东晋南朝雍州尚武豪族研究》，扬州大学硕士学位论文，2010，第 21～22 页；〔日〕安田二郎：《晋宋革命和雍州（襄阳）的侨民——从军政统治到民政统治》，载刘俊文主编《日本中青年学者论中国史（六朝隋唐卷）》，上海古籍出版社，1995，第 116～144 页。

襄阳不仅是南朝进图中原的重要边镇，也是汉水流域乃至南北贸易的重要转运点。例如川胜义雄曾推测，侨居襄阳岘山的西域康氏所经营的南北贸易，堪称"国际资本"，他自南方采购绢帛运输到北方，甚至更遥远的西域。[①] 图画孝子故事作为葬俗的信息，借由这些士人或渠道传播至襄阳，并为地方所接受是不难想象的事。

目前所知的北朝较早的孝子图，见于太和八年（484）的司马金龙墓[②]以及年代在太和八年至十年（486）的固原雷祖庙北魏墓[③]。其他主要出土在洛阳，年代明确者集中在北魏正光年间（520～525）及以后。以孝子图在襄阳与北方的流行时间来说，二者十分接近。考虑到其时南北对峙的史实，孝子图如若可以在襄阳和北方约略同时流行，并进入地方上层丧葬系统，则须依赖宗族。进言之，如果没有北方士族的南渡，又成为地方社会的主导力量，孝子画像砖能否出现在襄阳，是存疑的。

二　孝子画像砖的功能及其思想渊源

对于北朝葬具孝子图的功能，林圣智、罗丰、郑岩、贺西林、邹清泉、徐津等已提出过诸多论断。综观这些研究，都是围绕葬具图像与死者及生者的关系进行论说。[④] 这种推论逻辑无疑是合理的，见解也极具启发意义。不过与北朝葬具图像不同，襄阳孝子画像砖没有规律性的配置方式，当画像砖被砌入墓中就很难与生者发生联系，也不具备北朝葬具可能有的面向公众的展示流程。因此要明确丧家选择或制作孝子画像砖的动机，只能从画像本身的内容着手。就画像砖的内容来说，无论是"老莱子娱亲""蔡顺闻雷泣墓"，还是表现孝行感物的"郭巨埋儿"，其目的都是凸显孝道。问题是谁在强调孝道，他们又为何要这么做？显然这需要将孝道观置于南朝襄阳的大背景下进行观察。

《孝经·开宗明义章第一》说："夫孝，始于事亲，中于事君，终于立身。"[⑤] 在这一背景下，"孝"必然是朝廷和家族等儒家文化系统宣扬、教育的主题之一。图画、观看孝子图是其中的一种方式。《鲁灵光殿赋》载明宫殿壁画中有"孝子"，指出其意在"善以

① 〔日〕川胜义雄：《货币经济的进展与侯景之乱》，载氏著《六朝贵族制社会研究》，李济沧、徐谷芃译，上海古籍出版社，2018，第 279 页。
② 山西省大同市博物馆、山西省文物工作委员会：《山西大同石家寨北魏司马金龙墓》，《文物》1972 年第 3 期。
③ 固原县文物工作站：《宁夏固原北魏墓清理简报》，《文物》1984 年第 6 期；关于该墓年代的讨论可参见孙机《固原北魏漆棺画研究》，《文物》1989 年第 9 期。
④ 林圣智：《北魏宁懋石室的图像与功能》，《美术史研究集刊》2005 年第 18 期；罗丰：《从帝王到孝子——汉唐间图像中舜故事之流变》，载《徐苹芳先生纪念文集》编辑委员会编《徐苹芳先生纪念文集》，上海古籍出版社，2012，第 671 页；郑岩：《北朝葬具孝子图的形式与意义》，《美术学报》2012 年第 6 期；贺西林：《道德与信仰——明尼阿波利斯美术馆藏北魏画像石棺相关问题的再探讨》，《美术研究》2020 年第 4 期；邹清泉：《北魏孝子画像研究：〈孝经〉与北魏孝子画像图像身份的转换》，文化艺术出版社，2007，第 117～168 页；徐津：《美国纳尔逊博物馆藏北魏孝子石棺床围屏图像释读》，《中国国家博物馆馆刊》2019 年第 10 期。
⑤ （唐）李隆基注，（宋）邢昺疏《孝经注疏》卷一，上海古籍出版社，2009，第 5 页。

示后"①。南朝齐武帝甚至规定诸王五经之外"唯得看孝子图"②。不过墓葬是一个封闭空间，观者为死者，孝子画像砖当不具备地面祠庙、宫殿画像的道德训诫功能。李梅田先生认为孝道观进入墓葬与展示墓主孝道有关③，考虑到当时流行随葬《孝经》表达孝道的习俗，其说可从。

"孝"的基本功能是维护社会伦理秩序，但在谶纬、道教学说的影响下，又成为沟通鬼神必备的道德。《潜夫论·巫列》："巫觋祝请，亦其助也，然非德不行……德义无违，鬼神乃享；鬼神受享，福祚乃隆。"④ 所谓德义当是指儒家倡导的忠孝仁义。陶弘景也有类似的看法，认为至孝者不仅能"感激鬼神"，且可以"使百鸟山兽巡其坟埏"⑤。这应是当时流行的观念，在《晋书》和《梁书》中都不鲜见此类孝子叙事。此外，《宋书·潘综传》载孙恩之乱时，潘综为保护其父而受重创，"有一贼从旁来，相谓曰：'卿欲举大事，此儿以死救父，云何可杀。杀孝子不祥。'"⑥ 可见孝子不仅能够通达鬼神，也被赋予了消灾、庇佑的功能。深圳金石艺术博物馆藏北朝胡客翟门生石床围屏刻有"胡客翟门生造石床屏风吉祥铭记"的铭文⑦，表明孝子图正是由其吉利图腾的属性而被制作成石床屏风的。

与此同时，"孝"还是修仙、求长生所必备的资质。葛洪论及修道之要说："欲求仙者，要当以忠孝和顺仁信为本。若德行不修，而但务方术，皆不得长生也。"又说，"然览诸道戒，无不云欲求长生者，必欲积善立功"⑧。《真诰》则进一步将"孝"纳入道教生死观，明确指出忠孝之人，"既终，皆受书为地下主者，一百四十年乃得受下仙之教，授以大道。从此渐进，得补仙官"⑨。这些将孝道观与升仙、求长生联系起来的说法，对生活在鬼神信仰环境中的社会各阶层所产生的影响力，是不难想象的。

有学者认为，孝子图进入墓葬与佛教也密切关联。⑩ 这样的说法似有不妥。尽管佛教也推崇孝道，但与儒家尊亲供养的孝道观不同，东晋南朝佛教更为注重舍身求道的"大孝"。⑪ 刘勰《灭惑论》："夫佛家之孝，所苞盖远……故知瞬息尽养，则无济幽灵；学道拔亲，则冥苦永灭。"⑫ 很明显，以佛教的视角来说，孝子图的内容不仅与其孝道观相背离，且对民众死后的助益也有限。因此，对其时佛教与孝子图的联系似不宜估计过高。

由此而言，主要有以下因素推动了孝子图的流行。其一，朝廷、家族等儒家文化系统

① （南朝梁）萧统编，（唐）李善注《文选》卷十，上海古籍出版社，1986，第516页。
② （唐）李延寿等：《南史》卷四十三《江夏王锋传》，中华书局，1975，第1088页。
③ 李梅田、周蓉：《试论南朝襄阳的区域文化——以画像砖墓为中心》，《江汉考古》2017年第2期。
④ （汉）王符著，（清）汪继培笺，彭铎校正《潜夫论笺校正》，中华书局，1985，第301~302页。
⑤ 〔日〕吉川忠夫、麦谷邦夫编《真诰校注》，朱越利译，中国社会科学出版社，2006，第507页。
⑥ （南朝梁）沈约：《宋书》卷九十一《潘综传》，中华书局，1974，第2248页。
⑦ 有关胡客翟门生石床围屏的介绍、研究，可参见赵超《介绍胡客翟门生墓门志铭及石屏风》，载荣新江、罗丰主编《粟特人在中国：考古发现与出土文献的新印证》，科学出版社，2016，第673~684页。
⑧ 王明：《抱朴子内篇校释》（增订本），中华书局，1980，第53、126页。
⑨ 〔日〕吉川忠夫、麦谷邦夫编《真诰校注》，朱越利译，中国社会科学出版社，2006，第507页。
⑩ 贺西林：《道德与信仰——明尼阿波利斯美术馆藏北魏画像石棺相关问题的再探讨》，《美术研究》2020年第4期。
⑪ 王月清：《中国佛教孝亲观初探》，《南京大学学报》（哲学·人文·社会科学）1996年第3期。
⑫ （南朝梁）刘勰：《弘明集校笺》卷八《灭惑论》，上海古籍出版社，2013，第417、419页。

的内在需求，使用孝子图可以彰显孝道。其二，将孝子图当作吉利图腾，用以求得庇护与保佑。其三，对升仙的向往，以孝子图证明墓主注重修德，强调具备升仙的资质。南朝孝子图的流行，可以从这些方面观察和理解其意义。由此来看襄阳的孝子画像砖，对其功能会有更为全面的认识。

南朝襄阳的精神世界呈现出多元的景况。一方面，以儒家教育为主的郡县官学继续存在。沈亮在南阳太守任内的兴学之举①，可为其证。另一方面，襄阳也有道士活动。史载，柳津和萧腾都曾请过道士驱鬼。② 又《隋启法寺碑》称襄阳有"僧尼一十五寺，道士东西两馆"③。冻国栋先生指出，"此碑虽为隋代所立"，但"佛寺、道观应与南北朝时期一脉相承"④。这些反映了道教在襄阳的活跃情况。不仅如此，襄阳地方还信鬼重祀，甚至对他们的丧葬行为也产生了影响，例如邓县墓出土的"胡人驱傩图"，一般认为即《荆楚岁时记》提到的腊日习俗。⑤ 这之中，儒学、道教的影响，对彰显道德、祈求护佑以及羽化升仙的愿望，都成为襄阳孝子画像砖流行的"推手"。

安然先生认为，孝子画像砖也是一种宣传的工具，并借此强调对襄阳的认同感。⑥ 我们认为，这种说法恐怕也是不妥的。实际上，在门阀等级分明的南方社会，决定侨民族姓高低和门阀序列的是他们在北方的郡望，而不是侨居地。侨民迁居襄阳后所认同的家族郡望并没有改变。例如出身弘农杨氏的杨佺期，在慨叹受到南方高门排斥时曾"自云门户承籍，江表莫比，有以其门地比王珣者，犹恚恨"⑦。这是最直接的反映。遑论使用孝子图本就是沿袭的北方习俗，侨民将此"复制"到襄阳，其中如果有强调地区认同的意涵，或许也只是在宣示他们与北方郡望的渊源，而与襄阳无关。

值得注意的是，在南朝重孝的氛围下，孝子故事和孝子图都颇为流行，但只有襄阳的孝子图进入了丧葬系统。这种差异，或许需要从与孝子图相关人群的角度来解释。

三 从孝子画像砖看襄阳、建康地域文化的差异

前面提到，孝子画像砖的出现与北来侨民有关。相比于建康来说，他们或是门户不高，又或虽具门户背景，但渡江较晚或婚宦失类，属于"晚渡士人"，往往受到建康贵族

---

① （南朝梁）沈约：《宋书》卷一百《自序附沈亮传》，中华书局，1974，第 2451 页。
② 分见（唐）李延寿等《南史》卷三十八《柳元景传附柳津传》，中华书局，1975，第 992 页；（宋）李昉等编《太平广记》，中华书局，1961，第 3866 ~ 3867 页。
③ （清）王万芳纂：《襄阳金石志》，《石刻史料新编（第三辑）》第 13 册，台湾新文丰出版社，1986，第 398 页。
④ 冻国栋：《刻石所见三至十三世纪襄阳地域学术文化的变迁》，载冯天瑜主编《汉水文化研究》，中国国际广播音像出版社，2006，第 33 ~ 43 页。
⑤ 师若予：《南北朝晚期大型墓葬出土胡人驱傩画像砖和俑研究》，《中国国家博物馆馆刊》2016 年第 5 期。
⑥ 〔德〕安然：《孝子贤孙不见了——一个在时代变迁中消失的主题（东汉至南北朝）》，载氏著《从文物考古透视六朝社会》，周胤等译，南京大学出版社，2021，第 141 页。
⑦ （唐）房玄龄等：《晋书》卷八十四《杨佺期传》，中华书局，1974，第 2200 页。

轻视与排斥。因此他们得入仕途，甚至进入建康宿卫台阁，所依赖的也多是征北、伐蛮积累的武勋。如南阳人宗越所言，"佛狸未死，不忧不得谘议参军"①，就是典型的案例。

北来侨民迁入襄阳后，所认同的文化根基、治学传统没有发生变化。关辅地区是西汉的政治中心，儒学渊源深厚，《汉书》称其地世家"好礼文"②，东汉时出现了马融、贾逵和赵岐等经学家。东晋南朝迁至襄阳的关辅豪族显然固守着这种学术传统，例如京兆韦氏仍世守儒业③，京兆杜氏则仍治《左氏春秋》④。不唯如此，"世为乡豪"的襄阳习氏以及南阳岑氏也均以善治经史而著称。⑤ 换言之，襄阳地区承袭的是汉代世传儒经的治学传统，这与"多尚清谈，有两晋之遗风"⑥ 的南朝学统实在迥然有别。在东晋南朝的襄阳豪族中，除了迁居建康的柳世隆一支外⑦，极少见到以清谈玄言为专长的人物。

不仅如此，同样是面对儒学，建康与襄阳之间的实践方式也大相径庭。江南盛行的是义理经学⑧，相较以孝子图本作为宣导名教的方式，他们更热衷以"讲""谈"元典的形式表现儒家义理。史籍中常见南朝帝王、皇室成员讲谈《孝经》的记载。昭明太子"三岁受《孝经》《论语》"，九岁"于寿安殿讲《孝经》，尽通大义"。⑨ 柳诒徵先生指出，"三国以来，玄风渐盛，遂于儒书亦研核义理，疏析旨趣，是为学术之一大进步"，南朝学校也"盛行讲义"。⑩ 因此，尽管孝子图因其平白、通俗而更易为民众接纳，吸引的却是个别不以文化见长的齐武帝萧赜等人。在南朝诸国史与孝子图相关的叙事文本中，除了王慈外，也看不到高门士族的身影。⑪

郭巨等故事反映的尊亲供养的孝道观也不是南朝社会的主流认知。当时看重死后居丧，对居丧之礼的实践程度才是评断孝道的重要标准。⑫ 在《宋书·孝义传》《南齐书·孝义传》《梁书·孝行传》《陈书·孝行传》等孝子故事的书写中，提到他们的孝行则大都与死后治丧有关，与日常供养相关的内容只有寥寥数笔，甚至只字未提。而且由于受到玄学侵染，当时标榜的也不是居丧守礼，乃是居丧违礼、废礼，强调居丧之情的流露与迸发。《世说新语》载王戎、和峤同时遭遇大丧，王戎"虽不备礼"，但"哀毁骨立"，较之

① （南朝梁）沈约：《宋书》卷八十三《宗越传》，中华书局，1974，第 2110 页。
② （汉）班固：《汉书》卷二十八下《地理志第八下》，中华书局，1962，第 1642 页。
③ 分见（唐）姚思廉等《梁书》卷十二《韦叡传附韦棱传》，中华书局，1973，第 225 ~ 226 页；（唐）姚思廉《陈书》卷十八《韦载传》，中华书局，1972，第 249 页。
④ 刘静夫：《京兆杜氏研究——魏晋南北朝士族门阀研究个案之二》，《许昌师专学报》（社会科学版）1993 年第 3 期。
⑤ 如习凿齿有《汉晋春秋》传世，其子习辟强也多有才学；南阳岑之敬"年十六策《春秋左氏》、制旨《孝经》义"，本为东汉岑彭之后，其"父善纡，梁世以经学闻"。分见（唐）房玄龄等《晋书》卷八十二《习凿齿传》，第 2152 ~ 2158 页；（唐）姚思廉《陈书》卷三十四《岑之敬传》，中华书局，1972，第 461 页。
⑥ 钱穆：《国学概论》，商务印书馆，1997，第 169 页。
⑦ 韩树峰：《河东柳氏在南朝的独特发展历程》，《中国史研究》2000 年第 1 期。
⑧ 严耀中：《试说玄学对南朝经学之影响》，《上海师范大学学报》（哲学社会科学版）2009 年第 1 期。
⑨ （唐）姚思廉等：《梁书》卷八《昭明太子萧统传》中华书局，1973，第 165 页。
⑩ 柳诒徵：《南朝太学考》，载《柳诒徵史学论文续集》，上海古籍出版社，1991，第 432 ~ 433、437 页。
⑪ （唐）李延寿等：《南史》卷二十二《王慈传》，中华书局，1975，第 606 页。
⑫ 蒋丽梅：《魏晋南北朝孝道的情感基础探究》，《当代中国价值观研究》2016 年第 3 期。

和峤的"神气不损",哀戚之情更重,故受到晋世祖和时人的赞誉,刘义庆也将此列入"德行"篇。① 正如郭象所言,"孝"应该是"称情而直往",如果拘泥于"名声"和"形制",就可能导致"孝不任诚"。② 因此,郭巨等并不是南方社会理想中的孝子形象,自然很难引起他们情感的共鸣。

制度具有继承性,不同地区墓葬壁画的差异,还可以从地方丧葬制度的渊源上考虑。研究表明,南朝陵墓在墓葬形制、随葬品方面基本承袭两晋。③ 不过南朝贵族固然对两晋葬制极为熟悉,墓葬壁画却是晋代葬制所欠缺的。在已发掘的南京象山王氏家族墓、南京吕家山李氏家族墓和南京郭家山温氏家族墓等东晋上层墓葬④中,除了一些花纹砖,极少见到画像内容。相较于墓葬形制和随葬品所表现出的继承性,南朝陵墓壁画更多体现的是创新性,例如凸显墓主学术品味和身份等级的"竹林七贤与荣启期"拼镶砖画就是一个例证。⑤ 如此看来,缺乏使用儒家故事题材壁画的地域传统,或许是建康地区不见孝子图的一个隐性因素。

有学者认为,"竹林七贤"同样是仁孝的团体,他们有数位曾多次出仕,因此"竹林七贤"壁画其实是孝子图而非隐士图。⑥ 这一说法值得商榷。尽管"竹林七贤"多有孝行,但他们并非以孝道而为当世所称重。戴逵对他们的评价是"竹林之为放,有疾而为颦者也"⑦,强调的是他们不拘礼制,放浪形骸的处世态度。另外,南朝时期的隐逸观也有变化。"朝隐"成为主流的选择。⑧ 隐士不一定要栖宿山林,只要心向往之即可。正如吉川忠夫指出的,尽管六朝士大夫自己是官僚,但因为"迹不外见,道不可知",这就使他们仍然能够心安理得的"贯彻隐的立场",成为隐士。⑨ 所谓"既享朝端之富贵,仍存林下之风流"⑩,就是对这一心态的切实概括。这样看来,"竹林七贤"反而成为隐士的典范。由上可见,如果说"竹林七贤"是以孝子形象而被纳入墓葬恐怕是令人生疑的。

以图画孝子故事来宣导名教的方式其来有自,但以建康为中心的江南地区却鲜见使用儒家故事题材壁画的行为。换言之,这种做法从来就不是当地的主流习俗。以重义理为传统的南朝学界对此行为也无兴趣,相比较来说,他们更乐意以讲、谈原典的形式表现儒家

① 徐震堮:《世说新语校笺》,中华书局,1984,第 11 页。
② (清)郭庆藩撰,王孝鱼点校《庄子集释》,中华书局,1961,第 267 页。
③ 赵胤宰、韦正:《南朝陵寝制度之渊源》,《古代文明》2005 年第 4 卷;付龙腾:《试析南朝陵寝制度的两大取向》,《东南文化》2020 年第 4 期。
④ 南京市博物馆:《南京象山 5 号、6 号、7 号墓发掘简报》,《文物》1972 年第 11 期;南京市博物馆:《南京北郊郭家山东晋墓发掘简报》,《文物》1981 年第 12 期;南京市博物馆:《南京吕家山东晋李氏家族墓》,《文物》2000 年第 7 期;南京市博物馆:《南京象山 8 号、9 号、10 号墓发掘简报》,《文物》2000 年第 7 期。
⑤ 韦正:《地下的名士图——论竹林七贤与荣启期墓室壁画的性质》,《民族艺术》2005 年第 3 期。
⑥ 〔德〕安然:《孝子贤孙不见了——一个在时代变迁中消失的主题(东汉至南北朝)》,载氏著《从文物考古透视六朝社会》,周胤等译,南京大学出版社,2021,第 144～145 页。
⑦ (唐)房玄龄等:《晋书》卷九十四《戴逵传》,中华书局,1974,第 2458 页。
⑧ 胡秋银:《南朝士人隐逸观》,《安徽大学学报》(哲学社会科学版)2004 年第 1 期。
⑨ 〔日〕吉川忠夫:《六朝精神史研究》,王启发译,江苏人民出版社,2010,第 21 页。
⑩ 陈寅恪:《陶渊明之思想与清谈之关系》,《金明馆丛稿初编》,上海古籍出版社,2020,第 212 页。

义理。另一方面，对父母的日常供养也不是江南称扬孝道的主要内容，当时注重死后居丧，他们所标榜的孝道典范不是郭巨、蔡顺、老莱子等传统的孝子形象，而是如王戎一般不拘礼制、注重居丧之情的名士。在建康乃至南朝其他地区墓葬罕见孝子图的原因应当可以从这些角度来理解。

四 结论

总之，襄阳孝子画像砖的出现既与南渡北人密切关联，也可以发现当地汉画传统的影响。这种文化融合趋向，当然并不只限于孝子图，而是当时北人南渡后广泛存在的现象。只是由于各地侨民与土著力量对比不同，表现得或隐或显而已。孝子画像砖作为墓葬壁画的内容之一，颇能反映襄阳地方的社会思想和人情风俗。这背后既能看到儒学、道教对襄阳地方葬俗景观的塑造，也可以看到不同地域群体之间的知识风尚与行为、观念之间的互动关系。可以说，孝子画像砖是理解南朝襄阳区域文化形成及其时南北文化交流问题的一个重要切入口。

附记：此文写作过程中，得到业师王志高先生的悉心指导与帮助，特此致谢！

编辑：韩茗

区域历史文化

春秋时期徐国国都的地望分析

朱国平

（南京博物院《东南文化》编辑部）

[**摘要**] 春秋徐国的国都及西汉徐县等，一般认为处于江苏泗洪南部的汴河和溧河之间，通过梳理文献，结合当地历史地貌演变、古代遗址分布等，可以推定其应该处于泗洪东北，盱眙泗州城遗址北 142 里至 172 里，宿迁故城遗址西 50 里，约在曹庙和归仁镇附近原安湖区域，该处的黄泛区域值得考古学研究者关注。

[**关键词**] 春秋；徐国国都；徐县

关于春秋徐国的国都，《中国历史地图集》绘于江苏泗洪南部的汴河和溧河之间（图一）①，应即《中国古今地名大辞典》所定的江苏泗洪南大徐台子②，《春秋左传注》庄公二十六年注则不同，认为在安徽泗县西北 50 里③。无论是江苏泗洪还是安徽泗县，都只是简单提及，并无具体论证，本文拟对上述观点涉及的徐国地望加以分析。

一 徐国国都相关观点的不足

与徐国国都相关的地名主要有徐国国都、西汉徐县治、唐徐城县治等，其中徐国国都，《中国古今地名大辞典》定为江苏泗洪南大徐台子，《中国历史地图集》所绘也相同；西汉徐县治，《中国古今地名大辞典》定为江苏泗洪东南半城镇，《中国历史地图集》所绘不同，沿用春秋时期徐国国都大徐台子；唐徐城县治，《中国古今地名大辞典》定大业四年（608）后治江苏泗洪南临淮，《中国历史地图集》所绘在溧河西，相距较远。

这些古地名涉及大徐台子、半城、临淮等今地名。其中大徐台子和半城近于《乾隆江

---

① 谭其骧主编《中国历史地图集》，中国地图出版社，1996，第一册第 30 页。

② 戴均良等主编《中国古今地名大辞典》，上海辞书出版社，2005，第 2452 页。

③ 杨伯峻：《春秋左传注》（修订本），中华书局，1995，第 233 页。

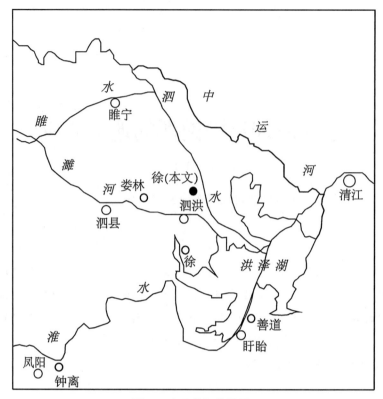

图一 春秋徐都位置图

资料来源：谭其骧主编《中国历史地图集》第一册，中国地图出版社，1996，第 30 页。

南通志》（1736）的徐城在泗州东北 80 里，见于明、清文献记载。

《成化中都志》（1470）城郭泗州：半城，在州东北 70 里，有遗址存。①

《嘉靖南畿志》（1534）凤阳府属古迹泗州：故城，在州东北 80 里，相传徐偃王筑，有遗址存。

《乾隆江南通志》（1736）舆地志古迹泗州徐城：在州东北 80 里，周时徐子国。②《尚书·费誓》云：淮夷、徐戎并兴。③《史记》云：穆王时徐有偃王，即此。汉置徐县，《太平寰宇记》云：大徐城，一名薄薄城，又名故故城，即古徐国也。④

明清泗州治于泗州城遗址，泗州城遗址位于江苏省盱眙县，见 2013 年 3 月 5 日公布的国发（2013）13 号《关于核定并公布第七批全国重点文物保护单位的通知》。80 里符合大徐台子、半城与泗州城遗址间的距离。

临淮距泗州城遗址 50 里，近于宋代以来文献记载的 60 里，以临淮作为唐徐城县治，应是北宋临淮县迁治的地名徐城驿所导致。

---

① （明）柳瑛：《成化中都志》卷三《城郭》，明弘治刻本，第 63 页。
② （清）黄之隽等：《乾隆江南通志》卷三十六《舆地志》，清文渊阁四库全书本，第 620 页。
③ 王世舜、王翠叶译注《尚书·费誓》，中华书局，2012，第 340 页。
④ （宋）乐史：《太平寰宇记》卷十六《河南道十六》，中华书局，2008，第 313 页。

《元丰九域志》（1079）淮南东路泗州：临淮，州北 60 里。①

《文献通考》（1307）舆地考古徐州泗州：临淮，唐县。景德三年（1006），移治徐城驿。②

《成化中都志》（1470）城郭泗州：古临淮县，在州北 60 里，今有人居街巷存。③

《嘉靖南畿志》（1534）凤阳府属古迹泗州：古临淮县，在州北 60 里，有人居街巷存。

临淮在州东北 60 里说和大徐台子、半城在州东北 80 里说均有明显的不足。一者，三地均处泗洪境内的岗地，不符合文献所载为洼地，如：

《左传》昭公三十年（公元前 512）：吴子执钟吾子。遂伐徐，防山以水之。己卯，灭徐。④

《元和郡县图志》（813）河南道泗州徐城县：永泰湖，县南 2 里，周回 363 里，其中多鱼，尤出朱衣鲋。⑤

《后汉书·张禹传》：徐县北界有蒲阳陂，旁多良田，而堙废莫修。禹为开水门，通引灌溉，遂成熟田数百顷。⑥

二者，与元明时期的一些文献记载的距泗州城超过百里存在冲突，如：

《成化中都志》（1470）宫室堂亭楼阁泗州：挂剑台，在城东北 120 里，安河西岸，即徐墓也。⑦

《资治通鉴》胡三省注（1285）唐懿宗咸通九年（868）：徐城县，属泗州，宋朝省徐城为镇，入临淮县，在泗州北百余里。⑧

可见，与徐国相关的地名所定的地望并不准确，需要重新分析。

二 唐及宋初的徐城县地望

关于徐城县的地望，《元和郡县图志》（813）记为州西 50 里，此说为《太平寰宇记》（984）、《嘉靖南畿志》（1534）沿用：

《元和郡县图志》（813）河南道泗州徐城县：东至州 50 里。⑨

---

① （宋）王存：《元丰九域志》卷五《淮南路》，中华书局，1984，第 197 页。
② （元）马端临：《文献通考》卷三百一十七《舆地考三》，清浙江书局本，第 4935 页。
③ （明）柳瑛：《成化中都志》卷三《城郭》，明弘治刻本，第 63 页。
④ 杨伯峻：《春秋左传注》（修订本），中华书局，1995，第 1508 页。
⑤ （唐）李吉甫：《元和郡县图志》卷九《河南道五》，中华书局，1983，第 232 页。
⑥ （南朝宋）范晔：《后汉书》卷四十《张禹传》，中华书局，1965，第 1497～1498 页。
⑦ （明）柳瑛：《成化中都志》卷三《城郭》，明弘治刻本，第 79 页。
⑧ （宋）司马光：《资治通鉴》卷二百五十一《唐纪六十七》咸通九年条，中华书局，2013，第 6789 页。
⑨ （唐）李吉甫：《元和郡县图志》卷九《河南道五》，中华书局，1983，第 231 页。

《太平寰宇记》（984）河南道泗州临淮县：废徐城县，在州西 50 里。至建隆二年（961），并入临淮县。①

《嘉靖南畿志》（1534）凤阳府属古迹泗州：徐城，在州西五十里，有遗址，相传徐偃王都。

《乾隆江南通志》（1736）舆地志古迹泗州：徐城，有二：一在州西 50 里，隋开皇初置徐城县，属下邳郡，治大徐城，今有徐城庙。②

《元和郡县图志》（813）的州西 50 里说的治所在宿迁故城遗址，并不是迁治后的治所泗州城遗址。宿迁故城遗址位于江苏宿迁市宿城区，见 2005 年 6 月 10 日宿迁市人民政府公布《市政府关于公布第二批市级重点文物保护单位的通知》[宿政发（2005）65号]，时代为汉，地址为宿城区郑楼镇古城居委会。该城址方位与文献记载的开元二十五年（737）迁治临淮县前的泗州城所治宿豫县一致。由于《元和郡县图志》（813）对泗州治所更新不全，导致以宿迁故城遗址为参照的数据，被误为以泗州城遗址为参照沿用。

（一）唐徐城县在宿迁故城遗址西 50 里

泗州治所在 735 年由宿迁故城遗址改为泗州城遗址。

《元和郡县图志》（813）河南道泗州：开元二十三年（735）自宿迁县移于今理。③

《唐会要》（961）州县改置上河南道泗州：本治宿预，开元二十五年（737）九月十日，移就临淮县。④

《旧唐书·玄宗上》（945）：开元二十三年（735），九月戊申，移泗州就临淮县置。⑤

在北宋初，宿迁县治也从宿迁故城遗址所在地迁出。

《元和郡县图志》（813）河南道泗州宿迁县：南至州 210 里。晋安帝立宿豫县，隋开皇三年（583）属泗州，宝应元年（762）以犯代宗庙讳，改为宿迁县。⑥

《元和郡县图志》（813）河南道泗州宿迁县：旧州城，梁将张惠绍北伐军所次，凭固斯城，堑其罗城，引水环之，今城在泗水之中。⑦

《元和郡县图志》（813）河南道泗州宿迁县：下相故城，在县西北 70 里。⑧

《太平寰宇记》（984）河南道淮阳军：宿迁县，东 110 里。⑨

《太平寰宇记》（984）河南道淮阳军宿迁县：宿预城，在下邳县东南 180 里。⑩

① （宋）乐史：《太平寰宇记》卷十六《河南道十六》，中华书局，2008，第 316~317 页。
② （清）黄之隽等：《乾隆江南通志》卷三十六《舆地志》，清文渊阁四库全书本，第 620 页。
③ （唐）李吉甫：《元和郡县图志》卷九《河南道五》，中华书局，1983，第 231 页。
④ （宋）王溥：《唐会要》卷七十《州县改置上》，上海古籍出版社，2006，第 1484 页。
⑤ （后晋）刘昫等：《旧唐书》卷八《玄宗本纪上》，中华书局，1975，第 202 页。
⑥ （唐）李吉甫：《元和郡县图志》卷九《河南道五》，中华书局，1983，第 231 页。
⑦ （唐）李吉甫：《元和郡县图志》卷九《河南道五》，中华书局，1983，第 231 页。
⑧ （唐）李吉甫：《元和郡县图志》卷九《河南道五》，中华书局，1983，第 231 页。
⑨ （宋）乐史：《太平寰宇记》卷十七《河南道十七》，中华书局，2008，第 337 页。
⑩ （宋）乐史：《太平寰宇记》卷十七《河南道十七》，中华书局，2008，第 337 页。

淮阳军治所在今下邳故城遗址，见于 2019 年公布的国发（2019）22 号《国务院关于核定并公布第八批全国重点文物保护单位的通知》。上述文献记载的距离符合今下邳故城遗址与宿迁故城遗址之间的距离 180 里。宿迁在下邳东的距离为 110 里，与下相在宿迁西北的距离 70 里之和为 180 里，也即下相在下邳东南的距离为 180 里。因此，北宋初宿迁治所由宿迁故城遗址迁到西北的下相故城，《元和郡县图志》（813）的旧州城即宿迁故城遗址。

泗州治所在 735 年有迁移，但《元和郡县图志》（813）未完全按照新治所泗州城遗址更新所用资料，仅改了原州治宿迁、新州治临淮的距州里数，其他县的距州里数并未及时更新，以下仍以旧治宿迁故城为参照。

《元和郡县图志》（813）河南道泗州宿迁县：南至州 210 里。①

这里所载的宿迁县里数符合今宿迁县距泗州城遗址约 210 里，已经更新。

《元和郡县图志》（813）河南道泗州下邳县：东南至州 175 里。②

《元和郡县图志》（813）河南道泗州宿迁县：下相故城，在县西北 70 里。③

《太平寰宇记》（984）河南道淮阳军：宿迁县，东 110 里。④

《太平寰宇记》（984）河南道淮阳军：宿预城，在下邳县东南 180 里。⑤

《元和郡县图志》（813）下邳县东南距州 175 里，近似《太平寰宇记》（984）的宿预城在下邳县东南 180 里，同于《太平寰宇记》（984）下邳至宿迁（下相故城）110 里与宿迁（下相故城）至下相 70 里之和 180 里，与下邳故城遗址距泗州城遗址约 270 里存在明显差距，说明该数据未更新。

《元和郡县图志》（813）河南道泗州涟水县：西北至州 160 里。⑥

涟水县西北距州 160 里，近于宿迁故城遗址在涟水西北约 140 里，与泗州城遗址在涟水东南 220 里存在明显差距，也说明该数据未更新。

由于《元和郡县图志》（813）未更新部分数据的参照基准州治的位置，导致沿用《元和郡县图志》（813）的《太平寰宇记》（984）中与徐城相关的泗州州治仍为旧治宿迁故城。

《元和郡县图志》（813）河南道泗州徐城县：东至州 50 里。⑦

《太平寰宇记》（984）河南道泗州临淮县：废徐城县，在州西 50 里。⑧

综上，州西 50 里应以宿迁故城遗址为参照，而非以泗州城遗址为参照，唐徐城县实际处于宿迁故城遗址西 50 里。

---

① （唐）李吉甫：《元和郡县图志》卷九《河南道五》，中华书局，1983，第 231 页。
② （唐）李吉甫：《元和郡县图志》卷九《河南道五》，中华书局，1983，第 233 页。
③ （唐）李吉甫：《元和郡县图志》卷九《河南道五》，中华书局，1983，第 231 页。
④ （宋）乐史：《太平寰宇记》卷十七《河南道十七》，中华书局，2008，第 337 页。
⑤ （宋）乐史：《太平寰宇记》卷十七《河南道十七》，中华书局，2008，第 337 页。
⑥ （唐）李吉甫：《元和郡县图志》卷九《河南道五》，中华书局，1983，第 232 页。
⑦ （唐）李吉甫：《元和郡县图志》卷九《河南道五》，中华书局，1983，第 231 页。
⑧ （宋）乐史：《太平寰宇记》卷十六《河南道十六》，中华书局，2008，第 316 页。

（二） 唐徐城县在泗州城遗址北约 142 里

《元和郡县图志》（813）和《太平寰宇记》（984）均记载了永泰湖。

《元和郡县图志》（813）河南道泗州徐城县：永泰湖，县南 2 里，周回 363 里，其中多鱼，尤出朱衣鲋。[①]

《太平寰宇记》（984）河南道泗州临淮县：永泰湖，在县北 50 里。大业三年（607）开通济渠，塞断沥水，自尔成湖，因乡为名，出赤背鲫鱼，时人呼为朱衣鲋。[②]

《太平寰宇记》依据临淮县更改了永泰湖的距县距离，说明北宋初该湖仍然存在。依据两个文献的记载，湖北岸至徐城距离 2 里、湖南岸至临淮距离 50 里，湖周 363 里，则边长 90 里，由于泗洪地区均为西北东南向岗地，湖泊应南北长，实际当长于此数，这样徐城至临淮距离为 2 + 90 + 50 = 142 里，临淮治即泗州城遗址，也即唐徐城县在泗州城遗址北约 142 里。

唐及宋初的徐城县地望州西 50 里解释为以州旧治宿迁故城遗址为基准，将 142 里解释为新州治泗州城遗址为基准，则两者在今江苏泗洪县朱湖镇一带交汇。永泰湖多朱衣鲋，今朱湖之名或与之有关系。

永泰湖在北宋即逐渐被掩埋，也显示其地处在泗洪县北部区域。泗洪县的黄泛平原，由北向南倾斜，北部海拔 17 米，南部海拔 14 米，分布于县境北部的西陈集乡、归仁乡北部和东部、金镇、曹庙乡西部、朱湖乡，说明在洪泽湖筑坝成湖之前，在泗洪县北部区域存在洼地，为形成黄泛层提供了可能。

（三） 徐国国都在泗州城遗址北约 172 里

《太平寰宇记》（984）还推测了春秋徐国国都的位置，《太平寰宇记》（984）河南道泗州临淮县："挂剑台，在县旧徐城北三十里，古大徐城东北，临朱沛水，今无余址。"[③]县北 30 里之说同于《史记·秦本纪》正义所引《括地志》（642）："大徐城，在泗州徐城县北三十里，古徐国也。"[④] 如此，徐国国都大徐城在泗州城遗址北约 142 + 30 = 172 里。

三 明清时期新说错误的原因

明清产生新说的原因一方面是误读《元和郡县图志》（813）的州治所在，也与金时已不见徐城地名有密切关系，《元丰九域志》（1079）淮南东路泗州：建隆二年（961）省

---

① （唐）李吉甫：《元和郡县图志》卷九《河南道五》，中华书局，1983，第 232 页。
② （宋）乐史：《太平寰宇记》卷十六《河南道十六》，中华书局，2008，第 316 页。
③ （宋）乐史：《太平寰宇记》卷十六《河南道十六》，中华书局，2008，第 312 页。
④ （汉）司马迁：《史记》卷五《秦本纪》，中华书局，2014，第 227 页。

徐城县为镇入临淮。[①] 此后文献只见徐城镇和徐城驿之名，但均未沿用到金代。

属泗州临淮县的徐城镇见于北宋文献，《太平寰宇记》《元丰九域志》等地理书都记录了大量的镇名，放在次于县治的地位，以交通方便、商业发达为特征。《宋史·职官志》："诸镇置于管下人烟繁盛处，设监官，管火禁或兼酒税之事。"[②] 宋朝在各镇设有场务，收取商税。较大的镇，商税收入甚至可以超过县城。

《元丰九域志》（1079）淮南东路泗州：临淮，州北 60 里。六乡，青阳、徐城、安河、十八里河、翟家湾五镇。[③]

《舆地广记》（1113）淮南东路泗州临淮县：徐城镇，本徐国，嬴姓，有徐君墓，季札挂剑之所，汉属临淮郡，东汉属下邳国，晋属临淮郡，梁置高平郡，东魏置高平县，隋开皇初郡废，十八年改县曰徐城，属泗州，唐因之，建隆二年（961）省为镇，入临淮。[④]

《金史·地理志》（1184）南京路泗州：临淮，镇四，安河、吴城、青阳、翟家湾。[⑤]

《资治通鉴》胡三省注（1285）唐懿宗咸通九年（868）：徐城县，属泗州，宋朝省徐城为镇，入临淮县，在泗州北百余里。[⑥]

《舆地广记》（1113）为最后记徐城镇的文献，《金史》已经无徐城镇，《资治通鉴》胡三省注（1285）称在泗州北百余里。因为不再有徐城地名，此后，徐城县或徐城镇的地望与泗州城遗址的距离逐步缩短，最后直接以徐城驿的地望作为徐城县所在。

徐城驿见于宋刘昌诗《芦浦笔记》的《资政壮节王公家传》："公长子伃，以太仆丞从高宗过维扬，及赵立已亡，徐州有武卫军，旧隶于公，义不肯他属，散归行在所，愿以从伃。高宗闻之，诏于枢密院创计议官，特命伃为之，仍领武卫。绍兴八年（1138），和好成，奏乞访先臣遗骸，优诏许之。行至泗州，马上得疾，抵徐城驿，暴卒。"[⑦] 徐城驿是临淮县迁治之处，《文献通考》（1307）舆地考古徐州泗州：临淮，唐县。景德三年（1006），移治徐城驿。

四　徐国国都处蕲水北岸

徐城与当时主要水道的关系见于《水经注·淮水》所载"又东过钟离县北"[⑧] 注："（蕲水）又东南径潼县南，又东南流入徐县，东绝历涧，又东径大徐县故城南，又东流注于淮。"[⑨]

① （宋）王存：《元丰九域志》卷五《淮南路》，中华书局，1984，第 197 页。
② （元）脱脱等：《宋史》卷一百六十七《职官七》，中华书局，1977，第 3979 页。
③ （宋）王存：《元丰九域志》卷五《淮南路》，中华书局，1984，第 197 页。
④ （宋）欧阳忞：《舆地广记》卷二十《淮南东路》，士礼居丛书景宋本，第 138 页。
⑤ （元）脱脱等：《金史》卷二十五《地理中》，中华书局，1975，第 599 页。
⑥ （宋）司马光：《资治通鉴》卷二百五十一《唐纪六十七》，中华书局，2013，第 6789 页。
⑦ （宋）刘昌诗：《芦浦笔记》卷八《资政壮节王公家传》，中华书局，1986，第 60 页。
⑧ （北魏）郦道元著，陈桥驿校正《水经注校正》卷三十《淮水》，中华书局，2013，第 681 页。
⑨ （北魏）郦道元著，陈桥驿校正《水经注校正》卷三十《淮水》，中华书局，2013，第 684 页。

历涧当即通济渠所塞断沥水，蕲水也东绝历涧，故常认为通济渠采用了蕲水故道，但宋代永泰湖形成后，部分蕲水故道应成为永泰湖的一部分，通济渠仍然需在湖之南部开新河，目前泗洪东南的汴河位于岗身上，也符合人工河的特征，这样安河就可能是蕲水，在清代为安湖，并因濉河分洪，湖淤塞后保留了河。安湖区域符合上述条件，是探索徐国地望的重要地区。

徐国国都处于蕲水北岸，距离淮河有一定距离，也为春秋时期文献所证实。春秋时期吴、楚战于淮河沿岸，未见战于徐国国都记载。

五 泗洪东部的遗址分布

泗洪遗址目前一般发现于海拔超过 13 米的地方，而黄泛之前，一般海拔在 10 米左右，即今洪泽湖底高，说明这一地区重要遗址常被掩埋在黄泛层之下。

泗洪北部和东部有两条岗身，即归仁—陈圩岗、曹庙—龙集岗，属于归仁—陈圩岗的有 8 处遗址，属于周代和汉代的有 7 处遗址，如赵庄遗址、张墩遗址，属于曹庙—龙集岗的仅 3 处遗址，属于周代和汉代的遗址，如朱岗遗址、鲁仙庙台子遗址，曹庙—龙集岗的遗址数量明显较少，而且该岗两侧和北部均有大片空白区，一般是被黄河冲积埋藏的湖沼区，该区域基本符合徐国活动区域的地貌特征。[①]

泗洪县青阳镇巨声村 1985 年出土一陶罐，储存超过 3000 枚蚁鼻钱，这一区域既不临淮，也不临泗，楚地对这片区域的重视，只能是接近传统上重要的故都邑。[②]

六 结语

采用考古学方法探索周代的列国文化，目前还没有成熟的方法，已经确认的诸侯国遗址或墓葬或者有传世文献来支撑，或者有铭文来证实，器物组合等考古学文化要素仍然难以单独支撑一个诸侯国文化的确认，因此，对徐国文化的探索也需要依据文献资料来梳理。

依据文献梳理的结果，徐国都、西汉徐县、隋唐徐城县均不应在泗洪东南的半城、临淮、大徐台子附近，应在泗洪东北，可以暂定为泗州城遗址北 142 里至 172 里，宿迁故城遗址西 50 里，约在曹庙和归仁附近原安湖区域。该区域地处黄河泛滥区，考古学工作开展较少，在探索徐国文化时值得给予关注。

编辑：韩茗

① 尹焕章、张正祥：《洪泽湖周围的考古调查》，《考古》1964 年第 5 期。
② 尹增淮、周文仪：《江苏泗洪县出土的蚁鼻钱》，《东南文化》1987 年第 3 期。

家承至德：清代江南泰伯奉祀的发展*

贺晏然　江　灏

（东南大学历史学系）

[摘要] 泰伯是江南地域文化身份构建的重要符号。自泰伯奔吴事迹见诸文字以来，相关记载逐渐被纳入儒家话语体系，成为儒家教化南迁的隐喻。明清以来江南地区泰伯奉祀的儒家化进程更趋成熟，在此背后是中央朝廷的先贤奉祀制度和江南地区泰伯奉祀家族的协力。苏州府城、无锡梅里、常熟等地的泰伯祭祀活动依赖城市地位、道教传统和礼部奉祀生等不同的社会力量而进行，并最终都达成了吴氏家族与朝廷奉祀制度的合作，展现了清代江南泰伯奉祀多元一体的格局。通过揭示清代江南泰伯奉祀的家族化路径，可以更为清晰地呈现明清儒家先贤奉祀制度下儒学社会化的过程，也有助于理解清代儒家祭祀实践所处的复杂的地方语境。

[关键词] 泰伯；儒家奉祀；明清江南；奉祀生

一　引言

《史记》世家首篇便是《吴太伯世家》，记录了这位周部落首领古公亶父的长子泰伯与其弟仲雍为了让位于弟季历，出奔江东，建立勾吴的事迹。并述及周王朝重新将仲雍后裔纳入分封的过程。① 对泰伯、仲雍奔吴的记载学界已有审慎的考察，其真实性长期受到质疑，② 但这并不影响后世据此建立泰伯崇拜和江南文化源头的叙事。明清时期，泰伯信

---

* 本文是国家社科基金青年项目"明清儒家先贤祭祀研究"（项目号：20CZS033）的阶段性研究成果。本文在撰写的过程中得到曲阜师范大学孔维钊的帮助，特此致谢！

① （汉）司马迁：《史记》卷三十一，中华书局，1982，第 1445~1446 页。

② 相关研究较富，此仅举专书数例：吴文化研究促进会：《勾吴史集》，江苏古籍出版社，1998；王明珂：《华夏边缘：历史记忆与族群认同》，上海人民出版社，2020，第 279~310 页；程义：《吴国史新证——出土文献视野下的〈吴太伯世家〉》，上海古籍出版社，2022。

仰已褪去神灵色彩，显示出强烈的儒家化倾向。[①] 陈继儒（1558～1639）便曾记录吴中祀典最著者，包括泰伯、子游和范仲淹三人。[②] 在明清江南文人的笔下，泰伯、仲雍是儒家教化南迁的起点，是江南经济文化发展的源头。明末清初无锡文士王永积（1600～1660）《至德庙记》称："泰伯至，始去夷即华，文章财赋，遂甲天下。论功亦岂在舜、禹下。……于东南实为首功，功德咸备，岂独一邑宜祀，大江以南尽宜血食哉。"[③] 极力推崇泰伯作为儒家道德符号，对诠释和建构东南历史所具的普遍意义。

伴随这一儒家化进程的是对泰伯、仲雍及其南方后人的祭祀活动在江南的普遍进行。晚明以降，儒家奉祀生制度的确立和家族复兴促进了江南儒家专祠奉祀的形成。[④] 泰伯、仲雍、季札等均设立了专祠奉祀生。根据《会典》的记载，仲雍奉祀生设于江南吴县、常熟、无锡等地；[⑤] 江阴、阳湖等县则有泰伯十九世孙季札奉祀生。[⑥] 奉祀生是先贤后裔身份建构和中央朝廷崇儒意志的接洽点，对江南儒家先贤后裔家族的奉祀活动具有模板的意义。与仲雍、季札相似，泰伯不仅在常熟县设有奉祀生，苏州府城、无锡梅里也是泰伯奉祀发展的重要区域。这三处奉祀依恃的社会力量不同，苏州府城是政治力量的聚合，无锡梅里经历了儒道竞合的过程，常熟则依靠礼部奉祀生传承。但是地方吴氏家族均承担着基础的奉祀职责，"家族"或可视为泰伯奉祀儒家化这一抽象表述的具象化。受到儒家化思路影响，此前学界对江南泰伯奉祀的研究较为关注迁吴过程的历史书写，以"家族"为中心的泰伯奉祀活动作为明清泰伯儒家化过程中极为重要的现象尚未被全面考察，吴氏家族在明清泰伯奉祀发展过程中的作用被严重低估了。本文通过对江南泰伯奉祀个案的系统研究，希望展现明清儒家先贤奉祀制度框架下儒学社会化多元一体的格局。并在此基础上，进一步呈现儒家先贤奉祀实践中地方社会、家族、地方官僚系统和中央王朝制度之间复杂的互动关系，为明清江南的儒学社会化研究提供更为细节化的路径。[⑦]

①　魏文静：《明清时期江南泰伯信仰的儒家化——以苏、常二府为中心的考察》，《东南大学学报》（哲学社会科学版）2008 年第 5 期，第 73～77 页。

②　陈继儒：《陈眉公集》卷九《重修苏州范文正公祠堂记》，国家图书馆藏明万历四十三年史兆斗刻本，第 3 页。

③　无锡市史志办公室、无锡太湖文史编纂中心合编《梅里志·泰伯梅里志》，中国文史出版社，2005，第 229 页。

④　关于这类儒家"奉祀型"家族，目前已有大量与奉祀生家族相关的个案，揭示了明清"奉祀型"家族借助先贤奉祀制度获得经济和文化优势的过程。参见刘永华《明清时期的礼生与王朝礼仪》，《中国社会历史评论》（第九卷），天津古籍出版社，2008，第 245～257 页；牛建强《地方先贤祭祀的展开与明清国家权力的基层渗透》，《史学月刊》2013 年第 4 期，第 39～63 页；贺晏然《清代儒家先贤家族和先贤奉祀的重塑——以任子为例的研究》，《江海学刊》2021 年第 6 期，第 166～171 页。

⑤　《钦定大清会典事例》卷三九二，《续修四库全书·史部》第 804 册，上海古籍出版社，1995，第 265～266 页。

⑥　《钦定大清会典事例》卷三九二，《续修四库全书·史部》第 804 册，第 265 页。

⑦　华南业儒家族的相关讨论相对丰富，参见 Maurice Freedman, *Lineage Organization in Southeastern China*, London: Athlone Press, 1958；郑振满《明清福建家族组织与社会变迁》，湖南教育出版社，1992；科大卫《皇帝和祖宗——华南的国家与宗族》，卜永坚译，江苏人民出版社，2010。

二 无锡梅里泰伯奉祀的由道转儒

拥有泰伯城、墓等遗迹的梅里常被视为江南泰伯祭祀的始基。据无锡吴氏族人记载，泰伯墓的官方奉祀活动最早可追溯至汉永兴二年（154）。[1] 明清以后，梅里旧庙多次得到修缮，成为江南泰伯奉祀的重要据点。此前从道教史视角出发的研究已经充分揭示了晚明庙内儒道相辅的情况，尤关涉易代之际江南正一和全真道派变迁状况。[2] 清代梅里泰伯庙分为东西两院，分别由不同的道士群体主导。清康熙六十一年（1722）吴存礼编定，道光重刊本《梅里志》由"泰伯庙西院住持华乾重刻"。[3] 光绪二十三年（1897）吴熙、刘继增等所修《泰伯梅里志》则由泰伯庙东院住持许巨楫校刻、东院道士许均铸复校。[4] 从清代方志所收泰伯庙图中也能明显看到梅里泰伯庙糅合了道观与祠堂的建筑结构。[5]

这种祠观结合的建筑模式背后是本地儒学家族与泰伯庙道士群体的长期合作。明中叶开始就是泰伯道院檀越的鹅湖华氏、后宅邹氏、堠山钱氏等，实际上也通过家族子弟对宫观宗教活动的参与，深入控制着地方寺观的运营。[6]《泰伯道院道谱传芳录》中所记的清代道士，绝大多数是梅里本地仕宦世家的子弟。[7] 清代活跃于梅里的朱氏、华氏、蔡氏间有子弟以方外身份参与泰伯庙的管理。以清康熙间主持修葺泰伯庙的道士朱文瓒为例。朱文瓒是梅里宋村朱氏后裔，族谱中对这位出家泰伯庙的族人毫无隐瞒，明确记载他"出家泰伯庙为黄冠"。[8] 宋村朱氏以宋儒朱熹后裔认同组织族支，持有地方先贤奉祀的丰富经验。明永乐年间便在梅里白担山设立专祠[9]，清乾隆初并获设中央朝廷认证的先贤朱熹奉祀生名额。[10] 在嵩山禅寺出家的族人朱天（僧正端）曾主持拓建了寺中的杨长史祠[11]、朱

① 无锡市史志办公室、无锡太湖文史编纂中心合编《梅里志·泰伯梅里志》，中国文史出版社，2005，第91~92页。梅里另有城内娄巷祠，明洪武十年建庙。
② 祁刚：《明清鼎革之际的江南道士——以无锡〈泰伯道院道谱传芳录〉为中心》，《史林》2021年第5期，第82~89页。
③ 无锡市史志办公室、无锡太湖文史编纂中心合编《梅里志·泰伯梅里志》，中国文史出版社，2005，第1页。
④ 无锡市史志办公室、无锡太湖文史编纂中心合编《梅里志·泰伯梅里志》，中国文史出版社，2005，第260页。
⑤ 无锡市史志办公室、无锡太湖文史编纂中心合编《梅里志·泰伯梅里志》，中国文史出版社，2005，第250页。
⑥ 关于宗族与祠庙的关系，参见何淑宜《香火：江南士人与元明时期祭祀传统的建构》，台湾"国立"编译馆，2009，第29~70页；常建华：《明代宗族研究》，上海人民出版社，2005，第50~55页；阿风：《明代徽州宗族墓地与祠庙之诉讼探析》，《明代研究》第17期，2011年11月。
⑦ 祁刚：《明清鼎革之际的江南道士——以无锡〈泰伯道院道谱传芳录〉为中心》，《史林》2021年第5期，第85页。
⑧ 清初宋村朱氏出家左近寺观者多有，见朱元标《朱氏宗谱》，上海图书馆藏清同治十年（1871）听彝堂木活字本。
⑨ 朱继祖：《（紫阳）朱氏续修宗谱》卷首，美国犹他州盐湖城犹他家谱学会藏听彝堂珍板民国十三~十四年（1924~1925）刊本，第1册，给示呈文第1页。
⑩《钦定大清会典事例》卷三九二，《续修四库全书·史部》第804册，第265页。
⑪ 无锡市史志办公室、无锡太湖文史编纂中心合编《梅里志·泰伯梅里志》，中国文史出版社，2005，第366~367页。

烹祠等祭祀空间。寺僧协助祠庙的管理和祭祀，山场设有饭僧祀祠的田亩，形成祠与寺并存的局面。这种祠观相依的结构，宋代以来便在江南祠庙中长期存在。① 本地宗族融合了儒家话语和佛道力量的奉祀技巧，在满足情感需求之外，不失为一种娴熟的家族策略。朱文瓒在谱序中所谓"盖已出家，则当各尽本教事宜，以求无负山门，不负檀越，则亦不辱本姓宗支，以答生我之恩矣"②，就是对这种宗子与黄冠身份的调和。

除了这些深谙祠庙依存方式的地方宗族，以泰伯后裔自居的吴氏官员是清代梅里泰伯奉祀发展的另一股力量。泰伯庙是清代梅里较早作为泰伯遗迹修复的祭祀建筑，主持泰伯遗迹重建的多名县级官员均持有泰伯后裔认同。清康熙八年（1669），③ 无锡知县吴兴祚整修泰伯庙，并请免粮税。吴兴祚（1632~1698），浙江山阴人，入正红旗籍。他在《泰伯墓碑记》中自称："兴祚，伯裔也。又官兹土，其何能辞？"④ 华长发为其作诗《邑令吴公重修梅里泰伯庙落成纪事》亦称："治行吴公今第一，家承至德祖风存。"⑤ 显然吴公修建泰伯庙一事不仅是地方的盛事，也是吴氏家族传承的表征。吴兴祚请免粮税的上官是江苏巡抚吴存礼。吴存礼，奉天人，曾任云南、江苏巡抚。吴存礼作为巡抚只参与了府城泰伯庙修建。但他为梅里修撰了《梅里志》，其中多涉泰伯相关史料。吴存礼在《梅里志》序中自称泰伯后裔，⑥ 并在《梅里志》编辑过程中，与归安人、编修吴应棻（?~1740）合作，表现出共建吴氏族史的意图。⑦ 籍贯、官职各异的吴姓官员对泰伯奉祀的普遍认同，激发了吴氏和泰伯后代宗亲十二姓的泰伯后裔自觉，深刻影响了此后梅里泰伯奉祀由道入儒的过程。⑧

吴兴祚除了修整梅里泰伯庙，还主导了梅里另一重要泰伯遗迹泰伯墓的重修。泰伯墓和泰伯城一样，是始迁之地的象征。康熙十三年（1674），"伯后裔吴公兴祚为邑令，特加修焉"⑨。吴兴祚之后泰伯墓的修复也与地方吴姓官员有关。雍正、乾隆年间"修者亦屡，最后为无锡令吴公钺，亦伯裔也"⑩。金匮知县吴钺是泰伯第一百零一世裔孙，保山人，自称"祯字后裔"⑪。他不仅修筑了泰伯墓，还进一步推进了泰伯奉祀实践的由道入儒。

① 何淑宜：《香火：江南士人与元明时期祭祖传统的建构》，第29~70页；刘淑芬：《唐、宋时期的功德寺：以忏悔仪式为中心的讨论》，《"中央研究院"历史语言研究所集刊》第82本第2分，2011，第261~323页；宋三平：《宋代的坟庵与封建家族》，《中国社会经济史研究》1995年第1期，第40~47页。
② 《玉流师祖自序》，《泰伯庙道院宗谱传芳录》，苏州图书馆藏光绪刻本，不标页。感谢温州大学历史系祁刚教授提供《泰伯庙道院宗谱传芳录》相关录文。
③ 无锡市史志办公室、无锡太湖文史编纂中心合编《梅里志·泰伯梅里志》，中国文史出版社，2005，第231页。
④ 无锡市史志办公室、无锡太湖文史编纂中心合编《梅里志·泰伯梅里志》，中国文史出版社，2005，第231页。
⑤ 无锡市史志办公室、无锡太湖文史编纂中心合编《梅里志·泰伯梅里志》，中国文史出版社，2005，第169页。
⑥ 无锡市史志办公室、无锡太湖文史编纂中心合编《梅里志·泰伯梅里志》，中国文史出版社，2005，第1页。
⑦ 无锡市史志办公室、无锡太湖文史编纂中心合编《梅里志·泰伯梅里志》，中国文史出版社，2005，第6页。
⑧ 无锡市史志办公室、无锡太湖文史编纂中心合编《梅里志·泰伯梅里志》，中国文史出版社，2005，第7页。
⑨ 无锡市史志办公室、无锡太湖文史编纂中心合编《梅里志·泰伯梅里志》，中国文史出版社，2005，第255页。
⑩ 无锡市史志办公室、无锡太湖文史编纂中心合编《梅里志·泰伯梅里志》，中国文史出版社，2005，第255页。
⑪ 无锡市史志办公室、无锡太湖文史编纂中心合编《梅里志·泰伯梅里志》，中国文史出版社，2005，第260页。

吴钺之后，由后裔而非道士主导祠祭的管理思路开始深入影响在地官员对泰伯奉祀的构想①，标志性事件就是惠山至德祠的增建。乾隆三十年（1765），吴钺与浙江遂安知县、泰伯裔孙吴培源等捐资于惠山二泉亭东向，购得邹园炼石阁、绳河馆旧址移建至德祠，专为祭祀吴泰伯。② 吴兴祚在祠记中提及帝王南巡和官员职责，全然摒弃了地方泰伯奉祀中的道教传统。③ 他在祠旁新建了祠堂式的家族奉祀建筑，内以复兴地方泰伯奉祀的吴兴祚为主，"各派发祥之鼻祖衬焉"④，彻底排除了梅里泰伯庙中的道教因素。惠山至德祠建成后得到地方吴姓官员的持续支持，金匮知县吴贤、无锡知事吴时行、金匮知县吴政祥等都曾参与建造。⑤ 至德祠与本地吴氏家族的联系也愈发密切，甚至在地方文献中被称为吴姓专祠。⑥

类似吴钺的儒家官员所希望的族人而非道士奉祀泰伯的想法到了嘉同年间已经深入多个泰伯奉祀空间。嘉庆二十二年（1817）泰伯墓重修时，捐资诸人中吴氏族人表现得尤为积极，"邑诸绅士与吴氏子姓，以及守庙道士，悉捐赀若干"⑦。吕锡生教授在评价同治本《梅里志》时也说，同治八年（1869）由金匮知县吴政祥补刻重印的版本，有一个重要的目的就是以志书的形式保存家谱资料，特别是吴氏的家谱。⑧ 惠山至德祠更是取代梅里泰伯庙成为族人奉祀的典范。1917 年《新无锡》刊登了"至德祠上匾志闻"，提及"昨日为吾邑吴氏裔孙吴达盈、吴金彪等为惠麓至德祠恭上冯副座所题给匾额之期"⑨。这是民国年间至德祠最重要的一次翻修活动，本地文人侯学愈为此撰写的记文中表彰吴氏宗族对泰伯祭祀乃至地方风俗的重要贡献："让王苗裔，庆流奕叶，吾邑之风俗人心，有所矜式，或可渐几于古也。"⑩ 吴钺在乾隆年间新建至德祠时所述"丽都人士，咸得瞻端委之仪，溯高风于百代，亦于通宗合族之举为便也"的愿望显然是达成了。⑪

① 苏州至德祠火神庙的僧道因素也曾遭到排斥，见（清）吴鼎科辑《至德志》（外二种），上海古籍出版社，2013，第 92 ~ 93 页。
② 吴钺新建泰伯庙也有对地理位置的考量，但是深层原因应涉及奉祀结构的考量。（清）吴鼎科辑《至德志》（外二种），上海古籍出版社，2013，第 29 ~ 30 页。另参见吴培源《重修吴氏统谱序》，《吴氏大宗谱》卷首上，1951，第 10 页。
③ （清）吴鼎科辑《至德志》（外二种），上海古籍出版社，2013，第 29 页。
④ （清）吴鼎科辑《至德志》（外二种），上海古籍出版社，2013，第 29 页。
⑤ 吕锡生主编《古吴源流胜迹》，社会科学文献出版社，2002，第 78 页。吴时行所撰《重修惠山祠堂记》见辽宁省图书馆藏（清）吴振钧《吴氏宗谱》第 1 册，不标页。
⑥ 龚近贤主编《锡山旧闻·民国邑报博采》，上海辞书出版社，2011，第 25 ~ 26 页。《（光绪）无锡金匮县志》载："梅村泰伯庙与惠山至德一为官建官修，一则子姓奉祀，义例略殊。"清光绪七年刊本，凡例，第 3 页。有研究认为惠山至德祠为吴敬梓好友吴蒙泉、吴爱棠筑，以乾隆二十八年（1763）吴敬梓的长子吴烺的记录来看，很可能是惠山寺内的另一处祭祀地点。参吴新雷《从〈儒林外史〉说到无锡的泰伯胜迹》，《古典文学知识》1996 年第 2 期，第 90 页。
⑦ 无锡市史志办公室、无锡太湖文史编纂中心合编《梅里志·泰伯梅里志》，中国文史出版社，2005，第 255 页。
⑧ 无锡市史志办公室、无锡太湖文史编纂中心合编《梅里志·泰伯梅里志》，中国文史出版社，2005，第 512 页。
⑨ 龚近贤主编《锡山旧闻·民国邑报博采》，上海辞书出版社，2011，第 25 页。
⑩ 龚近贤主编《锡山旧闻·民国邑报博采》，上海辞书出版社，2011，第 26 页。
⑪ （清）吴鼎科辑《至德志》（外二种），上海古籍出版社，2013，第 30 页。

无锡梅里的泰伯庙相较苏州城略显偏远，奉祀的展开主要依托在地官员和地方家族。但作为墓、城所在，清代地方史料中常围绕梅里的"源头"地位，阐释其正统性。惠山至德祠兴起后，梅里庙依然存留。相较于较晚兴建的惠山祠，清代梅里后裔更为敏感的是苏州府城泰伯奉祀的崛起。《梅里志》中多次表达泰伯祭祀应以泰伯梅里庙为主："今天子四十四年，圣驾南巡，驻跸苏州，御书'至德无名'四字，榜之苏城太伯庙中。而太伯故都在锡，庙亦当以在锡者为主。"① 对泰伯始迁之地的执着也渗透到对族人迁播路线的描述中，《梅里志》转引孔颖达："太伯居梅里，传至十九世孙寿梦，寿梦卒，诸樊南徙吴。至二十一世孙光，使子齐筑阖闾城都之，即今苏州也。"② 暗示了江南泰伯后裔的迁徙路线是以梅里为原点的。正是凭借着泰伯墓、祠所在，梅里后裔于吴氏之中占据优越地位，无锡吴氏长期以"大宗"自居。清人冯桂芬应无锡吴祥霖请，作《无锡吴氏族谱序》，称"惟梅里支足以统之，名以'通谱'"。而吴氏其他各支，如"山阴支之国朝两广总督吴兴祚，三韩支之江苏巡抚存礼，崛起为卿大夫者不一，皆不足以相统"，只能屈居于"小宗"地位。③

综上，由梅里泰伯庙和惠山至德祠可见，道士对泰伯庙的管理曾是明清之际泰伯奉祀维持的重要因素，类似梅里本地的杨长史祠、朱熹祠等，僧道依托祭田管理祠宇是祠庙相依的传统模式。这些僧道或来自地方业儒家族，通过对祠庙的控制，儒道之间达成了默契的合作，可以灵活地整合奉祀过程中的经济资源。④ 但随着儒家官僚对家族身份和奉祀职责的自觉，后裔奉祀取代了成熟的祠庙依存模式，以吴兴祚、吴钺为代表的县级官员对庙宇进行了切实的儒家化改造。地方吴姓族人默契地参与到庙改祠的政治设计中，依托泰伯庙享有了更为稳定的乡贤身份。地方儒家奉祀与家族利益合流，梅里泰伯奉祀的由道入儒在实践层面由此达成。

三　苏州至德祠的崛起

苏州至德祠是目前江南修复最为完善的泰伯庙，⑤ 清代以来地位尊崇。但实际上清代以前，苏州至德祠长期声名不显。清代首修至德祠的江苏巡抚吴存礼也承认，至德祠"庙在阊门内，徙自吴越钱氏时，故汉唐丰碑缺焉，宋元以降，镌起零落，或传疑少实"⑥。直到清初数次帝王南巡，苏州至德祠依托城市的政治地位，方在江南的泰伯奉祀网络中迅

① 无锡市史志办公室、无锡太湖文史编纂中心合编《梅里志·泰伯梅里志》，中国文史出版社，2005，第91页。
② 无锡市史志办公室、无锡太湖文史编纂中心合编《梅里志·泰伯梅里志》，中国文史出版社，2005，第58页。
③ （清）冯桂芬：《无锡吴氏族谱序》，《显志堂稿》卷二，南京图书馆藏清光绪二年校芬庐刻本，第31页。
④ Timothy Brook, *Praying for Power: Buddhism and the Formation of Gentry Society in Late - Ming China*, Harvard University Press, 1993.
⑤ 何大明：《三吴首祠泰伯庙》，《江苏地方志》2015年第4期，第17~20页。
⑥ （清）吴鼎科辑《至德志》（外二种），上海古籍出版社，2013，第28页。

速崛起，成为江南泰伯奉祀的核心。康熙四十四年（1705），"圣驾南巡，驻跸苏州，御书'至德无名'四字，榜之苏城太伯庙中"①。"乾隆十六年，皇上南巡，驻跸苏州行宫，钦赐匾额'三让高踪'"②。清代帝王南巡有深刻的政治展演意味，业已儒家化的泰伯形象无疑是彰显清廷崇儒思想的代表之一。乾隆年间多次遣官致祭，祭文赞赏泰伯"启千年之文教"③，这无疑是对泰伯形象的儒家化描写。这也是康熙二十三年（1684）江苏巡抚汤斌（1627~1687）撤巫祠而崇泰伯，奠定苏州泰伯祭祀规制的政治思想背景。④

康熙、乾隆南巡之后，至德祠的修筑持续受到府城官员的重视，持有泰伯后裔认同的吴姓官员和地方家族的合作，也是苏州泰伯庙发展的稳定力量。康熙五十八年（1719），在临近的梅里泰伯奉祀中扮演重要角色的巡抚吴存礼拓建至德祠。在《重修至德庙碑记》中他并未提及圣驾南巡的往事，但将修复至德祠的责任婉转地落于自己的族人身份："存礼幸忝国姓之胄，然揭虔妥灵，特巡抚使之职耳。其于尊祖报本之义，非敢附会也。"⑤汪士铉（1658~1723）的碑记中也提及，吴存礼修祠的同时，"又以吴氏子孙系出泰伯，为堂以合族，使民相习于礼让"。⑥修祠固然是出于教化的考量，但也将苏州泰伯庙与吴氏子孙的关联进一步伦理化。

乾隆年间，在至德祠奉祀活动中表现活跃的吴氏子孙吴鼎科编撰了苏州泰伯庙专志《至德志》。⑦乾隆三十一年（1766）彭启丰（?~1783）在为《至德志》所撰序中称："吴氏于苏州为巨族，枝叶蕃衍，皆溯源于让王。按其谱系，入庙而观鼎彝，敬宗收族之心，固有油然不能已已者。"⑧编撰《至德志》的吴鼎科为吴氏一百四世后裔⑨，可以说乾隆年间的修志活动已然体现了当地吴氏族人对至德祠的深刻影响力。《至德志》将江南泰伯信仰的诸多史料编排其中，甚至为了凸显苏州庙的历史地位而进行了改写。根据《至德祠》的记录，至德祠缘起于汉桓帝永兴二年（154），"诏建泰伯庙于吴郡阊门外雁宕村"，⑩永兴二年这一时间点常出现在江南泰伯信仰的相关记录中，苏州族人借以强调府城祠在江南泰伯奉祀格局中的正统地位的目的不言而喻。

府城的地理位置也为至德祠奉祀后裔争取上层官员的支持提供了机遇。在康熙五十八

① 无锡市史志办公室、无锡太湖文史编纂中心合编《梅里志·泰伯梅里志》，中国文史出版社，2005，第91页。
② （清）吴鼎科辑《至德志》（外二种），上海古籍出版社，2013，第5页。
③ （清）吴鼎科辑《至德志》（外二种），上海古籍出版社，2013，第5页。
④ （清）吴鼎科辑《至德志》（外二种），上海古籍出版社，2013，第7页。
⑤ （清）吴鼎科辑《至德志》（外二种），上海古籍出版社，2013，第29页。
⑥ （清）吴鼎科辑《至德志》（外二种），上海古籍出版社，2013，第29页。
⑦ 《至德志》（外二种）卷十"杂事识余志"中涉光绪年间史实，应是以光绪二年（1876）刻本，而非清乾隆三十一年（1766）本为底本整理，前者是光绪年间重修祠庙后家族建设的一环。光绪二年另有《吴氏家谱》不分卷，附《至德志》十卷，《附录》一卷，应是无锡族人同期所修。吴鼎科，清山阴人，寄籍元和，字廷宝。陈祖范、顾栋高弟子。乾隆二十四年（1759）举人，三十九年（1774）始任安徽蒙城教谕。见《吴县志》卷七十六下流寓二，第21页。
⑧ （清）吴鼎科辑《至德志》（外二种），上海古籍出版社，2013，第7~8页。
⑨ （清）吴鼎科辑《至德志》（外二种），上海古籍出版社，2013，第3页。
⑩ （清）吴鼎科辑《至德志》（外二种），上海古籍出版社，2013，第3页。

年（1719）吴存礼拓建之后，乾隆四十年（1775），"其子孙者，瞻仰祠宇之倾颓，集群策群力，以挽回于废坠之后，归其假于官而侵于民者"①。苏州府知府韩锡胙（1716～1776）在《修至德庙碑》中罗列了参与修造的吴姓官员："朝鼎始乾隆丙子倡复庙地，用力最为勤苦。维时吴氏裔孙树议者，曰贵州布政使士端；草创修建大略者，曰亦发，曰士俊，曰孝曾，曰翀，曰鼎科，曰元潮，曰曰哲。其系出吴氏，久居四方，还仕于吴，作当道主持者，曰刑部侍郎、前江苏按察使、山东进士坛，曰奉天府治中、前吴县知县、全椒明经钺，例宜并书。"② 编修《至德志》的吴鼎科虽出现在名单中，但韩锡胙更为重视的是籍贯不同，但同持泰伯后裔认同的各级吴氏官员。以吴存礼、吴端、吴坛（1724～1780）、吴钺为代表的在地官员是清代康乾间江南泰伯祭祀重要的支持者和记录者，泰伯后裔的身份自觉甚至成为联系更普遍的吴姓官员的线索。

韩锡胙《修至德庙碑》中提到的吴氏族人吴朝鼎等，是乾隆以后最重要的至德祠管理者。苏州至德祠的族人为了论证自己泰伯嫡裔的奉祀身份，在《至德志》中专辟宗支一卷，建立了苏州族支与泰伯之间代代传承的关系。《至德志》等将奉祀资格追溯到明代成化年间，称九十五世孙吴宗荣"成化十三年照周子子孙五经博士例奉祀"③。明景泰年间中央朝廷始设五经博士主持儒家圣贤奉祀，至成化已形成较为稳定的圣贤后裔奉祀制度，此前二程、朱熹和周敦颐后裔等均已选授五经博士。④ 但泰伯后裔得授五经博士并不见于史载，《至德志》中言之凿凿的五经博士吴宗荣身份未明。柯潜（1423～1473）的《恩庆堂记》记述了吴宗荣自请奉祀的往事，"居邻庙曰宗荣者，为泰伯九十六世孙，请于上，欲自主之，以时修除，诏允仍复其家"⑤。柯潜并未直言吴宗荣是否获得了五经博士身份，只是追述了吴氏自汉代以来的族人奉祀传统，强调设立奉祀后裔对泰伯祭祀的意义，可以维持泰伯奉祀的稳定，避免族支之间的争斗。

虽然苏州族人的泰伯奉祀后裔身份并未受到中央朝廷的承认，但奉祀责任在地方吴氏家族内的稳定传承，对苏州泰伯庙的发展意义深远。九十六世吴良献到一百四世吴朝鼎间，只有九十九世吴士勋之子吴辇和吴辕由于代际长幼争议分为两支，《至德志》自一百一世之后，兼录两支后裔，对争议的细节存而不论。⑥ 但以奉祀资格而言，吴辕后裔吴朝鼎等依然是乾隆以后奉祀的核心族支，承担着修谱、祭祀等责任，为至德祠发展提供了积极而稳定的支持。

综上，苏州至德祠虽是江南泰伯奉祀系统中发展较晚的，但康熙、乾隆年间的两次帝王南巡，为至德祠在清代迅速崛起提供了契机。苏州府城的政治地位，也为争取中上层官

---

① （清）吴鼎科辑《至德志》（外二种），上海古籍出版社，2013，第 31 页。
② （清）吴鼎科辑《至德志》（外二种），上海古籍出版社，2013，第 31 页。
③ （清）吴鼎科辑《至德志》（外二种），上海古籍出版社，2013，第 83 页。
④ 贺晏然：《重修儒脉：五经博士与晚明以降的先贤奉祀制度》，2021 年 "中央研究院" 明清研究国际学术研讨会，2021 年 12 月 24 日。
⑤ （清）吴鼎科辑《至德志》（外二种），上海古籍出版社，2013，第 59 页。
⑥ （清）吴鼎科辑《至德志》（外二种），上海古籍出版社，2013，第 83 页。

僚的支持提供了便利。以吴存礼、吴端、吴坛、吴钺等为代表的与苏州有关的吴姓官员群体，是至德祠持续获得支持的政治力量。参与清代至德祠奉祀的本地吴姓族人如吴朝鼎、吴起周等，也熟练掌握了清代官方的奉祀话语，借助明清以来的五经博士和奉祀生称谓，构建家族祭祀正统性。可以说苏州至德祠是泰伯奉祀儒家化过程中的经典案例，帝王、官员和族人在儒家奉祀制度的框架中彼此合作。新朝的规划、官员的交谊、家族的利益被统合在泰伯奉祀建立过程中，政治力量的支持使得苏州至德祠在清代江南泰伯奉祀系统中甚至一度超越了泰伯故里的梅里祠。

四 常熟泰伯奉祀生的设立

由苏州祠的例子可见泰伯奉祀的家族化，不仅与泰伯信仰长期的儒家化取径有关，也和明清时期儒家奉祀制度的发展密切联系。在苏州祠和梅里祠之外，江南另一处泰伯祭祀场所在常熟县城中。这座祠堂虽然在江南清代泰伯祭祀系统中寂寂无闻，但却是明清泰伯祭祀家族化的最高表现，设有中央朝廷认证的泰伯奉祀后裔——奉祀生。奉祀生是一类特殊的生员，明清陆续在历代先圣先贤及名臣巨儒的墓地或祠宇所在地，设置若干奉祀生的名额，负责平日的祭祀活动。奉祀生不需参加科举，但对其奉祀资格一般有两个基本要求，一是必须为圣贤祠、墓所在，二是奉祀生须为先贤嫡裔。① 奉祀生作为生员，享有优免赋役的特权，也可以通过祭祀建筑争取官方的优待，甚而包括科举和为官的机遇等。② 基于这些益处，清代各地先儒先贤后裔争设奉祀的情况层出不穷。

明清时期唯一受礼部承认的泰伯奉祀生设于常熟县，对此地方文献有详细的记载。《常昭合志》载："泰伯祠，在迎春门外东仓街。国朝乾隆间修建，额设奉祀生，后废。同治十一年重修。每祭额编祭银一两九分五厘。"③ 拥有泰伯专祠和礼部奉祀生是对泰伯奉祀家族正统性的极度彰显。清代逐渐泛化的先贤奉祀生，使得常熟的泰伯后裔有机会取得这一奉祀名额。其乾隆年间的兴起，正落在清代江南奉祀生发展的高峰。孔府档案中保存了《核议增设江南常熟县泰伯庙奉祀生》六件，记录了乾隆十四至十五年间在常熟增设泰伯奉祀生的过程。④

先是翰林院五经博士、周公后裔东野衍兆题请增常熟县泰伯一百十世孙吴永煌为奉祀生。据吴永煌呈称："切身始祖泰伯以让国至德，南走荆蛮，居断发纹身之地，开衣冠礼

---

① 《大清会典则例》卷七十，《文渊阁四库全书》第 622 册，台湾商务印书馆，1983，第 343 页。
② 奉祀生的相关研究参见王春花《圣贤后裔奉祀生初探》，《清史论丛》2018 年第 1 期，第 84～103 页；李成《清朝奉祀生制度初探》，《清史论丛》2019 年第 1 期，第 152～169 页；张钰《清代圣贤奉祀生选补研究》，《泰山学院学报》2019 年第 5 期，第 87～93 页。
③ （清）郑钟祥等：《重修常昭合志》清光绪三十年刊本，《中国方志丛书·华中地方·江苏省》153 册，台湾成文出版社，1974，第 852 页。
④ 曲阜县文管会编辑《曲阜孔府档案史料选编 第一编 全宗类目索引》，上册，齐鲁书社，1980，第 38 页。

乐之风，祠墓久著于三吴，奉祀尚虚于典守。泰伯自南奔之后，教化大行，民共立为句吴长。迨至武王克商，求泰伯后，得四世祖周章，封国于吴，周章殁，葬海虞山上。国经《史记》、邑志及家乘可考。至二十一世祖夫差为越所灭，子鸿避难逃海虞，遂以国为姓。向有泰伯庙在虞山下，年久倾废，后因子姓式微，沿为公所。今永煌倡志恢复，庙貌重新，应请设立奉祀生一名，以司典守。"① 乾隆十五年岁末，经地方官府、衍圣公府、礼部的重重审核，吴永煌终被立为奉祀生。

可见泰伯奉祀附于常熟祠，而非历史悠久的梅里墓祠或地位较高的苏州府城祠，主要源于常熟吴氏家族的经营。这与此前研究中发现的家族活动能力在南方圣贤后裔奉祀生设立过程中的重要性是一致的。② 吴永煌在呈请奉祀的过程中，迅速把握了朝廷奉祀制度的要求。他不仅深谙与五经博士、衍圣公府的相处之道，也拥有重新祠庙、统筹族谱、会集地方族人友邻的活动能力。另外，吴永煌巧妙地利用了泰伯遗迹在江南地区衍生的多重叙事。泰伯遗迹在常熟、无锡等地广泛地与地方家族史、社会史相融合。泰伯无子，吴永煌将对其血脉的认定与仲雍后裔家族相依附。在泰伯奉祀生建立之前，常熟已有"仲雍祠、仲雍墓各设奉祀生一名"③。祭祀仲雍的清权祠康熙二十五年（1686），由"知县杨振藻重建，后废，领帑重修，额设奉祀生（祀典）"④。江南儒家先贤奉祀的核心人物言子奉祀也设于此⑤，本地家族已经积累了较丰富的奉祀经验，常熟一地的奉祀生人数便可与左近数县相当。吴氏家族获得泰伯奉祀身份的过程生动地诠释了这一地方经验的可复制性。

奉祀生是家族与官祭合作的特殊形式。礼部承认的奉祀生身份进一步确立了泰伯庙的官方背景，泰伯奉祀由此被进一步纳入国家管控。清代泰伯奉祀儒家化是以中央朝廷的先贤奉祀制度和地方家族的奉祀生为支撑，其背后朝廷的文化政策和更为广泛南方家族身份建构的需求由此有了具体的"整合的机制"。⑥ 设有奉祀生的族支，通过了朝廷的考核，持有礼部执照，拥有了可以代代传承的奉祀身份，可以争取各级政府的经济支持，乡贤身份得到了政治背书，也通常在圣贤后裔的家族谱系中拥有更高的地位。⑦ 清代至德堂、三让堂吴氏的几次修谱活动都是以泰伯奉祀为符号，对泰伯的记忆借助奉祀身份得到有效传播。基于这一结构，江南诸多吴氏家族开始自觉利用泰伯后裔身份打造家族形象，对奉祀生身份的借用、仿制和依附时有浮现。吴氏后裔通过族谱、祭祀等多元手段，可以灵活地靠近中央朝廷对正统的认识。

例如占据政治地理优势的苏州祠族人就曾着意将奉祀生身份融入家族叙事。前述苏州吴氏族人"五经博士"的身份，即借用奉祀生制度中明代对圣贤奉祀后裔的称呼。然而，

---

① 孔府档案（内部资料）。
② 贺晏然：《清代江南儒家先贤有子奉祀研究》，《江南社会历史评论》2023 年第 1 期，第 168～185 页。
③ 《钦定大清会典事例》卷三九二，《续修四库全书·史部》第 804 册，第 265 页。
④ 《常昭合志》卷五祠庙，哈佛大学图书馆藏嘉庆十年刻本，第 11 页。
⑤ 贺晏然：《常熟言氏与清代先贤言子祭祀的展开》，《苏州科技大学学报》2021 年第 6 期，第 55～63 页。
⑥ 科大卫：《皇帝和祖宗——华南的国家与宗族》，卜永坚译，江苏人民出版社，2010，第 362～363 页。
⑦ 贺晏然：《圣贤与乡贤》，《读书》2022 年第 10 期，第 112～120 页。

吴氏奉祀族人虚拟的“五经博士”头衔定然是无法在家族内部承袭的。《至德志》虽将吴宗荣称为五经博士，但志中所记后裔九十六世至一百四世，均未记录五经博士身份。苏州吴氏清代很可能长期未获得礼部奉祀生的资格，《至德志》因此也未以职衔低于五经博士的奉祀生称呼奉祀后裔，《吴氏世系图》中一百四世以前仅称“主奉祀”。[①] 吴朝鼎等利用载入祀典的专祠，争取到类似儒家圣贤奉祀生的经济益处，[②] 并持续与吴姓官员密切合作。直至光绪初年祠裔吴起周、江苏巡抚吴元炳[③]重建咸丰兵火损毁的至德祠时，[④] 依然可见这一本地族裔与吴姓官员相互合作的奉祀结构。吴朝鼎、吴起周等在某些官方文书中被称为“奉祀生”，[⑤] 很可能是地方对至德祠奉祠后裔奉祀资格的肯定，也是吴氏族人借助朝廷祭祀制度的设计对家族身份长期经营的结果。

明清儒家奉祀制度上的新变，和江南民间社会长期的儒道融合的历程相竞合，进一步推进了泰伯在本地社会的家族化表现。奉祀生所代表的族与国的双重正统性彼此相互成就，使得更为广泛的江南吴氏家族都被这一政治逻辑裹挟。清代中后期江南文化辐射的广泛区域内，以吴氏家族为基础展开泰伯奉祀活动已成为惯例。[⑥] 如《宿州志》所载：“泰伯祠在州西北睢溪口大街迤西路北。……道光三十年经知州郭世亨判回，……应责令吴氏子孙照旧修建。”[⑦] 又如《高淳县志》载：“泰伯庙，城东后街中码头，道光间水圮。民国四年吴姓重建。”[⑧] 这一泰伯奉祀结构不仅从历史叙事中汲取资源，也与明清以来泰伯儒家化过程中朝廷礼仪制度的新变密切相关，江南泰伯奉祀结构在新的奉祀制度影响下得到强化，泰伯的形象也在此过程中进一步显露地方化和家族化色彩。[⑨]

五　余论

泰伯奉祀是江南儒家圣贤奉祀的缩影。到了明清，泰伯奉祀的儒家化进程实际上是以圣贤奉祀制度下的“家族化”为内核的，地方家族能动地承载了朝廷崇儒思想的具体实践过程。当然具体到不同的县域，奉祀家族所处的地方传统和奉祀环境又有所差异。苏州府

---

① （清）吴鼎科辑《至德志》（外二种），上海古籍出版社，2013，第 83 页。

② （清）吴鼎科辑《至德志》（外二种），上海古籍出版社，2013，第 85 ~ 86 页。

③ （清）吴鼎科辑《至德志》（外二种），上海古籍出版社，2013，第 90 页。

④ （清）吴鼎科辑《至德志》（外二种），上海古籍出版社，2013，第 100 页。

⑤ 吴朝鼎并无奉祀生身份，吴起周是否在光绪年间争取到礼部奉祀身份未见实证，很可能是地方授予的称谓。《（吴氏）至德志》，附《吴氏家谱》，日本东京国立国会图书馆藏 1876 年版。

⑥ （清）魏禧：《长林里泰伯祠记》，《魏叔子文集外篇》卷十六，复旦大学图书馆藏清易堂刻宁都三魏全集本，第 4 页。

⑦ （明）余鍧：《宿州志》卷四，黄山书社，2008，第 19 页。

⑧ 刘春堂修，吴寿宽纂《高淳县志》卷十四，民国八年刊本，第 43 页。

⑨ 魏文静：《明清时期江南泰伯信仰的儒家化——以苏、常二府为中心的考察》，《东南大学学报》（哲学社会科学版）2008 年第 5 期，第 73 ~ 77 页。

城基于城市地位，能够更为便捷地调动中高层官员的支持，甚至争取皇家的力量；无锡梅里曾被道教传统深重影响，也得到地方业儒家族的支持；常熟则依靠仲雍奉祀的经验设立了礼部奉祀生，三地的泰伯庙经历了融合祠庙和家祠的多重形式，体现出清代圣贤奉祀多元一体的格局。在地方化和家族化的语境中，曾经帮助祠庙建设的宗教力量，显然无法继续主导清代的泰伯祭祀。而晚明逐渐复兴的家族力量和清代日益成熟的儒家奉祀生制度，为家族建构身份提供了新的文化资源，以儒家先贤奉祀制度和以家族为基础的江南泰伯奉祀格局自乾隆以来逐渐定型。

值得注意的是，地方文人对泰伯的儒家文化内涵的追索常常与泰伯奉祀的实践相伴生。清代《儒林外史》中多及对江南泰伯奉祀的描述。在吴敬梓（1701～1754）笔下，泰伯庙是儒家礼乐文化的象征。《儒林外传》所述南京泰伯庙是由一意恢复"古礼古乐"的文人迟衡山、杜少卿倡建，隆重的泰伯大祭纯然是地方名贤的场域，主祭的虞育德正是来自清代江南泰伯祭祀的重镇常熟县，[①] 但或许是《儒林外史》成书的乾隆初年家族影响尚弱，又或作者对这一虚构的祭祀建筑的叙事功能的考量，《儒林外史》中的泰伯庙始终与吴氏家族无涉。在类似《儒林外史》的文学叙事中，泰伯摆脱了基层行政所仰赖的家族因素，而展现文人对"古今第一贤人"泰伯精神的理想化诠释。[②] 对于明清不同题材文本中泰伯形象的构建，今后的研究或许可以从文献文化史的层面进一步进行解读。

编辑：韩茗

---

① （清）吴敬梓：《儒林外史》，上海古籍出版社，1991，第 250～254 页。
② 见《儒林外史》第三十七回。泰伯庙主祭虞博士的原型是吴敬梓挚友无锡人吴蒙泉，时任江宁府教授。吴敬梓本人也自称仲雍后裔。参见吴新雷《从〈儒林外史〉说到无锡的泰伯胜迹》，《古典文学知识》1996 年第 2 期，第 85～90 页；吕贤平《全椒吴敬梓家族西墅草堂发微——兼论〈儒林外史〉中泰伯叙事之本源》，《东南学术》2016 年第 2 期。

文明互鉴

百济王都中的汉城

〔韩〕申熙权（首尔市立大学国史学系）

张团伟　译（首尔市立大学国史学系）

[摘要] 百济汉城时期的都城位于今首尔汉江以南，古称"慰礼城"，随着百济历史的向前推移，都城制度发生了质的变化，在旧有的宫城风纳土城以南又构筑起新的带有更高防御性的梦村土城，都城名称也从"慰礼城"变更为"汉城"，此时的汉城由"北城"的风纳土城和"南城"的梦村土城构成。以石村洞古坟群为代表的王陵群，分布在都城南侧。在都城周围分布有多座起拱卫都城作用的山城。宫城、王陵、卫城等的分布，构筑起百济汉城时期一套完整的国都体系。学界历来对益山作为百济最后的迁都之地存在诸多争议，但随着考古的逐步推进，益山作为百济古都的面貌逐渐清晰，以王宫里遗址为代表的宫城和推测为武王夫妇陵墓的双陵，弥勒寺和帝释寺等国家级大型寺刹，以及起防御作用的外郭山城，无不体现益山作为百济都城的地位。

[关键词] 百济；风纳土城；梦村土城；王陵；益山

一　文献记录中的百济汉城

百济历史按照两次迁都被划分为三段：百济汉城时期、百济熊津时期、百济泗沘时期。百济汉城时期的国都地处"汉城"，即以地名代为时代名称，但究其国都名称的变化，在《三国史记》等文献记述中，皆指明百济始祖温祚王定都于"慰礼城"，不知从何时起都城名称以"汉城"代之，但可以确定的是，因高句丽的不断进攻，百济被迫迁都熊津之前，其国都已称为"汉城"。虽然国都名称有过变动，但韩国学界在对百济历史划分时，习惯性地把迁都熊津之前的阶段称为"汉城时期"，而非"慰礼城时期"。

关于"慰礼城"和"汉城"名称间的关系，在《三国史记》中多有表述。《三国史记·百济本纪》温祚王元年条："温祚都河南慰礼城，以十臣为辅翼，国号十济，是前汉成帝鸿嘉三年也。"这是"慰礼城"首次出现在史料记述中。之后在温祚王八年、十三年、十七年、四十一年条的记述中皆出现"慰礼城"。其后，在百济历史的250余年间再无关于"慰礼城"的记述。直到 286 年的责稽王元年条中"王征发丁夫葺慰礼城","慰礼城"再次登场。责稽王之后,有关"慰礼城"的表述完全泯灭在历史之中,取而代之的是"汉城"这一名称。"汉城"这一名称最早出现在温祚王十四年和二十五年记述中。[①] 300 余年后,在比流王二十四年(327)的记述中出现"北汉城"的表述。以"汉城"直接代指都城的表述出现在阿莘王即位年(392)条:"枕流王之元子,初生于汉城别宫。"其后,从腆之王时期开始,到百济汉城时期的末代王盖卤王为止,"汉城"这一名称一直被使用。可以想见,当时百济王都的名称为"汉城"无疑。

通过上述文献可知,定都于汉江流域的百济王都即是"慰礼城"。百济迁都熊津之前的王都名称则为"汉城"。从温祚王到责稽王时期,都城的名称为"慰礼城",然而从比流王时期开始,"汉城"代替"慰礼城"作为都城名称一直被使用。然则不能视"慰礼城"即为"汉城",因为以特定的时间为界,两者的使用频度存在明显的差异。推测可能从责稽王到比流王期间的某个时间节点,百济汉城时期的都城制度发生了质的变化。

笔者认为,引起百济汉城时期都城制度变化的诱因是,百济最初的都邑之地为风纳土城,在 3 世纪后半叶出于强化王权和谋求国家体制整备之需,有必要在具有战略优势之地构建起新的带有更高防御性质的城池,梦村土城即是在此历史背景下修筑而成的。[②]

综上所述,百济为强化王权和稳定国家体制,以及抵御外敌,通过扩建"慰礼城",来完备都城体制和防御体系。"汉城"与"慰礼城"并非代指不同的王都,"汉城"作为广义上的都城概念,实则包括"慰礼城"。通过《三国史记·百济本纪》盖卤王二十一年条:"兵帅来攻北城,七日而拔之,移攻南城,城中危恐,王出逃。"[③] 可知,当高句丽攻陷百济时,国都内已存在"北城"与"南城",推测此时百济已经具备"两城"的都城构造。换而言之,百济汉城时期的都城构造,经历了从单一宫城的"慰礼城",到具备两处宫城的"汉城"的变化。此种变化发生在责稽王在位的某个时间节点,原先以"慰礼城"命名的宫城,因为新宫城的增建,遂以"汉城"来合称都城内的北城与南城,标志着百济汉城时期"两宫城制度"的完备。[④]

通过文献与考古实证的二重证据法,可以揭示百济汉城时期的都城制度经历了以"慰礼城"来命名的风纳土城,到以"汉城"来合称的风纳土城(北城)和梦村土城(南城)的变迁。由风纳土城和梦村土城组成的"两宫城",即是 475 年百济迁都熊津之前文献中

---

① (高丽)金富轼撰,杨军校勘《三国史记》卷二十三《百济本纪》温祚王十四年条:"秋七月,筑城汉江西北,分汉城民。"二十五年条:"汉城人家马生牛。"吉林大学出版社,2015,第 277 页。

② 申熙权:《百濟 漢城期 都城制에 대한 考古學的 考察》,《백제도성의 변천과 연구상의 문제점》,서경문화사,2003。

③ 《三国史记》卷二十五《百济本纪·盖卤王》,第 305 页。

④ 申熙权:《百濟 漢城時代 都城制度에 관한 一考察 —宮城制度를 中心으로—》,《향토서울》2010 年第 76 期。

提及的"北城"与"南城"。

二 百济汉城的构造与特征

（一）汉城时期的风纳土城

1. 风纳土城的现状及历史沿革

风纳土城整体向东略偏，为平面呈椭圆形的平地土城，汉江从其西北侧流经。除西侧城墙有部分损毁之外，目前地表残留有北、东、南三面长约2.1千米的城墙。风纳土城的原始周长约3.5千米，包括城墙在内的土城总面积约240000平方米。根据考古发掘成果推测，土城的城墙外侧原修建有防御性质的护城河（图一）。

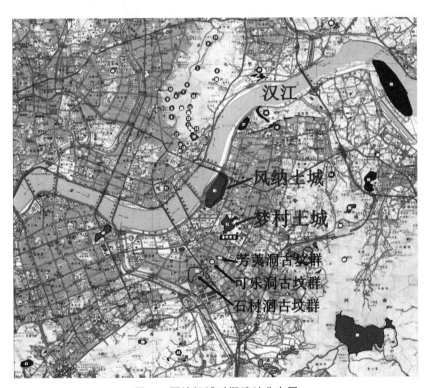

图一 百济汉城时期遗址分布图

资料来源：汉城百济博物馆：《梦村土城Ⅳ》，2021，第34页，图2。

从地形看，风纳土城西北侧有汉江流经，东侧为平原和低矮丘陵，东侧丘陵末端有二圣山和黔丹山等高山为屏障，西侧为广袤的平原地带，南侧除梦村土城和南汉山的余脉之外皆为广袤的平原（图二）。

图二 风纳土城与梦村土城假想复原图

资料来源：汉城百济博物馆：《王城与王陵》，2020，第 35 页。

1925 年 8 月汉城发生大洪水，从风纳土城冲刷出中国产青铜镰斗、金环耳饰、铜弩、白铜镜、铐带金具、酱紫色琉璃玉、圆纹瓦当等一批高等级文物。自此，风纳土城受到学界的高度关注。根据出土的众多文物，日本学者推断此处即为百济汉城时期的王城所在地。日本学者鲇贝房之进根据《三国史记·百济本纪》温祚王元年条"温祚都河南慰礼城"的记述，推测河南慰礼城即为风纳土城。其后，韩国学者李丙焘以风纳土城的地名为依据否定了此地为"河南慰礼城"的观点，根据《三国史记·百济本纪》责稽王元年条"王虑其侵寇，修阿旦城、蛇城备之"的记述，认为百济初期的王城为蛇城，此种观点逐渐被当时的大多数韩国学者接受。

1964 年在首尔大学金元龙教授的主导下，对风纳土城内部开展了相关的考古工作，清理出两层百济时期的居住层，出土了风纳里式无纹陶器等众多文物。此次考古发掘证实，风纳土城与文献记述中的公元 1 世纪左右的慰礼城的筑城年代相当，风纳土城即为一直存续到 475 年的半民半军性质的邑城，以及盖卤王二十一年（475）受高句丽南侵的影响，七天即被攻陷的"北城"。[①]

1997 年风纳土城的命运出现了转机，在公寓楼改建工地发现了数量众多的百济陶器，国立文化财研究所以此为契机，开展了对风纳土城的考古调查，重量级的考古发现不断涌现，为探明百济汉城时期的历史提供了第一手资料。

---

① 김원용：《風納里土城内包含層調査報告》，《서울大學校考古人類學叢刊》1963 年第 3 册。

2. 城墙的修筑

1999 年对东城墙的 A、B 两个地点的考古发掘，证实风纳土城的城墙为大型版筑土城。城墙的修筑技法为：地基修整后，在其上铺垫约 50 厘米的泥质土层，夯实基础。构筑起宽 7 米、高 5 米的剖面呈梯形的中心土垒。以中心土垒为基点，向内依次呈坡状版筑起沙土质土垒、沙质土垒、黏土夯实土垒、泥质土垒，从而构筑起城墙内壁。城墙内壁的最外侧土垒上端铺设三层江石层，向内砌筑起高约 1.5 米的杂石护墙。城墙内壁外侧构筑的石构设施，推测是起到防止城墙崩坏和墙土流失的作用，以及兼顾排水功能（图三）。

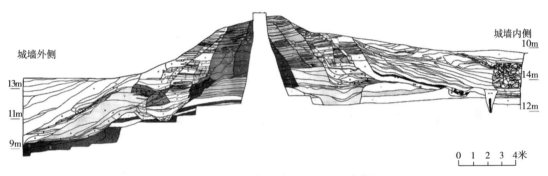

图三　风纳土城东城墙剖面图（B 地点）

资料来源：〔韩〕申熙权：《版筑土城筑造技法的理解》，《文化财》2014 年第 47 卷第 1 号。

城墙的结构大致可分为三个部分：中心土垒、内壁、外壁。以城墙内壁底端铺设的石列为界，可分为首次修筑和第二次增筑，其中出土的陶器表现出明显的时间差异，中心土垒出土的风纳洞式无纹陶器的数量与其他土垒相比占比最多，其修筑年代最为靠前。从出土文物看，中心土垒与城内分布的三重环壕间存在着紧密的联系，三重环壕使用时，城墙的中心土垒开始修筑，三重环壕的废弃时间与城墙的中心土垒完工时间相衔接。就此可以说明，城墙的中心土垒作为都城新的防御体系，代替了三重环壕的城防功能。通过比较城墙首次修筑时的版筑技法和城墙结构可知，中心土垒的修筑年代最早。

在城墙内壁增筑的最外侧土垒和外壁中主要出土了软质排印纹陶器，未出土 3 世纪中叶之后的文物，推测此部分墙体的修筑时间不会晚于 3 世纪中叶，与城墙内部出土的木制品和陶片的绝对年代测定结果相差无几。通过对城墙内壁泥质土垒和内壁最外侧土垒石列底部出土的木材进行 ^{14}C 测定，木材的年代为公元前 1～公元后 2 世纪。对城墙内壁沙质土垒中出土的木炭和陶片分别进行 ^{14}C 和热释光测年，测定的中心年代分别为 3 世纪初叶和 2 世纪初叶，与陶器的相对年代相呼应。

城墙内壁的局部区域发现 10 余层的覆叶层。其构筑手法为：底部先垫有 10 厘米厚的泥土，上部铺一层厚约 1 厘米的树叶或树皮，其上再铺一层厚约 10 厘米的泥土层，如此反复十余次，从而构筑起土垒。风纳土城是目前发现使用此种城墙修筑技法的最早实例。其后，不仅在百济故地的金堤碧骨堤和扶余罗城等地发现此种修筑技法，在日本九州的水城和大阪的狭山池等与堤防有关的遗迹中也有发现，是佐证百济土木技术向日本传播的实物资料。再者，在风纳土城的城墙内清理出以 4～5 层植物有机物为一个单位，反复叠压三层后，其上用相互连接的横竖枋木构筑的起支撑作用的设施，纵向间隔为 110 厘米，共发现八列。从遗迹现象来分析，此种木构设施应该起到中心加固柱的作用。在泥质土垒底端的第四层石构设施的起始处，发现有与城墙纵向垂直的竖楔枋木，枋木间距为 85 厘米，推测是城墙修筑时起到划分作业区域的作用。

风纳土城城墙的中心土垒外侧的原始生土面呈倾斜状，经过修整后，采用版筑技法在其上修筑土垒，城墙的内壁和外壁上部均铺设江石和杂石作为封顶。在城墙内部发现从中心土垒向内外壁延伸的等长石列，显然此种修筑方式是有意而为之的设计。仅从已经发现的规模来看，城墙宽 43 米、高 11 米，受限于有限的调查面积，未能继续向外延伸探测，城墙的原始规模可能要远大于目前掌握的数值。

关于风纳土城的城墙外侧存在护城河的猜测由来已久，2015～2016 年考古工作者对 2011 年已经发掘的城墙外侧再度进行考古发掘，发现城墙外侧至少有三条以上的外隍存在。城墙外侧发现的三次以上的护城河修筑痕迹，是平息之前关于护城河存在与否争论的有力实证。

为进一步了解风纳土城已经损毁的西城墙的具体残存状况和结构，从 2017 年开始考古工作者对该区域展开了考古调查，清理出宽度达 7 米以上的门址一处，门址的发现明确了靠近汉江一侧的西城墙开设城门的事实。从西门址内侧发现的"八"字形建筑结构和门址两侧的石构设施，为深入剖析风纳土城城门构造提供了一手资料。其中，门址两侧发现的石构设施，确认了历史上数次对城门进行的补修和扩建。2020～2021 年，通过对城墙进行的考古发掘，发现了修筑城墙时的每个土垒版筑的痕迹，以及与之相关的木柱。据此推测，从土垒下端开始即楔有密集的木柱，每个区间范围内以版筑为单位向上夯筑城墙。期待后续对风纳土城门址和版筑区域的持续调查，借此增进对城墙的修筑技法、工程、分期等方面更深层次的了解。

3. 宫城内的主要建筑

宫殿、官署、道路作为宫城内的核心设施，其存在与否，是判断此地是否为宫城及都城的决定性因素。作为一个国家或是王朝的象征，都城内主要设施的建设无不体现出技术的精良和人力物力的大量投入。

通过对风纳土城历年的考古发掘，宫殿建筑遗迹和推测与祭祀相关的特殊建筑遗迹不断发现。在土城内部中央偏北处的"庆堂排屋重建工地"内发掘清理出东西宽 16 米、南北长 18 米以上的"吕"字形建筑基址（44 号），其北侧发现有宽 1.5～1.8 米、深 1.2 米的"口"字形围沟，围沟底部铺设有 2～3 层的大型石板。发掘者认为，此基址是经过缜密的设计和大量人力投入而修建起的大型建筑。通过对以沟为界分隔出建筑物的内外空间，北侧围沟底部铺设有石板和木炭，建筑最终因火灾而废弃，以及基址内无出土文物等情况的分析，推测此处遗迹的性质是与祭祀相关的公共性建筑物。[①]

"吕"字形大型建筑基址的南侧发现有编号为 9 号和 101 号的两处灰坑。经过多次堆积形成的 9 号灰坑长 13.25 米、宽 5.5 米、深 2.4 米，灰坑内集中出土有经人为损坏的高杯、三足器、陶盖等祭器。其中出土的带有"大夫"和"井"字铭文的直口短颈壶，以及 10 余件马头骨等文物，推测均与祭祀有关。调查者认为此灰坑的性质与国家祈雨或王室祭祀有关。

与礼制相关的设施还有处于 44 号建筑基址南侧的水井。水井的修筑方式为：平地向下挖掘宽 10 米、深 3 米的方形土坑；水井底部用板材呈方形铺设；板材上部用杂石呈圆形堆砌。水井最终废弃时内部填充有土和杂石。发掘时在水井内出土有层层垒砌的 230 余件陶器，器型以壶和瓶为主，大多数陶器的口沿处都经过人为损坏，出土的器物中掺杂部分忠清道和全罗道的陶器类型。水井内放置众多陶器出于何种意图，目前犹未可知，但人为刻意废弃的意图却表露无遗。

2010 年在风纳洞 197 号番地内清理出四座带柱石和礎礅的房址。1 号和 2 号房址内清理出宽 1.8 米、深 0.5～0.6 米的数处礎礅遗迹。礎礅内部填充有土和砾石，其上部夯筑有黄色黏土层。2 号房址内的柱础石修筑在生活面之下，柱子则立在埋于地表之下的柱础之上。1 号房址东壁发现三层用杂石修筑的基台，证明此房址为地上建筑，并且在房址内清理出数千件建筑用瓦，足以体现此建筑的规格之高。[②]

197 号番地内清理出一处直径 16 米、深 1.2 米的圆形灰坑，灰坑内出土 30 余件瓦当和 5000 余件筒板瓦，以及十边形柱础石、陶管、中国产陶器碎片等文物。灰坑东侧清理出长 21 米、宽 16.4 米、残存面积约 344.4 平方米的超大型房址，是迄今发现的百济汉城时期房址中最大的一座，推测此房址的性质为公共性建筑物的可能性较大。

在这一带也清理出呈东西和南北走向的两条交叉道路遗迹。目前揭露出的南北向道路虽仅长 110 米，但仍表现出持续向遗址外侧延伸的倾向，路面宽 7.5～8 米，中间呈隆起状，路基深 20～30 厘米，路基中间铺设宽 4.5～5 米的砾石。揭露出的东西向道路长 22 米，道路结构与南北向道路一致。推测这两条道路可能起到划分宫城内部空间的作用，或是围绕着官署之类的核心设施，抑或是顺着汉江边的西城墙修筑的承担物资运输的道路。通过发现的道路遗迹，能一窥当时风纳土城的空间布局，也不能排除此种道路的规划对后续百济里坊制度的确立产生的深远影响。在道路遗址附近清理出成列分布的 29 座长方形竖穴遗迹，推测这一带是为王宫调配所需物资的仓储区域。

除此之外，在紧靠城墙内侧发现密集分布的平面为六角形的风纳洞式大型房址。在汉江流域的全域、临津江流域、汉滩江流域都有发现，此类房址被认为是百济汉城时期统治

① 권오영：《유물을 통해 본 풍납토성의 위상》，《風納土城，500년 백제왕도의 비전과 과제》，국립문화재연구소 국제학술대회，2007。

② 국립문화재연구소：《風納土城 XIV》，2012。

阶层的典型房屋类型。① 风纳土城内成区域性密集分布的高等级房址，不仅体现出百济汉城时期社会阶层的分化，也能反映宫城内部成体系化的空间布局。

4. 对外交流的中心据点

风纳土城是紧邻汉江发展起来的古代都市，城内出土的各类异域文物展示着当时对外交流的繁盛。最具代表性的是，庆堂地区集中出土的中国产施釉陶器，其中在编号为 196 号长 11 米、宽 5.5 米的长方形木制仓储设施中，共出土 33 件中国产施釉陶器和排列整齐的多件百济陶瓷。发掘者认为施釉陶器的年代为西晋，其用途可能作为容器用以盛装从中国获赐的物品，体现出当时百济与中国密切的交流往来。

除施釉陶器外，在风纳土城内还出土有中国东晋制鐎斗和乐浪系陶器，以及倭系和伽倻系陶器，是佐证当时风纳土城为对外交流中心据点的第一手资料。近期在风纳土城 197 号番地内出土乐浪系青铜铺首（图四）、扶余系银制耳饰、卜骨、推测为北魏系的莲花纹瓦当、越窑系青瓷碗（图五）等一系列百济域外文物，见证了百济汉城时期与北方和南方各国之间频繁的交流往来。

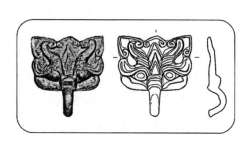

图四　风纳土城出土的青铜铺首

图五　风纳土城出土的青瓷碗

（二）百济汉城时期的梦村土城

1. 梦村土城的历史沿革

以 1975 年举行的纪念百济迁都熊津 1500 周年为契机，梦村土城开始受到学界关注。李基白教授认为，与石村洞古坟群相对应的百济聚居地为梦村土城，此时的百济属于城邑国家的发展阶段。之后的 20 世纪 80 年代初的学界主要观点认为，梦村土城即是文献记述中的河南慰礼城。之后这一观点的确立，得益于首尔奥林匹克公园施工之前的考古发掘。

1983～1989 年对梦村土城进行的考古发掘，主要以探沟的方式了解城墙剖面结构和部分高台遗迹内部设施，出土了三足器、直口短颈壶、器台等众多百济陶器和骨制甲衣，以及中国产的陶瓷器和金铜制铐带具等，还清理出带有礎磉的房址、版筑高台、带有火炕设

---

① 申熙权：《한강유역 1-3세기 주거지 연구 — '풍납동식 주거지' 의 형성과정을 중심으로》, 서울대학교 대학원 석사학위논문, 2001。

施的房址、莲池等遗迹。随着考古发掘的不断深入，将梦村土城视为百济初期王城的观点已成为学界主流。①

2. 城墙和主要设施的修筑

梦村土城构筑在标高为 44.8 米的南汉山余脉处。土城修建时，在地势低洼和丘陵之间未连接处采用版筑技法，或采用与版筑相似的盛土技法筑城。土城南北长 730 米、东西长 570 米，平面呈菱形，总面积为 216000 平方米。城墙的西北壁长 617 米、东北壁长 650 米、西南壁长 418 米、东南壁长 600 米，总长达 2285 米。在东北城墙处发现向东北持续延伸的长 270 米的墙体，其功能与马面类似。城墙墙体的规模，根据所分布的区域不同而有差异，通过对城墙的西北和东北向墙体的解剖可知，墙基宽 50~65 米、高 12~17 米、墙体宽 7.5~10.5 米。

梦村土城的防御设施除城墙之外，在城墙外侧地表下 3 米处发现有与护城河相关的遗迹，护城河距离城墙最高处的落差有 30 米，具体宽度和深度目前犹未可知。但可以确定的是，护城河的修筑充分利用了环城的城内川河道，通过调整部分区域的河道走向，使其达到防御作用。除梦村土城南门附近之外，土城的其余三面皆有护城河环绕，是结合地形而做的特殊设计。

此外，还发现有门址和望台址。土城门址目前发现有北门址、东门址、南门址，但具体的结构还不甚清楚，仅在门址处发现宽约 10 米的铺石路面，铺石路面也可能兼具排水沟的作用。其次，在城墙四面各发现 1 个望台址，高 3~5 米，版筑而成，望台址皆修筑在地势最高处，便于瞭望土城周遭。

除此之外，在土城内还清理出带有礎磴的地上房址 1 座、版筑高台 1 座、莲池遗址 1 处、地穴式房址 9~10 座、竖穴仓储遗迹 31 处、积石遗构 7 处。其中地上房址分布在梦村土城西南区域的台地之上。地上房址的礎磴地基由直径 5~10 厘米的砾石通过 2~3 层的夯筑而成，房址面阔 3 间、进深 2 间，东向。在礎磴房址之下还清理出呈长方形的石筑地基，石构的短边长 3 米、长边长 15 米。版筑高台遗址位于礎磴房址东向 25 米处，平面呈方形，每边长约 10 米，高台遗址的四面与礎磴房址的四边皆呈平行状分布。根据清理出的众多遗迹分析，此处为梦村土城内规格较高的一处区域，出土的房址并非为一般生活所用，为军事指挥所的可能性较大。②

至今虽未在梦村土城内发现大量房址，目前所发现的房址皆分布于靠近城墙的台地和城门附近，并且从房址内部出土大量的铁盔、铁镟、铁刀等武器或相关文物来看，房址的用途当与军事有关。土城内部清理出的竖穴仓储遗迹和积石遗构的具体性质目前还不甚明了，但根据以往对于山城和关防设施的发掘经验来看，此类遗迹也应当为军事附属设施。

① 申熙权：《百濟 漢城時代 都城制度에 관한 一考察 —宮城制度를 中心으로—》，《향토서울》2010 年第 76 期。
② 박순발：《漢城百濟史 3：몽촌토성》，왕도와 방어체계，2008。

综上所述，从梦村土城的地形和土城的结构看，与平地筑城的风纳土城相比，其军事防御性质更强。再者，从土城内出土的遗迹和遗物来看，梦村土城并非日常居住性质的城郭，而是带有很强军事性质的防御城。[①]

3. 王族的别居之处

梦村土城虽兼具很强的防御性能，但与土城是百济宫城的事实并不违背。梦村土城的修筑并不是为守护都城而构筑的单纯防御城，而是百济汉城时期都城体系中的另一宫城。尽管在土城内部的台地分布有与军事性质相关的房址，此种房址的分布和土城内出土的中国产陶瓷器，佐证了梦村土城的规格之高。城内出土的高等级文物，应为当时王或王族成员的专享品，暗示城内部居住者的高阶身份。对于梦村土城建城年代的推定，城内出土的钱纹陶器为其提供了时间坐标，钱纹陶器为东吴和东晋时期的长江流域大量生产和广泛使用，钱纹陶器的出土体现出百济与中国之间频繁的交流和密切的联系。东晋帝陵中也发现与梦村土城类似的金铜制铐带具，由此体现出梦村土城为百济宫城的性质。[②]

自 2013 年开始，由汉城百济博物馆主持的对梦村土城北门址周边的考古工作，清理出 1 座汉城陷落后高句丽驻屯军修建的方形集水设施。根据文献记述，475 年高句丽攻陷百济汉城。551 年，通过新罗与百济的"罗济联盟"，百济收复汉城故地。553 年，新罗真兴王在驱逐百济后占领汉江流域。在此地逐层清理出百济、高句丽、新罗时期的文化堆积层，文献记载与考古发掘高度契合。其次，在新罗时期的道路遗址下也发现高句丽和百济时期投入大量人力修筑的道路遗迹，皆呈横平竖直状，可见梦村土城和风纳土城一样都经过缜密的设计。在梦村土城北门外发现延伸至风纳土城的道路，由此也可一窥土城的基本构造。

以目前揭示的诸多考古成果为依据，众多学者认为梦村土城为百济汉城的"南城"的可能性较大，笔者也持此种观点。根据都城的性质和具体的用途分析，风纳土城为日常国王居住的正宫，如遇到非常时期，梦村土城则作为国王避难的别宫使用。

根据《三国史记》阿莘王元年（392）条"枕流王之元子，初生于汉城别宫"[③] 的记述可知，百济汉城时期除王宫之外存在有别宫。笔者认为"汉城别宫"即梦村土城。当时的风纳土城为百济政治、经济以及对外交流的中心据点，国王日常在此处理朝政，商人和外国使臣往返云集，然而王与王族成员需要一处隔绝的独立生活区域，梦村土城即是出于此种目的而构筑的别宫。[④]

---

① 申熙权：《百濟 漢城時代 都城制度에 관한 一考察 —宮城制度를 中心으로—》，《향토서울》2010 年第 76 期。
② 박순발：《漢城百濟史 3：몽촌토성》，왕도와 방어체계，2008。
③ 《三国史记》卷二十五《百济本纪·阿莘王》，第 297 页。
④ 申熙權：《百濟 漢城時代 都城制度에 관한 一考察 —宮城制度를 中心으로—》，《향토서울》2010 年第 76 期。

（三）王陵与山城的营建

百济汉城时期除风纳土城和梦村土城外，王陵的存在也不容忽视。在风纳土城和梦村土城南侧分布有芳荑洞古坟群、石村洞古坟群、可乐洞古坟群等百济王族墓葬群。

日本殖民朝鲜半岛期间，经调查在石村洞古坟群内发现80座以上的墓葬，墓葬类型主要以积石冢（66座）和土圹墓为主，除此之外也有少量的封土坟、茸石封土坟、火葬遗构等。其中3号坟（图六）属典型的高句丽类型的台基式积石冢，第一层台基东西长50.8米、南北长48.8米，与中国集安的好太王陵规模相仿，其修筑年代在4世纪左右，推测墓主应为百济第13代王近肖古王。在3号坟的东侧发现长10米、宽2.6~3.2米的土圹，土圹内清理出并排安放的8具木棺，此种墓葬形式在百济无源可考。[1] 近期通过对日治时期制作的石村洞一带古坟分布图、航空照片、地籍图、行政文书等的研究，发现当时在石村洞附近密集分布有293座古坟。[2]

图六　石村洞古坟群鸟瞰图

到目前为止对可乐洞古坟群进行过3次考古调查，古坟群内分布有3世纪左右修建的方台形土圹墓和茸石封土坟，以及4~5世纪的石室墓。芳荑洞古坟群分布在标高为40米的低矮丘陵上，在古坟群内发现墓葬8座，墓葬类型主要以封土直径为10米左右的石室封土坟为主，其中的1号坟和4号坟墓顶呈穹隆状，5号坟平面呈长方形，6号坟为洞穴式石室坟。

百济汉城时期的都城外郭构筑有一系列拱卫都城的防御设施，主要分布在汉江沿岸和汉江以南的山中。汉江沿岸以三成洞—岩寺洞一带修筑的堤防性质的土城为主，主要有岩寺洞土城、龟山城址、三成洞土城等。在此区域内修筑的土城，既能有效防范顺汉江而来的敌军，又能起到堤防作用，防止汉江泛滥。目前对于汉江以南山城的具体情况还不甚明了，就近年的考古发掘成果来看，二圣山城和南汉山城为百济汉城时期修建的可能性较大。对二圣山城的考古发掘自1986年开始一直持续至今，土城中虽然分布有统一新罗时

---

① 임영진：《百濟漢城時代古墳研究》，서울大學校大學院博士學位論文，1995。
② 조가영：《石村洞 古墳群 造成 研究》，서울대학교 대학원 석사학위논문，2012。

期修筑的防御设施，但根据近年的发掘结果，山城中发现采用高句丽技法修建的城墙和高句丽文物，推测高句丽也曾一度占据过此地。① 之前在山城中曾发现有早期修筑的城墙遗迹，百济初筑的可能性较大，加之《三国史记》近肖古王二十六年条"王引军退，移都汉山"的记载，推测近肖古王时期的临时都城可能为二圣山城。② 从山城发现的百济、高句丽、统一新罗时期的遗迹来看，因具有优越的地理优势，二圣山城在历史上曾为兵家必争之地。据此推断，处于百济汉城时期都城后方的二圣山城，作为军事要冲之地承担着拱卫汉城的作用。再者，处于江东—松坡一带最南端的南汉山城，也是文献记录最具争议的山城。之前只在山城内发现朝鲜时期的遗迹，近期陆续出土的百济陶器残片，为山城年代的推定提供了新的物证，作为防御性质的山城，也不能排除南汉山城为百济汉城时期山城的可能性。③

除此之外，在汉江以北分布的阿且山城也与百济汉城的城防体系存在联系。根据文献记载，阿且山城与蛇城同为拱卫汉城的防御城，虽然目前未能出土更具说服力的遗迹与文物，但在高句丽长寿王南侵占领汉江北岸之前，此地为百济领土并无异议。作为重要的军事据点，百济极有可能在江北修筑山城，以此来拱卫汉江以南的汉城。

三 益山都城的构造与特征

全罗北道益山市一带自青铜时代开始即是地域文化的中心之地，紧邻万顷江与锦江，地形以平原为主，西靠黄海，为海上贸易的要冲之地。近期随着考古发掘的持续推进，与百济相关的遗迹和文物陆续出土，继而重新燃起学界对百济益山古都的争论。一般对于都城的定义，如前文所述百济时期的汉城，不仅拥有供国王居住的宫城和埋葬其棺椁的王陵，还有起拱卫都城作用的防御设施，以及具有护国性质的高等级寺刹的分布。本节将以都城的构成要素为着眼点，着重对益山一带分布的遗迹展开分析（图七）。

与百济宫城相关的遗迹要数益山王宫里遗迹。对王宫里遗迹的考古调查在之前的 20 年间一直有条不紊地推进，其间对城墙、宫城台地的营建、空间布局等部分着重进行了调查。城墙的东壁长 492.8 米、西壁长 490.3 米、南壁长 234.1 米、北壁长 241.4 米，城墙的南北壁长与东西壁长之比为 1∶2，平面呈长方形。城墙墙体宽 3～3.6 米，墙体内外两侧各修筑有宽约 1 米的步道，也兼具散水的功能，步道外侧修筑有成列的石构设施，总宽度达 10 余米。2004～2006 年，考古工作者对王宫里五层石塔周边进行了考古调查，清理出人为设计的南北—东西走向的石砌墙垣，以及特殊形制的大型房址和覆瓦台基式房址等

---

① 汉阳大学校博物馆：《二圣山城（第 8 次发掘报告书）》，2001。

② 최몽룡：《흙과 인류》，주류성，2000。

③ 토지박물관：《남한행궁 제 4 차 발굴조사 지도위원회 자료》，2001。

图七　益山主要遗址分布图

与王宫有关的诸多遗迹，出土有 6 世纪中叶的中国产青瓷残片和"王宫里"铭文瓦当等，为探明王宫里遗迹的建筑年代和使用时间提供了第一手资料。在王宫里遗迹内清理出的众多房址中，位于城墙南壁中央门址附近的东西长 31 米、南北宽 15 米、面阔 7 间、进深 4 间的大型房址等级最高，推测为王宫正殿建筑。近期在宫城内部发现的与人工修筑台地有关的大规模垫土层，为解开宫城内部庭院的构造和营造原理，以及宫城后园的存在与否提供了佐证。随着考古发掘的逐步推进，我们对于益山百济王宫的空间利用方式有了更深层次的了解，王宫的真实面貌也在逐渐清晰。①

　　在益山市石王洞一带分布有百济王陵级别的墓葬"双陵"。双陵西距王宫里遗址 2 千米，双陵由北坟和南坟构成。北坟规模较大，被称为"大王墓"，南坟则被称为"小王墓"。1916 年，日本学者谷井济一对其进行了粗略的调查。根据当时的记录，大王墓封土直径 30 米、高 5 米，墓室长 3.8 米、宽 1.78 米、高 2.27 米，甬道设置在南壁中央，长 1 米、宽 1 米、高 1.5 米，墓室中央设置有长 2.71 米、宽 0.85 米的棺台。小王墓封土直径 24 米、高 3.5 米，墓室长 3.2 米、宽 1.3 米、高 1.7 米。两座墓葬皆为石室墓，墓壁和墓顶均采用板石修筑，墓室剖面呈六边形。益山双陵历史上已被数次盗掘，陪葬品被洗劫一空。从墓葬形制判断，双陵的修建年代应为百济末期。依据双陵附近分布的由百济武王创

---

① 전용호：《왕궁리유적의 최근 발굴성과》，《익산 왕궁리유적 발굴 20 년 성과와 의의》，국립부여문화재，2009。

建的弥勒寺来分析，推测双陵的墓主极有可能是武王和武王妃。

根据朝鲜半岛三国时期的都城制度，三国后期普遍在都城中修建带有护国性质的寺刹，以百济的弥勒寺和新罗的皇龙寺最具代表性。益山弥勒寺融合了"一塔一金堂式"的寺刹布局，是韩国国内唯一一座以三进院落为特征的百济最大规模的寺刹，创建年代为百济武王时期。2009 年 1 月，在对弥勒寺西塔进行解体施工时，在塔内发现有佛舍利、金铜制舍利外壶、内壶、舍利瓶等舍利供养器，以及记录有舍利供养经过的"舍利奉安记"金板和各种料珠，共计 700 余件。

除弥勒寺外，近期在益山发掘出与帝释信仰有关的帝释寺遗迹。帝释寺占地 25 万余平方米，空间布局与百济泗沘时期"一塔一金堂式"的寺刹布局相同。发掘时在寺院金堂和木塔遗址之间的西侧位置清理出一座方形房址，其修筑手法和规模与木塔遗址相同。帝释寺原为百济王室的愿刹，在此期间百济的帝释信仰与国朝信仰相结合，由此推测西侧的方形房址可能为供奉王室祖先之处，与后世的宗庙性质相同。百济迁都益山之后，为了稳固王权和确保王室的正统性，随即修建象征国家的"帝释精舍"。《观世音应验记》"百济武广王迁都枳慕蜜地，新营精舍。以贞观十三年岁次己亥冬十一月，天大雷雨，遂灾。帝释精舍、佛堂、七级浮图乃至廊房，一皆烧尽"① 的记载也能予以佐证。2006 年，圆光大学团队在王宫里附近考古发掘时，在距离帝释寺 500 米左右的地方发现有大量废弃的建筑用瓦。通过与帝释寺在贞观十三年（693）发生火灾相联系，推测此处应为火灾过后帝释寺处理废料的填埋场。② 帝释寺废料场的发现印证了《观世音应验记》记载的可信度。益山分布的以弥勒寺和帝释寺为代表的百济国家层级的大型寺刹，从侧面揭示了益山为百济王都的事实。

判断是否为都城，要看是否拥有王宫、王陵、国家层级的大型寺刹、拱卫都城的防御设施等国家级设施。通常将都城外围带有防御性质的城垣设施称为外郭城，以扶余郡扶苏山城外围的罗城最具代表性。虽然未在益山发现与罗城相关的设施，但在王城周围发现数十座起防御作用的土城和山城（弥勒山城、狼山山城、金马底土城、益山土城、龙华山城、鹤岘山城、仙人峰山城、千户山城、堂岬山城、成泰峰山城、鱼来山城等），它们代替罗城起到守护王宫、弥勒寺、王陵等重要设施的作用。

四 结语

本文着重对百济汉城的都城构造和特征，以及益山都城的核心遗址进行了概括性的比

---

① 최완규：《고대 익산과 왕궁성》，《익산 왕궁리유적 발굴 20 년 성과와 의의》，국립부여 문화재연구소，2009。

② 원광대학교박물관：《익산왕궁리전와요지（제석사지폐기장）시굴조사보고서》，2006。

较和分析。汉城与益山两地的地理环境相似，都紧邻大江，海上交通便利，从史前时期开始两地皆为地域文化的中心之地，便利的水路交通和城防优势满足了古代都城择地的先决条件。以此为基础，在首尔的汉城和益山分布有古代都城所必备的宫城、王陵、寺刹，以及起防御作用的山城等国家层级的重要设施。

百济汉城内分布有风纳土城和梦村土城两处宫城，宫城南侧有百济王陵级别的石村洞古坟群，以及在都城后方修筑的起防御作用的山城，与都城西侧流经的汉江一起构成了完整的都城防御体系。此时的汉城还展现出与古代中国和日本积极交流的国际化都市面貌，汉城作为百济初都的地位毋庸置疑。

益山作为百济最后的迁都之地，之前对益山的性质存在"别宫说""离宫说""行宫说""别都说""计划迁都之地说"等诸多推测，从目前的考古发掘成果看，益山满足构成都城的诸多要素。以王宫里遗址为代表的宫城和推测为武王夫妇陵墓的双陵，弥勒寺和帝释寺等国家级大型寺刹，以及外围构筑的起防御作用的弥勒山城、金马底土城、益山土城等，出土的各类铭文瓦和舍利器等珍贵文物，无不体现益山作为百济都城的地位。希望今后对益山的研究能够逐步深化，重新审视益山作为百济古都的面貌和地位，使百济都城制度发展史更为具象化和清晰化。

编辑：王志高

韩国公州武宁王陵园 29 号墓的发掘成果及意义 *

韩国国立扶余文化财研究所

〔韩国〕赵润雨　译（南京大学考古文物系）

[摘要] 20 世纪 30 年代，日本研究者首次对公州宋山里 29 号墓进行了发掘，确认其形制为砖石混筑的"刀"字形横穴式石室墓，其中排水沟、封门、棺床、铺地由砖砌成。2021 年 3~7 月，为确认 29 号墓附近是否存在陵园附属管理设施，韩国国立扶余文化财研究所对该墓进行了重新发掘。在确认墓葬准确位置的基础上，对封门砖作了拆解，在此过程中发现了"造此是建业人也"等铭文砖。此外，在墓室堆积中清理了 3 枚镀银装饰棺钉。29 号墓年代推测为 6 世纪中期前后，是陵园中目前已知营建年代最晚的墓葬。该墓为熊津都邑期百济王陵园各墓葬的先后关系、制砖技术、与南朝的文化交流等方面研究提供了重要的实物资料。

[关键词] 百济；武宁王陵园；横穴式石室墓；铭文砖；南朝

2015 年，武宁王陵与王陵园（原宋山里古坟群，以下简称王陵园）和公州、扶余、益山地区其他百济王都核心遗迹一同入选世界文化遗产，促进了韩国文化财厅关于"百济王都核心遗迹保存管理事业"的制定，其中，国立扶余文化财研究所承担了王陵园的学术调查工作。此前，武宁王陵与王陵园曾经历过两次较为系统的发掘，一为日占时期对宋山里古坟群的发掘调查，一为 1971 年韩国文化财管理局（现文化财厅）对武宁王陵的发掘调查。国立扶余文化财研究所将 29 号墓选为此次王陵园学术调查工作首个发掘对象，理由如下：第一，长期以来对武宁王陵及 5 号墓、6 号墓等周边地区进行的保护、修缮工作严重破坏了 29 号墓的原始地貌，导致已无法确认墓葬准确位置；第二，通过重新发掘 29 号墓，弥补日占时期调查内容的不足，进而更好地回应近年学界关于完善世界文化遗产百济王陵园真实面貌的呼声；第三，考虑到 29 号墓西南方向山坡顶部的独特地形，有必要

---

* 本文为韩国国立扶余文化财研究所 2023 年 8 月公布的《公州武宁王陵与王陵园 29 号墓发掘调查报告书》核心内容（节选）的译文，全文图片均由韩国国立扶余文化财研究所授权提供。

确认其附近是否存在王陵园附属管理设施。2021 年 3 月 19 日 ~ 7 月 30 日，国立扶余文化财研究所对王陵园 29 号墓展开了发掘工作。现将发掘调查内容报告如下。

一　地理位置

王陵园位于韩国忠清南道公州市熊津洞 51 番地，其中 29 号墓在 6 号墓西南方向约 10 米处的斜坡末端，海拔高度为 56.5 ~ 58.8 米。从王陵园各墓葬位置关系来看，29 号墓东北为武宁王陵，东侧则有 6 号墓、5 号墓，这 4 座墓葬构成了王陵园西部的一处集中埋葬区，而位于东部的 1 ~ 4 号墓则是另一处集中埋葬区（图一）。

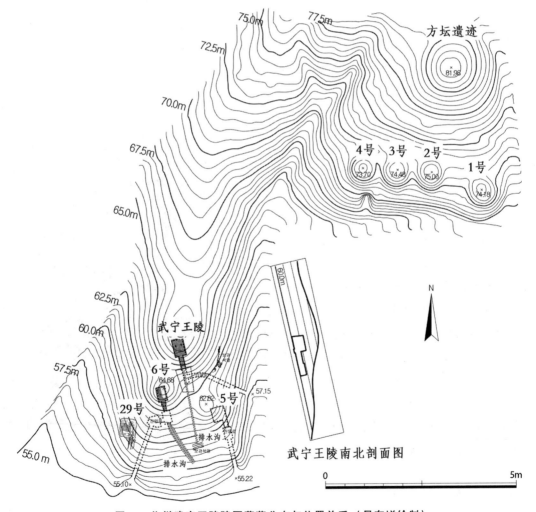

图一　公州武宁王陵陵园墓葬分布与位置关系（吴东垾绘制）

二　日占时期发掘调查概要

　　1927～1933 年，轻部慈恩及朝鲜总督府博物馆属下日本研究者对王陵园中除武宁王陵外的所有墓葬进行了调查与部分发掘。其中，1933 年 8 月在建设 6 号墓前的游览道路时，轻部慈恩最早发现暴露在地表上的 29 号墓的甬道遗迹，在对其进行调查后，向朝鲜总督府博物馆报告了 29 号墓的发现情况。同年 11 月 15～24 日，朝鲜总督府博物馆派有光教一前往公州对 29 号墓进行了为期 10 天的发掘调查。

　　然而，直到 1946 年，29 号墓的调查情况才首次通过轻部慈恩的论文得以面世，但文中只涉及墓葬平、剖面实测图，未见具体调查经过与内容。[①] 此后，有光教一通过整理"东洋文库梅原末治资料"中有关 29 号墓的发掘记录，较轻部慈恩更为详细地报告了墓葬的遗迹现象，确认了其为一座用砖砌筑排水沟、封门、棺床及铺地的砖石混筑"刀"字形横穴式石室墓。[②]

　　2012～2015 年，韩国国立公州博物馆及国立中央博物馆根据日占时期调查资料重新整理出版了新报告书及相关解说图录。[③]

三　调查内容

（一）墓葬形制

　　29 号墓为砖石混筑的横穴式石室墓，平面呈"刀"字形，方向北偏东 4 度，由墓圹、墓道、排水沟、封门、甬道和石室组成（图二、图三），这次重新发掘时，墓葬封土与墓顶已不存。封土的破坏与 1971 年以来对武宁王陵及周边地区进行的修缮、复原工作有关，通过日占时期调查资料可知墓顶在 20 世纪 30 年代发掘前就已坍塌。墓室内堆积土从下往上依次为赤褐色、黄色、褐色、亮褐色及黄色砂质黏土，甬道情况大体相似，这是日占时期发掘后进行的回填工作造成的。

图二　29 号墓发掘完毕全景

　　①　轻部慈恩：《百济美术》，宝云舍，1946。
　　②　有光教一：《朝鲜古迹研究会遗稿 II》，UNESCO 东亚文化研究中心，2002。
　　③　韩国国立公州博物馆：《宋山里古坟群基础资料集解说》，2012；韩国国立公州博物馆：《宋山里 4－8·29 号坟再报告书》，《日帝强占期资料调查报告》第 17 辑，2015；韩国国立中央博物馆：《琉璃乾板으로 보는百济의古坟》，2015。

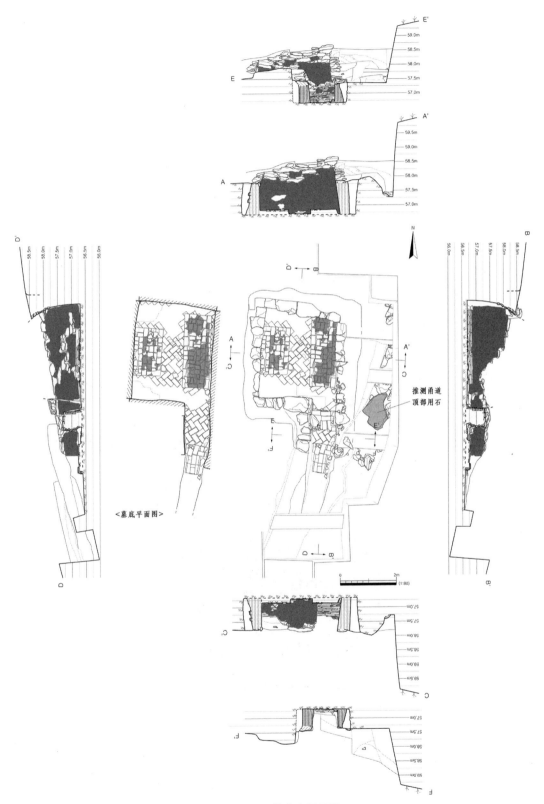

图三　29 号墓墓室展开图

该墓墓圹为横穴式,平面呈"刀"字形,由墓室部分的长方形墓圹与甬道、墓道部分狭长方形墓圹构成,残长 790 厘米,最宽处 410 厘米。

墓道系垂直挖凿地面而成,残长 210 (西) ~ 220 (东) 厘米,宽 60 (南) ~ 100 (北) 厘米,残存最高 60 厘米,两壁与底部未作特殊处理。

排水沟从墓道开始向南延伸,底部纵向平铺 3 块砖,之上再以 10 厘米间距纵向平铺 2 块,最上层纵向盖 1 块砖,形成排水孔,残长约 100 厘米 (图四:1),用砖多为素面砖,也有少数四出莲花夹斜网格纹砖,整体结构与 6 号墓排水沟相似。根据日占时期调查报告,墓室前后经历过两次封闭行为,形成了两道封门:第一封门原先建在排水沟之上 (图四:2),本次调查时已不存;第二封门即本次调查发现的封门,推测为后来祔葬时营建,该门的营建也使原排水沟失去排水作用。

1

2

3

图四　29 号墓排水沟与封门
1. 墓道、甬道全景;2. 日占时期调查甬道与第一、第二封门;3. 封门 (第二封门)

第二封门由砖砌成,现残存 14 层,从保存状况良好的第 5 层开始至第 14 层,每层用 10 ~ 13 块砖平铺累砌 (图四:3)。用砖纹样包括四出莲花夹斜网格纹、钱纹、半截莲花纹、半截莲花忍冬纹、连续斜网格纹 (图五)。此外,还确认了"扑才""中方""大方""中""急使""造此是建业人也"铭文砖。各砖及砖层之间涂有较厚的灰质物,起到平整与黏着作用。

图五　29 号墓封门砖

甬道长 150（西）～165（东）厘米，宽 85（北）～95（南）厘米，残高 85 厘米，两壁与墓室一样用割石累砌而成，顶部已不存，底部按"人"字形铺砖，甬道前接近墓道处改为纵向横铺一排砖。

图六　29 号墓墓室南壁（拆除封门砖前）

墓室平面呈长方形，两壁微弧，以墓底为准，长 335（西壁）～336（东壁）厘米，宽 265（南壁）～283（北壁）厘米①，残高 50～190 厘米。北壁与侧壁均用打磨粗糙的割石平铺累砌而成，南壁砌筑方式大体相似，但在靠近甬道口处使用了大型板石砌筑（图六）。各墓壁的支撑，北壁石块靠在东、西侧壁石块上砌筑，西侧壁石块则是靠在南壁石块上砌筑。另外，为平整壁面，墓壁内侧均涂有 2～7 厘米厚的灰质物。在北壁与东壁的壁面还确认了棺钉孔痕，这点与日占时期调查情况相同。墓顶虽因后代破坏不存，但从北壁砌至 125 厘米处后向内收分，以及两侧壁类似的砌筑方式可推测其原为穹隆顶。

---

① 译者注：此处"南""北"在报告原文中作"前""后"，为行文统一，本文调整用字，下同。

墓底按"人"字形铺砖，这种方式与武宁王陵、6 号墓几乎相同，只是在 29 号墓南、北壁与棺床之间未见铺砖，可能为后代破坏所致。铺地砖多用素面长方形砖，只在东、西棺床南端下铺地砖侧面确认少数四出莲花夹斜网格纹砖。此外，在西棺床北侧的三角形铺地砖侧面还发现了"大方"铭文。

墓室东、西两侧各有一棺床，均用厚 4～5 厘米的砖平铺三层，为使棺床保持水平，各砖缝隙填塞有灰质物（图七）。东棺床长 255（东）～257（西）厘米，宽 95 厘米，高 14～15 厘米；西侧棺床长 160（西）～165（东）厘米，宽 100 厘米，高 14～15 厘米。棺床用砖制作不精，以素面砖为主，有少数纹样砖及铭文砖，纹样有双莲花四出线纹、四出莲花夹斜网格纹、双钱纹四出线纹、四出钱纹菱形纹、半截莲花纹，铭文有"中方""大方"。

图七　29 号墓东、西棺床

（二）出土遗物

29 号墓大部分随葬遗物已在日占时期调查中得到清理，通过韩国国立中央博物馆所藏玻璃底片可以看到出土有装饰具、座金具、棺钉、铁器残片、玉、琉璃等遗物。据韩国国立公州博物馆重新整理的日占时期王陵园 4～8 号墓、29 号墓调查内容记录，29 号墓出土遗物共计 81 件。[1]

本次发掘只在墓室堆积土中发现了少量砖块、装饰棺钉及板瓦残片，其中 3 枚镀银装饰棺钉出土于东棺床北侧。

---

① 韩国国立公州博物馆：《宋山里 4－8·29 号坟再报告书》，2015。

四 封门砖的情况

（一） 砖的型式分类

本次发掘全面搜集了封门砖，详细确认了墓砖的具体内容。[①] 接下来主要考察封门砖的纹样、铭文情况。

29 号墓封门砖共搜集到 143 块，可分为长方形（41 块）、楔形（56 块）、梯形（29 块）、三角形（2 块）四种形制，另外还有部分无法确定平面形制的砖。

根据模印在砖的侧面或端面的纹样，可分为莲花纹、钱纹与连续斜网格纹三大类。第一大类确认有四出莲花夹斜网格纹[②]、半截莲花纹与双莲花四出线纹[③]，其中四出莲花夹斜网格纹可根据斜网格的数量与厚度细分为两型；半截莲花纹可细分为忍冬纹与珠纹两型，多出现在梯形砖端面的装饰上；双莲花四出线纹一般装饰在长方形砖的端面。第二大类的钱纹可分为四出线钱纹菱形纹与双钱纹四出线纹[④]两种。连续斜网格纹只在楔形砖上得到确认，没有分型。

在砖的侧面或端面阳刻铭文的有"中方""大方""中""扑才"[⑤]"急使"等，阴刻的有"造此是建业人也"（表一）。以上铭文一般刻在长方形砖的侧面和端面、楔形砖的端面、三角形砖的侧面与半截莲花纹砖的侧面。

砖的型式可通过其平面形制、纹样及铭文的组合进行分类。将砖的平面形制作为第一属性，纹样或铭文作为第二属性进行分类可得出 20 种型式，分别为长方形砖 10 种、楔形砖 5 种、梯形砖 3 种、三角形砖 2 种。

（二）"造此是建业人也"铭文砖及相关资料

本次对封门砖进行的全面搜集工作中确认了在半截莲花纹砖的侧面阴刻"造此是建业人也"的铭文（图八）。该铭文砖对讨论当时墓砖制作技术具有重要意义。

在王陵园墓葬中确认与制砖技术有关的铭文砖还有武宁王陵封门出土的"……士壬辰年作"与 6 号墓封门出土的"梁官瓦为师矣"两种。目前一般认为武宁王陵铭文砖中的

① 张裁源、安昭望、金桓熙：《公州宋山里古坟群发掘调查》，《湖西地域文化遗迹发掘成果》（第 44 回湖西考古学会学术大会发表资料集），2021。
② 译者注："四出莲花夹斜网格纹"，报告原文为"莲花斜格文"。
③ 译者注："双莲花四出线纹"报告原文为"并列莲花文"。
④ 译者注："双钱纹四出线纹"报告原文为"钱文"。
⑤ 对这两个字有如下几种释读："扑才"（韩国国立公州博物馆：《宋山里古坟群收拾遗物 再报告书》，2017，第 33 页），"扑大""使大"｛轻部慈恩：《公州の百济古坟（四）》［译者注：原标题为《公州に於ける百济古坟（四）》］，《考古学杂志》第 24 卷第 5 号，第 20 页｝，"使才"（安承周：《百济古坟의研究》，《百济研究》第 7、8 合辑，1975，第 100 页），本文采用韩国国立公州博物馆释读方案。

表一　29 号墓封门砖铭文种类（安昭望制）

纹样	阳刻					阴刻	素面
细部分类	中方	大方	中	扑才	急使	造此是建业人也	
插图	中方	大方	中	扑才	急使		—

"壬辰年"即公元 512 年①，但对"士"的释读，存在"瓦博士"②，"砖博士"或"壁""壁砖"③ 等不同观点。关于 6 号墓铭文砖的释读，存在"梁官瓦为师矣"④"梁（朝人）宣以为师矣"⑤，以及认为"梁宣"是人名的观点。⑥

图八　"造此是建业人也"铭文砖

① 韩国国立公州博物馆：《武宁王陵新报告书Ⅱ》，2013，第 69 页。
② 朴容塡：《公州出土의 百濟瓦塼에關한研究》，《百济文化》第 6 辑，1973，第 423 页。
③ 郑治泳：《百濟熊津期의 벽돌（塼）과塼室墳》，《武寧王陵을格物하다》，2011，第 126 页。
④ 金台植：《宋山里 6 號墳銘文塼再檢討를通한武寧王陵築造再論》，《忠北史学》第 19 辑，2007。
⑤ 赵胤宰：《公州宋山里 6 號墳銘文塼判讀에 對한管見》，《湖西考古学》第 19 号，2008。
⑥ 李炳镐：《公州宋山里古墳群出土銘文塼의再檢討》，《韩国古代史研究》第 104 号，2021。

百济熊津都邑期砖室墓及砖石混筑石室墓所用墓砖，虽然总体上类似于南朝梁的墓砖风格，但在具体形制上又有所不同，因此一般认为王陵园的墓砖是在百济当地制作的，这一点通过与南朝梁或其他六朝砖室墓资料的比较也能得到证明。但是在百济引进砖室墓的时间及过程问题上，当前还没有准确的认识。或许从以上铭文资料可以推测，百济在从南朝梁引进砖室墓筑造技术的同时，南朝梁的工匠集团也被一起派到了百济。

五　综合考察

（一）墓葬结构

29 号墓与 5 号墓一样都是砖石混筑的横穴式石室墓，不同的是 5 号墓只有棺床和封门为砖砌结构。在后壁靠近两侧壁砌筑的方式上，29 号墓与百济汉城都邑期中后期的河南甘日洞、熊津都邑期的公州金鹤洞横穴式石室墓类似，而与汉城都邑期中后期的燕岐松院里墓群呈现出差异。除去墓壁砌筑方式不同的松院里墓群外，河南甘日洞、公州金鹤洞墓葬在"刀"字形平面形制、墓壁涂抹灰质物及出土遗物方面都与 29 号墓存在共同点。

目前在王陵园中能够判断墓壁砌筑情况的仅 4 号墓、5 号墓，其墓壁都是相互垂直贴合砌筑至墓门高度后，按相反方向围合至墓顶，墓顶处再以相同方向结顶。这样的墓壁砌筑方式普遍使用于荣山江流域的大型横穴式石室墓，代表墓例有罗州丁村 1 号石室墓与罗州松堤里 1 号墓[1]，到目前为止还未在荣山江流域发现与 29 号墓砌筑方式相同的墓例。

此外，通过对百济墓葬形制的类型学分析，可依据墓葬结顶方式将穹隆顶方形石室与长方形石室墓分为 1a 式与 1b 式，而券顶砖墓的 6 号墓与武宁王陵可归为 2b 式。[2] 其中，王陵园东侧 1~4 号墓均为 1b 式，王陵园西侧 29 号墓为 1b 式，5 号墓为 1a 式，6 号墓与武宁王陵为 2b 式（图九）。虽然 4 号墓在平面形制及规模上与 29 号墓最为接近，但墓壁砌筑方式不尽相同，还需等待更多资料的积累。

（二）墓葬年代

王陵园作为熊津都邑期（475~538 年）百济王族陵园区，其运营时间仅 60 余年，再加上盗掘及日占时期调查等因素导致出土遗物较为零散，目前很难从考古学角度精确判断各墓葬的相对年代。在参考前人研究的基础上，下文试对 29 号墓的年代及性质进行考察。

由于王陵园各墓葬出土装饰棺钉等遗物相对丰富，故有研究者从装饰棺钉的类型比较

---

① 吴东垣：《第三章调查内容》"第二节　墓室"，国立罗州文化财研究所：《罗州松堤里古坟群发掘调查报告书》，2022，第 133~134 页。

② 吴东垣：《榮山江流域의 百濟編入過程에 對한 考古學的 研究》，全南大学博士学位论文，2021，第 149~150 页。

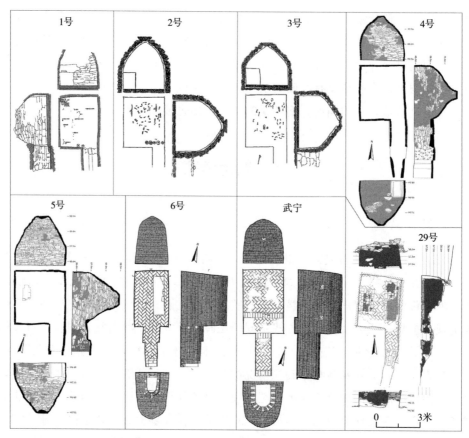

图九　公州武宁王陵与王陵园墓葬形制比较（吴东埠绘制）

出发分析了王陵园各墓葬的先后顺序，认为 29 号墓的年代在 6 世纪中前至中后期之间。[1]此外还有研究者通过墓砖纹样的比较提出了武宁王陵营建年代晚于 6 号墓的观点。[2]

　　分析武宁王陵与 6 号墓用砖类型的数量可知，武宁王陵主要使用了莲花纹砖（6517块），而 6 号墓则以钱纹砖（3379 块）与连续斜网格纹（236 块）为主，两者形成鲜明对比。但在武宁王陵的墓顶与前壁确认了少数连续斜网格纹（56 块）与钱纹砖（1 块），或可将其理解为武宁王陵使用了 6 号墓营建后剩下的墓砖。同样，在 6 号墓的封门中也发现了少数莲花纹砖（3 块），考虑到只放置一个棺床的 6 号墓应该不存在后代祔葬行为，因此其封闭墓室的时间可以推定为武宁王陵准备墓砖的时期。此外，半截莲花忍冬纹砖的使用也值得注意。这类砖主要砌筑于武宁王陵的侧壁，作为最华丽的装饰，其使用在当时应该受到了严格限制，这可能也是 6 号墓封门没有使用这类砖的原因。而从这类砖在 29 号墓封门的发现可以推测，在稍晚时期营建 29 号墓时，已经没有了对半截莲花忍冬纹砖使

---

[1]　金桓熙、李娜恩：《宋山里 29 號墳의 時期와 系統에對한檢討》，《韩国考古学报》2021 卷第 3 号，2021，第 365～368 页。

[2]　朴普铉：《文樣博으로 본宋山里 6 號墳의 编年의 位置》，《湖西考古学》第 7 号，2002。

用的限制。

最后，从墓底"人"字形铺砖方式也可以看出，时代最晚的 29 号墓采用了与武宁王陵相同的横向"人"字形铺砖，而 6 号墓则为纵向"人"字形。因此本文认为 6 号墓的营建年代最早，武宁王陵营建稍晚，但几乎与 6 号墓同时建成，29 号墓的营建最迟。

（三）意义

这次发掘调查重新确认了 29 号墓的准确位置及细部结构，为王陵园各墓葬的先后关系提供了重要线索。在对封门砖进行全面搜集的工作中发现了"造此是建业人也"等铭文砖，再次印证了百济砖室墓与南朝间的密切联系。考虑到韩国出土砖类遗物的稀缺性以及百济、南朝间的文化交流等因素，这批资料具有非常重要的意义。此外，还对涂抹在砖与墓壁上的灰质物进行了成分分析，确认了其制作方式及产地。较为遗憾的是，与发掘前的判断不同，这次调查未能在 29 号墓周围确认与王陵园管理设施有关的遗迹现象。

附记：本文在内容转载、图片授权方面得到了韩国国立扶余文化财研究所林承庆所长、吴东埠学艺研究士，南京师范大学王志高教授的支持，中国社会科学院考古研究所张今助理研究员对译文进行了润色，在此致谢！

编辑：王志高

韩国百济古坟中的砖室墓

——以"砖室墓""砖石混筑墓""砖窑""祭祀遗迹"为中心

张团伟

（韩国首尔市立大学国史学系）

[摘要] 百济历史上与南朝存在频繁的物质文化交流，从百济故地分布的南朝式砖室墓和数量众多的南朝文物即可见一斑。百济境内分布的南朝式砖室墓和在砖室墓文化影响下滋生出的砖石混筑墓，只局限性地分布在百济熊津时期的公山城附近。目前发现的砖室墓有武宁王陵、宋山里6号坟、校村里3号坟；砖石混筑墓有宋山里5号坟、宋山里29号坟、熊津洞朴山所古坟。与祭祀有关的遗迹有宋山里古坟群内分布的两处方坛遗构，以及推测是武宁王妃殡所的艇止山遗迹。墓砖的烧制是砖室墓营建的重要一环，扶余井洞里窑址的发现为探明墓砖供应链提供了线索。

[关键词] 百济；砖室墓；砖石混筑墓；砖窑；祭祀遗迹

一 前言

百济位于朝鲜半岛西部偏南，国祚 678 年，历经 31 位王，其历史依据国都的迁移分为三段：汉城时期（公元前 18 ~ 公元 475 年）、熊津时期（475 ~ 538 年）、泗沘时期（538 ~ 660 年）。百济于东晋简文帝咸安二年（372）首次对中国遣使朝贡①，其后一直与中国保持着密切的联系。随着 2015 年汉城百济博物馆重新启动中断了 30 年的石村洞古坟群（王陵级）考古调查，重大的发现不断涌现，其中在 7 号礼制遗迹和 12 号木椁墓中分别出土中国产青瓷壶和黑釉鸡首壶。在百济汉城时期的都城考古中，风纳土城和梦村土城中均有为数不少的西晋制施釉陶器和钱文陶器（浙江和江苏生产）出土。② 通过文献与考

---

① （唐）房玄龄等：《晋书》卷九《简文帝纪》，中华书局，1974，第 221 页。

② 권오영：《백제국에서 백제로 전환》，《역사와 현실》40，2001，第 50 ~ 51 页；권오영《풍납토성 출토 외래 유물에 대한 검토》，《백제연구》36，2002，第 26 ~ 29 页。

古资料的二重证据法，揭示出汉城时期百济与中国频繁的物质交流和密切的联系。

由于受高句丽"南下政策"[①] 的影响，475 年百济汉城被攻陷，于同年迁都熊津（忠清南道公州市）。百济为了摆脱政治困局与实现"更为强国"[②] 的目标，积极开展与南朝的交流，熊津时期的 63 年间共向南朝遣使朝贡 9 次。除此之外，在物质文化层面也有深入交流，以南朝砖室墓文化在百济的传播最具代表性。目前，百济故地发现的砖室墓共有 3 座：武宁王陵、宋山里 6 号坟、校村里 3 号坟，以及百济传统的石室墓文化与砖室墓文化相互交融后滋生出的砖石混筑墓：宋山里 5 号坟、宋山里 29 号坟、熊津洞朴山所古坟，砖室墓和砖石混筑墓皆集中分布在熊津时期的国都公山城附近。

1971 年在忠清南道扶余郡井洞里附近出土了一些莲花纹砖，推测是百济砖室墓遗存，而 1988 年国立扶余博物馆进行的地表调查中，在此地收集到大量的莲花纹砖、铭文砖、莲花纹瓦当。据此判断，此处应为大型窑址遗存。井洞里窑址按照分布范围被划分为 A、B、C 三个区域，在 A 区内出土了与武宁王陵和宋山里 6 号坟相同的莲花纹砖和无纹砖，为探明百济砖室墓墓砖的供应链提供了线索。

近年来随着百济墓葬发现的激增，与墓葬相关的祭祀遗迹也有为数不少的发现。按照遗址编年分别有朝鲜半岛原三国时期的坪基里遗址、4 世纪后期到 5 世纪初的公州水村里遗迹、5 世纪后期到 6 世纪初的公州宋山里古坟群和熊津洞遗址、6 世纪中后期的扶余陵山里陵寺和积石遗构等。在以往的诸多发现中属宋山里古坟群最为特殊，陵园范围内分布有两处方坛遗构，以及陵园西北处被认作是武宁王妃殡所的艇止山遗址。除此之外，近期发现有与百济初期丧葬祭祀有关的世宗坪基里遗址、舒川风仙里遗迹、牙山葛梅里木栅栏遗迹、天安井村遗迹等。

二　百济熊津时期砖室墓

百济国祚的 678 年间，墓葬形制大致可分为三个阶段：前期（汉城时期）主要以积石冢、土圹墓、石室墓为主；中期（熊津时期）主要为石室墓和砖室墓；后期（泗沘时期）主要流行石室墓。砖室墓的流行集中在百济熊津时期，且只分布在国都公山城附近，目前发现的砖室墓有三座，其中广为人知的是于 1971 年发掘的百济第 25 代王武宁王陵（武宁王与王妃合葬墓），其余两座（宋山里 6 号坟和校村里 3 号坟）皆在日本殖民朝鲜半岛期间被发掘。2018 年由公州大学博物馆对校村里古坟群内的砖室墓重新进行了考古发掘，此前认为公州校村里古坟群内的 2 号坟和 3 号坟皆为砖室墓，通过此次考古发掘证实 2 号坟

---

① 高句丽"南下政策"：427 年高句丽长寿王从国内城迁都到平壤，随后其势力范围逐渐向朝鲜半岛南部扩张，于 475 年攻陷百济国都汉城。

② （唐）姚思廉等：《梁书》卷五十四《诸夷列传·百济》："普通二年，王余隆始复遣使奉表，称累破句骊，今始于通好，而百济更为强国。"中华书局，1973，第 804 页。

实际为石筑坛设施，仅 3 号坟为砖室墓。熊津时期随着南朝式砖室墓文化在百济流行，百济传统的石室墓与砖室墓文化相交融，滋生出砖石混筑墓这一新的墓葬形制，即为宋山里古坟群内的 5 号和 29 号坟，以及熊津洞朴山所古坟。

（一）砖室墓

《梁书·诸夷列传·百济》："中大通六年，大同七年，累遣使献方物，并请《涅槃》等经义、《毛诗》博士，并工匠、画师等，敕并给之。"[1] 通过上述文献记述，百济对南朝不仅是单纯的遣使朝贡，更有物质文化层面的需求，南朝对百济的请求充分地予以满足。宋山里 6 号坟中出土的"梁官瓦为师矣"和 29 号坟的"造此是建业人也"铭文砖，更从实物层面予以佐证。

1. 武宁王陵[2]

1971 年在对宋山里 6 号坟进行防水作业时，无意间发现了一座未曾盗扰的砖室墓，通过对出土墓志的释读，证实为武宁王与王妃的合葬墓。武宁王陵位于宋山里 5 号和 6 号坟的北侧（图一），日治时期认为此处是为 6 号坟人为修筑的"背山"（风水角度的背山面水）。[3] 目前宋山里古坟群内可确认的墓葬总数为 15 座，其中仅武宁王陵和 6 号坟为砖室墓结构。

武宁王陵墓室南北长 4.2 米、东西宽 2.72 米、高 3.1 米，墓室平面呈长方形，券顶。墓室南壁中央设置甬道，甬道南北长 2.83 米、东西宽 1.04 米、高 1.45 米，券顶。甬道地面下铺设通向墓室外侧的排水沟，长度达 17 米以上。墓葬平面呈"凸"字形。墓室中设置全面棺台（棺台与墓室同宽），高 21 厘米，棺台铺砖为仿席纹平铺，前部以一排砖竖向平铺锁口。墓室墙体均采用莲花纹砖一丁四顺组砖砌筑，墓室东、西两壁各设置有两个直棂假窗和火焰纹装饰灯龛，北壁设置一个，灯龛均置于假窗之上，在砌筑假窗的用砖中发现有"中方"铭文砖。四壁及墓顶上方均有数处铁钉残留，此种现象在宋山里 4 号坟、6 号坟、29 号坟中均有发现，推测应该与悬挂某种装饰物有关。[4]

1971 年 8～10 月分别对武宁王陵的墓道结构和封土修筑方式进行了细部探查，封土底边直径为 20 余米，采用石灰混合土修筑而成，从墓室地面到封土最高点的垂直高度为 7.7 米，封土最高点位于墓室中心偏北 5.8 米处，推测此种修筑方式是为减少封土重量对墓室的压力而做的特殊设计。封土的东南角发现有 4～5 层用杂石修筑的护石垣墙，高 60～70 厘米，封土四面 2 米的范围内铺设有石块，推测此种不甚规整的护石垣墙是后代为了防止封土流失而修筑的。

武宁王陵共出土有 108 种 4687 件文物，按照文物的材质和种类可分为五种：瓷器类 9

① 《梁书》卷五十四《诸夷列传·百济》，中华书局，1973，第 805 页。
② 文化财管理局：《武宁王陵发掘调查报告书》，三和出版社。1973。
③ 공주박물관·공주시：《宋山里古坟群 基础资料集 解说》，2012，第 67 页。
④ 忠清南道、公州大学校百济文化研究所：《百济武宁王陵》，1991，第 323 页。

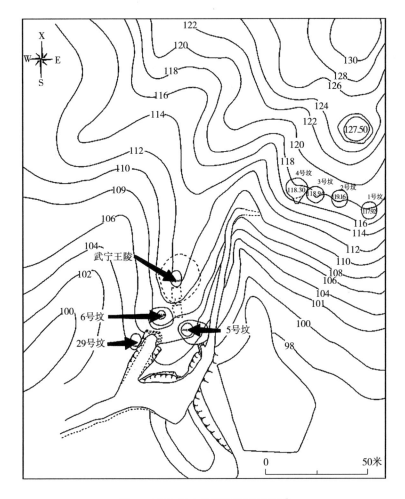

图一　宋山里古坟群墓葬分布图①

件、镇墓兽 1 件、石制墓志 2 方、纯金银器 3301 件、杂项 1374 件。② 其中有直接从南朝流入的瓷器：青瓷盏（丰城洪州窑产）、黑釉四系盘口瓶（浙江德清窑产）、青瓷六系罐（湖南岳州窑产）、方格规矩神兽纹镜、青铜熨斗、铁质五铢钱等；抑或是在南朝文化基础之上再度创制的镇墓兽（镇墓兽石材产地为韩国全罗北道长水郡一带③）、铜托银盏、龙凤纹环头大刀等，以及部分百济本土器物和日本金松制木棺等。出土的各类墓砖中"土 壬辰年作"铭文砖最为特殊，"壬辰年"为 512 年，武宁王于 523 年去世，墓葬所需墓砖或许在武宁王生前已经烧制完成，据此有学者提出武宁王时期百济已经实行"寿陵制度"。④ 但证据材料过于匮乏，加之铭文砖出土于墓葬封门墙处，不能排除在别的地方使用过后，在武

①　图版取自公州博物馆·公州市：《사진으로 보는 武宁王陵발굴》，2012，第 9 页。
②　张团伟：《中國南朝磚築墳을 通해 본 武宁王陵의"外簡内奢"》，《百济学报》2022 年。
③　국립공주박물관：《武宁王陵 新报告书 Ⅳ》，2018，第 34 页。
④　국립공주박물관：《百濟의 文字》，2003，第 51 页。

宁王陵修筑封门墙时被再度使用的可能性，因此"寿陵制度"实行与否还有待商榷。

2. 宋山里 6 号坟

对宋山里 6 号坟的调查始于 1933 年，8 月上旬公州古迹保存会长向朝鲜总督府学务局报告在宋山里发现了壁画墓，学务局派遣藤田亮策、泽俊一、小泉显夫等人前往，但考古调查结束后并未刊发考古报告，仅在《朝鲜古迹研究会遗稿Ⅱ》的序言中有简略的描述。在此调查之前，1932 年 10 月 26 日轻部慈恩在宋山里 1～4 号坟的西侧丘陵处发现了砖砌排水沟，1933 年 7 月下旬顺着已经发现的排水沟向前发掘了 20 余米后到达 6 号墓的封门墙，8 月 1 日进入墓室，确认有壁画的存在后向朝鲜总督府报告。①

6 号坟墓室南北长 3.7 米、东西宽 2.4 米、高 3.13 米，券顶。墓葬南向偏东 7°。墓室平面呈长方形，墓室中部偏东设置有棺台，南壁中央设置两重甬道，甬道南北长 2.3 米、前半部分宽 0.8 米、后半部分宽 1.1 米，券顶。甬道地面下铺设通向墓室外侧的排水沟。墓葬平面呈"凸"字形。墓室墙体均采用五铢钱纹砖砌筑，东、西两壁各设置有三个直棂假窗和桃形灯龛，北壁设置一个，假窗均置于灯龛之上。墓室四壁发现有"四神"壁画，因壁画大面积脱落，现只保留有壁画的原始地仗层。② 四壁及墓顶上方均残留有数处铁钉，此种现象在武宁王陵中也有发现，推测应该与悬挂某种装饰物有关。③

历史上 6 号坟曾遭多次盗扰，加之日治时期调查后并无考古报告出版，现今留存的原始记录资料皆散落不全，能够确认的出土文物仅有：铭文砖 1 件、骨制弦槽 1 件、银制柄头金具 1 件、各类花纹砖 6 件。④ 其中在墓葬封门墙处出土的"梁官瓦为师矣"铭文砖，为佐证南朝文化在百济的传播提供了实物资料。对铭文砖的释读至今仍有诸多不同的见解，诸如"梁良□为师矣""梁官品为师矣""梁官瓦为师矣""梁良官为师矣""梁官为师矣""梁宣以为师矣"等。虽然对铭文的释读千人千面，但南朝的制砖技术和砖室墓文化对百济的影响却已成为共识。

百济国祚的 678 年间，明确墓主身份的仅武宁王陵一座，与武宁王陵同属砖室墓系统的 6 号坟，对其墓主身份的推定有诸多观点，分别有"武宁王陵说""东城王陵说""淳托太子墓说""武宁王前妃墓说（与武宁王合葬的是其第二位妃子）""武宁王的王弟墓说""假墓说""圣王陵说"等。武宁王陵在 1971 年已被发现，因此"武宁王陵说"不攻自破，其余诸多假说皆各有其立脚点。

3. 校村里 3 号坟

校村里 3 号坟位于公州市校村里古坟群内。对校村里古坟群的考古发掘始于 1939 年，当时对古坟群内的 3 号砖室墓和 6 号石室墓做了细致的考古发掘。在此之前，根据相关的报告资料，1930 年在公州文庙后山顶上发现了众多的花纹砖，1929 年 6 月在 3 号砖室墓

① 국립공주박물관：《송산리 4～8·29 호분 재보고서》，《日帝强占期资料调查报告》17 辑，2015，第 85 页。
② 공주박물관·공주시：《宋山里古坟群 基础资料集 解说》，2012，第 66 页。
③ 忠清南道、公州大学校百济文化研究所：《百济武宁王陵》，1991，第 323 页。
④ 공주박물관·공주시：《宋山里古坟群 基础资料集 解说》，2012，第 149～151 页。

内出土了大型百济式陶器。据此，对校村里古坟群内存在砖室墓的认知，在正式考古发掘之前已经有所了解。[1] 日治时期通过对校村里古坟群进行的考古和地表调查，认为 2 号坟和 3 号坟皆为砖室墓。通过 2018 年公州大学博物馆对此地的再度调查，否认了 2 号坟是砖室墓的说法，其实际为石筑坛设施。

校村里 3 号坟的墓圹南北长 6.1 米、东西宽 3.1 米、深 2 米，墓室南北长 3.4 米、东西宽 1.9 米、残存高度 1.6 米，墓室砖壁与墓圹的间距为 0.25 米。墓葬南向偏西 7°，墓室平面呈长方形，未发现甬道（图二）。排水沟起始于墓室北壁，向南延伸至墓室外。墓室墙体采用无纹砖平砌，地面用砖纵向 7 列平铺。2018 年重新调查时无出土文物，仅在日治时期出土过 1 件大型百济式陶器。1939 年调查时，在偏向墓室入口的东西两壁距地面 78 厘米处，发现宽 17 厘米的壁龛各一个。但在重新发掘时，并未发现壁龛残留，推测是日治时期调查后墓葬部分坍塌所致。在初次调查时，轻部慈恩在墓室靠近北墙处发现部分券顶残留，由此推测，校村里 3 号坟和武宁王陵，以及宋山里 6 号坟一样都为券顶结构。在墓室南端入口处清理出两处深约 30 厘米的柱洞，柱洞底部皆发现有垫砖，应为构筑墓室券顶时的支撑柱残留。[2]

图二　校村里 3 号坟平面图和墓室发掘实景图

（二）砖石混筑坟

南朝砖室墓文化传入百济后，有直接照搬南朝砖室墓形制修筑的宋山里 6 号坟和武宁王陵，也有与百济传统的石室墓文化相融合形成的新型墓葬形制，熊津时期新出现的砖石混筑墓就是在这一历史背景之下应运而生的。砖石混筑墓只在百济迁都熊津后的都城公山城附近有发现，分别有宋山里 5 号坟、宋山里 29 号坟、熊津洞朴山所古坟。宋山里 5 号坟采用砖砌棺台和封门墙；宋山里 29 号坟墓室地面、棺台、封门墙均用砖砌筑；熊津洞

---

① 이현숙《公州 校村里 百濟時代 塼室墓와 石築壇施設》，《百济学报》第 27 호。
② 공주시·공주대학교박물관：《공주 교촌리（교동）전축분》，公州大学校博物馆学术业书 20 - 01，2020。

朴山所古坟采用砖铺地面和砖砌棺台，墓葬的其余部分皆为石筑。

1. 宋山里5号坟

　　1932年在修建宋山里古坟群内的道路时偶然发现了5号坟，由轻部慈恩在同年的10月31日进行了发掘，墓葬形制为穹隆顶石室坟，墓葬整体南向偏东12°。墓室南北长3.45米、东西宽3.2米。甬道开设在南壁东侧，宽1.0米，高1.0米（图三）。墓室四壁和地面，以及甬道东西两壁均涂抹有白灰，初次发掘时有少量残留，现今几乎剥落殆尽。1932年调查时，墓室内发现有两座棺台，东侧长1.8米，用无纹砖砌筑；西侧长2.38米，用莲花斜格子纹砖砌筑。轻部慈恩认为，棺台使用的是校村里2号坟（经过重新调查，2号坟实际为石筑坛遗存）和3号坟修筑后所剩的墓砖。近期有研究认为，西侧棺台的莲花斜格子纹砖来自武宁王陵。现今墓室内仅剩一座棺台，且只有部分残留。封门墙用砖与西侧棺台相同，使用的是莲花斜格子纹砖。目前可确认的出土文物共19件，分别有棺环4件、棺钉和铁钉13件、铁镞1件、铁器残片1件。[①]

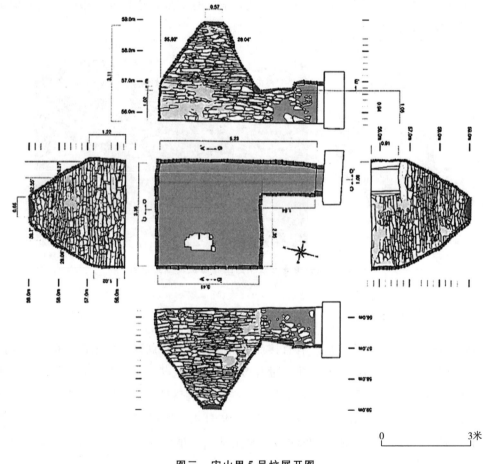

图三　宋山里5号坟展开图

---

　　① 공주박물관·공주시:《宋山里古坟群 基础资料集 解说》，2012，第145~149页。

2. 宋山里 29 号坟

宋山里 29 号坟位于 6 号坟的西南方向约 10 米处，距离武宁王陵约 25 米。1933 年在修建通向 6 号坟的道路中被偶然发现，墓葬形制为穹隆顶石室坟，墓葬整体南向偏西 10°。墓室南北长 3.4 米、东西宽 2.84 米，四壁均涂抹有白灰。甬道开设于南壁东侧，宽 0.86 米，高 1.2 米。墓室内有两座南北纵向砖砌棺台，东侧棺台与墓葬同时修筑，西侧棺台为二次追葬时修筑。棺台用砖除无纹砖之外还掺杂有少量的钱纹砖。墓室地面铺砖呈"人"字形，封门墙及排水沟均用砖砌筑（图四），其余部分皆用石头垒砌。①

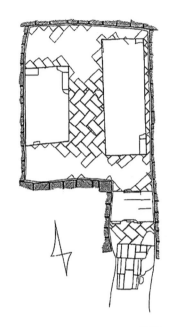

图四　宋山里 29 号坟平面图和鸟瞰图

历史上 29 号坟已被数次盗扰，1933 年考古发掘时出土文物 91 件，当时朝鲜总督府博物馆并未对其登录造册，直到 2012 年韩国国立中央博物馆经过修复整理后才最终向社会公布。分别有金铜制圆形装饰 2 件、金铜制璎珞 2 件、金镶嵌大刀残片 5 件、棺钉 18 件、金铜制金具附木材残片 21 件、银制小珠 8 件、琉璃制丸玉 37 件。② 2021 年由国立扶余文化财研究所重新启动对 29 号坟的考古发掘，出土有"造此是建业人也"铭文砖，证实了南朝匠人对百济制砖以及墓室营建方面的直接影响。

3. 熊津洞朴山所古坟

朴山所古坟群位于公州市熊津洞附近的丘陵地带，1964 年 11 月 23 ~ 25 日对该墓群中颇具规模的一座墓葬进行了考古发掘。墓葬形制推测为穹隆顶石室坟，墓葬南向，墓室四

---

① 有光教一、藤井和：《公州宋山里第 29 号坟》，《朝鲜古迹研究会遗稿Ⅱ》，유네스코동아시아 문화연구센터，2022。

② 공주박물관·공주시，《宋山里古坟群 基础资料集 解说》，2012，第 154 ~ 157 页。

壁均涂抹有白灰，地面用灰色正方形无纹砖平铺，砖长 16.7 厘米、厚 4 厘米。墓室内靠近西墙处设置有棺床，棺床与墓室地面均采用灰色正方形无纹砖砌筑（图五）。墓室地面下部发现有三道排水沟，在甬道处合并后直通墓室外侧，排水沟底部铺设有鹅卵石，推测为使墓室内积水快速排出而做的特殊设置，排水沟用赤褐色长方形无纹砖砌筑，厚度为墓室地面用砖的两倍，因人为扰动，排水沟仅剩不到 5 米。历史上的数次盗扰，致使出土文物寥寥无几，仅有陶器碎片和棺钉，以及 1 件铁制錾片出土。

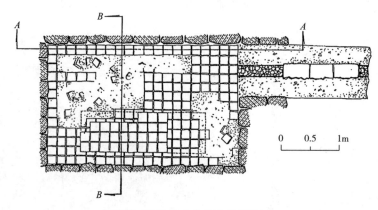

图五　熊津洞朴山所古坟平面图

朴山所古坟用砖与宋山里古坟截然不同，宋山里古坟使用的是长方形莲花纹砖、钱纹砖、无纹砖，而朴山所古坟使用的是无纹方砖或赤褐色长方形无纹砖，为百济墓葬用砖类型的研究提供了新例。

三　扶余井洞里窑址

扶余井洞里窑址位于忠清南道扶余郡井洞里 160 番地，此地俗称假陵谷，背靠主藏山，南临瓦峰，锦江（白马江）从其西侧流经。1970 年 5 月 20 日在从事农耕作业时，各类砖从地表下 30 厘米处被翻出，推测此处应为百济砖室墓遗存。[①] 1988 年由国立扶余博物馆主持对此地进行了调查，收集到各类花纹砖、铭文砖、莲花纹瓦当等在内的大量文物。通过调查否认了砖室墓的说法，证实此地为百济时期的窑址遗存。[②]

井洞里遗址为百济大型窑址遗存，被划分为 A、B、C 三个区域。A 区位于主藏山南向右侧山麓处，为地下式砖窑，在此处收集到花纹砖、无纹砖、铭文砖、筒瓦、板瓦、陶器碎片等各类文物，其中花纹砖和铭文砖与宋山里 6 号坟和武宁王陵墓砖为同一体系，为

①　강인구：《부여정동리 출토의 묘용전》，《고고미술》，1971，第 22～24 页。
②　국립부여박물관：《백제와전》，2010，第 270 页。

探寻百济熊津时期砖室墓墓砖的产地提供了线索。B 区位于井洞里村庄与主藏山之间的农田处，与 C 区一起在 1988 年调查时被发现。B 区窑址的开窑时间为百济泗沘时期，虽紧邻 A 区，但两者存在明显的先后关系。在 B 区内收集到少量的陶器碎片、瓦当、筒瓦、板瓦、"毛"铭文瓦等文物，与扶余龙井里寺址所出文物为同一体系，体现出明显的供给关系。C 区处于瓦峰山西南侧的丘陵地带，在此处收集到板瓦、筒瓦、"己刀"铭文瓦、花叶纹板瓦，以及少量的 7 世纪左右的陶器碎片等文物。①

四　与武宁王陵相关的祭祀遗址

与武宁王陵有关的祭祀遗迹共发现有两处，一处是位于宋山里古坟群内的方坛遗构，另一处是推测为武宁王妃殡所的艇止山遗迹。宋山里古坟群内发现的两处方坛遗构，根据遗构的发现位置，划分为两个区域，依据遗迹现象，推测均与祭祀有关。

艇止山遗迹北邻锦江，邻近宋山里古坟群和校村里古坟群。1996 年 2 月 3 日由国立公州博物馆对其进行了考古发掘，根据清理出的百济熊津时期的建筑基址、房址、灰坑、储藏设施、木栅栏遗迹等，其中呈"品"字形分布的房址和覆瓦建筑遗址，以及出土的莲花纹瓦当、斜格纹砖、陶制器台、外来陶器等综合分析，艇止山遗址性质应当与百济王室祭祀有关。再者，武宁王陵出土的王妃墓志"居丧在酉地"中的"酉地"指代西方，如以公山城为基点，推测王妃的居丧之地极有可能是位于公山城西侧的艇止山遗迹。

（一）方坛遗构②

百济坛形祭祀遗迹有诸多发现，属于汉城时期的有石村洞古坟群内的埋葬祭祀设施、公州水村里古坟群 1 号积石遗构、舒川风仙里遗迹；属于熊津时期的宋山里古坟群方坛遗构和校村洞石筑坛；属于泗沘时期的扶余陵山里陵寺石筑坛。

1988 年韩国国立文化财研究所在宋山里古坟群内发现了两处方坛遗构，根据方坛遗构的发现位置，划分为 A、D 两个区域。A 区方坛遗构，根据遗迹现象和方坛中央的大型柱洞推断，该遗迹应与百济祭祀设施有关。③ D 区方坛积石遗构的性质历来有诸多推测，分别有积石冢说、盖卤王假墓说、百济天地祭祀遗迹说、东城王 11 年北郊举行天地和祀的祭坛说、石塔或戒坛说等。

1. A 区方形石筑坛遗迹

A 区方形石筑坛遗迹位于宋山里古坟群 5 号坟、6 号坟和武宁王陵南侧的丘陵顶端，

---

① 국립부여박물관：《2008 백제의 절터와 가마터 지표조사 보고서》，2008，第 19 页。

② 공주시·충청남도역사문화연구원《공주 송산리 고분군 정비사업부지 내 유적 A·D 지구》，2020，第 84 ~ 223 页。

③ 윤근일：《공주 송산리 고분 발굴조사 개보》，《부여정동리 출토의 묘용전》，1988，第 307 ~ 317 页。

通过发掘清理出百济时期的石构遗存和两处大型柱洞，以及叠压其上的朝鲜时期石构和众多柱洞遗存，其中百济时期的石构遗存和两处柱洞为破解遗址性质提供了线索。在 A 区内，除了西侧因为人为扰动，遗迹现象不明之外，在其余三侧皆发现了残留的石构。根据残存状况推测石构平面为正方形，原始长度为 20.0～20.5 米。A 区方坛遗构正对武宁王陵，在发掘伊始曾期待会出土与武宁王陵有关的祭坛建筑遗存，但石构上部设施均已无存，遗迹具体性质的探明只能寄希望于后续研究的深入。

在 A 区内清理出两个大型柱洞遗迹，一处位于积石遗构中央，另一处位于南侧石构外围。位于遗迹中央的柱洞长 5.2 米、宽 2.1 米、深 3.1 米。推测在大型柱洞内原立有木柱，象征着这一区域的神圣性。石构南侧的柱洞长 3.73 米、宽 1.45 米、深 0.97 米，在靠近南侧柱洞附近发现有 4 个较小的柱洞，直径均在 25～32 厘米，深 12～22 厘米。根据遗迹现象和石构的修筑技法推断，这两处大型柱洞存在先后关系，南侧柱洞修建于中央柱洞废弃之后。在石构南侧中央发现有疑似台阶的遗迹现象（图六），残存长度 4.8 米、高 0.55 米，推测石构的四面原本都有台阶设施，因为人为扰乱和历史上数次重修与改建，致使其余三侧的遗迹分布情况不明。在 A 区内出土有百济时期的硬质陶器残片、筒瓦、板瓦、花纹砖，其中出土的四出钱纹砖、莲花纹砖、莲花斜格子纹砖、铭文砖、连续斜格子纹砖与宋山里 6 号坟和武宁王陵用砖为同一体系。

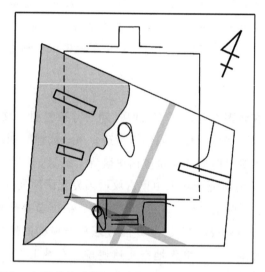

图六　A 区方形石筑坛遗迹南侧台阶（深色标注区域）

2. D 区方坛积石遗构

D 区方坛积石遗构位于宋山里古坟群 1～4 号坟东侧的丘陵顶端，距离 A 区方形石筑坛 75 米，1988 年发掘时清理出 3 层方形台阶式积石遗构，遗迹中央分布有一座土圹（内部无出土文物），在土圹外围的西南角出土有百济三足式陶器。三层方坛积石的最下层遗构每面长约 15.5 米，中层每面长约 11 米，最上层每面长约 6.5 米。最下层石构距离中层高 1.5 米，中层距离最上层高 1～1.2 米。每层间的表面都发现有宽约 2 米的覆石层。发掘者结合遗迹形态和出土器物，认为该遗迹应与百济汉城时期的积石冢（石村里古坟群）性质相同，但随着后续研究的深入，此种说法逐渐受到挑战。2018 年忠清南道历史文化研究院基于对世界文化遗产宋山里古坟群样貌的复原，以及出于对 D 区遗迹性质和构造情况做更深层次的了解，重新启动了对宋山里古坟群内 A、D 两个区域的考古调查。

2018 年的考古调查除之前发现的三层方坛积石遗构外，还在遗构南侧发现有夯土台基和诸多柱洞（图七）。夯土台基发现于积石遗构的南侧偏东，在台基上部发现铺有不甚规整的杂石，杂石底下出土有盖杯、短颈壶、广口壶等陶器。柱洞成对分布于积石遗构南侧，两个位于遗构南侧中央偏东，其余两个位于遗构南侧中央偏西，柱洞平面近圆形，直径 0.5~0.7 米，偏东侧的柱洞与偏西侧的间距为 5~5.5 米。偏东侧的柱洞内残留有木柱痕迹，偏西侧南边的柱洞底部发现有垫石。根据方坛积石遗构南侧的遗迹现象推测，在遗构南侧中央原建有长 5~5.5 米、宽 1.5 米的木构建筑。

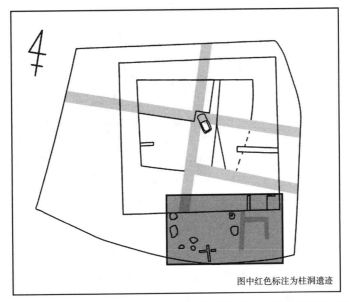

图中红色标注为柱洞遗迹

图七　D 区方坛积石遗构南侧柱洞和台地修筑遗迹（深色标注区域）

（二）艇止山遗迹①

艇止山地处忠清南道公州市锦城洞，海拔 57 米，北邻锦江，向东可眺望百济熊津时期的宫城公山城，与宋山里古坟群相距 650 米。1996 年在百济大路施工之前出于惯例对艇止山进行了事前考古，清理出熊津时期的建筑基址、房址、灰坑、储藏设施、木栅栏遗迹，以及泗沘时期的石室墓、统一新罗时期的火葬墓、新罗晚期到高丽初期的石椁墓和木棺墓等。依据出土的高规格建筑基址、木栅栏、冰库，以及长鼓形祭祀用器，推断遗址的

———————————

① 국립공주박물관·（주）현대건설：《백제의 제사유적 정지산》，1999。

核心年代为 6 世纪前叶，属于百济国家级的祭祀遗迹（表一）。

表一　艇止山遗迹

艇止山遗迹分布图	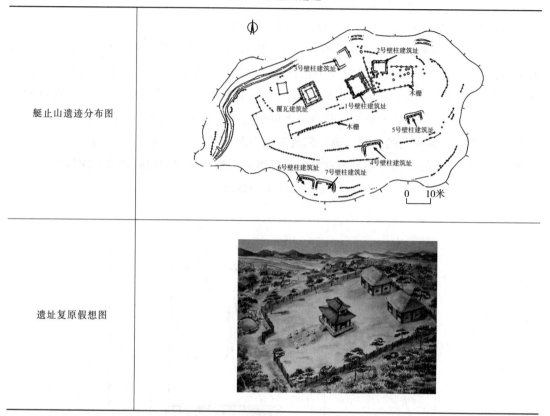
遗址复原假想图	

艇止山遗址中央清理出一座覆瓦形建筑基址，长 8 米、宽 6 米，平面呈"回"字形。复原得知，该建筑物最外圈由 32 根柱子构筑而成，内部空间约为 51.2 平方米；紧靠最外圈的内侧也构筑有一圈柱子，共 9 根；建筑物中部竖立有 4 根柱子，柱间距的长边 2.2 米、短边 1.4 米，均未发现柱础。建筑基址附近出土有八叶单瓣莲花纹瓦当、素纹板瓦、筒瓦等文物。在覆瓦形建筑后方分布有三栋壁柱形建筑，其中 1 号和 3 号壁柱形建筑与覆瓦形建筑坐向相同，推断应为同一建筑群内代表不同等级的建筑物，其中覆瓦形建筑为主殿，壁柱形建筑为附属建筑。在壁柱形建筑基址内出土有长鼓形器台、三足器、陶制灯盏，以及与武宁王陵和宋山里 6 号坟为同一体系的斜格子纹砖等。

百济时期的冰库遗址目前一共发现有五处，分别为燕岐郡罗城里遗址、公州艇止山 1 号和 6 号抹角竖穴基址、天安斗井洞遗址和龙院里遗址。其中在艇止山发现的两处冰库遗址，推测与武宁王妃停殡有关。1 号抹角竖穴建筑基址平面呈方形，每边宽 5.02 ~ 5.68 米，深 1.57 米，中部有一个直径 0.7 米、深 0.3 米的圆形柱洞，靠近墙壁处发现有一圈宽 0.2 米、深 0.15 米的围沟。在遗址西壁南侧拐角处清理出长 4.8 米、宽 0.3 ~ 0.8 米、深 0.7 ~ 1.5 米的排水沟，断面呈"U"形，排水沟中铺设有用筒瓦上下合并拼接而成的陶管。基址地面和壁面涂抹有 1~2 层的木炭混合土，木炭混合土层下厚涂有一层灰色泥质黏土层，并且在基址内发现有多处大小不等的柱洞。基址中出土有 6 世纪初的长鼓形器台①、陶杯、筒瓦等。6 号抹角竖穴建筑基址与 1 号形制大体相同，平面呈方形，每边宽 2.6~2.8 米，深 0.6 米，中部有一个直径 0.85 米、深 0.35 米的圆形柱洞，柱洞的西南侧开设有一条排水沟，基址地面和中部圆形柱洞表面均涂抹有一层灰色泥质黏土层（表二）。依据 1 号和 6 号抹角竖穴建筑基址的构造，以及地面涂抹的木炭层和黏土层，推测其功能是百济泗沘时期储藏冰块的冰库。②

表二　艇止山冰库遗址

遗址	平面图	出土文物
1 号抹角竖穴建筑基址		 长鼓形祭祀用器
6 号抹角竖穴建筑基址		无出土文物

有不少学者推测艇止山遗迹为王妃殡所，他们认为武宁王妃墓志"居丧在酉地"和武宁王买地券"买申地为墓"中的"酉地"和"申地"，如以公山城为基准点，位于公山城正西方的艇止山对应的是"酉地"，处于公山城西南方的宋山里古坟群对应的是"申地"。如此，王妃于 526 年 11 月薨逝后，到 529 年 2 月 12 日改葬与武宁王合葬的中间 27 个月，

---

① 长鼓形器台一般出土于王宫、王族墓、与宗教相关的遗迹等与百济国家或者王室有关的遗址中，是百济国家或王室常用的祭器中的一种。因此，艇止山遗迹出土的长鼓形器台为遗址性质的探明提供了线索。引用自 김길식:《빙고（氷庫）를 통해 본 공주 정지산유적의 성격》,《고고학지》12, 2001, 第 54 页。
② 김길식:《빙고（氷庫）를 통해 본 공주 정지산유적의 성격》,《고고학지》12, 2001, 第 52~61 页。

其居丧之地应位于艇止山。再结合艇止山出土的文物和高规格的建筑基址，推测艇止山遗址中央的覆瓦形建筑应是停放王妃尸身的殡殿，后侧的壁柱形建筑是祭祀的附属性设施。[①]再者，艇止山覆瓦形建筑基址中央分布有一个大型的竖穴土洞，土洞中放置冰块，再在其上放置木棺，可防止尸身腐败，正与遗址中分布的冰库设施两相契合，[②] 并且在古代日本也存在殡殿设置于宫城之外的先例。[③]

对艇止山遗迹是王妃殡所的这一观点，持怀疑态度的学者也不在少数。可以大致归纳为以下几点：与祭祀相关的文物太过匮乏、殡所如何运营管理、人为性的方向设定。虽然艇止山作为熊津时期国家层级的设施得到普遍认同，但作为祭祀之地或殡所则缺乏更多的文献及实物资料的支撑。再者，王妃墓志中记述的 27 个月不是指殡葬时间（逝者尸身在殡所内停放的时间），而是与中国"服丧"概念相同。王妃"居丧在酉地"中"酉"应以武宁王陵为基准，而不是公山城。[④] 除此之外，与古代中国为逝者设置殡殿相同，包括武宁王陵在内的熊津时期诸王的殡殿也应位于当时的王宫附近，艇止山遗迹距离王宫稍远，殡殿设置在此处存在诸多不便。

五　结语

截至目前，在百济故地仅发现有三座砖室墓：武宁王陵、宋山里 6 号坟、校村里 3 号坟。砖石混筑墓也仅有三座：宋山里 5 号坟、宋山里 29 号坟、熊津洞朴山所古坟，朴山所古坟虽与其余两座同属砖石混筑墓体系，但墓砖的制式与其他墓葬截然不同。除校村里 3 号坟和朴山所古坟外，其余砖室墓和砖石混筑墓皆密集分布于宋山里古坟群西侧偏南的丘陵地带，武宁王陵处于最北端，位置居中，其余三座呈扇形分布在东西两侧。从葬地和传统的尊卑观念看，武宁王陵修筑的时间最早，其后是 6 号坟，再者是受到砖室墓文化影响的 5 号和 29 号砖石混筑墓。

墓葬营建的前期准备工作中墓砖的烧制是极其重要的一环，1988 年在忠清南道井洞里发现的砖窑遗址，为探明砖室墓的墓砖供应链提供了线索。通过地表调查，收集到大量与武宁王陵和宋山里 6 号墓为同一体系的花纹砖和铭文砖，其中"中方"和"大方"铭文

---

① 국립공주박물관 · (주) 현대건설：《백제의 제사유적 정지산》，1999，第 221 页；李漢祥：《公州 艇止山遺蹟의 編年과 性格》，《백제의 왕실제사유적 "공주 정지산" 학술발표회》，국립공주박물관，1998；권오영：《정지산 유적과 백제의 喪葬儀禮》，《백제의 왕실제사유적 "공주 정지산" 학술발표회》，국립공주박물관，1998。

② 김길식：《빙고（氷庫）를 통해 본 공주 정지산유적의 성격》，《고고학지》12，2001，第 66 ~ 69 页；김길식：《고대의 빙고와 상장례》，《한국고고학보》47，2002。

③ 舍人亲王等：《日本书纪》舒明天皇十三年冬十月条："十三年冬十月己丑朔丁酉，天皇崩于百济宫。丙午，殡于宫北，是谓百济大殡。"经济杂志社，1897，第 490 页。

④ 王志高、左凯文：《百济武宁王陵出土文物研究二题》，《베일에 싸인 백제사의 열쇠 공주 송산리고분 군》，무령왕릉 발굴조사 50 주년 기념 국제학술대회，충청남도역사문화연구원，2021。

砖在武宁王陵墓室内的直棂假窗和棺台处各有发现。但就目前所掌握的资料，并不足以阐明井洞里窑址与武宁王陵之间明确的供应关系，问题表现在两者的距离上，井洞里窑址距离宋山里古坟群的直线距离达 22.8 千米，且两地间的地形以丘陵地带为主，虽然紧邻锦江，但运送墓砖到达宋山里古坟群需要逆流而上，显然河运和陆路运输皆不甚便利。南朝时期烧制墓砖的砖窑基本位于陵园附近，以 2012 年发掘的南京栖霞区昭明太子墓园为例，砖窑皆位于陵园东侧附近。而作为接受南朝砖室墓文化的百济，如果没有特殊的考量，砖窑的布局显然不会和南朝有太大的差异。目前虽然证实此处为百济时期的大型窑址，但至今尚未进行正式的考古发掘，砖窑的整体面貌和细部特征，以及墓砖供应关系等问题只能寄希望于后续的考古发掘。

与宋山里古坟群相关的祭祀遗址共发现两处，一处是陵园内的方坛遗构，另一处是推测为武宁王妃殡所的艇止山遗迹。百济设坛祭祀的先例在文献和考古中都有为数不少的发现，在《三国史记》中有多处提及百济各代王设坛祭祀天地山川的记录。与墓葬祭祀相关的祭坛遗迹在首尔的石村洞古坟群、公州的宋山里古坟群和水村里古坟群、扶余的陵山里陵寺等地均有发现。自 1996 年艇止山遗迹发掘以来，对艇止山遗迹作为武宁王妃殡所虽存在诸多异议，但都未能提供有力的证据将其驳倒。从现实处着眼，公山城四面环山，内部可被利用的平地有限，除必要的国家礼制建筑和宫室用地之外，可供修筑王妃殡所的空间不足，不能排除殡殿设置在宫城以外的可能性。再者，艇止山距离公山城仅 1000 米，距离宋山里古坟群仅 650 米，并且遗址中出土有高等级建筑基址和祭器，以及推测为冰库的两处遗迹。如以公山城为基点，王妃墓志"居丧在酉地"中的"酉地"极有可能是位于公山城西侧的艇止山遗迹。以上种种线索，皆指明艇止山遗迹作为王妃殡所的可能性。

编辑：王志高

百济武宁王陵出土铜镜再探

[摘要] 本文通过对比分析六朝至隋唐铜镜，论证百济武宁王陵镜应为六朝镜。根据伴出金属器的保存情况和时代特征，认为铜镜是与这些器具同时期的产品，以此作为样式论分析结果的支撑，并认为六朝时期应存在踏返制镜技术。结合铜镜出土位置，本文论及武宁王陵出土规矩镜和兽带镜的文化内涵，提示其与汉六朝文化的关联。本文认为，武宁王陵镜的意义在于提示了南北朝至隋唐墓出土"汉镜"可能是复古镜，汉镜至隋唐镜的转变关键在于 6 世纪前后。

[关键词] 武宁王陵；六朝镜；复古镜；文化交流

　　韩国忠清南道公州郡公州邑西北宋山里古坟群的武宁王陵，墓主人是百济第二十五代国王武宁王及其王妃。武宁王即中国史书中的"百济王余隆"，公元 501 ~ 523 年在位，大体与南朝梁武帝同时。梁普通二年（521），梁武帝授武宁王使持节、都督百济诸军事、宁东大将军、百济王，墓志内容可与文献记载相印证。武宁王陵保存完好，出土文物近 3000 件，是 20 世纪亚洲考古学最重要的发现之一。自 1971 年发现以来，中、日、韩三国学者围绕墓葬形制、出土遗物、墓志内容等所反映的三至六世纪东亚历史与文化交流展开颇多讨论。然而就武宁王陵出土三件铜镜的讨论并不多，因此有必要对这三件铜镜重新进行审视。

一　武宁王陵出土镜及相关研究

　　武宁王陵随葬三件铜镜：王头部附近"宜子孙"铭兽带镜（图一），脚边浮雕人物方格规矩四神镜（图二）；王妃头部附近七乳兽带镜（图三）。三镜发现时均背面朝上，现藏于韩国国立公州博物馆。

　　"宜子孙"铭兽带镜，即浮雕式七乳兽带镜，直径 23.2 厘米。半球形钮外有 9 枚小乳

钉，乳钉间纹饰不明。外为两道宽凸圈带，中有
一道凸弦。主纹区以 7 枚四叶座乳钉区隔，其间
配置以浅浮雕（薄肉刻）表现的 7 个图像，细部
特征不明，应为四神或瑞兽仙人。主纹区外的铭
文带，内容仅能辨识"渴饮玉泉饥……兮"几个
字。外区高出一段，上饰唐草化的兽纹带。

浮雕人物方格规矩四神镜，为方格规矩镜，
直径 17.8 厘米。方格规矩镜为介于最完整和最简
略的中间样式：圆钮外环绕方格，填以 12 枚小乳
钉间隔十二地支铭。方格外各边均匀配置 2 枚小

图一　"宜子孙"铭兽带镜

乳钉，主纹区 TLV 纹和小乳钉之间饰以细线式图像。主纹区被浮雕纹饰所覆盖，只能确定
虎和朱雀图像，推测乳钉间隔的八区纹样中应包括四神。主纹区外铭文带内容为："尚方
佳竟真大好，上有仙人不知老，渴饮玉泉饥食枣，寿（如）金石兮。"外区为锯齿纹和复
线波纹各一周。主纹区覆盖着的五个浮雕图像，为手持长戟者面对一个双手张开作欲飞状
的兽像，兽像后接三个首尾相连、造型各异的神兽。樋口隆康认为此镜"应是在东汉四神
镜的踏返的镜范上新雕入了浮雕图像铸造而成的"[1]。

图二　浮雕人物方格规矩四神镜

图三　七乳兽带镜

七乳兽带镜，即细线式七乳兽带镜，直径 18.1 厘米。半球形钮外有 9 枚乳钉。其外
为两道栉齿纹带间夹一周凸宽带。主纹区以 7 枚双环连弧纹座乳钉区隔，间饰以细线表现
的禽兽纹。图像线条较粗，钝感的线条上覆有一层薄锈，虽不甚清晰，仍可看出龙、朱
雀、一角兽、虎、蟾蜍等形象。外区平缘略高出一段，饰以一周锯齿纹和一周龙纹带，尾
部呈辫状交织。

① 〔日〕樋口隆康：《武宁王陵出土镜と七子镜》，《史林》（京都大学）第 55 卷第 4 号，1972。

综上，武宁王陵出土的三件铜镜分别为细线式七乳兽带镜、浮雕式七乳兽带镜以及方格规矩镜，比照中国的考古资料，这些镜类多见于东汉早期至中期，极为精致规整。① 樋口隆康首先提出日本 6 世纪古坟中发现有武宁王陵镜的同型镜，无论是质地还是纹饰都与东汉镜的踏返镜十分相似，尽管可能产于日本列岛，但他认为"百济受到南朝文化的诸多影响，后又传播至日本，这些铜镜应该可以解释为先在中国制作，然后输入至百济，其中一部分又送至日本"。《古事记》应神天皇条记载 4 世纪左右，百济肖古王向日本遣使敬献"七支刀一口，七子镜一面及各种重宝"，梁武帝《望月》诗中"形同七子镜，影类九秋霜"，樋口隆康认为文献中的"七子镜"就是七乳兽带镜。最后总结道"六朝时期存在踏返镜，武宁王陵出土镜是具体体现四至六世纪南朝、百济与日本三国关系的重要资料"②。日本古坟中所见武宁王陵浮雕式七乳兽带镜的同型镜，有滋贺县野洲郡野洲町三上山下古坟（甲山古坟）出土镜和群马县高崎市绵贯町观音山古坟出土镜。其中甲山古坟镜与武宁王陵镜为严格的同型镜，被认为是在中国制作后带入百济；而观音山古坟镜与之相较，内区略有缩小而外区略有增大，被认为是踏返镜。③ 川西宏幸基于同型镜集中出土于日本列岛且有不少镜的随葬年代早于朝鲜半岛的发现，认为可能是倭五王时期在与中国南朝的交往中直接获得了铜镜，制作了踏返镜并用于随葬。④ 因武宁王陵年代明确，且同型镜的发现十分明确，日本学者对于武宁王陵镜的样式论基本置于六朝踏返镜的视域下进行，但对于其余两件——细线式七乳兽带镜和方格规矩镜的探讨仍有不足。中国学者或认为武宁王陵镜是汉镜舶载品，将铜镜作为百济与南朝文化交流的物质表征进行探讨。在对武宁王陵镜的考察中，笔者注意到三件铜镜之间的关联及其与随葬品整体显示出的年代一致性，并将其作为连接汉唐两大制镜高峰期关联的重要实物，探讨武宁王陵镜的时代特征及六朝复古镜的相关问题。

二　武宁王陵镜与六朝复古镜

六朝隋唐墓中也发现有类似的细线式七乳兽带镜（图四：1、3、5），难以断定是否为汉镜。六朝墓中还发现有若干相同意匠的七乳或六乳兽带镜，唯尺寸较小、铸造粗疏，与汉镜差别较大，似为后来铸造。正如樋口隆康所注意到的，武宁王陵、日本古坟出土镜（图四：2、4、6）虽与东汉镜十分相似，而铜质不佳，纹饰不清，具有踏返镜的共同特征。而这些兽带镜，大至各部分比例、小至乳钉座样式都与东汉镜十分相似，可见其是一种刻

① 按照冈村秀典关于汉镜七期的研究，可将其归入细线式神兽镜（细兽 IV）和细线式方格镜（细方 VA），均在汉镜 5 期（1 世纪中期至后半）。参见〔日〕冈村秀典《前漢鏡の編年と様式》，《史林》第 67 卷第 5 号，1984；〔日〕冈村秀典：《後漢鏡の編年》，《国立历史民俗博物馆研究报告》第五五集，1993。
② 〔日〕樋口隆康：《武寧王陵出土鏡と七子鏡》，《史林》（京都大学）第 55 卷第 4 号，1972。
③ 群马县立历史博物馆：《観音山古墳と東アジア世界》，1999。
④ 〔日〕川西弘幸：《同形鏡考——モノからコトへ》，《筑波大学先史学·考古学研究》第 11 号，2000。

图四　3~6 世纪中国大陆和日本列岛出土七乳兽带镜

1、3、5. 中国出土细线式七乳兽带镜（1. 安徽马鞍山盆山六朝墓出土；3. 江苏仪征胥浦放牛山 M99 出土；5. 河南三门峡市水工厂 M5:5）；2、4、6. 日本列岛出土浮雕式七乳兽带镜（2. 熊本县玉名郡江田船山古坟出土；4. 宫崎县高锅町池田一号古坟出土；6. 奈良县橿原市新泽 173 号古坟出土）

意仿古的行为。说其是仿古镜而非古镜，是就汉墓出土镜以及武宁王陵镜的保存状况而言的。武宁王陵未遭盗扰，无机质随葬品保存状况都非常好，出土时木棺板、木质足座和木质头枕均保存完好，铁器、铁钱也都清晰可辨。铜镜位于墓主人头部或脚部，与金属镯、带饰、饰履等一道贴身随葬，这些装身具纹饰清晰细致，但兽带镜镜背却十分模糊，铭文还需依靠日本出土同型镜来释读，对比汉墓所见大量质地精良、纹饰细致的大型镜，推测武宁王陵镜保存情况不佳，可能与质地或合金配比有关，也可能是因为使用了踏返技术，还可能是为了弥补合金成分改变造成的缺陷，在镜表面进行过化学处理。

六朝时期存在仿汉镜的复古镜，并且可能已经出现了踏返镜。踏返法是用铸镜成品在未干范土上押制纹饰、复制铜镜的方法。这一技术应从模印而来，在批量制作同一样式镜的商品化需求下人们自然会想到踏返技术，特别是仿制那些年代久远的古镜。日本列岛 5 世纪中叶以后的古坟中发现不少与原镜制作年代相距甚远的同型镜，被认为使用了踏返法，故而最先被日本学界发现和研究。以往认为，中国的踏返镜盛行于宋代以后，六朝时期是否有汉镜的踏返镜，由于未发现同型镜，尚不能确定。隋唐时期，汉镜作为古镜受到追捧。隋代王度的《古镜记》中那件屡显神迹的古镜与汉代方格四神镜渊源颇深："横径八寸，鼻作麒麟蹲伏之象，绕鼻列四方，龟龙凤虎，依方陈布。四方外又设八卦，卦外置十二辰位，而具畜焉。"[①] 范淑英在对隋唐墓中随葬汉镜以及仿汉镜的唐镜进行研究后认为，"古镜"在时人观念中具有神异性、珍贵性，在社会生活中有着广泛而独特的作用。[②] 但不能排除唐墓中所见"汉镜"或是汉以后所铸复古镜的可能性。《岩窟藏镜》收录两件仿汉镜的唐镜（图五）：一件为六乳兽带镜，直径 17 厘米，乳钉间分别填以仙人捣杵、白虎、青龙等，铭文带和乳钉间的方框内填楷书"大唐贞观年造"；另一件为四乳画像镜，直径 26 厘米，主纹区一组为西王母、东王公及其侍者，另一组为青龙和二仙人奉香炉图像，主纹区外铭带开头为"袁氏作镜兮真大好"，铭文带和香炉图像底部之间的方框内填"马家自造白□青镜"。仿古镜的镜模和技术从何而来，似可向前追溯。

武宁王陵出土的浮雕人物方格规矩四神镜，应为二次浇铸，如樋口隆康所言，是在东汉镜踏返形成的镜范上刻入浮雕图像后制成新范浇铸而成的，且后来添加的浮雕纹饰不见于汉镜，更接近于隋镜。从浮雕纹饰覆盖到方格、主纹饰及铭文带来看，应是先有一个完备的方格规矩镜。浮雕与底镜间没有接缝，即便采用焊接方式，也不太可能在一件珍贵的古镜上进行。而在完备的方格规矩镜上加以浮雕图像，意味着破坏已制作好的型腔面继续刻挖出浮雕部分，使得浮雕叠加于底镜主纹饰之上。像这样两种主纹饰上下叠加的设计意匠未见于汉镜，最有可能是在踏返镜范的基础上再造新范。

五个浮雕图像，一人持似戟的武器对抗首尾连接的四兽，姑且称之为"搏兽者"，位于铭文开头"尚方"的位置，右脚和右膝分别指向方框内十二支的"子""丑"，且位于

---

① （宋）李昉等编《太平广记》卷二三〇《器玩二》王度条，中华书局，1986，第 1761～1767 页。

② 范淑英：《隋唐墓出土的"古镜"——兼论隋唐铜镜图文的复古问题》，《故宫博物院院刊》2010 年第 6 期。

1   2

图五　《岩窟藏镜》收录的唐代仿古镜

1. 六乳兽带镜（传出于河南洛阳附近）；2. 四乳画像镜（传出于河南）

资料来源：梁上椿：《岩窟藏镜》，冈村秀典、田中琢译，同朋舍，1989，第435、536页。

钮孔连线垂直方向正上方。搏兽者与铭文一样为顺时针，四兽则逆向而动。五个图像没有严格的五等分，也没有间隔乳钉，可能是因底镜已有乳钉，并可按照"T"形两侧的八个乳钉大致均匀分布5个纹样。我们知道，汉代兽带镜或画像镜以4至9枚不等的乳钉划分主纹区，即先确定乳钉的数量和位置，再于其间填入纹饰。若没有乳钉，则多是在钮座外方格四边外配置纹饰，使之均匀美观。像武宁王陵镜这样信手制作的环绕式神兽像，汉镜中似乎只能举出龙虎镜，五个图像的情况则在隋镜中较为常见。①

　　这五个浮雕形象，特别是搏兽者像与四个兽形在性质上和方向上都是不同的，是画面的开端也是核心，类似纹样在汉六朝镜中尚未见到。樋口隆康也认为："图像的表现形式，与汉镜的神像兽形完全不同，与隋唐镜的图文倒有些近似。"河南偃师杏园 M502：2②（图六），是盛唐时期典型的菱花镜。镜背主纹饰分为四区，相对一组各有一人骑马，其中一人持矛一人张弓，持矛者正对抗一怪兽，张弓者正瞄准背向其逃跑的一头似羊或鹿的动物，以肢体平行表现飞奔之姿，画面整体呈顺时针环绕。偃师镜年代较晚，且搏兽者以骑马的姿态成对出现，但其动作和装束以及兽的形态与武宁王陵镜有相似之处，可以肯定的是，武宁王陵镜所见人物和兽形都与汉镜绝不相同，应是武宁王时所作镜。

　　武宁王陵从墓葬结构、建筑方法到随葬器物，无不雄辩地证明了百济与南朝极其密切的文化关系。来自南朝的影响不仅深刻，而且迅速。最有代表性的当属武宁王陵甬道发现的90余枚萧梁铁五铢钱，邵磊认为这串铁钱很可能在梁武帝普通六年（525）八月武宁王入葬时已用于随葬，而非中大通元年（529）武宁王妃入葬时。普通六年（525）八月距

① 杨桂荣：《馆藏铜镜选辑（四）》，《中国历史博物馆馆刊》1993年第2期。

② 中国社会科学院考古研究所编著《偃师杏园唐墓》，科学出版社，2001，第74页。

图六　河南偃师杏园 M502∶2

资料来源：中国社会科学院考古研究所编著《偃师杏园唐墓》，科学出版社，2001，第 74 页。

梁武帝纳王子云铸钱之议（普通四年十二月）尚不足两年。在武宁王陵发现有两种在尺寸、字体上有着微小差别的官铸铁五铢，二者之间还有一定的时间差，但它们在短短两年不到的时间内都流入了百济。[①] 武宁王陵出土青瓷器为中国南朝制品，部分出自越窑。出土金属器具均显示出 6 世纪以后的特征。铜容器中的铜盏、铜碗及铜托银盏等，都可在江苏句容春城南朝墓[②]、江苏江都大桥窖藏[③]和贵州平坝马场南朝墓[④]见到类似器具。银质带具形制较为特殊，类似的带扣最早见于十六国三燕地区。王妃墓出土铜熨斗，与江苏镇江金山园艺场梁太清二年窖藏出土熨斗相似。[⑤] 金铜饰履在同时期东北亚地区墓葬中亦不鲜见，如 5 世纪的江田船山古坟、新罗皇南大冢、罗州新村里 9 号坟都有出土。王妃银钏铭文"庚子年二月多利作大夫人分二百卅主耳"，"庚子年"即梁武帝普通元年（520）。随葬的金属器也都是 5～6 世纪的高级器具，三件铜镜也理应为南朝镜。但由于缺乏可资比照的南朝出土镜，现阶段仍然难以从正面论证这三件铜镜就是南朝镜。六朝后期，南北方墓葬都极少随葬铜镜，东晋南朝墓出土镜类有多乳兽带镜、方格规矩镜、龙虎镜、神兽镜等，十六国北朝墓所见铜镜多为半圆方枚神兽镜、铭带镜、龙虎镜等，方格规矩镜和多乳兽带镜极少见到。汉末三国时期，相较于北方铸镜业的明显衰落，南方铸镜业则一度兴

---

① 邵磊：《百济武宁王陵随葬萧梁铁五铢钱考察》，《中国钱币》2009 年第 3 期。

② 镇江博物馆、句容市博物馆、句容市文化局：《江苏句容春城南朝宋元嘉十六年墓》，《东南文化》2010 年第 3 期。

③ 夏根林：《江苏江都大桥窖藏青铜器》，《东南文化》2010 年第 1 期。

④ 贵州省博物馆考古组：《贵州平坝马场东晋南朝墓发掘简报》，《考古》1973 年第 11 期。

⑤ 刘兴：《江苏梁太清二年窖藏铜器》，《考古》1985 年第 6 期。

盛。东汉以来的多乳兽带镜也更多见于南方。武宁王陵镜最有可能来自南朝。

综上，这里通过论证六朝后期踏返镜或复古镜存在的可能性、镜背纹饰的时代特征以及同墓伴出金属器具的时代关联，可以认为武宁王陵出土镜最有可能是南朝的复古镜，至于是否采用踏返技术制作还有待进一步研究。

三　武宁王陵出土镜的内涵——兼论王妃随葬熨斗的意义

武宁王陵是 6 世纪初百济最高级别的墓葬，完整保存了南朝贵族文化。从古镜的视角而言，三至六世纪在东亚形成了一个"汉镜文化圈"。景初二年（238），魏明帝制诏亲魏倭王卑弥呼，赐以贵重织物，又特赐"金八两、五尺刀二口、铜镜百枚、真珠、铅丹各五十斤……悉可以示汝国中人，使知国家哀汝，故郑重赐汝好物也"[①]。《古事记》载 4 世纪左右百济肖古王向日本派遣久氐等，敬献"七支刀一口，七子镜一面及各种重宝"。日本和歌山县桥本市隅田八幡神社藏人物画像镜（图七），出土于桥本市的古坟，直径 19.9 厘米，主纹区四乳间填饰西王母、东王公、侍从、骑马人物等。主纹区外铭文带内容为："癸未年八月日 十大王年 男弟王在意紫沙加宫时 斯麻念长寿 遣开中费直秽人今州利二人等 取白上同二百旱 作此竟"。据小林行雄的研究，此镜最可能制作于癸未年，即 443 年（允恭天皇时代）或 503 年（武烈天皇时代），503 年也是名为"斯麻"的百济武宁王登位后的一两年。汉镜作为涉海东渡的重宝，在仰慕汉文化的朝鲜半岛和日本列岛备受推崇，特别是在日本列岛，弥生至古坟时期墓中发现有随葬数十枚汉镜，并存在大量的同型镜。应该说，镜这种物品有着超越政治的人文价值。

图七　隅田八幡神社藏人物画像镜

---

① （晋）陈寿：《三国志》卷三十《魏书·倭人传》，中华书局，1959，第 857 页。

小林氏观察到，对比古坟出土同型镜，隔田八幡画像镜"纹饰表现略显稚拙，明显仿自中国镜。主纹区四乳钉间隔大小不一致，人物也减少为九人。仔细看会发现，东王父像越过乳钉跨越到相邻的区划。也就是说并非先确定四乳的位置，而可能从骑马像开始，在型腔面任意雕刻。在完成两个区间的纹样后，已经占用了型腔面超过一半的区域，于是不得不制成这样。另外，西王母等坐像、骑马像均朝向左边（顺时针），人物方向与汉镜相反，这可能是一边看着镜或摹写图，一边制范的结果"①。

问题在于，细线式兽带镜和方格规矩镜的制作兴盛于东汉早期，为什么武宁王陵选择这两种过时的镜类加以改制并用于随葬呢？笔者认为这是有意之选。镜的随葬方式也说明百济上层熟知并认同镜所反映的宇宙观，并模拟于墓室中。

中国的具钮镜以圆形镜体象征天界，战国时在镜背嵌入方形图式，铜镜便全面表达出天圆地方的观念。② 两汉之际的方格规矩镜便是其代表，象征天覆地载的宇宙结构，四神瑞兽遨游天地之间。方格规矩镜相较于圆形规矩镜，更加强调方框所代表的地，且 TLV 纹更适合方格的基调而非圆形轮廓。③ 多乳兽带镜与方格规矩镜在题材上有着强烈的共通性，但摆脱了方位约束，钮座外侧环绕着包含四神在内的各种神仙瑞兽，主纹饰配置相对自由。④ 而七乳兽带镜，一说象征"七曜"⑤，一说象征擎天八柱去掉镜钮"昆仑"的"七柱"⑥，在多乳兽带镜中最为常见，其背后有着深入人心的观念的支撑。无论如何，多乳兽带镜脱胎于方格规矩镜，更强调圜形周天景象。武宁王头部的七乳兽带镜和脚边的方格规矩镜似乎暗合着天圆地方。

武宁王妃头部亦有一件七乳兽带镜，而脚边却没有铜镜，却多出一件铜熨斗。这究竟是王妃与王在葬制上的差异或是性别差异，如熨斗是王的夫人的象征；还是方格规矩镜象征着政治哲学和宇宙观念，而七乳兽带镜则更多蕴含着为子孙祈福的寓意。笔者认为，王妃脚边的铜熨斗，其内涵与武宁王脚边的方格规矩镜有相通之处。

首先，熨斗作为一种性别象征，提示墓主人的身份，这种可能性也是存在的，且不失为一种合理稳妥的解释。我们在汉三国墓葬中也观察到类似现象，如湖北襄樊菜越三国墓⑦和河南巩义新华小区东汉墓。⑧ 巩义 M1 二棺东西并列，东为男棺、西为女棺，墓主人头南脚北，女性腿边置有一件铜熨斗和铜熏，男性腿边放有一组书卷文房用品，随葬品显示出的汉代视死如生的生活化意味，且身份、性别区分明显。而菜越 M1，同为二棺东西

① 〔日〕小林行雄：《古镜》，学生社，1965，第 103～125 页。
② 王煜：《象天法地：先秦至汉晋铜镜图像寓意概说》，《南方文物》2017 年第 1 期。
③ 孔祥星、刘一曼：《中国古代铜镜》，文物出版社，1984，第 81 页。
④ 〔日〕冈村秀典：《後漢鏡の編年》，《国立历史民俗博物馆研究报告》第五五集，1993。
⑤ （晋）范宁《穀梁传序》："七曜为之盈缩。注：谓之七曜者，日月五星皆照天下，故谓之七曜。"李学勤主编《春秋穀梁传注疏》，北京大学出版社，1999，第 4 页。
⑥ 王煜：《象天法地：先秦至汉晋铜镜图像寓意概说》，《南方文物》2017 年第 1 期。
⑦ 襄樊市文物考古研究所：《湖北襄樊樊城菜越三国墓发掘报告》，《考古学报》2013 年第 3 期。
⑧ 郑州市文物考古研究所、巩义市文物保护管理所：《河南巩义市新华小区汉墓发掘简报》，《华夏考古》2001 年第 4 期。

并列，东为女棺，西为男棺，墓主人头南脚北，女性脚边除了一堆铜钱，只有一件鋬柄铜熨斗，斗柄向南偏东，而男性墓主人腿边有一组包括铁镜在内的梳妆用品，值得注意的是女性头部还有一件铜熏。仅就这两例保存较好的墓葬，且在不考虑陶瓷器的前提下，笔者认为铜熨斗与铜熏是一套器物组合，带有明显的生活气息和性别指向。六朝时期还可举出南京象山 M7 南侧女性墓主一侧随葬有长柄熏炉，或为兼有熏香和熨烫功能的熨斗。①

然而，武宁王陵上距汉末三国年代悬远，结合武宁王陵随葬品整体面貌，考虑到当时的东亚国际环境，武宁王表现出对六朝文化的深度了解和倾慕仿效，王（525）与王妃（529）入葬时间相去不远，葬俗变化不大，笔者认为王妃脚下的铜熨斗应与王脚边的规矩镜是同一性质的器具。武宁王陵长直柄铜熨斗全长 49 厘米，是非常典型的南朝样式铜熨斗。根据墓葬平面图（图八），熨斗出土时位于王妃的青铜饰履下，斗柄向东略偏南，与饰履的方向垂直，且发现时应是倒置的，笔者推测这应是北斗厌胜信仰在墓葬中的反映。北斗七星在北部天空呈斗形排布，最易辨识，故被用以指示方向和指导农时，备受尊崇。北斗信仰的墓葬遗存可上溯至距今五六千年前，秦汉时期北斗信仰进一步成熟，人们立庙祭祀且十分迷信北斗。《汉书·王莽传》："莽亲之南郊，铸作威斗。威斗者，以五石铜为之，若北斗，长二尺五寸，欲以厌胜众兵。"② 威斗法象北斗，长柄熨斗与之形态近似。王妃脚下的熨斗也与北斗方向吻合。北斗兼具主寿、司杀、王权、厌胜、辟兵、星占等多重职能，东汉以来墓葬中可见各种形式的北斗七星图像。《史记·天官书》载："斗为帝车，运于中央，临制四乡。"③ 山东嘉祥武氏祠"北斗星君图"中，北斗七星以"车"的姿态出现，斗口冲上、斗魁为车厢、斗杓为车辕，十分形象。亦有斗口冲下的，如山东滕州征集的汉画像石"北斗星象图"，研究者指出其所表现的正是"禹步辟兵"，即足踏"禹步"——一种模仿北斗的步法，配合其他方术的施展，借助北斗神力作法除道、压辟刀兵。④ 笔者认为这也是王妃脚下如此摆放铜熨斗的用意所在。

接下来的问题是，这件象征北斗信仰的熨斗与方格规矩镜存在怎样的关联。第一，最明显的关联是，它们分别是王和王妃脚边除饰履外的唯一青铜器，王和王妃头部附近都各有一件七乳兽带镜。第二，熨斗象征北斗信仰，其放置符合实际方位，带有指示性，这是规矩镜的特征，而兽带镜不具备。第三，规矩镜的博局纹与北斗图像在墓葬中均有厌胜辟邪之意，镜和熨斗均是蕴含有厌胜寓意的生活用器。第四，熨斗实际上是式盘的简化，式盘进而演变为六博，因此也可以视作法地的器具。《史记·天官书》："分阴阳，建四时，均五行，移节度，定诸纪，皆系于斗。"⑤ 人们认为北斗支配和指导着地上世界。以往研究关注到墓志背后的干支铭所体现的道教阴阳五行说，源自东晋南朝买地券中常见的以干

---

① 南京市博物馆：《南京象山 5 号、6 号、7 号墓清理简报》，《文物》1972 年第 11 期。
② （汉）班固撰，（唐）颜师古注《汉书》卷九十九《王莽传》，中华书局，1962，第 4151 页。
③ （汉）司马迁：《史记》卷二十七《天官书第五》，中华书局，1959，第 1291 页。
④ 朱磊、张耘、燕燕燕：《山东滕州出土北斗星象画像石》，《文物》2012 年第 4 期。
⑤ （汉）司马迁：《史记》卷二十七《天官书第五》，中华书局，1959，第 1291 页。

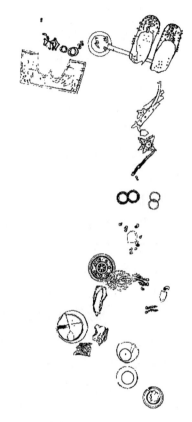

图八 武宁王妃随葬品分布平面图

支象征墓地地界的内容，故其应为武宁王陵的兆域图。在武宁王妃墓志中，亦提及居丧在酉地，后买申地为墓。可以看出武宁王陵的布局营建十分重视方位，深信顺应天道才能护佑子孙和国家。将天地四方的宇宙观念引入人类社会生活和意识的方方面面，形成于先秦，普及于汉代，"象天地而制礼乐，所以通神明，理人伦，正性情，节万事也"，在丧葬礼仪中自然更为强调。① 而在铜镜文化中，将自然天象以及对宇宙的认识表现在铜镜上，在汉唐铜镜镜背形成一套独有的图像模式。

四 武宁王陵出土镜的意义

本文通过对武宁王陵镜镜背纹饰、制作工艺、出土状态和墓葬情况的考察，认为镜的制作年代应在 3 至 6 世纪，属于广义上的仿汉镜。尽管方格规矩镜和七乳兽带镜是流行于东汉至六朝的汉镜样式，发现较多，但由于使用者是最高级别的王和王妃，类似的铜镜在

---

① 赵超：《式、穹隆顶墓室与覆斗形墓志——兼谈古代墓葬中"象天地"的思想》，《文物》1999 年第 5 期。

六朝墓中比较罕见。汉式镜所承载的文化传统，在海东地区有着超越政治的人文价值，朝鲜半岛所见汉式镜反映出舶来文化镶嵌于本土文化背景中的面貌。基于这样的考虑，我们对武宁王陵镜的内涵进行分析，结合随葬品的摆放和位置，推测王妃脚边随葬铜熨斗与王脚边所见方格规矩镜均带有方形大地的象征意义。武宁王陵镜无疑应置于东亚古代铜镜发展史上的重要节点上被关注，对于填补汉唐两大制镜高峰期之间的认识空白有着重要意义。

魏晋南北朝正值采铸不行的时代，尤其是南北朝时期由于皇室崇佛，大量的铜被投入佛寺建设和造像活动中，梁武帝时更是发行铁钱以缓解货币紧缺。南朝时期随葬铜器乏善可陈，然而窖藏铜器却非常丰富，表明当时的贵族仍使用成套的精美铜器。南北朝铜容器与汉器厚重古朴的风格不同，表面光亮、体薄精致、叩之清越，用新的工艺弥补用料不足，或是对铜荒的一种妥协，而以旋床代替砥石打磨，应是在批量需求下的技术突破。武宁王陵出土的南朝样式金属容器以及踏返镜，或许正是当时南朝社会经济和技术现状的反映。

武宁王陵镜还提示了隋唐镜起步于对汉镜的模仿。西晋以后，中国北方铸镜基本停止，南方铸镜品类和产量减少，质量明显下降，5世纪以后南北方铸镜业跌至谷底。当再度发展之时，可资借鉴的绝大多数当为汉镜。南北朝时期是铸镜业的恢复阶段，是从复古出发以求变，隋镜纹饰就反映出对汉镜有着较为深刻的认识。隋唐墓所见"汉镜"，显示出一定偏好："古镜"上限在西汉晚期，不见更早样式；偏好四神、十二生肖等神兽题材，东汉内行花纹镜、四叶镜系（兽首镜、四叶八凤镜等）基本不见；铭文和图像偏好绕钮环列布局，不见汉晋时期流行的位至三公镜、飞鸟镜以及分段式神兽镜。这些所谓的"古镜"，很可能与武宁王陵镜一样，应被视作六朝时期的复古镜。这对于我们认识南北朝时期的铜镜制造业有一定的启发。

附记：本文原载于韩国《百济研究》第72辑（2020年8月，第55~94页），在此基础上修改而成。

编辑：王志高

韩国百济武宁王陵出土七子镜考

——兼论四铢镜

左凯文

（淮阴师范学院历史文化旅游学院）

[**摘要**] 韩国百济武宁王陵中共出土三面铜镜，学界一般认为其中的两面七乳禽兽纹镜为中日两国文献所载的"七子镜"。结合文献与相关文物分析，仅有武宁王妃棺中的七乳四神禽兽纹镜可被称为"七子镜"。萧梁《招真馆碑》与"七子镜"并举的"四铢镜"，很可能是流行于西汉中晚期的日光连弧纹镜。

[**关键词**] 武宁王陵；七子镜；四铢镜；百济

1971 年，韩国考古工作者在忠清南道公州宋山里发现了百济武宁王陵，该墓形制结构保存完整、出土文物精美而丰富，是朝鲜半岛 20 世纪重大考古大发现之一。在武宁王陵出土的众多遗物中，武宁王与王妃棺木内发现的三面铜镜引起了学界的高度关注，随之产生了一批高质量的学术成果。日本学者樋口隆康最早提出武宁王陵出土的两面七乳禽兽纹镜，可能是中日两国历史文献中记载的"七子镜"。[①] 但检索资料发现，学界对于"七子镜"的界定仍然存在分歧，武宁王陵出土的哪面铜镜为七子镜，仍值得进一步讨论。本文就这一具体问题展开讨论，以求教于方家。

一 百济武宁王陵出土镜

武宁王陵共发现三面铜镜，其中武宁王棺木中出土一面方格规矩神兽纹镜（图一）和一面宜子孙七乳禽兽纹镜（图二），而在王妃灵榇内则发现一面七乳四神禽兽纹镜（图三）。

---

① 〔日〕樋口隆康：《武宁王陵出土铜镜与七子镜》，《史林》第 55 卷第 4 号，1972；周裕兴：《武宁王陵出土文物探析之二——以三枚铜镜为例》，《百济文化海外调查报告书 V：中国江苏省、安徽省、浙江省》，（韩国）国立公州博物馆，2005，第 86~105 页；杨泓：《吴、东晋、南朝的文化及其对海东的影响》，《考古》1984年第 6 期；王仲殊：《东晋南北朝时代中国与海东诸国的关系》，《考古》1989 年第 11 期。

方格规矩神兽纹镜，直径 17.8 厘米，缘高 0.7 厘米。镜钮座为方形，镜钮周围排列着小乳钉，乳钉之间刻有十二地支。内区的纹饰为"TLV"形纹，并饰有八个乳钉，乳钉之间用细线勾画了四神及鸟兽形象。内区外侧饰铭文带，铭文为："尚方作竟真大好，上有仙人不知老，渴饮玉泉饥食枣，寿口金石兮。"内区之上，还铸有一人像和四兽像。四只野兽呈飞驰之姿，而人物则半裸，手持标枪，似为打猎的场景。该镜出土于武宁王足座的北部。

宜子孙七乳禽兽纹镜，直径 23.2 厘米，缘高 0.7 厘米。镜钮座为圆形，周围有九个乳钉，其间有"宜子孙"铭文。钮座周围是一圈栉齿纹带和两圈素纹带，素纹带外侧又有一圈栉齿纹带。内区有七个置于四叶座上的乳钉，乳钉之间为七个神兽。内区外侧是一圈狭窄的铭文带，铭文漫漶，无法释读。外区为平缘，上有一圈锯齿纹带。锯齿纹带的外侧还有一圈花草纹带。镜钮中，尚残留有织物碎片。该镜位于武宁王的头部，是武宁王陵出土的三面铜镜中尺寸最大者。

图一　武宁王陵出土方格规矩
神兽纹镜（线图）

图二　武宁王陵出土宜子孙七乳禽兽纹镜

图三　武宁王陵出土七乳四神禽兽纹镜

七乳四神禽兽纹镜，直径 18.1 厘米，缘高 0.6 厘米。镜钮座为圆形，直径 2 厘米，周围是九个小乳钉，其间有简单的花草纹。钮座之外，依次是栉齿纹、素面纹、栉齿纹三条圈带，其中素面纹带较窄。内区有七个置于内行八弧纹圆形乳座上的乳钉，乳钉间是七个用细线勾勒的神兽纹。外区为平缘，其内侧为锯齿纹带，外侧则为花草纹。据发掘报告，该镜铜质较差，位于王妃棺木的头部。①

———————————

① 大韩民国文化财管理局编《武宁王陵》（日文版），（东京）学生社，1974。

二 中外学界对七子镜的界定

学界对七子镜的界定，可分为"镜台说"、"铃镜说"、"七乳禽兽纹镜类说"和"特殊七乳禽兽纹镜说"四种。

"镜台说"由中国学者提出，主要出现在以《辞源》为代表的部分辞书中。1932 年《辞源续编》的作者据曹操《上杂物疏》中"宫中有纯银参带镜台一，纯银七子贵人公主镜台四"[①] 等语，认为"'参带''七子'皆镜台式样，'七子'谓七重，可函七镜者也"[②]，第一次提出"七子镜为镜台说"。1979 年《辞源》修订本则直接指出"七子镜"就是"装有七面镜子的镜台"。[③] 另外，《中国古代名物大典》认为："七子镜，镜名。因安装在饰有七子圆案的镜台上而得名。"[④] 这种观点可视为"镜台说"的衍生。

"铃镜说"由日本学者提出。[⑤] 所谓铃镜，是一种古镜的形制，镜缘处附有铃铛。宫崎市定称："七子镜是七角形的镜子，每个角的尖端有装饰的玉，可能就是后来出现的仿制铃镜的原形。"[⑥]

"七乳禽兽纹镜类说"。结合目前掌握的资料，最早由日本学者樋口隆康提出。1972 年，樋口氏在京都大学史学研究会主办的学术刊物《史林》上发表了《武宁王陵出土铜镜与七子镜》一文。他结合中日两国相关考古资料，认为"七子"指的是镜上七枚乳钉，并指出七乳禽兽纹镜即两国文献所载的"七子镜"。

"特殊七乳禽兽纹镜说"。1986 年，杨泓发表了《七子镜》一文，提出了不同的观点。他对"七子镜"的概念有了更为明确的界定，具体观点兹录于下：

> 其实所谓七子镜，是东汉时流行的多乳兽带镜的一种，它的特征是除在镜钮周围分布有八个小乳以外，在镜的内区的兽纹带上又有七个较大的乳。这七个乳的形象与其他镜乳不同，中央有凸出的小纽，周围饰连弧纹，做成七面小的连弧纹镜的形象。这七个拟镜形的乳，就是大镜的七子，由是名为"七子镜"。[⑦]

可见，杨泓认为"七子镜"仅是七乳禽兽纹镜类的一种特殊镜式，其特征是：内区乳

---

① （清）张英等纂修《渊鉴类函》卷三百八十《服饰部十一》，《文渊阁四库全书》第 992 册，商务印书馆，1982，第 351 页。
② 《辞源续编》，商务印书馆，1932，第 10 页。
③ 《辞源》修订本（第一册），商务印书馆，1979，第 23 页。
④ 华夫主编《中国古代名物大典》，济南出版社，1993，第 178 页。
⑤ 《日本书纪补注》，转引自樋口隆康《武宁王陵出土铜镜与七子镜》，《史林》第 55 卷第 4 号，1972。
⑥ 〔日〕宫崎市定：《谜一般的七支刀：五世纪的东亚与日本》，马云超译，中信出版社，2018，第 79 页。
⑦ 杨泓：《吴、东晋、南朝的文化及其对海东的影响》，《考古》1984 年第 6 期；杨泓：《七子镜》，《文物天地》1986 年第 2 期。

钉座为连弧纹者，"七子"即指乳钉与连弧纹乳钉座组成的"连弧纹镜"形图纹。孙机与王仲殊后采用了此说。①

对于以上几种观点，杨泓先生虽早已指出"镜台说"的讹误，但并未进一步讨论。②事实上，七子是汉代后宫嫔妃的名号，《汉书·外戚传》载："汉兴，因秦之称号，帝母称皇太后，祖母称太皇太后，适称皇后，妾皆称夫人。又有美人、良人、八子、七子、长使、少使之号焉。"③ 其中，"七子视八百石，比右庶长"。④ 另据《后汉书·孝桓帝纪》："冬十月甲午，尊皇母匽氏为孝崇博园贵人。"李贤等注曰："贵人位次皇后，金印紫绶。"⑤ 由此可见，曹操《上杂物疏》中"纯银七子贵人公主镜台四"，应当意为七子、贵人、公主等身份的女性所用之银制镜台，非镜台名为七子。至于"铃镜说"，则影响力更为有限。如所周知，唐代之前中国的镜鉴多为圆形，未见有如铃镜者。原田淑人即云："七铃镜，此则日本创意；周附以铃，非中国所有也。"⑥ 故此说基本不为学界所采信。

相较而言，樋口隆康与杨泓的观点更为合理，问题在于所有七乳禽兽纹镜均为七子镜，还是仅为这一镜类中的特殊镜式。下文对于百济武宁王陵出土七子镜的考证，即主要建立在樋口隆康与杨泓提出的两种观点之上。

三 武宁王陵出土七子镜辨析

以樋口隆康的观点视之，则武宁王陵出土的两面七乳禽兽纹镜皆为七子镜。这种观点对国内学界影响较大，从其说者甚众。⑦ 有学者依据个别七乳禽兽纹镜上有"七子九孙各有喜"等铭文，认为"七子九孙"分别代指内区和钮座内的乳钉。⑧ 此可视为对樋口氏"七子"指代乳钉之说的补充。又因一些铜镜镜背铸有"六子大吉""八子九孙""八子十二孙""七子九孙"等铭文，有学者进一步发挥，认为这些铜镜"东汉时期就叫'六子镜'、'八子九孙镜'（简称'八子镜'）、'八子十二孙镜'（简称'八子镜'）、'七子九

① 孙机：《三子钗与九子铃》，《文物天地》1987年第6期；王仲殊：《东晋南北朝时代中国与海东诸国的关系》，《考古》1989年第11期。
② 杨泓：《七子镜》，《文物天地》1986年第2期。
③ （东汉）班固：《汉书》卷九十七上《外戚传上》，中华书局，1962，第3935页。
④ （东汉）班固：《汉书》卷九十七上《外戚传上》，中华书局，1962，第3935页。
⑤ （南朝宋）范晔：《后汉书》卷七《孝桓帝纪》，中华书局，1965，第288~289页。
⑥ 〔日〕原田淑人：《从考古学上观察中日古文化之关系》，钱稻孙译，铅印本，1933，第29页。
⑦ 中国社会科学院考古研究所编《中国考古学·三国两晋南北朝卷》，中国社会科学出版社，2018，第634页；周裕兴：《武宁王陵出土文物探析之二——以三枚铜镜为例》，《百济文化海外调查报告书Ⅴ：中国江苏省、安徽省、浙江省》，（韩国）国立公州博物馆，2005，第86~105页；韩著：《六朝墓葬出土铜镜述略》，载南京师范大学文物与博物馆学系主编《东亚文明》第1辑，社会科学文献出版社，2019，第102~116页；齐东方：《碰撞与交融——考古发现与外来文化》，科学出版社，2021，第242~249页。
⑧ 周裕兴：《武宁王陵出土文物探析之二——以三枚铜镜为例》，《百济文化海外调查报告书Ⅴ：中国江苏省、安徽省、浙江省》，（韩国）国立公州博物馆，2005，第89页。

孙镜'（简称'七子镜'）"，并称"我们完全有理由依据这些镜铭和史料恢复其原来的名称，将汉镜上的'乳钉纹'改称为'子孙纹'"。[1]

事实上，对相关资料稍加检索，就会发现多乳禽兽纹镜中"某子某孙"类铭文与镜上乳钉数量并不完全相合。如《中国铜镜图典》（下简称《图典》）所录"侯氏七乳禽兽镜"，铭文虽曰"七子八孙居中央"，但镜钮外侧实际却有九枚小乳钉。[2] 又如"张氏五乳禽兽镜"上铸有"八子九孙居高堂兮"铭文，文字与乳钉数量亦不合。[3] 另外，"某子某孙"类镜铭在其他镜式上亦有出现。如《图典》所收"蔡氏神人骑马画像镜"就铸有"七子九孙各有喜"铭文，但该镜仅有四枚乳钉。[4] 而《图典》所录"善铜四神博局镜"[5]、《洛阳出土铜镜》"新莽鸟兽规矩镜"[6] 以及《浙江出土铜镜》"东汉规矩四神镜"[7]，均铸有"八子九孙治中央"之语。这三面铜镜内区虽有八枚乳钉，但镜钮外却有十二个小乳。可见"某子某孙"类铭文，应是镜铭中格式固定的吉祥语，与乳钉数量并无直接关系，以此类镜铭为据，将所有七乳禽兽镜都视为"七子镜"的观点值得商榷。此外，如所周知，汉镜上的乳钉常被用来分割内区纹饰，起装饰点缀作用。不区分具体情况，将所有乳钉纹均视为"子孙纹"，且仅依照铭文中只字片语就将铜镜命名为所谓"六子镜""八子镜"的做法，亦不可取。

再来看杨泓的观点，以他的界定标准，武宁王王妃棺内发现的七乳四神禽兽纹镜才是七子镜。无独有偶，通过检索相关文献，笔者发现魏晋南北朝时有一种名为"七子樏"或"七子合（盒）盘"的餐具。《艺文类聚》卷八十二引《杜兰香别传》曰："香（杜兰香）降张硕，赍瓦榼酒、七子樏。樏多菜而无他味，亦有世间常菜。"[8]《太平御览》卷八百四十九引晋人祖台之《志怪》云："建康小吏曹著见庐山夫人，夫人为设酒噉。金鸟啄罂，其中镂刻，奇饰异形，非人所名；下七子合（盒）盘，盘中亦无俗中肴。"[9] 按：杜兰香与庐山夫人皆为传说中的神女，杜兰香曾降临张硕家，并与之成婚，而庐山夫人则嫁给了建康小吏曹著。关于两则文献中提及的"七子樏"与"七子合（盒）盘"，余嘉锡先生认为："所谓七子盒盘，亦即樏也……盖樏中有七隔，以盛肴馔，即今之食盒，一名攒盒者是也。"[10] 考古人员也在这一时期的墓葬中多次发现七子樏实物。如安徽马鞍山朱然墓曾出土一件漆七子樏，为长方形，子口，壶门形足，内分为七格；四壁外侧及底部髹黑红

① 陈小波：《汉代铜镜上"乳钉纹"考析》，载广西博物馆编《广西博物馆文集》（第 1 辑），广西人民出版社，2004，第 115 页。

② 孔祥星：《中国铜镜图典》，文物出版社，1992，第 349 页。

③ 孔祥星：《中国铜镜图典》，文物出版社，1992，第 332 页。

④ 孔祥星：《中国铜镜图典》，文物出版社，1992，第 454 页。

⑤ 孔祥星：《中国铜镜图典》，文物出版社，1992，第 266 页。

⑥ 洛阳博物馆编《洛阳出土铜镜》，文物出版社，1988，图 29。

⑦ 王士伦编《浙江出土铜镜》，文物出版社，1987，图 20。

⑧ （唐）欧阳询：《艺文类聚》卷八十二，上海古籍出版社，1965，第 1416 页。

⑨ （宋）李昉：《太平御览》卷八百四十九《饮食部七·食下》，中华书局，1960，第 3796 页。

⑩ （南朝宋）刘庆义撰，余嘉锡笺疏《世说新语笺疏》，中华书局，2015，第 388 页。

漆，并用金、绿、黑漆绘蔓草纹和放鹰图；内部则在红漆地上用金、黑漆分别绘神禽或神兽。① 由实物可知，七子樏中的"七子"，即指内部七格，每一格的功能与整个七子樏相同，皆有存放菜肴之用。孙机先生曾指出："汉、晋间人习惯于钱币'子母相权'的说法，常把一件器物上的小部件或小组成部分称为'子'。"② 结合考古出土的文物，笔者进一步推测被称为"子"者，应当与母体在功能或形象上有一定的相似之处。以此观之，铜镜之于乳钉，差异较大，而与乳钉及连弧纹座组成的"连弧纹镜"图形却十分相似。

综上，通过类比相关文物的命名方法，可见杨泓抓住了七子镜的主要特征，对"母"与"子"关系的解释更为科学合理。换言之，相较于樋口隆康的观点，杨泓对于"七子镜"界定更为可信。故武宁王陵所出铜镜中，置于王妃棺中的七乳四神禽兽纹镜应当是文献记载的七子镜。

七子镜作为武宁王妃的陪葬品绝非偶然。一方面，早在武宁王之前，百济王室或已拥有了七子镜。《日本书纪》卷九《神功皇后纪》载，神功皇后五十二年秋九月丙子，百济肖古王派遣久氐等前往倭国，"献七枝刀一口、七子镜一面及种种重宝"③。另一方面，七子镜是南北朝时镜鉴中的精品。萧梁简文帝《望月》云"形同七子镜，影类九秋霜"④，北周诗人庾信同题诗赞曰："照人非七子，含风异九华。"⑤ 南北朝两位诗人同将明月比拟为七子镜，这是其他镜鉴未有之殊荣，足见该镜之精美与珍贵。另外，从这些文献亦可窥见七子镜使用者身份不俗，武宁王陵出土镜则印证了这一点。

四　四铢镜

除上文所引关于七子镜的几条记载外，笔者新检得一条关于七子镜的文献，可为进一步认识七子镜提供新的线索。《全梁文》卷十四《招真馆碑》一文有"明月蛟龙之骑，驱之使半；四铢七子之镜，引以成刀"之句。⑥ 按：《招真馆碑》又称《虞山招真治碑》，为梁简文帝萧纲所作。萧梁天监二年（503），东汉道士张道陵（世称"张天师"）十二世孙张道裕前往海虞县（今江苏常熟）虞山，栖遁十余年后建招真馆。《招真馆碑》一文描绘了招真馆及周边环境，并记录张道裕的道教活动。据相关学者考证，《招真馆碑》可能是普通二年（521）萧纲就任南徐州刺史后为招真馆所作，至迟到北宋时，该碑已不复存在。⑦

① 安徽省文物考古研究所、马鞍山市文化局：《安徽马鞍山东吴朱然墓发掘简报》，《文物》1986 年第 3 期。
② 孙机：《三子钗与九子铃》，《文物天地》1987 年第 6 期。
③ 〔日〕舍人亲王：《日本书纪》卷九《神功皇后纪》，四川人民出版社，2019，第 132 页。
④ （唐）欧阳询：《艺文类聚》卷一，上海古籍出版社，1965，第 8 页。
⑤ （北周）庾信撰，（清）倪璠注《庾子山集注》卷四《望月》，中华书局，1980，第 348 页。
⑥ （清）严可均校辑《全上古三代秦汉三国六朝文·全梁文》，中华书局，1958，第 3030 页。
⑦ 王晓东：《〈虞山招真治碑〉考论》，《郑州大学学报》（哲学社会科学版）1998 年第 5 期。

《招真馆碑》碑文里"四铢七子之镜"的"七子",应当指代的就是七子镜,那"四铢"又当如何理解呢?《太平御览》卷七百一十七引《东方朔传》载:

> 郭舍人曰:"四铢籀文章,背有组索,两人相见,朔能知之为上客。"朔曰:"此玉之茎,石之精,表如日光,里如众星,两人相睹见,相知情,此名为镜。"①

"四铢"的典故或由此而来。但是,《太平御览》所引的《东方朔传》今已散逸,这段无铺垫的文献,读之使人感到迷惑,不知该如何理解。不过,今《汉书·东方朔传》中有这样一段记载,或可成为解读这段文献的钥匙:

> 上(汉武帝)尝使诸数家射覆,置守宫盂下,射之,皆不能中。朔自赞曰:"臣尝受《易》,请射之。"乃别著布卦而对曰:"臣以为龙又无角,谓之为蛇又有足,跂跂脉脉善缘壁,是非守宫即蜥蜴。"上曰:"善。"赐帛十匹。复使射他物,连中,辄赐帛。

> 时有幸倡郭舍人,滑稽不穷,常侍左右,曰:"朔狂,幸中耳,非至数也。臣愿令朔复射,朔中之,臣榜百,不能中,臣赐帛。"乃覆树上寄生,令朔射之。……舍人不服,因曰:"臣愿复问朔隐语,不知,亦当榜。"即妄为谐语曰:"令壶齟,老柏涂,伊优亚,狋吽牙。何谓也?"朔曰:"令者,命也。壶者,所以盛也。齟者,齿不正也。老者,人所敬也。柏者,鬼之廷也。涂者,渐洳径也。伊优亚者,辞未定也。狋吽牙者,两犬争也。"舍人所问,朔应声辄对,变诈锋出,莫能穷者,左右大惊。上以朔为常侍郎,遂得爱幸。②

根据这段记载,可知东方朔在汉武帝面前射覆③无所不中,引起了倡人郭舍人的嫉妒。他先与东方朔射覆,失败后恼羞成怒,又要通过"隐语"与东方朔斗法。所谓"隐语",即不将要表达的意思明说出来,而借用别的话来表示,类似于谜语。因此,《太平御览》中截录的这段对话,或许正是郭舍人所出之隐语以及东方朔的答案。郭舍人所言"四铢"及"籀文章"、"背有组索"等语看似难以理解,实际上与"七子"一样,应指代的是某种铜镜的突出特征。再从简文帝将"四铢"与"七子"并举推测,《招真馆碑》的"四铢"或是"四铢镜"的省称。

然而通过检索可知,传世文献中鲜见四铢镜的信息。不过《太平御览》所载郭舍人与东方朔的对话,或可为我们认识这一镜式提供一些线索。东方朔盛赞四铢镜有"玉之茎,石之精,表如日光,里如众星"。所谓"玉之茎,石之精","茎"字疑为"莹"字之讹,意指该镜铸造精美,如玉石般光洁。"表如日光"指镜面可透日光,而"里如众星"或指

---

① (宋)李昉:《太平御览》卷七百一十七《服用部一十九·镜》,中华书局,1960,第 3177 页。
② (东汉)班固:《汉书》卷六十五《东方朔传》,中华书局,1962,第 2843～2845 页。
③ 所谓射覆,就是用瓯、盂等器具覆盖某一物件,让人猜测里面是什么东西。

镜背纹饰。按汉武帝至王莽时期流行一种日光连弧纹镜（或称日光镜），镜上一般有"见日之光"铭文，意在赞美镜质之佳，能迎光透出背纹。而从考古发现来看，这类铜镜铸造精致，是汉代铜镜中的精品，且部分铜镜在日光或强光照射镜面时，会反射出镜背的铭文，如上海博物馆藏日光镜（图四）。[①] 另值得注意的是，郭舍人的隐语提到了"籕文章"，按照上文推测，这应当是四铢镜的一个特征。一般认为"籕"是"籕"的讹字，所谓籕文，是创于西周时的一种文字，有学者研究认为，"秦文字和六国文字都是籕文的后裔，籕文也是战国文字的远祖"[②]。而"章"则有图案、戳记之意。目前发现的日光连弧纹镜，其铭文字体瘦长，非篆非隶，且多用简笔，或与"籕文章"有关。综上所析，笔者认为《招真馆碑》《太平御览》提及的"四铢"镜很可能就是日光连弧纹镜。

图四　上海博物馆藏西汉日光镜

再回到《招真馆碑》。晋人葛洪的《神仙传》载河东人孙博"能引镜为刀，屈刀为镜"[③]。故"四铢七子之镜，引以成刀"一句本意当为：将四铢镜和七子镜熔铸成刀。从中可见四铢镜、七子镜不但样式精美，铜质亦应极佳，是当时难得一见的宝镜。但依据考古报告描述，武宁王陵王妃棺内的七乳四神禽兽纹镜铜质欠佳、纹饰粗糙，似乎很难将其与南北朝文学作品中的七子镜画上等号。不过学界普遍认为东晋、南朝是中国铜镜的中衰期，这一时期的铜镜不但数量较少，而且制作粗劣草率，保存状况不佳。故相较于同时期普通墓葬出土的铜镜，武宁王陵发现的这面七子镜当属佳品。从国内目前考古发现来看，七子镜在六朝墓葬中鲜有发现。这一方面固然与这一时期高等级墓葬多遭盗掘有关，另一方面也反映出七子镜之稀有。此外值得注意的是，安徽马鞍山盆山 M1 亦发现一面七子

①　管维良：《中国铜镜史》，重庆出版社，2006，第 129 页。
②　何琳仪：《战国文字通论（订补）》，上海古籍出版社，2017，第 51 页。
③　（东晋）葛洪：《神仙传》卷四《孙博》，上海古籍出版社，1990，第 22 页。

镜，发掘者判断墓主是一位妇人。① 结合武宁王陵七子镜出于王妃棺中，笔者推测作为陪葬品的七子镜，或许与墓主的性别有某种关联。

　　附记： 笔者在读博期间，曾翻译樋口隆康先生的《武宁王陵出土铜镜与七子镜》一文（译文已在《东亚文明》第二辑发表）。在翻译过程中，笔者对武宁王陵所出铜镜产生了浓厚兴趣，后在业师王志高教授的大力帮助与支持下，完成了本文的写作，在此谨致谢忱。

编辑：韩茗

---

① 马鞍山市文物管理所：《马鞍山市盆山发现六朝墓》，载王俊主编《马鞍山六朝墓葬发掘与研究》，科学出版社，2008，第 80～83 页。

内属制度视角下百济与南朝的交往

——以百济武宁王陵为中心

王志高　赵五正

（南京师范大学文博系）

[**摘要**] 自永明二年（484 年）百济东城王请求内属南齐，双方之间的内属关系持续至梁代侯景之乱。"内属时期"百济宋山里古坟群的选址、布局安排明显参考了南朝的陵墓制度。武宁王陵是一座典型的"建康模式"砖室墓，符合南朝墓葬等级规定，此乃内属制度之要求。在内属制度下，"建康模式"的砖室墓是百济王室贵族的特权，仅见于熊津时期的都城周边，具有鲜明的时代与等级特色。武宁王陵木棺内外风格有别的随葬品面貌是内属制度的生动写照。从武宁王陵出土的石兽造型、墓志铭用词看，百济对南朝的内属关系具有极大的象征性，仍有一定的自主倾向。随着南朝实力的逐渐衰弱，这种内属关系不断动摇，乃至最终走向瓦解。

[**关键词**] 内属制度；百济；南朝；武宁王陵；建康模式

公元 5 ~ 6 世纪，今朝鲜半岛古国百济与中国大陆的南朝关系密切，人员往来频繁，文化交流深厚，相关学者从文献记载与考古发现多有讨论。作为研究热点的百济武宁王陵，其砖室形制的"建康模式"被公认是受南朝的影响。但是，为什么在首尔、扶余这两座百济都城都没有发现砖室墓，而独出现于今公州地区呢？为什么砖室墓葬在百济古坟中只是昙花一现？显然，以往的解释不能令人信服。其实，百济与南朝的种种亲密交往，其背景是在当时复杂的东北亚国际局势下两国一度建立"内属"关系。在这一特殊关系之下，百济行用南朝制度，服从南朝政权的安排，在政治、经济、军事、文化各方面都有或多或少的体现。早在 2007 年 12 月，应韩国忠清文化财研究院及高丽大学韩国考古环境研究所之邀，笔者在所发表的公州宋山里 6 号坟专题学术演讲中曾经涉及百济与南朝的"内属"关系，但因篇幅限制，这一问题没有全面展开①。本文在梳理内属史料的基础上，分

---

① 参见王志高《韩国公州宋山里 6 号坟几个问题的探讨》，《东南文化》2008 年第 4 期。

析百济内属的时代背景，进而讨论内属时期武宁王陵的营建、百济墓葬的等级，以及内属关系下百济的自主倾向。希望这一讨论对深刻理解这一时期东亚世界各政权的关系，特别是公州百济高等级墓葬的特殊性有所帮助。

一　"内属" 与内属制度

"内属" 意指归附朝廷为属地或属国，是中国历史上周边政权对中央王朝的一种特殊从属关系，在中央王朝的内政外交活动中占据重要地位。内属关系包含在藩属关系中，相较于一般的藩属关系，中央王朝对内属政权实施更强的控制。宗藩关系不限于统一王朝，在分裂时期的南北朝，"由于没有统一王朝的存在，围绕各分裂政权，以及与分裂政权保持臣属关系和没有臣属关系的其他政权为核心也会形成更多的藩属关系"[1]。在南朝与高句丽、百济、吐谷浑等政权的互动中，藩属关系是维护中央王朝正统性，显示 "天下" 理想的重要工具。维持藩属关系的重要措施是朝贡与册封制度，在此之下，藩属政权保持相对独立性。在藩属关系中存在亲疏之分，有所谓 "内臣" "外臣" 或 "属邦" "臣邦" "外臣邦" 之别[2]。内属关系接近 "内臣"，如《汉书·王莽传》载，"羌豪良愿等种，人口可万二千人，愿为内臣"，"从四岁以来，羌人无所疾苦，故思乐内属"[3]。

"内属" 关系早见于汉代，在中央王朝的武力威慑与文化感召下，周边政权向汉帝国请求内属屡见于史料。《史记·南越列传》载：

> （南越）太后恐乱起，亦欲倚汉威，数劝王及群臣求内属。即因使者上书，请比内诸侯，三岁一朝，除边关。于是天子许之，赐其丞相吕嘉银印，及内史、中尉、太傅印，余得自置。除其故黥劓刑，用汉法，比内诸侯。使者皆留填抚之。[4]

这种内属关系的起因是南越太后出于稳固自身政权的迫切需求。内属关系有多种表现形式，除了这种主动内属外，也有被迫内属者[5]；有内属后维持旧有统治秩序者[6]，还有

---

① 李大龙：《关于藩属体制的几个理论问题——对中国古代疆域理论发展的理论阐释》，《学习与探索》2007 年第 4 期。

② 王义康：《中国古代的外国与外臣考》，《西北民族论丛》2015 年第 2 期；陈力：《试论秦国之 "属邦" 与 "臣邦"》，《民族研究》1997 年第 4 期。

③ （汉）班固：《汉书》卷九十九《王莽传》，中华书局，1962，第 4077 页。

④ （汉）司马迁：《史记》卷一百一十三《南越列传》，中华书局，1982，第 2972 页。

⑤ 唐龙朔三年（663 年），吐谷浑受吐蕃所逼逐尽失青海故地，以诸曷钵为首的吐谷浑王族及部分民众内属唐朝。参见（后晋）刘昫等《旧唐书》卷五《高宗本纪下》："吐谷浑全国尽没，唯慕容诺曷钵及其亲信数千帐内属，仍徙于灵州界。" 中华书局，1975，第 94 页。

⑥ 如（宋）欧阳修、宋祁：《新唐书》卷二百一十九《契丹传》："窟哥举部内属，乃置松漠都督府，以窟哥为使持节十州诸军事、松漠都督，封无极男，赐氏李。" 中华书局，1975，第 6168 页。

内属后受汉官吏管辖者①。

内属又称"内附"，在文献中两者时见混用，如《梁书·侯景传》："（侯）景又举河南内附。"②《梁书·武帝本纪》："魏司徒侯景求以豫章、广、颍、洛、阳、西扬、东荆、北荆、襄、东豫、南兖、西兖、齐等十三州内属。"③ 内属不等于内徙④，内属者不一定是移民⑤。

在藩属关系下的内属关系，同样有着一套"内属制度"。内属制度实际上是中央王朝对内属政权义务的种种规定，其核心无外乎内属政权须严格行用中央王朝制度、服从中央王朝安排、受到中央王朝更直接的监视。内属制度的此种特质在考古发现与文献记载中都有印证⑥。

墓葬是中国文化的重要载体，内属制度无疑会涉及墓葬。如东汉时期的内属政权夫余，"本属玄菟，献帝时，其王求属辽东"。其君主安葬，"汉朝常豫以玉匣付玄菟郡，王死则迎取以葬焉"⑦。"玉匣"是汉代帝王及高等级贵族的重要葬具，内属的夫余王葬用玉匣应是当时制度规定。

南北朝时期是藩属制度、内属制度发展的重要阶段。一方面，汉代以来对藩属、内属政权的管理逐步强化，从汉武帝时"西域内属，有三十六国。汉为置使者、校尉领护之"⑧，到唐代规定"凡内附后所生子，即同百姓，不得为蕃户也"，"凡诸国蕃胡内附者，亦定为九等，四等已上为上户"。⑨ 内属政权民众逐步成为帝国的编户。另一方面，在南北朝分裂的大背景下，中央王朝权威与实力较大一统王朝大为削弱，对内属政权的掌控力度有限，内属政权面对复杂的国际局势往往首鼠两端。需要说明的是，由于文献中对这一时期的内属关系记载不清，可以印证的考古发现较少，相关研究一直比较薄弱。

二　文献记载中的百济内属

百济是朝鲜半岛西南部的古国，存在于公元 1 世纪至 7 世纪，长期与北邻高句丽对峙。在中国大陆南北方分裂的大背景下，百济与南朝交好，频繁遣使至建康朝贡。刘宋时

---

① 参见（南朝宋）范晔《后汉书》卷八十八《西域传》："武帝时，西域内属，有三十六国。汉为置使者、校尉领护之。帝改曰都护。元帝又置戊己二校尉，屯田于车师前王庭。"中华书局，1965，第2909页；又如（宋）欧阳修、宋祁：《新唐书》卷一百九十七《李素立传》："初，突厥铁勒部内附，即其地为瀚海都护府，诏（李）素立领之。"中华书局，1975，第5619页。

② （唐）姚思廉：《梁书》卷五十六《侯景传》，中华书局，1973，第835页。

③ （唐）姚思廉：《梁书》卷三《武帝本纪》，中华书局，1973，第91页。

④ （唐）房玄龄等：《晋书》卷八十一《朱伺传》："（朱伺）少为吴牙门将陶丹给使。吴平，内徙江夏。"朱伺为内徙移民，但并无内属情况。中华书局，1974，第2120页。

⑤ 如前文所引汉代西域内属，唐代契丹、铁勒内属，皆未发生移民行动。

⑥ 参见李明浩：《从朝鲜出土的汉印、晋印看古代濊人及其政治设置》，《古籍整理研究学刊》2020年第6期；张勇：《汉代西南属国考古学文化变迁及相关问题研究》，《郑州大学学报（哲学社会科学版）》2017年第4期。

⑦ （南朝宋）范晔：《后汉书》卷八十五《夫余传》，中华书局，1965，第281~2811、2812页。

⑧ （南朝宋）范晔：《后汉书》卷八十八《西域传》，中华书局，1965，第2909页。

⑨ （唐）李林甫等：《唐六典》卷三《户部》，中华书局，1992，第77页。

期与百济的关系仅限于朝贡与册封，并未深入。百济同时还向北魏派遣使节，意图在南北朝间取得平衡，以提升自己在朝鲜半岛的话语权。至公元 475 年，在高句丽军的攻击下，百济国都汉城被攻破，盖卤王兵败被杀。文周王迁都熊津，百济史上的熊津时代开始。熊津时代初期，百济经历了一系列政局动荡，实力大为衰弱。478 年，文周王被暗杀，继位的三斤王不久死亡，东城王继位。

南齐永明二年（484 年），百济东城王突然请求内属南齐。事见《三国史记·百济东城王本纪》："（东城王）六年春二月，王闻南齐祖道成册高句丽巨琏（即长寿王）为骠骑大将军，遣使上表请内属。许之。"① 百济内属南齐事不见于中国文献记载，可能与今存《南齐书》卷五十八《东南夷传》不完整有关，此卷脱漏《高丽传》之下半篇、《百济传》之上半篇，有关百济东城王内属的内容正在脱漏的范围之内。②

相较于《宋书·百济传》的寥寥数句，《南齐书·东南夷传》在有明显阙漏的情况下，关于百济的记叙更为详尽，所收录百济王牟大（东城王）数次上表表文，毫不吝惜篇幅。见于其中的东城王表文，在请求除授军号外，还特请除授诸如"朝鲜太守""广阳太守""带方太守""广陵太守"等带有中原色彩的官职，且自称"宜在进爵，谨依先例，各假行职"③，可见已成惯例。此表文中还屡次出现"勤劳公务""公务不废""唯公是务"，罕见于其他藩属国的外交辞令中，此处的"公"所指，一种可能是百济国，也有可能是指南齐的天下与统治。南齐甚至还派遣谒者仆射孙副"策命（牟）大袭亡祖父牟都为百济王"④，规格之高在南朝对外交往中颇不寻常。作为皇帝身边的近臣，谒者仆射往往代表皇帝策命朝廷重臣。

东城王匆匆举国内属于南齐，我们认为有两大背景：其一是"魏伐百济"这一东亚国际军事冲突。史载百济长期未与北魏建立外交关系，直到五世纪下半叶，高句丽长寿王为了向南拓展，屡屡侵扰百济北境，百济形势严峻。为了改变这种局面，472 年，百济盖卤王毅然遣使北魏乞师讨伐高句丽，并允诺臣服于北魏。北魏断然拒绝了百济结盟的要求，盖卤王"遂绝朝贡"。475 年，又发生高句丽兵围汉城，盖卤王被杀的悲剧。此后，百济积弱的国势未有改变，与北魏的关系亦未得到改善，终于在东城王在位期间爆发了北魏大举讨伐百济的战争。在北魏大举来伐、国难临头的紧要时刻，东城王以内属为条件转向南齐寻求结盟和支援就完全可以理解⑤；其二是前引南齐高帝册封高句丽长寿王为骠骑大将

---

① 金富轼：《三国史记》卷二十六《东城王本纪》，吉林大学出版社，2015，第 309 页。东城王六年即南齐永明二年，484 年。据中国方面文献记载，这一年在位的是南齐的武帝萧赜，高帝萧道成已经死亡两年，故《三国史记》的这条记载尚需考订。

② 参见（梁）萧子显《南齐书》卷五十八《东南夷传》，中华书局，1972，第 1019～1020 页校勘记第 5 条。

③ （梁）萧子显：《南齐书》卷五十八《东南夷传》，中华书局，1972，第 1011 页。

④ （梁）萧子显：《南齐书》卷五十八《东南夷传》，中华书局，1972，第 1011 页。

⑤ "魏伐百济"事件，学界存在一定争议，战争结果有百济获胜与北魏获胜两说，战争时间有南齐永明二年（484 年）、永明六年、永明八年三说。参见王志高《韩国公州宋山里 6 号坟几个问题的探讨》，《东南文化》2008 年第 4 期。

军。这可能会被百济东城王视为南齐与高句丽结盟的信号，与此同时倭王武又被授予此前专属于百济王的"镇东大将军"①，百济遂以远超"奉送鄙女""并遣子弟"的"内属"为条件赢得南齐的好感②。

百济与南朝的内属关系延续至梁代。百济圣王曾"于大通元年（527 年）丁未，为梁帝创寺于熊川州，名大通寺"③，此创寺之举被认为是"内属"的表现④。有梁一代，百济屡次"求书"⑤，甚至"表求讲礼博士"⑥，政治、文化上的亲近可见一斑。而后世所见梁元帝绘《职贡图》各个版本都将百济国使置于高句丽之前，为东夷之长。无怪乎侯景之乱后"百济使至，见城邑丘墟，于端门外号泣"⑦。侯景之乱后，南朝实力一落千丈，与百济的内属关系逐步瓦解。此后，百济放弃了之前一边倒向南朝的外交国策，同时向南北朝政权遣使朝贡。北齐武平元年（南朝陈太建二年，570 年）二月，百济王余昌接受了北齐"使持节、侍中、骠骑大将军、带方郡公"的封号⑧。又于 572 年首次入北齐朝贡，更于 589 年遣使奉表贺隋平陈。由此可知，从南齐永明四年（484 年）至侯景乱梁之间的东城王、武宁王、圣王时期，可以称为百济历史上的"内属时期"。

三　武宁王陵的营建及其"建康模式"

百济"内属时期"营建的包括武宁王陵在内的宋山里古坟群，与同时期南朝墓葬有诸多相似之处。宋山里古坟群位于百济都城熊津（今公州）西北隅的丘陵地带，被公认是熊津时代百济王及其宗室成员陵区所在，已发现的二十多座古坟，以武宁王陵及数座大墓为核心，被分为若干墓区，每个墓区内墓葬又分为前后几排。在都城近郊安置陵墓的做法见于东晋、南朝时期，宋山里陵区的布局明显参考了东晋南朝的陵墓制度。武宁王陵封土下的玄宫全部用砖砌筑，由排水沟、封门墙、挡土墙、甬道、墓室等部分组成。甬道内有木门，墓室侧壁和后壁共设置 5 个直棂假窗，假窗上有火焰形灯龛，墓室后部设砖砌棺床，墓壁墓顶砌法、墓砖规格及砖铭也与建康地区南朝墓如出一辙。关于武宁王陵的形制结构，笔者曾有专文论及，称之为"建康模式"。⑨ 该陵区"建康模式"的墓葬还有宋山里

① （梁）萧子显：《南齐书》卷五十八《东南夷传》，中华书局，1972，第 1012 页。
② 参见李磊《熊津百济初创期的合法性诉求及其运作》，《韩国研究论丛》第 37 辑，社会科学文献出版社，2019，第 69 页。
③ 一然：《三国遗事》卷三《兴法第三》，吉林文史出版社，2003，第 114 页。
④ 李磊：《百济的天下意识与东晋南朝的天下秩序》，《华东师范大学学报》（哲学社会科学版）2014 年第 2 期。
⑤ （唐）李延寿：《南史》卷四十二《萧子云传》，中华书局，1975，第 1075 页。
⑥ （唐）姚思廉：《陈书》卷三十三《陆诩传》，中华书局，1972，第 442 页。
⑦ （唐）姚思廉：《梁书》卷五十六《侯景传》，中华书局，1973，第 853 页。
⑧ （唐）李百药：《北齐书》卷八《后主本纪》，中华书局，1972，第 103 页。
⑨ 参见王志高《百济武宁王陵形制结构的考察》，原刊《东亚考古论坛》创刊号，韩国忠清文化财研究院，2005，第 157~180 页；又收录于南京市博物馆编《南京文物考古新发现》，江苏人民出版社，2006，第 227~250 页。

6 号坟①。

不仅如此，甚至有南朝建康的官方工匠直接参加了武宁王陵及宋山里其他百济古坟的营建及墓砖的烧制。武宁王陵中用两块特型砖拼砌的火焰形灯龛，以及表示墓砖规格的"大方""中方""中""急"等砖铭，迄今多见于南京及丹阳两地南朝中晚期帝陵等级和宗室王侯墓葬②。此外，宋山里 6 号坟出土的"梁官瓦为师矣"铭文砖，及 2021 年宋山里29 号坟新发现的"造此是建业人也"铭文砖，均可证明这一点。而据文献记载，东晋、南朝时期，朝廷会为重臣营造墓葬。如东晋大将军温峤"初葬于豫章，后朝廷追峤勋德，将为造大墓于元、明二帝陵之北"③。中书令王俭薨逝，南齐武帝下诏"葬礼依故太宰文简公褚渊故事，冢墓材官营办"④。考古发现的一些东晋、南朝贵族墓砖上见有"官"字铭文⑤，可证由官窑烧制。而负责砖瓦烧制的机构，东晋时期为甄官署，南朝为东、西陶官瓦署⑥。又据《通典·职官九》记载，梁代掌握土木之工的大匠卿所统之右校署"掌营土作、瓦泥并烧石灰、厕溷等事"⑦，可能亦负责陵墓砖瓦的制作。

文献中就有南朝向百济派遣工匠的记录，《梁书·百济传》："中大通六年、大同七年，（百济）累遣使献方物；并请《涅盘》等经义、《毛诗》博士，并工匠、画师等，敕并给之。"⑧ 这一记载往往被学者引为南朝墓葬技术向百济传播的例证。此时正值百济内属南朝的晚期，梁代向百济派遣工匠、画师或许就是内属制度规定。我们还注意到，永明八年（490 年），南齐以极高规格派遣谒者仆射孙副前往百济册封牟大"袭亡祖父牟都为百济王"⑨。孙副很可能是在牟都死后不久前往百济。一年后的永明九年，高句丽长寿王死，北魏孝文帝亦"遣谒者仆射李安上策赠车骑大将军、太傅、辽东郡开国公、高句丽王，谥曰康"⑩。孙副前往百济，或不止有册封的任务。据史料记载，东晋南朝的谒者仆射及下属谒者，有"持册奠祭"⑪ 与"监护丧事"⑫ 之职责，"监护丧事"时"凶礼所须，

① 王志高：《韩国公州宋山里 6 号坟几个问题的探讨》，《东南文化》2008 年第 4 期。
② 浙江余杭小横山等地南朝墓发现的火焰形灯龛及"中方""大急"等铭文砖亦属典型的南朝"建康模式"，当与墓主身份的特殊性有关，拟将作专文分析。
③ （唐）房玄龄等：《晋书》卷六十七《温峤传》，中华书局，1974，第 1795 页。
④ （梁）萧子显：《南齐书》卷二十三《王俭传》，中华书局，1972，第 438 页。
⑤ 南京市博物馆：《南京虎踞关、曹后村两座东晋墓》，《考古》1988 年第 1 期。
⑥ 参见王志高《六朝建康城遗址出土陶瓦的观察与研究》，《六朝建康城发掘与研究》，江苏人民出版社，2015，第 94 页。
⑦ （唐）杜佑：《通典》卷二十七《职官九》，中华书局，1988，第 762 页。
⑧ （唐）姚思廉：《梁书》卷四十八《百济传》，中华书局，1973，第 805 页。
⑨ （梁）萧子显：《南齐书》卷五十八《东南夷传》，中华书局，1972，第 1011 页。《梁书·百济传》则云："（牟）都死，立子牟太（大）。"异于《南齐书》记载。
⑩ （北齐）魏收：《魏书》卷一百《百济传》，中华书局，1974，第 2216 页。
⑪ 《陈书·陆琼传》载："（琼死后）遣谒者黄长贵持册奠祭。"参见（唐）姚思廉《陈书》卷三十《陆琼传》，中华书局，1972 年，第 398 页。
⑫ 《梁书·王僧辩传》载，王僧辩母亲去世后，"世祖遣侍中、谒者监护丧事"。参见（唐）姚思廉《梁书》卷四十五《王僧辩传》，中华书局，1973，第 631 页。

随由备办"①。与凶礼有关的人员及物资，有可能就是在这种"册封""监护丧事"形式的交往中被派遣至百济，并参与武宁王陵及其他"建康模式"墓葬的营建。此亦当是内属制度的相关内容。

四 内属时期百济墓葬的等级

内属时期的百济"建康模式"墓葬遵循南朝的墓葬等级制度。如武宁王陵砖室全长7.1米，配置直棂假窗和火焰性灯龛，设有木门，与南京司家山永初二年（421年）谢琼墓、尧化门前新塘南朝墓、隐龙山南朝墓等级相当②，为东晋、南朝时期次帝陵一级之墓葬。武宁王即中国史籍中的百济王余隆。据《梁书·百济传》记载，梁普通二年（521年）十一月，余隆遣使奉表，被授予使持节、都督百济诸军事、宁东大将军、百济王③。武宁王陵出土志石略记为"宁东大将军、百济斯麻王"。按晋朝官制，诸持节都督者品秩第二④。在梁代施于外国的十品二十四班百九号将军中，宁东大将军所属的四宁将军属一品二十二班⑤。武宁王官爵与其墓葬等级吻合。宋山里6号坟亦为一座"建康模式"砖室墓，墓室长6米，亦有木门、火焰形灯龛、砖砌棺座等昭示墓主身份的结构。其等级与武宁王陵大致相等而略低，这可能是因为其墓主地位稍次于武宁王，也可能与武宁王之后的百济王授封称号等级下降有关⑥。

在内属制度下，营造"建康模式"的砖室墓似乎是南朝授予百济王室的特殊权利。砖室墓在百济古坟中显得十分突兀，发现极少。除武宁王陵、宋山里6号坟外，仅见校村里2号坟、3号坟等，而且局限于百济都城熊津所在的今公州地区，不见于早期都城汉城地区与晚期都城泗沘周边。百济古坟中还有一类砖石混筑墓，如宋山里5号坟、29号坟等亦仅见于公州。而传统葬制中的百济王陵多以石修葺，早期的首尔石村洞古墓群与晚期的扶余陵山里古墓群就是代表⑦。而在迁都熊津以前，百济早与南朝保持了密切的联系，往来不断，甚至向刘宋请求"《易林》《式占》、腰弩"等十分敏感的物品，宋太祖刘义隆"并

---

① 《陈书·高祖本纪》载："江阴王薨，诏遣太宰吊祭，司空监护丧事，凶礼所须，随由备办。"参见（唐）姚思廉《陈书》卷二《高祖本纪》，中华书局，1972，第36～37页。

② 南京市博物馆等：《南京司家山东晋、南朝谢氏家族墓》，《文物》2000年第7期；南京市博物馆：《南京前新塘南朝墓葬发掘简报》，《文物》1989年第4期；南京市博物馆、江宁区博物馆：《南京隐龙山南朝墓》，《文物》2002年第7期。

③ （唐）姚思廉：《梁书》卷四十八《百济传》，中华书局，1973，第804页。

④ （唐）房玄龄等：《晋书》卷二十四《职官志》，中华书局，1974，第729页。

⑤ （唐）魏徵、令狐德棻：《隋书》卷二十六《百官志》，中华书局，1973，第373页。

⑥ 百济圣王（余明）被封为"绥东将军"，品级低于宁东大将军，事见《梁书·百济传》。

⑦ 韩国首尔石村洞古墓群与扶余陵山里古墓群相关情况，可以参见徐秉琨《鲜卑·三国·古坟——中国朝鲜日本古代的文化交流》，辽宁古籍出版社，1996，第101页；〔韩〕朴淳发《百济都城的考古发现与研究》，《南京晓庄学院学报》2012年第4期。

与之"①。泗沘时期的百济威德王也多次遣使至陈朝朝贡②。为什么"建康模式"的砖室墓不见于这两个时期？

最合理的解读是在熊津时期百济始确立对南朝的内属关系。随着内属制度的施行，百济开始建造"建康模式"的砖室墓。在内属时期，应该只有百济王及极少数身份特殊的贵族才被允许使用"建康模式"砖室墓。这批墓葬中等级最高者无疑是武宁王陵、宋山里 6号坟等大型墓葬；次一等级者是校村里 2 号坟、3 号坟等规模稍小的砖室墓，以及以宋山里 5 号坟、29 号坟等为代表的受砖室墓制度影响的砖石混筑墓。一般的百济石室墓则等级更低了。侯景之乱后百济与南朝的内属关系瓦解，不再受内属制度束缚的百济王陵又迅速恢复了传统的石室墓。

五　内属关系下百济的自主倾向

在内属关系中，弱势政权虽从属于中央王朝，但或多或少会展示一定的自主倾向。自主倾向于墓葬面貌亦有表现，内属政权的高等级墓葬虽受内属制度的制约，符合中央王朝的等级规制，但本民族的文化因素亦随处可见。观察百济武宁王陵内随葬品，其棺内遗物如头座、足座、冠饰、金铜饰履、龙凤文环首大刀等，具有浓郁的百济色彩。而墓室前部与甬道随葬的青瓷器、墓志、买地券、五铢钱等，都是棺外之物，则集中体现典型的南朝风格。木棺内外的器物面貌判然有别，这无疑是下葬时的有意安排。武宁王陵棺内百济色彩的文物，是百济王室对本民族文化的坚持，但王陵的建造自然要受内属制度的约束，须遵循南朝制度，在举行葬礼时，甚至可能有谒者仆射等朝廷官员"监护"。换言之，作为一个相对隐蔽的空间，武宁王陵棺内可以肆意展现百济王及王后的威势，而棺外作为公共空间，在众人的监督下以南朝制度安排葬礼，放置祭器、墓志、石兽等，显示对南朝"天下"秩序的尊崇。可以说，武宁王陵木棺内外有别的随葬品正是内属制度的生动写照。

在特定的历史背景中，百济的这种自主倾向有时候会被放大。最终在侯景之乱后，百济与南朝日渐疏远，所谓内属关系已在实质上瓦解。而这一结果早在武宁王陵中已见其萌芽，揭示了百济与南朝内属关系的脆弱。如所周知，武宁王陵出土的志石铭文，对武宁王的卒亡使用了"崩"这个字。在内属制度下，这是一种大胆的僭越，是与中央王朝天子相对等思想的流露。其志文未用南朝年号，也颇耐人寻味。此外，武宁王志石后置放的一件石兽，一般被认为是穷奇，与南朝墓内所出石兽性质相似，用于镇墓辟邪。但武宁王陵石兽较为特殊，其背部无角状鬃毛，腹侧浮雕的卷云纹更像南朝陵墓的神道石兽。且石兽的

---

① （梁）沈约：《宋书》卷九十七《百济传》，中华书局，1974，第 2394 页。参见王志高、沈宏敏《汉城时代百济与中国东晋、南朝交流的三个问题》，《南京晓庄学院学报》2019 年第 2 期。

② 金富轼：《三国史记》卷二十七《威德王本纪》，吉林大学出版社，2015，第 317 页。

独角不是直接在兽体上雕凿，而是以铁铸成后再插入石兽头顶的凿孔之中，我们认为这是对南朝帝陵前独角麒麟的模仿，具有象征帝王威仪的功能，此亦可视为对内属制度不动声色的地下抗衡①。百济对南朝的内属，虽然较西晋时期马韩"请内附"② 更为深入，但仍停留在行用南朝制度、接受南朝封赏阶段，具有极大的象征性。这种内属关系一方面受地理阻隔局限，同时伴随着南朝实力的逐渐衰弱而不断动摇乃至消亡。

编辑：徐良

---

① 参见前引王志高《百济武宁王陵形制结构的考察》一文。
② （唐）房玄龄等：《晋书》卷九十七《四夷传》，中华书局，1974，第 2533 页。

新罗王京的建设规划探析

楼正豪

（浙江海洋大学历史系）

[**摘要**] 王京是新罗国千年不变的首都，非于一时、以一种理念建成的，其每一片区域都处于历史变迁中。随着考古成果的日益完善，结合传统文献，我们对新罗王京的空间构造与发展过程有了系统把握。时间上，新罗王京起源于斯卢六村，以南川的月城为中心巩固基业，又着手开发北川，建皇龙寺而向东扩张。"里坊制度"的施行，使原来都城内围的寺院、王陵向周边迁移，南山被逐步打造成为佛教信仰的圣地。新罗王京没有城郭，以天然山川为界；建设指导思想以佛教政治观念为主，突出皇龙寺的重要位置；又非设计者在空地、平地作整体规划，而是依循内外部条件之变化，作局部持续调整而成，因而新罗王京的建设规划与以北魏洛阳城、隋唐长安城为典范的东亚都城制度有着本质不同。但是从标志建筑、里坊道路、信仰圣地三方面观察，新罗王京又具备东亚都城制度的某些特征。总之，新罗王京建设规划所体现的是新罗人的价值观与精神世界。

[**关键词**] 新罗王京；佛教政治观念；东亚都城制度

一　绪论

位于古代朝鲜半岛的新罗国（前 57~935 年），其国祚长达近千年，自始至终未迁移过首都，即以今韩国庆尚北道庆州市为中心。中国文献最早对新罗首都的描述见于《梁书·诸夷传》："其俗呼城曰健牟罗，其邑在内曰啄评，在外曰邑勒，亦中国之言郡县也。"[①]《旧唐书·东夷传》："王之所居曰金城，周七八里。"[②] "健牟罗"为当时新罗语的汉字音译。在朝鲜半岛史书《三国史记》《三国遗事》及金石资料里，又有"京""王京""大京""东京""京都""京城""京师""京邑""京华""京毂""王城""王都""都邑"

---

① （唐）姚思廉：《梁书》卷五十四《诸夷传》，中华书局，1998，第 805 页。
② （后晋）刘昫等：《旧唐书》卷一百九十九上《东夷传》，中华书局，1975，第 5334 页。

"都城""国城"等二十多种称法，以"京都""王京"出现次数最多，本文沿用韩国学界的惯称"王京"。时间上，新罗王京非一时建成，而是随着国家历史的发展，持续不断地进行着都城规划设计。空间上，又非筑于平原、空地，不能单纯以北魏洛阳城、隋唐长安城为代表的典型东亚都城制度来衡量新罗王京的建城计划。因而，新罗王京不是于一时、以一种理念建立的。

新罗王京的核心区域大致包括月城、皇龙寺址一带、雁鸭池与东宫、大陵苑一带、瞻星台与鸡林等。鉴于南山一带亦属本文论述范畴，故整理这大范围内首次考古调查发掘时间及重要遗迹如表一所示。

表一　新罗王京核心区域与南山一带首次考古调查发掘时间及重要遗迹一览

	名称	功能	首次发掘	重要遗迹、遗物
1	月城（半月城）	新罗王宫	日据时代 1902 年调查，20 世纪 10 年代城墙发掘调查	城墙、城壕、城门、内部殿阁、周边建筑，出土砚台、土偶、木器、木简等
2	皇龙寺址一带	王京最高佛塔	日据时代 1922 年调查，光复后 1976 年发掘调查	木塔、金堂、讲堂、回廊，出土金铜佛像、青铜制品、玻璃器皿、唐代白瓷等；芬皇寺的砖塔
3	雁鸭池与东宫	王子居住的别宫、宴饮场所	日据时代调查，光复后 1975 年发掘调查	雁鸭池、临海殿、回廊、附属建筑，出土木简、唐"调露二年"年号瓦砖、碗碟等生活用品等
4	大陵苑一带	新罗古坟群，推测部分是王陵	1911 年皇南洞 100 号坟试掘调查，1926 年皇南大冢周边坟群发掘调查，1973 年天马冢发掘调查，1975 年庆州体积最大的皇南大冢发掘调查	积石木椁墓、附属建筑，出土金冠、铜钱等
5	瞻星台与鸡林	天文观测台、金姓始祖诞生地	1985 年瞻星台周边、1988 年鸡林周边发掘调查	瞻星台、鸡林一带建筑遗址
6	南山一带	王京佛教信仰圣地	1902 年起关野贞、今西龙、鸟居龙藏做过调查，小场恒吉、藤田亮策于 1941 年出版《庆州南山的佛迹》	佛寺、佛塔、摩崖佛像等佛教遗迹，萝井、鲍石亭、南山城、石室墓

资料来源：〔韩〕韩国文化财厅：《新罗王京核心遗迹复原·整备综合计划树立研究》，未正式出版，2020，第 11 ~ 101 页。

从上表可知，关于新罗王京核心区域及南山一带考古学意义上的调查始于日据时代，韩国自 20 世纪 70 年代开始科学发掘，至今已取得丰硕的考古成果。加上与传统文献相结合的研究，大体上对新罗王京的空间构造与变迁过程有了系统把握。

由于研究对象的复杂性及语言障碍，中国学界对新罗王京整体历史与考古遗址仅做过一般性介绍①，或是一些城市旅游景观开发比较类文章②，学术考察的重点在于庆州雁鸭池所出土的古代木简③与个别古坟④。当然，中文期刊所登载的韩国学者文章为中国读者深度理解新罗王京历史文化打开了一扇窗口。⑤

本文试图从时间上，先对新罗王京近千年的建都历史作一番概要性梳理，再通过对空间上王京标志建筑、里坊道路、信仰圣地的具体考察，探索东亚都城制度对新罗王京规划之影响。

二　新罗王京建都史概说

新罗王京与东亚其他国都相比，具有自身的复杂性，如新罗国在千年之中始终未更换过首都、非在平原与空地建都、没有外城郭而仅以山川为界等。以法兴王确立佛教为国教的 527 年和以宣德王即位为新罗后期开端的 780 年作基准，可将新罗王京漫长的建城历史大致划作三个时期，以此分析其改造变迁的阶段性特点。

（一）第一期：前 57～527 年

公元前 57 年朴赫居世被庆州一带的六村首领推为共主，是新罗建立之标志，作为部族联盟的六村便是新罗王京的起源与雏形。六村向六部发展后，部族联盟渐变为中央集权国家——斯卢国。新罗第五代王婆娑尼师今二十二年（101）在庆州盆地南川建造半月形的月城（又称半月城），自 5 世纪末期作为王宫使用，至新罗灭亡为止一直是唯一的王庭正宫，为王京中心。月城东西长约 890 米、南北长约 260 米，周长约 2340 米⑥，北边有泥石筑成的城墙，南有南川与南山作天然屏障，附近有河川、农田，满足居住者日常的生

① 白羽：《古都庆州》，《当代韩国》1994 年第 1 期；淮茗：《从南京到庆州：韩国古都的文化寻访之旅》，《寻根》2011 年第 2 期；高关中：《"黄金王国"新罗故都——庆州》，《百科知识》2014 年第 6 期；拜根兴：《唐都长安与新罗庆州》，《唐史论丛》2015 年第 2 期。

② 冯珊：《中韩历史文化名城文化旅游资源保护与开发比较研究——以庆州与成都市为例》，四川师范大学硕士学位论文，2009；柳玉英：《中韩城市历史街区保护与旅游开发比较——以平江和庆州为例》，《旅游纵览》2019 年第 4 期。

③ 李海燕：《韩国出土新罗木简研究——以庆州雁鸭池与咸安城山山城出土木简为主》，复旦大学硕士学位论文，2009；戴卫红：《韩国木简研究》，广西师范大学出版社，2017。

④ 弋君：《庆州龙江洞发现一座重要新罗古坟》，《北方文物》1988 年第 1 期；高富子著，拜根兴、王霞译《庆州龙江洞出土的土俑服饰考》，《考古与文物》2014 年第 4 期。

⑤ 朴方龙：《庆州的文物和遗迹》，《当代韩国》1994 年第 1 期；朴南巡：《追忆新罗：韩国世界文化遗产之庆州史迹》，《美成在久》2015 年第 2 期；李仁淑：《庆州月城发掘调查成果与利用》，《中国古都研究》第三十五辑，陕西师范大学出版总社，2018；李钟勋：《新罗古都庆州的历史文化环境保护与保存制度》，《中国古都研究》第三十五辑，陕西师范大学出版总社，2018。

⑥ 〔韩〕韩国国立庆州文化财研究所：《新罗王京月城：韩国文献资料》，周留城出版社，2020，第 564 页。

活、经济需求。527 年之前的新罗初期王陵（包括贵族墓），大多分布于月城周边的庆州盆地，集中于南川与大陵苑，以积石木椁墓为主。①

（二）第二期：527～780 年

佛教传入与三国统一是新罗千年发展史上最重要的两件大事，都发生在此阶段。527 年法兴王确定佛教为国家意识形态后，便着手开发月城东部的北川一带。真兴王开国三年（553）原本计划在北川另造宫殿，"黄龙现其地，王疑之，改为佛寺，赐号曰皇龙"②。后于善德女王仁平十年（643），由唐朝归来的求法僧慈藏在皇龙寺造九层木塔。北川一带原为一片沼泽，常有洪水泛滥成灾，从文献中 6～7 世纪发生洪水记录最少来看③，治水的成功促成了北川一带的开发，也加速了都城向东面的膨胀。这里出现了贵族的住宅、寺院及大型陵墓。新罗王京以月城与皇龙寺为原点不断扩张，通过史料分析，此时开始实施"里坊制度"，不同等级的贵族，有差别地住进不同里坊④，里坊名称亦与中国存在一定差异。

527 年以后，新罗王陵及贵族墓之选址，不断呈现向王京周边山湾转移的趋势，为适应山地条件，形制亦多改为石室墓。而在原王陵集中位置或王京中心建立大批佛寺，表明人们的信仰从祖先崇拜到宗教的转变。7 世纪中叶三国统一后，至 9 世纪初，大量为王室祈福的"愿刹"出现在北川、西川、南川一带的核心范围⑤，大部分处于里坊规划区域⑥，形成"寺寺星张、塔塔雁行"之景象⑦。由于都城空间的限制，又有许多佛寺建在南山圈，其实产生这种变化的重要理念，是将南山视作佛教世界的须弥山，把新罗王京营造成佛国圣土。⑧ 在这里建寺，也易于得到所需木材与石材。因月城近在南山北部，新罗国王亦被升格为转轮王。统一新罗至惠恭王时代为止（780），是王京政治、经济、社会、文化各项事业发展的黄金期。

（三）第三期：780～935 年

从宣德王时代开始的新罗后期，王京之内国家主导的佛寺修筑工程逐渐停止，哀庄王七年（806）"下教，禁新创佛寺，唯许修葺"⑨，但南山圈小型佛教遗迹持续增加。与之

① 〔韩〕이근직：《新罗王陵의起源과变迁》，岭南大学校大学院博士学位论文，2006，第 61～67 页。
② （高丽）金富轼撰，李丙焘译注《三国史记（上）》卷四《新罗本纪·真兴王》，乙酉文化社，2008，第 109 页。
③ 〔韩〕郑荣来：《佛教流入与新罗王京构造的变化》，韩国成均馆大学校硕士学位论文，2011，第 85～87 页。
④ 〔韩〕김동하：《新罗王京寺刹의分布와立址》，《新罗寺刹의空间과机能》，国立庆州文化财研究所，2020，第 39～40 页。
⑤ 〔韩〕李泳镐：《新罗"成典寺院"研究와文字资料》，《文字와古代韩国：交流와生活 2》，周留城出版社，2019，第 461～464 页。
⑥ 〔韩〕이동주：《新罗王京寺刹의分布와推移》，《新罗文化》2021 年总第 59 辑。
⑦ （高丽）一然：《三国遗事》卷三《兴法篇》，吉林文史出版社，2003，第 113 页。
⑧ 〔韩〕郑荣来：《佛教流入与新罗王京构造的变化》，韩国成均馆大学校硕士学位论文，2011，第 113～135 页。
⑨ （高丽）金富轼撰，李丙焘译注《三国史记（上）》卷十《新罗本纪·哀庄王》，第 276 页。

相似，新罗后期王京外围区域的王陵数量亦不断增加，并移向更远的河川山麓，规模形制也日益缩小，以石室墓居多。佛寺与王陵外迁并增多的原因，首先是国力衰微，王室无法承担建造大型佛寺的经济成本，而地方豪族兴起，促成都城外围寺院佛塔的不断修造。其次，政变频起、王权迭变，国王非正常死亡情形增多，王陵数量自然增长。最后，佛寺与王陵的外迁，也许和都城内围实施里坊制度有关。

以上仅为三个时期新罗王京建都史的概说，因为史料有限，只能通过考古发掘，不断地修正论点，才能日臻完善。

三 新罗王京与东亚都城制度

北魏洛阳城、隋唐长安城棋盘式的交通网规划，被视为东亚都城制度之典范。周边国家、政权纷纷效仿，日本的藤原京、平城京、长冈京和平安京是其代表。新罗王京没有外城郭，其建城理念是否游离于这种东亚都城制之外，是学界探讨不休的问题。以下，本文将从标志建筑、里坊道路、信仰圣地三方面与中国相关空间规划的比较入手，来考察新罗王京所具备的某些东亚都城制度特征。

（一）标志建筑：萝井与大塔

1. 萝井

萝井是位于庆州南山圈的一处与新罗始祖朴赫居世诞降相关的遗迹，《三国史记·赫居世居西干本纪》载："高墟村长苏伐公望杨山麓，萝井傍林间，有马跪而嘶，则往观之，忽不见马，只有大卵。剖之，有婴儿出焉，则收而养之"①，说明萝井是口井。又《三国史记·炤知麻立干本纪》载，九年（487）春二月，"置神宫于奈乙。奈乙，始祖初生之处也"。"奈"与"萝"同音，为新罗古语"国家"之义，"乙"与新罗语"井"发音相似，"奈乙"即国井，其上有神宫。萝井从 2002 年至 2005 年经过四次考古发掘（图一），结果确认其中心为椭圆形竖穴构造（井），长 4.3 米、宽 2.5 米、深 1.7 米。井四周有柱洞，平面连成圆形，井上存在保护作用的顶棚。离井中心 5 米外廓有一圈宽 2 米、最深处 1.5 米的沟状遗构环绕，曾建有圆形建筑物，现有部分木栅栏及础石遗留。竖穴井填土后，中心向北偏移，有大型八角形建筑基址，每边长 8 米，东西、南北各长 20 米，中心仍有作为柱坑的竖穴。外部有围墙，内外有排水道相通。八角形建筑建造年代不详，但出土了"仪凤四年皆土"铭文瓦，可能暗示填井时间为刚刚三韩一统的文武王十九年（679）。

---

① （高丽）金富轼撰，李丙焘译注《三国史记（上）》卷一《新罗本纪·赫居世居西干》，第 37 页。

图一　萝井遗迹

　　萝井的八边形制，容易让人想到唐代东都洛阳的武则天明堂。[①] 唐睿宗垂拱四年（688），被称为"万象神宫"的明堂完工于东都洛阳宫城内。武周证圣元年（695）明堂毁于大火，翌年重建，取名"通天宫"。1986 年考古发掘，确认明堂夯土台基呈八边形，台基中央有一巨大圆形中心柱坑。[②] 结合《旧唐书·礼仪志》载："（明堂）凡高二百九十四尺，东西南北各三百尺"[③]，按一唐尺约合 0.294 米，相当于高 88 米，边长 86.4 米。而建成八角形，当继承唐高宗总章二年（669）所留下的遗愿："基八面，象八方。"[④] 由于文献不足，我们无法判定新罗萝井八边形建筑的高度，但如此大型的地标建筑，必与国家礼制有关，或许就是新罗神宫，与中国明堂宣明政教、发布政令、祭祀天地祖先之功能相通。

　　2. 皇龙寺木塔

　　据《三国遗事》皇龙寺九层塔条载：

---

①　〔韩〕崔光植：《韩·中·日古代의祭祀制度比较研究：八角建物址를中心으로》，《先史와古代》2007 年总第 27 号。

②　中国社会科学院考古研究所洛阳唐城队：《唐东都武则天明堂遗址发掘简报》，《考古》1988 年第 3 期。

③　（后晋）刘昫等：《旧唐书》卷二十二《礼仪二》，中华书局，1975，第 862 页。

④　韩建华：《东都洛阳武则天明堂初探》，《中原文物》2019 年第 6 期。

贞观十七年癸卯（643）十六日"（慈藏）以建塔之事闻于上，善德王议于群臣。群臣曰：'请工匠于百济，然后方可。'乃以宝帛请于百济，匠名阿非知，受命而来，经营木石……毕成其塔。刹柱记云：'铁盘已上高四十二尺，已下一百八十三尺。'……《东都成立记》云：'新罗第二十七代，女王为主。虽有道，无威，九韩侵劳。若龙宫南皇龙寺建九层塔，则邻国之灾可镇。第一层日本，第二层中华，第三层吴越，第四层托罗，第五层鹰游，第六层靺鞨，第七层丹国，第八层女狄，第九层秽貊。"①

经考古发掘，在塔址中心础石舍利孔中发现景文王十二年（872）重修木塔时所作金制板《皇龙寺九层木塔刹柱本纪》云："其（善德王）十四岁次乙巳（645）始构建，四月□□立刹柱，明年乃毕功。铁盘已上，高七步，已下高卅步三尺。"② 以唐尺一步为六尺约合 1.8 米换算，木塔铁盘以上高七步（四十二尺）为 12.6 米，从地面到铁盘高卅步三尺（一百八十三尺）为 54.9 米，总高 67.5 米，是当时新罗王京最高地标建筑，后毁于 1238 年的蒙古入侵。

韩国学者通过对《魏书·释老志》所载任城王元澄上奏"故都城制云：城内唯拟一永宁寺地，郭内唯拟尼寺一所，余悉城郭之外"③ 的分析认为，灵太后胡氏于北魏熙平元年（516）所立永宁寺及大塔，所遵循的是北魏洛阳城的都城制度。与之类似，皇龙寺及九层木塔的建设意义，也不单纯是一座寺院、一座佛塔，而是模仿北魏洛阳城的城市规划，为了在新罗王京建一座中心大寺。④ 进而推测 7 世纪中叶皇龙寺重建时，所筑九层木塔的原型，就是北魏高百米的永宁寺塔。两座佛寺的相似之处，还在于金堂内群像的布置方式，皇龙寺中金堂基址上存有 19 个佛像台座⑤，则安置有 19 尊佛像，而《洛阳伽蓝记》记载永宁寺佛殿内供奉有 21 尊佛像⑥。但有中国学者指出皇龙寺重建时所采用的一塔三金堂布局，源自中国南朝江陵长沙寺。⑦ 5 世纪下半叶有新罗留学僧入南朝求法的记录，以及建塔工匠阿非知来自与南朝关系密切的百济国等都可作为旁证。皇龙寺及木塔的修筑到底模仿的是北魏抑或南朝，暂时不能下结论，然而可以确定的是，高达 67.5 米的九层木塔作为新罗王京的地标，有指示方位的功能，它的出现应与王京里坊及中央道路的规划相关。

---

① （高丽）一然：《三国遗事》卷四《塔象篇》，吉林文史出版社，2003，第 123 ~ 124 页。
② 拜根兴：《七至十世纪朝鲜半岛石刻碑志整理研究》，社会科学文献出版社，2022，第 142 页。
③ （北齐）魏收：《魏书》卷一百一十四《释老志》，中华书局，2017，第 3044 页。
④ 〔韩〕梁正锡：《东亚细亚都城制의系谱와新罗王京》，银河文化学校发表资料，国立中央博物馆，2009。
⑤ 〔韩〕梁正锡：《皇龙寺의造营과王权》，书景文化社，2004，第 107 页。
⑥ （北魏）杨衒之撰，周祖谟校释《洛阳伽蓝记校释》卷一《城内》："中有丈八金像一躯，中长金像十躯，绣珠像三躯，金织成像五躯，玉像二躯。作工奇巧，冠于当世。"中华书局，2013，第 5 页。
⑦ 陈涛：《韩国庆州皇龙寺与中国南朝佛寺渊源关系探讨》，载王贵祥主编《中国建筑史论汇刊》（第伍辑），中国建筑工业出版社，2012，第 505 ~ 530 页。

（二）里坊道路：里坊制与主干道

关于新罗王京实行东亚都城"里坊制"的文献记录，"里"见于《三国史记·地理志》："王都长三千七十五步，广三千一十八步，三十五里，六部"[①]；"里""坊"两字共见于《三国遗事》辰韩条："新罗全盛之时，京中十七万八千九百三十六户，一千三百六十坊，五十五里"[②]，又《三国遗事》念佛师条云："（城中）三百六十坊，十七万户"[③]。"里"与"坊"的区别，参考北魏洛阳城的情形，"里"大概与实际人口管理有关，"坊"为按照面积规划的空间区块。[④] 通过 591 年《南山新城碑》碑文"啄部主刀里"、月城城壕九号木简文字"习比部上里""牟啄仲里"来看，新罗早期的"里"是位于"部"之下的单位。[⑤] 据《三国史记·慈悲麻立干本纪》称："十二年（469），春正月，定京都坊里名"[⑥]，即 6 世纪前新罗王京便开始坊里规划，但并非一蹴而就，处于不断改造变迁之中。目前已知的坊名有"反香寺下坊""芬皇寺上坊"[⑦] 以及在浦项市兴海邑南弥秩夫城出土瓦片铭文"太树坊"[⑧]。

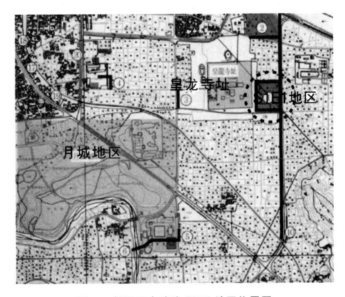

图二　新罗王京遗迹 S1E1 地区位置图

---

① （高丽）金富轼撰，李丙焘译注《三国史记（下）》卷三十四《地理志》，第 217 页。
② （高丽）一然：《三国遗事》卷一《纪异篇》，第 39 页。
③ （高丽）一然：《三国遗事》卷五《避隐篇》，第 209 页。
④ 周胤：《北魏洛阳城之"里""坊""乡"空间再探》，《历史教学》2020 年第 12 期。
⑤ 〔韩〕韩国国立庆州文化财研究所：《新罗王京刭月城：韩国文献资料》，周留城出版社，2020，第 498 页。
⑥ （高丽）金富轼撰，李丙焘译注《三国史记（上）》卷三《新罗本纪·慈悲麻立干》，第 84 页。
⑦ （高丽）一然：《三国遗事》卷一《纪异篇》，第 39 页。
⑧ 〔韩〕李泳镐：《文字资料中的新罗王京》，《大丘史学》总第 132 辑，2018 年。

新罗王京究竟有 360 坊，抑或 1360 坊虽无定论，但考古发掘证实了坊的存在。1987 ~2002 年皇龙寺址东面 S1E1 遗迹（图二）的考古发掘，确认了以南北东西直线"井"字道路分割出的一个坊址①，坊墙及坊内屋舍遗址修造时间被测定为 8 ~9 世纪的统一新罗时代。坊东西长 167.5 米、南北长 172.5 米，内部面积约 2.7 万平方米，以宅垣为界，有 18 户住宅、110 余座建筑分布。《三国史记·屋舍志》里记载了兴德王九年（834）发布教令按身份尊卑所规定的住宅面积："真骨，室长广不得过二十四尺……六头品，室长广不过二十一尺……五头品，室长广不过十八尺……四头品至百姓，室长广不过十五尺。"② 以唐尺一尺约 0.3 米计，真骨贵族屋舍长宽加起来不得超过 7.2 米，六头品不超 6.3 米，五头品不超 5.4 米，四头品至百姓不超过 4.5 米。但 S1E1 地区坊内大部分住宅尺寸超过了真骨贵族的标准二十四尺③，因此还需更多有关新罗里坊的考古发现，以印证文献的真实性。

参照东亚都城制度，新罗王京是否存在如隋唐长安城里的主干道"十字街"或南北向的"朱雀大街"，也是学界最关注的问题之一。《周礼·天官冢宰》曰："惟王建国，辨方正位"④，新罗王京建设之初，首先是规划里坊，还是确定中心大街，已无法考证。根据地表最高建筑皇龙寺塔具有的"辨方正位"功能，我们先在皇龙寺址附近寻找是否存在大路。自 20 世纪 80 年代开始的新罗王京道路考古工作，至 2016 年共发掘出 69 处道路遗址，依宽度可分为大路（15.5 米左右）、中路（9 米左右）、小路（5.5 米左右）三种。⑤ 所发现的大路有三条⑥，一是 S1E1 地区南侧东西向道路，宽 12.7 ~15.5 米，穿过皇龙寺正门。其余两条都在国立庆州博物馆考古工地内，一为社会教育馆美术馆范围内宽 30 米的南北向道路，一为宽 33 米的东西向道路。新罗王京大路与唐长安城朱雀大街 155 米的宽度不可同日而语，但王京的东西、南北仅长约 3.9 千米，不到长安城的一半，都城面积不到长安城的五分之一，中心道路的宽度自然只有朱雀大街的五分之一。仅凭目前的考古成果，韩国学界意见纷纭，有的认为新罗王京没有朱雀大街这般的南北中轴线⑦，有的主张新罗王京存在贯穿皇龙寺的中央道路。首先，S1E1 地区南侧东西向道路西端通过新罗最早的佛寺兴轮寺南门，史籍记载兴轮寺南路（南广场）是迎接西来的中国使臣、持舍利佛经归来的求法僧等进入王京的重要场所⑧，应存在一条向东的大路。其次，皇龙寺址处于四面环山的绝佳位置（西有仙桃山、东有明活山、北有金刚山、南通南山），本是选址筑造新

① 〔韩〕이정미：《统一新罗时代都市住宅에관한研究：新罗王京（皇龙寺址东便 S1E1 地区）遗迹을中心으로》，《大韩建筑学会论文集》2010 年总第 259 号。
② （高丽）金富轼撰，李丙焘译注《三国史记（下）》卷三十四《屋舍志》，第 203 页。
③ 〔韩〕이정미：《〈三国史记〉"屋舍"条에서室의解释관한研究：新罗王京（皇龙寺址东便 S1E1 地区）遗迹과文献解释을中心으로》，《大韩建筑学会论文集》2010 年总第 259 号。
④ 徐正英、常佩雨译注《周礼》卷一《天官冢宰·叙官》，中华书局，2014，第 2 页。
⑤ 〔韩〕韩国国立庆州文化财研究所：《新罗王京과月城：韩国文献资料》，周留城出版社，2020，第 499 页。
⑥ 〔韩〕韩国国立庆州文化财研究所：《新罗王京的道路》，design 工坊，2016，第 456 页。
⑦ 〔韩〕韩国国立庆州文化财研究所：《新罗王京과月城：韩国文献资料》，周留城出版社，2020，第 499 页。
⑧ 신동하：《新罗兴轮寺의创建과变迁》，《同德女子大学校人文科学研究所》1999 年第 6 期。

宫之地，金堂形制亦模仿北魏洛阳城宫城正殿——太极殿[1]，新宫开造前在正门建设一条东西向轴线的规划完全合乎情理[2]。最后，有学者分析，国立庆州博物馆内宽 30 米的南北向道路北通皇龙寺、南至南山北部日精桥，中间经过雁鸭池宫殿群，这条王京中央大路以王宫为中心，联结南北佛教圣地，体现王政与教权的统一。[3] 总之，根据目前的考古结果，新罗王京存在特殊规格的大路，但具体功能仍不明。

（三）信仰圣地：南山

新罗王京与唐都长安的南部都有一座南山，庆州南山呈南北山势，南北长约 8 千米、东西长约 4 千米，北部最高金鳌峰海拔 468 米，南部最高高位峰海拔 494 米。长安南山，又称终南山，为划分中国南北之秦岭山脉的核心地段，"终南横亘关中南面，西起秦陇，东彻蓝田，相距且八百里。昔人言山之大者，太行而外，莫如终南"[4]。两座南山又皆是国家中心的佛教信仰圣地。《三国史记·真平王本纪》真平王九年（587）"遂与之游南山之寺"[5] 的用语，为庆州南山有佛寺的最早记录。现经调查，庆州南山共有寺刹、石塔、石佛等佛教相关遗迹 686 处。[6]《三国遗事》万佛山条载：

> （景德）王又闻唐代宗皇帝优崇释氏，命工作五色氍毹，又雕沉沉檀木与明珠美玉为假山，高丈余，置氍毹之上。山有巉岩怪石洞穴区隔，每一区内，有歌舞伎乐列国山川之状……中安万佛，大者逾方寸，小者八九分……相好悉备，只可劈睐，莫得而详，因号万佛山。[7]

新罗景德王呈给唐代宗的佛教工艺品万佛山也许就是庆州南山的模型。

长安终南山有中国佛教八大宗派中六个的祖庭，在中国佛教史上的地位不必赘述。曾在终南山学习过的外国入唐求法僧，以新罗人最多，著名的有慈藏、僧实、义湘、胜诠、神昉、智仁、圆测、胜庄、慧超、慧昭等。慈藏与弟子僧实驻锡终南山云际寺，回国后成为新罗南山律宗宗主；义湘在终南山至相寺师从智俨法师留学六年，回国后成为海东华严初祖，后来义湘派出弟子胜诠入终南山向自己的同学法藏求学问道，法藏是唐代华严宗的实际创始者；神昉、智仁都有在玄奘译场工作经历，智仁协助玄奘在终南山翠微宫译出《心经》；圆测、胜庄开创唯识宗西明学派，圆测在距终南山云际寺三十余里处搭建茅棚，静修八年，其圆寂后，胜庄分舍利葬于圆测往昔常游的终南山丰德寺东岭；撰有《往五天

① 〔韩〕梁正锡：《东亚细亚都城制의系谱와新罗王京》，银河文化学校发表资料，国立中央博物馆，2009。
② 〔韩〕이헌태：《新罗中古期里坊制의受容과王京의中心轴线》，《先史与古代》2010 年总第 32 辑。
③ 〔韩〕郑荣来：《佛教流入与新罗王京构造의变化》，韩国成均馆大学校硕士学位论文，2011，第 139～152 页。
④ （清）顾祖禹：《读史方舆纪要》卷五十二《陕西》，中华书局，2005，第 2462 页。
⑤ （高丽）金富轼撰，李丙焘译注《三国史记（上）》卷四《新罗本纪·真平王》，第 112 页。
⑥ 〔韩〕车顺喆：《南山佛迹의调查状况》，《新罗文物研究》2019 年总第 12 号。
⑦ （高丽）一然：《三国遗事》卷三《塔象篇》，第 125～126 页。

竺国传》的密教僧慧超曾奉唐代宗诏令往终南山仙游寺玉女潭求雨；9 世纪入唐的禅僧慧昭也曾在终南山紫阁峰修行三年。他们有的回新罗后，对王京南山的佛教文化建设做出过贡献。驻锡于庆州南山的新罗高僧，很多都有入唐求法经历，如《三国遗事》明朗神印条载，密教僧明朗"挺生新罗，入唐学道"，后在南山建金光寺。①

长安终南山与庆州南山还有共通的文化现象——隐士文化。首先，从中国僧传文献可知，唐代有众多高僧在终南山上常年隐居修行；《三国遗事·避隐篇》载"南山东麓有避里村，村有寺，因名'避里寺'……寺旁亦有寺，名'让避'，因村得名"②，村名的形成必与隐士云集相关。其次，站在两国南山之上，都可眺望京城，隐士也难免会与权力中心保持着若即若离的关系。"终南捷径"在中国是家喻户晓的典故，《三国遗事》念佛师条载："（避里寺）有异僧，不言名氏，常念弥陀，声闻于城中。三百六十坊，十七万户，无不闻声"，用南山的念佛之声传遍京城表现了两者空间距离之近，因而国王常来造访，南山实际寺的迎如和尚、三花岭的忠谈师分别被封为"国师""王师"。③ 新罗大儒崔致远亦曾在庆州南山逍遥自放④，不知是否真的无复仕之意。最后，庆州南山的隐士文化很可能受到中国南山典故的影响。当时新罗的知识阶层绝大多数都是"六头品"以上的贵族，他们居住在王京一带，饱读中国诗书，甚至曾到唐朝留学，不会不知道史籍中"北山之北""南山之南"本来就是隐逸的代称⑤，自然而然地将中国的隐士文化具现于新罗王京的南山。

四 结语

王京是新罗国千年不变的首都，非于一时、由一种理念建成，其每一片区域都处在历史变化中。随着考古成果的日益完善，结合传统文献，我们对新罗王京的空间构造与变迁过程有了系统把握。时间上，新罗王京起源于斯卢六村，以南川的月城为中心巩固基业，又着手开发北川，建皇龙寺而向东扩张。"里坊制度"的施行，使原来都城内围的寺院、王陵向周边迁移，南山被逐步打造成为佛教信仰的圣地。新罗王京没有城郭，以天然山川为界；建设指导思想以佛教政治观念为主，突出皇龙寺的重要位置；又非设计者在空地、平地作整体规划，而是依循内外部条件之变化，作局部持续调整而成，因而新罗王京的建

① （高丽）一然：《三国遗事》卷五《神咒篇》，第 188~189 页。
② （高丽）一然：《三国遗事》卷五《避隐篇》，第 209 页。
③ （高丽）一然：《三国遗事》卷五《避隐篇》，第 209 页；卷二《纪异篇》，第 72 页。
④ （高丽）金富轼撰，李丙焘译注《三国史记》卷四十六《列传六·崔致远》，第 439 页。
⑤ （南朝宋）范晔等：《后汉书》卷八十三《逸民传》："真曰：'以明府见待有礼，故敢自同宾末。若欲吏之，真将在北山之北，南山之南矣。'太守慙然，不敢复言。"中华书局，2000，第 2774 页；（唐）令狐德棻等：《周书》卷四十二《萧大圜传》："岂如知足知止，萧然无累。北山之北，弃绝人间，南山之南，超踰世网。"中华书局，2006，第 758 页。

设规划与以北魏洛阳城、隋唐长安城为典范的东亚都城制度有着本质不同。

但是从标志建筑、里坊道路、信仰圣地三方面观察，新罗王京又具备东亚都城制度的某些特征。第一，萝井与唐代东都洛阳的武则天明堂的八边形制一致，作为新罗神宫，功能亦与明堂相通。第二，皇龙寺与九层木塔的建设意义，有可能模仿了北魏洛阳城的城市规划，为了在王京建一座中心大寺。第三，王京施行了东亚都城"里坊制"，文献上有360坊和1360坊两说，皇龙寺址东面S1E1遗迹的考古发掘证实了里坊的存在，但王京整体的里坊是否呈棋盘状分布尚且不明。第四，不能确定王京是否存在如隋唐长安城朱雀大街一般的南北中轴线，但根据考古结果，存在特殊规格的大路。第五，长安终南山与庆州南山皆是两国都城南面的佛教信仰圣地，还有共通的隐士文化现象，熟悉中国典籍的新罗知识人或有入唐经历的留学生（僧），必对新罗王京南山的文化建设做出过贡献。总之，新罗王京建设规划所体现的是新罗人的价值观与精神世界，不能简单地用东亚都城制度去衡量。

编辑：彭辉

博物馆与文化遗产保护

文化遗产视域下的木构建筑遗产修复原则

郝雅楠　周学鹰

（南京大学考古文物系）

[**摘要**] 木构建筑遗产修复长期处于争议之中，不少学者就原真性、完整性、最小干预等原则展开讨论。而随着文化遗产文化价值、社会价值不断被强调，当下建筑遗产修复又面临着更高的要求。由此，重新思考建筑遗产"为什么保护""为谁保护"的根本性问题，或能为情况各异、细节繁多的保护实践提供系统指引。修复必须以建筑遗产当下及未来的健康存续为首要原则。同时，建筑遗产本身的价值是动态且多元的，必须兼顾有形遗迹与无形文化的传承，并将传统匠师、社会公众等多样化的利益相关者纳入遗产修复体系，积极回应遗产的社会属性。

[**关键词**] 木构建筑；修复（缮）；遗产保护；营造技艺

截至目前，国内对木构建筑遗产修复的讨论和实践多囿于"新"与"旧"、保存与修复之争等。不少建筑遗产修缮工作停滞不前，即使古建筑摇摇欲坠也要以现状加固为主，甚至价值越突出越要"带病延年"。随着文化遗产文化价值、社会价值不断被强调，"旧"或原真性的内涵日趋丰富，保护及修复理念也更加多元，有条件、也理当打破"保护"与"大修"相对立的绝对化观念。

在此背景下，重新思考建筑遗产"为什么保护""为谁保护"的根本性问题或能更好地阐释建筑遗产应"如何保护"。

一　以健康存续为首要原则

尽管原真性、完整性、可逆性、最小干预等是目前公认的、建筑遗产修复的基本原则，但修复的最终目的是保证遗产当下及未来的存在，即上述原则应始终建立在遗产本身健康存续的基础上。而任何物质都具有消亡的必然性，在这一条件下，"冷冻式保存"实际上牺牲了遗产未来的可存续性。且相对于石构建筑，木构建筑易腐、易受生物侵害，其个体和连接部位的腐坏更容易削弱整体的承重性能。因此，在木结构保护中，出于结构整体性、稳定性、耐久性考虑的标准通常应高于其他价值观。[①]

另外，建筑遗产修复与保护原真性并非彼此对立，问题的关键在于如何在修复过程中尽可能避免破坏和损失。日本就主张通过人为干预保证建筑遗产原真性不受损害的做法，比不予修缮、置之不理更好，[②] 并在长期摸索中逐步建立起一系列严谨、细致的修复程序，形成包含"计划—准备—勘察—落架拆解—细部研究—方案复核—构件修复—结构复原—工事整理"在内的规范化流程[③]。从 1897 年新药师寺大殿、法起寺三重塔修缮，到 1899 年东大寺法华堂修缮、1900 年室生寺五重塔修缮，落架过程都伴随着对建筑整体的状态实测以及对各构件的实测、年代判别；[④] 到法隆寺"昭和大修理"，研究又进一步扩展到"痕迹调查"，包括"退材"使用现象研究以及原初加工工具研究，并力求在修复中使用复原工具加工替换构件。[⑤] 这一模式在日本建筑遗产修缮工程中一直沿用。[⑥] 而修复中被替换的原构件亦被完整保护，或保存于建筑收藏库、或公开展览。[⑦] 同时，日本修复工程与工程报告书撰写并行，修缮前的建筑状态、落架全过程、竣工实测、改修状况等必须忠实记录，修复工程更像是系统的研究工程。自 1930 年日本第一本建筑遗产修缮工程报告书《东大寺南大门史及昭和修理要录》问世以来，日本"修理工事报告书"撰写、出版规范不断细化，详细记录了建筑情况、修缮工程概况、勘察结果、现状变更及相关参考资料，使建筑形制、构件情况、历史变更、工艺技法、残损现状及修缮技术信息等均有迹可循。借助档案学方法、数字化及其他科技手段，当代修复有条件全面揭示、记录、分析历史痕迹及相关信息，并在工程后系统总结、妥善保存。而尽管我国早在 1963 年《革命纪念建筑、历史建筑、古建筑、石窟寺修缮暂行管理办法》中就提出有关建筑遗产保护工程档案记录的具体要求，后又在《纪念建筑、古建筑、石窟寺等修缮工程管理办法》等文件中重申，但相比已开展的修复工程，工程报告书的数量远远不及，且标准化程度也有所欠缺。

---

① Feilden, B. M., *A Possible Ethic for the Conservation of Timber Structures.* Paris：ICOMOS，1981.

② 〔日〕海野聪著，唐聪译《日本文物建筑保护法规沿革及最新动向》，《建筑师》2020 年第 6 期。

③ 俞莉娜：《日本建筑遗产修缮与信息记录——基于对"修理工事报告书"的观察》，《自然与文化遗产研究》2021 年第 1 期。

④ 例如，关野贞在修缮法起寺三重塔时详细研究了建筑各构件的位置、尺寸及年代，确定原始构件比例及后期增建物数量。见 Larsen, Y. E., *Architectural Preservation in Japan*, Trondheim：Tapir Publishers，1994。

⑤ 法隆寺栋梁工匠西冈常一邀请"人间国宝"锻冶匠落架拆解下的断钉锻造"枪刨"，用以加工斗栱、圆柱等替换构件。见〔日〕海野聪著，唐聪译《日本文物建筑保护法规沿革及最新动向》，《建筑师》2020 年第 6 期。

⑥ 例如，唐招提寺金堂平成大修通过分析椽子的加工痕迹，复原失传木工工具"锄"的使用方法，又依据钉痕分析确定金堂椽子的修缮历程及屋顶形制变迁。见唐招提寺《国宝唐招提寺金堂保存修理事业的记录：共结来缘，唐招提寺》，平井真美馆株式会社，2009。

⑦ 郭开慧、陈曦：《文化相对主义视角下的日本木构建筑遗产保护价值观研究》，《新建筑》2020 年第 6 期。

二　保护发展中的文化载体

"文化遗产根本无法单纯地修复或保护，它们是切切实实地被改变了。在每一代修复者手中，被修复对象得到提升的同时也产生了耗损。"[①] 建筑遗产必然包含若干时代的印记及文化，而当代保护、修复实践也将成为未来建筑遗产的组成部分。因此，对建筑遗产的保护、修缮方案的抉择关乎当代能留给未来怎样的文化遗产。

营造学社成立之时，社长朱启钤曾指明："本拟为中国建筑学社，顾以建筑本身，虽为吾人所欲研究者最重要之一端，然若专限于建筑本身，则其余全部文化之关系，仍不能彰显，故打破此范围，而名以营造学社。则凡属实质的艺术，无不包括……一切考工之事皆本社所有之事……一切无形之思想背景，属于民俗学家之事亦皆本社所应旁搜远绍者。"[②] 这也为当下建筑遗产修复指明了方向，即除有形建筑实体外，无形营造技艺、历史文化都应是遗产保护的核心内容。2015 年重新修订的《中国文物古迹保护准则》也强调应兼顾物态遗存本身及以其为载体的无形文化传统。但具体到建筑遗产保护、修复实践，目前仍普遍存在"重有形、轻无形""重科技、轻技艺"的倾向。

明治时期，日本也曾尝试以钢铁构件或近代西方桁架结构修缮东大寺金堂[③]、新药师寺本堂[④]等，但备受争议[⑤]甚至不得不重新修缮[⑥]。随着无形文化财保护的提出以及"选定保存技术制度"的设立，日本逐渐确立"重要无形文化财产保持者"在建筑遗产修复与技艺使用、传承方面的重要作用，将修复视为与历史文明的现代对话，强调文化遗产的动态演化[⑦]，并意图为后人保护物质形式中所包含的无形本质——精神[⑧]。无论是法隆寺、唐招提寺金堂使用原材料、原配比、原工艺的大修[⑨]，还是西本愿寺飞云阁挖掘、利用传

① Lowenthal, D., "Stewarding the Past in a Perplexing Present," *Values and Heritage Conservation Research Report*, Los Angeles: The Getty Conservation Institute, 2000, pp. 18 – 25.

② 朱启钤：《中国营造学社开会演讲》，《中国营造学社汇刊》1930 年第 1 期。

③ 奈良县文化财保存事务所编《国宝东大寺金堂（大佛殿）修理工事报告书》，东大寺大佛殿昭和大修理修理委员会，1980。

④ 〔日〕吉田钢市：《关于新药师寺的明治修理相关的保存论争与"水谷仙次"》，《日本建筑学会计画系论文集》第 620 号，2007。

⑤ 例如，用来取代传统铁砂圆钉的钢钉会在快速氧化膨胀中致使木构件破裂，电动器械无法用于构件的精细饰面与最终塑形。见郭开慧、陈曦《文化相对主义视角下的日本木构建筑遗产保护价值观研究》，《新建筑》2020 年第 6 期。

⑥ 例如，为平衡因使用近代钢结构而增大的屋顶荷重，东大寺金堂在修缮时减少瓦片数量，导致建筑漏雨，后不得不在昭和修缮中重新复原瓦片。见奈良县文化财保存事务所编《国宝东大寺金堂（大佛殿）修理工事报告书》，东大寺大佛殿昭和大修理修理委员会，1980。

⑦ 参见《奈良 +20：关于遗产实践、文化价值和真实性概念的回顾性文件》。

⑧ Inaba, N., "Authenticity and Heritage Concepts: Tangible and Intangible Discussions in Japan," In: Stanley – Price, King, J., *Conserving the Authentic: Essays in Honor of Jukka Jokilehto*. Rome: Ugo Quintily, 2009, pp. 153 – 162.

⑨ 郭开慧、陈曦：《文化相对主义视角下的日本木构建筑遗产保护价值观研究》，《新建筑》2020 年第 6 期。

统工程技术制作通高 15 米木制脚手架完成的修缮①，都最大限度地保持了建筑遗产材质、造型等物态的原真性，又继承传统木构营造工艺及东方建筑落架大修营造思想等非物质文化遗产。更为极端的例子还包括对伊势神宫"式年迁宫"传统的保留。2015 年，日本文化厅又提出"日本遗产"制度，旨在综合整治、保护、活动同一地域的"有形文化财"与"无形文化财"。②无独有偶，韩国在文物建筑修复方面也严格规定使用传统工艺，只有在未加固则无法避免危险或文物原状使用会造成倒塌、销毁等危险时才允许使用替代材料。③

建筑遗产不是固定的、一成不变的实体，而是不断经历重生、转变、发展的文化载体，修复就是创造当代人与建筑遗产动态的、持续发展的、具有生命力的联系。因此，着眼于建筑遗产的长期存续和良性动态发展，修复应在保存原形制、原材料、原结构等物化要素的同时，兼顾对传统营造技艺、营造思想等非物质文化要素的继承。且由于传统木构建筑与现代建筑工程在材料特性、结构原理等方面差异明显，利用现代结构体系及材料修复建筑遗产不仅是对其文化价值的忽视，钢架、铁箍等现代加强材料也与木结构以柔克刚的特性相冲，损伤建筑的整体耐久性。

三　见物见人的持续性互动

"文化遗产"或"建筑遗产"的提法也暗示了"由谁继承"的社会性维度。社会属性和社区参与越来越成为全球文化遗产事业的重点，将对"物"的关注拉回到"人"本身，关注人类创造、阐释、利用、继承等与文化遗产持续性互动的过程。

一方面，如前文所述，建筑遗产并非"凝固的艺术"，而是发展的文化载体，因而修复也不应局限于测绘、规划等工程要素，更应关注传统营造技艺等非物质文化特性，也就不能回避传统技艺传承人、修复师的作用。近年来，传统匠人越来越成为各地建筑遗产修复的中坚力量，且工作多由地域营造技艺传承人有针对性地开展。例如，福建泉州府文庙的修复就由闽南传统营造技艺代表性传承人总领。④2021 年 10 月人力资源社会保障部、国家文物局又共同颁布《文物修复师国家职业技能标准》，规范木作、泥瓦作、石作、彩画作修复师等的职业标准，为进一步提升修复技师的专业化、标准化程度奠基。但由于生存空间有限，无论是技艺种类还是传承人规模都在不断萎缩。同时，基于修复工程招标市场化、监督不足等因素，建筑遗产系统保护观念相对弱化，传统技艺传承人的角色模糊、

① 杨欣宇：《从飞云阁修复看日本古代庭园建筑的保护与修复》，《古建园林技术》2021 年第 1 期。
② 〔日〕海野聪著，唐聪译《日本文物建筑保护法规沿革及最新动向》，《建筑师》2020 年第 6 期。
③ 金喜奭：《韩国文物建筑的保护修缮方法与措施研究》，北京工业大学硕士学位论文，2018，第 13 页。
④ 杨清江：《泉州府文庙修建大事记》，载泉州府文庙文物保护管理处《泉州府文庙历代碑文录》，海潮摄影艺术出版社，2009，第 182～201 页。

作用有限。有学者提出通过系统总结代表性匠帮工艺、建立地域营造技艺量化分析和鉴别体系、建立匠艺技能级别标准和传承应用体系等方法保障传统营造技艺的传承及应用。[①]而在实践层面，日、韩、意等国的保护、应用措施或能有所启发。为保障传统修缮技术人员的稳定，同时有效管理建筑遗产修复工程，日本成立了"文化财建造物保存技术协会"，专门承担文物建筑的修复设计和监理；同时又设立"文化财建造物修理主任技术者"认定制度，只有"主任技术者"方可负责文物建筑修复工程的设计和监理。在文化厅主持下，"主任技术者"每年定期开设培训班，以保证技术传承。韩国则将修缮技术、丹青技术、实测设计技术、造景技术等六种文物建筑修缮技术，以及韩式木工、韩式石工、画工、搭手抬轿工等二十种文物建筑技能以职业的形式固定，将文物建筑修缮业划分为综合文物建筑修缮和专业文物修缮业，通过职业化的方式整合标准。[②] 2001 年意大利标准化机构发起组建欧洲标准化协会（CEN）文化遗产保护技术委员会（TC346）；其 2004 年正式成立，并在欧洲范围制定统一文物保护方法体系，帮助使用者、文物修复师、工匠、建筑师、考古学家、保护科学家等所有各方开展文化遗产保护、修复工作，同时其重要工作目标之一就是为年轻保护修复技术人员提供就业机会，促进行业良性发展。[③]

此外，传统技艺传承人或匠师的作用也不应局限于工程实践本身。过去修复方案的讨论、决策大多由建筑或古建筑学者、建筑师、管理人员等主持，少有实践经验丰富的技师、工匠，尤其是木构营造技艺传承人参与。朱启钤先生曾提出中国建筑遗产研究应"沟通儒匠，睿发智巧"[④]。且中国早有以匠人为师、以匠人经验总结标准再施行的传统。例如，《营造法式》载"臣考究经史群书，并勒人匠逐一讲说，编修海行《营造法式》"[⑤]、"与诸作谙会经历造作工匠详悉讲究规矩，比较诸作利害，随物之大小，有增减之法"[⑥]。传统建筑营造本身就囊括有匠人口耳相传的经验和智慧，因此应将传统匠师、营造技艺传承人囊括入研究、方案决策等各方面，听取工匠意见、重视工匠经验、由工匠主持把关。这是传承、利用传统木结构营造技艺的重要途径，也是坚持材料、工艺等原真性修复的重要保障。

另一方面，作为社会公共财富[⑦]，建筑遗产应由社会公众继承、为传承集体记忆与文化而保护。"建筑是一件艺术行为，一种情感现象，在营造问题之外，超乎它之上"[⑧]，即使伴随遗产化转变，建筑的使用功能、价值等会不可避免地发生改变，但无论作为建筑还

---

① 李浈：《关于传统建筑工艺遗产保护的应用体系的思考》，《同济大学学报》（社会科学版）2008 年第 5 期。
② 金喜庚：《韩国文物建筑的保护修缮方法与措施研究》，北京工业大学硕士学位论文，2018，第 25 页。
③ 何娟：《欧洲文物保护技术规范述评》，《中国文物科学研究》2012 年第 4 期。
④ 朱启钤：《中国营造学社缘起》，《中国营造学社汇刊》1930 年第 1 期。
⑤ （宋）李诫：《营造法式札子》，载梁思成《梁思成全集第七卷 营造法式注释》，中国建筑工业出版社，2001，第 5 页。
⑥ （宋）李诫：《营造法式看详》，载梁思成《梁思成全集第七卷 营造法式注释》，中国建筑工业出版社，2001，第 15 页。
⑦ 参见《中国文物古迹保护准则》（2015）第五章第 40 条。
⑧ 〔法〕勒·柯布西耶：《走向新建筑》，陈志华译，陕西师范大学出版社，2004。

是建筑遗产，空间对人的精神的满足始终存在，活力和社会性并未消失，反而是"博物馆式"管理和不合理利用将建筑遗产推向固化。因此，建筑遗产保护的核心目的不应是高技术的固化保护，高效继承、保存、塑造建筑遗产所代表的集体记忆，发挥其对人群、当代社会的意义才是保护的本质追求。

我国通过一系列法律条文①强调公众参与对于文化遗产保护的重要作用，在文化景观及以乡土建筑为代表的建筑群等的保护中逐渐重视"去博物馆化""去木乃伊化"，积极探索物质与非物质文化遗产联动、遗存保护与社会公众紧密结合的方式。但对建筑尤其是单体建筑遗址的认识和保护，仍主要着眼于构件、形态及附属文物等相对固化的物态遗产，且公众参与保护的方式仍以普及、宣传为主，包括拍摄、记录、新媒体分享、访谈、口述历史、调研等②，仅苏州③、黄山④等部分地区陆续在国家保护与社会保护相结合、国家管理与社会管理相结合方面做出积极尝试，总体而言在深度、广度、普及度方面远未实现广泛的社会参与。

为实现公众继承和集体记忆塑造，多样化利益相关者不应被局限在遗产利用阶段，而被排除在保护、管理、修缮等其他环节之外，或者说不应将建筑遗产保护修缮与开发利用截然分离。以英国为例，从 1887 年成立的英国首个民间建筑保护组织"古建筑保护协会"，到欧洲最大的保护慈善组织英国国家信托，再到鼓励市民参与城市规划与保护的市民信托，民间力量及民间保护团体极大地推动了英国建筑遗产保护体系的完善。公众可以主动参与保护、组织调研、发起动议或募集资金，扩大了遗产保护的社会基础和资金来源，同时公众主体价值受到极大重视，逐步形成遗产保护的内驱动力与力量。在计划、决策、监督甚至修缮实践中扩展公众参与，真正将利益相关者纳入遗产修复、保护体系，切实增进当代公众对遗产的认识理解、认同感和责任感，是建筑遗产在当代社会真正"活过来""活起来"的内在要求，也是对文化遗产"为什么保护""为谁保护"根本问题的直观回应。

四　结语

对于木构建筑遗产应怎样修复，不同学者、群体莫衷一是；而对于遗产为什么保护，

---

① 例如，《国务院关于加强文化遗产保护的通知》《世界文化遗产保护管理办法》《历史文化名城名镇名村保护条例》《关于进一步发挥文化遗产保护志愿者作用的意见》《国务院关于进一步加强文物工作的指导意见》等。

② 冯朝晖：《更多参与，更好保护》，《中国文物报》2016 年 11 月 11 日第 5 版。

③ 例如，1992 年苏州利用社会资金修复清代园林北半园，1996 年开始尝试通过出售"控制保护建筑"以筹集保护资金，2002 年《苏州市古建筑保护条例》从法律层面支持利用民间资本多途径保护传统建筑。

④ 2008 年《黄山市古民居认领保护利用暂行办法》鼓励社会组织和个人捐资认领古民居保护、利用及监督工作。

总有一种无可争议的、普遍性的陈述性回答。① 或许重归对保护目的性或合理性的深入思考，能对修复方针的抉择有所启发。

建筑遗产既包含有形的建筑实体，也包括无形的营造工艺、历史记忆和社会文化。修复的根本目标或首要原则就是木构建筑本身及其背后无形价值的健康存续。而在改变和消亡是必然的前提下，我们需要做的就是延缓"消亡"，并使修复及"耗损"有迹可循、使"改变"成为"丰富"。同时，建筑遗产应由当代及未来公众集体继承。因此，修复不是囿于象牙塔的学术课题，也不是单纯的技术工程，多样化利益相关者的参与应贯穿保护、管理、修缮、利用等全过程。这一过程必然伴随着专家学者与传统匠师、各级政府与民间组织、经济利益与社会效益的博弈与平衡，但也是建筑遗产科学修复的必由之路。

编辑：白莉、郭卉

---

① Ashworth G. J., "Conservation as Preservation or as Heritage: Two Paradigms and Two Answers," *Built Environment*, 2 (1997), pp. 92 – 102.

信息视角下的文物与文明交互关系分析

孟诚磊

（南京师范大学文物与博物馆学系）

杜　昊

（浙江省博物馆博物馆学研究所）

[**摘要**]　博物馆中那些高信息含量的文物，是展示陈列的亮点，往往特别容易受到观众的瞩目。本研究从信息交互的角度，分"人际交往""人—物互动""人与空间交互"三类模型研究文物，会发现其信息传递的对象、方式、展示价值各不相同。信息视角下的文物研究具有独特性，利用信息来研究文物与文明的交互关系也有着比较重要的研究意义。

[**关键词**]：文物；信息化；交互关系

一　人际交往信息：书信与刀剑

从信息的视角看，人与人交际行为的本质其实就是信息交换的过程：从结识到展开互动，互动逐步深入后会逐渐面临情感维系或分裂的抉择，在此过程中，涉及的分别是基本信息交换、日常环境信息交换、思维信息交换。在这些信息交换的过程中，还有对信息的不断判别：有高度、普遍、一般性的认可或否定，这些认可或否定，也就决定了交际关系的维系或分裂。

在人际交往过程中，古人善于使用物品作为传递信息、交流感情的信物。因为信息传递效率的原因，古人交往的遵守礼数规矩、节奏缓慢、往返频次高、信息承载量较低，这样的特点也为后代留下了丰富的文物资源。

以古代文人的交往为例。基于信息流动规律，可以整理出在交际过程中产生的文物种类，这其中有拜帖盒、三国吴简名刺，以及大量书信类文物作为例证。

除了略显机械冰冷的信息交互模型外，人际交往的情绪或情感因素也是文物特别动人的原因之一。

为什么在研究文物与信息的时候要提到情绪呢？因为情绪会带来信息交换终止的风

险，另外文物表露出来的很多信息都因为带有情绪而显出更浓烈的艺术风格。人与人的交际，除了信息内容的理性交换外，还带有强烈的情绪表达与交流。

人际交往中的"和"是指信息交换中双方达到了短暂性的内容趋同性，并因此能保持情绪稳定愉悦。而"争"是指信息交换中双方出现了显著的分歧，并由此产生了情绪波动。

基于信息与情感的交互，不妨提出交际类文物的概念：人际交往中创造出的信息，恰好又拥有了物质载体。

交际类文物具有以下特点：指向性明确、情绪强烈、隐藏内容多、互相干扰。

指向性是指这类文物的传递对象一般是明确而特定的，其内容往往带有浓烈的情绪，且带有大量隐藏内容。因为具有传递慢、保密程度低的特点，所以要把内容隐晦地书写进去，还要充分表达作者的情感。互相干涉是指在交往过程中，基于互相认同的主观故意，受到彼此表述和审美风格的影响，会有表达方式、组织内容等方面的趋同性。这样的趋同性与波的干涉现象①十分类似。

交际类文物在传播上还具有以下特性：沉浸感、真实感、情绪调动能力。

沉浸感来自文物信息场域所营造出的情绪氛围。古人在进行以文字为主的创作过程时，会有借景寄情的习惯。因为季节变化引起的自然景观变幻，也常常是造成古人对故人思念的情绪触发点。

真实感来自交际类文物蕴含的强烈情绪。为了表达强烈的情绪，文物的创造者往往会忽略对信息内容进行修饰或掩藏，于是其强烈的真实想法会完整地透过文物呈现给观众。这与对文物的真假进行判别的文物真实性是两个不同的概念。

交际类文物因为极具沉浸感和真实感，因此往往在博物馆展示过程中具有极强的情绪调动能力。那些革命人物的绝笔信②，无论是力透纸背的笔迹，还是不假文饰的字句，都能给观众以极强的视觉震撼和心灵冲击。这是许多其他类型文物所不具备的特质。

二 物质文明信息：文物赋存信息交互的网络化

首先要探讨的是作为文明主体的"人"与人所创造出来的"物"的关系。"人"与"物"的关系可以用两句话概括。

（一）"人"有意造"物"只有两个终极目的：维持生命和信息交换。

（二）"物"是"人"维持生命和进行信息交换的途径与媒介。

接下来对文物赋存信息交互的有关问题进行简要探讨。

文物中不乏大量"美"的艺术精品。这类文物的艺术性部分主要承担了信息交换的职

---

① 史严、牛宽宽：《基于 Matlab 的波的干涉实验仿真研究》，《大学物理实验》2019 年第 4 期。
② 杨颜艳：《赵良璋烈士的皮夹克和绝笔信》，《南京史志》1997 年第 5 期。

能。朴素的生活用品与艺术品之间的区别主要体现在功能的定位上。美学的优先级高于功能的，更趋于成为艺术品；反之则可被列入生活用品的范畴。那么博物馆如何处理这两类文物呢？那就看研究的主题更倾向于反映古代社会文明还是古代艺术史。

"美"物的出现是否就能反映文明的进步程度？这个问题涉及的第一个问题就是史前文化中工匠随意性的问题。带有随意性的一系列优秀发挥只能代表个人艺术水平的突破，并不能代表聚落或文化整体的水平。作为商品的文物艺术水平高依然无法证明，除非有证据证实，高水平的做法已成为行业规范。一群人的随意发挥与突破才能算是美学觉悟，进而成为文明进步的证据。

历史时期的文物，存在意识形态植入深度的问题。意识形态的植入深度，反映出了文物赋存信息数量的多少，也决定了文物展现文明能力的高低。定制行为出现，门阀豢养职业工匠现象①出现，都是物质主人个人意识形态深度植入的表现。这从产品区别化的特征中也能看出：青铜器、陶瓷器等产品开始出现皇家御用、家族专用和普通商品的分类。②

此外，在历史时期文物信息的研究中，收藏行为的出现是不容忽视的现象。古物收藏者往往对过去的信息有热情，并且希望通过集物来实现历史信息的私人化订制。古代收藏家都是目录学家，虽无信息意识，却承担了历史信息的收集整理传播职能。③ 这对于研究信息视角下文物与文明交互关系的研究提供了依据根源和历史资料。

除了价值高低外，物的创造还有价值批判的要求，这与社会的进步或倒退紧密相关。历史上人类造物的目标模型有三，大致分级如下：

初级目标是为更好地维持生命并产生与物有关的愉悦感；

中级目标是为更长久地维持生命并为家庭留下更多的物；

高级目标是为社会创造更多有价值的信息，并可能会随时为此牺牲自己的生命。

而对于人类社会具备倒退消极意义的证物，也常被博物馆收藏展示，起到警示告诫的作用。

那么文物是如何反映某个时代或文化面貌的呢？

首先，文物可以反映出某个时代的技术水平和艺术风格。例如，汉朝墓葬中的陶俑、瓷器和玉器，就非常生动地展示了当时的雕刻技术和人们的审美理念。④

其次，文物还可以反映出当时社会的阶级结构和政治制度。例如，古代皇宫和寺庙的建筑风格和宏伟程度，可以反映出该时代的君主和教会对于建筑的投资和重视程度。

最后，文物还可以反映出当时经济和商业的发展情况。例如，唐代丝路上流传下来的

---

① 余同元：《中国传统工业行业分化与明清江南工匠职业分工的发展》，《第十一届明史国际学术讨论会论文集》，天津古籍出版社，2005，第 292 ~ 310 页。

② 郑建明、沈岳明、谢纯龙：《夺得千峰翠色来——上林湖后司岙窑址出土的秘色瓷器》，《紫禁城》2017 年第 5 期。

③ 付国静：《宋代青铜器图谱文献刍议》，《杭州文博》2019 年第 1 期。

④ 薛玉芳：《江苏地区出土的汉代丧葬玉器研究》，河南大学博士毕业论文，2020，第 57 ~ 70 页。

中国青瓷和唐三彩，反映了当时经济繁荣和海外贸易的兴旺。①

总结一下，文物对古代文明的表现方式可以理解为物、联、网，加上逸散信息。

在研究"物、联、网"关系时可以发现，现在时态与过去时态的内容其实并不对等，这是物质的自然属性和发掘文物信息的现实困境所决定的。例如目前出土的文物、已发现的遗迹遗址与历史上人类所有制造出的生产工具、全部的生活环境相比，在数量上存在巨大的差距，在真伪上也存在诸多争议。

需要清醒地认识到，现代考古过程中产生的资料、对非物质文化的研究成果、对古代文明进行探索的科技成果与学术思想，都并不足以完整真实地反映古代社会的全貌。因为种种客观和主观原因，今天的研究获得的只是关于古代文明的学术成果，与历史上文明的真实样貌永远存在无法消弭的差别。

根据目前的学术成果，还是有许多比较值得信服的证据，可以大致推导出历史上文明的样貌。

人类的物质文明史从早期起源开始。人类使用各种简单工具和武器进行狩猎采集，并制造食物、住所和衣物等生活必需品。在新石器时代之后，人们开始种植作物和饲养动物，掌握了农业技术。社会结构逐步发展，日益复杂化。

随着时间的推移，一些地区出现了城市和国家，建立了相应的政治和社会制度。公元前4000年到前3000年，许多文明先进的国家和民族相继出现，比如埃及、中国和印度等。这些文明国度在人类历史上留下了浓厚的印记，并对世界其他地区产生了深远的影响。

在商业方面，劳动分工加剧，不同行业的手工艺品和商品交换变得广泛，商业线路也同时形成。石铜铁器、陶瓷、纺织品和丝绸等产品的生产大幅增加，促进了城市的形成、经济的蓬勃发展，以及科学技术的进步。货币的使用方式由贝壳、金银至钞票，货币量的增加和贸易规模的扩大，对世界经济产生了巨大影响。

工业时代的出现和发展以及电信网络和交通运输技术方面的卓越进步加快了人类物质文明发展的步伐。随着机器生产的发展，大量新的商品和服务被供应到全球各个国家和地区。

总的来说，"物"的不断诞生、联系的不断建立、网络化的不断产生，是印证物质文明史不断得到拓展和丰富、人类文明得以赓续与发展的最主要证据。

三 空间场景信息：从人际、"人物"关系到空间环境的跃迁

要研究清楚人与空间环境之间的关系，就要先探讨人与信息场的关系，以及信息场折

① 苏垂昌：《唐五代中国古陶瓷的输出》，《厦门大学学报》（哲学社会科学版）1986年第2期。

射到文物上形成的不可移动文物集群，得到有关文物与文明的交互关系的结论。

从信息视角下看，古代社会信息量最大、交互最为频繁的人物最具有研究价值，这其中，不妨以皇帝为例展开研究。

之所以说皇帝的信息交互频繁，是因为皇帝拥有封建社会至高无上的权力。首先，在信息视角下，从社会组织和思想史演进两个方面，探究皇帝的权力从何而来。在中国古代，封建社会中的皇帝被认为是"天命之子"，即上天派来担任统治者的人，其权力是神圣和超乎常人的。在其他一些宗教国家，君权也被视为神授的。

然而，在现代民主国家中，统治者的权力不再被视作神圣或超越常人界限的存在。国家领导人权力的来源被归结于选举、公民参与等制度和程序，而不是天命或神权。

中国古代皇权的来源，从社会组织的角度分析，主要有以下几个方面。

原始氏族部落制度。在中国古代，人们最初生活在氏族和部落的集体组织中，族长和首领拥有一定的权力和地位，这也是中国古代皇权的起源之一。从良渚玉器到传国玉玺，玉器作为古代珍贵的宝石材质文物，反映出从史前文明首领权力到历史时期皇权的演进过程。①

宗法制度。宗法制度是中国古代的一种社会组织形式，它以家族为单位，通过血缘关系和世系排名来确定权力和地位。在宗法制度下，家族长老通常拥有较大的权力和地位，这也为皇权的形成提供了条件。

封建制度。春秋战国时期，中国进入了封建社会阶段，封建制度下，君主通过官僚制度来建立和控制政权。

文化传统。中国古代有着强烈的礼教思想，认为君主天命所归，是天地万物之灵，具有神圣的权力和地位。这种思想也为皇权的形成提供了支撑。

中国历史上的皇帝拥有绝对的权力，他们可以利用这些权力来掌控国家和人民，这是皇权的具体体现，其形式多样。皇帝是国家最高统治者，他们任命官员、掌控税收和财政事务等，并制定法律和政策。皇帝可以制定商业政策、调节市场价格和控制货币流通量。皇帝可以通过任命军事将领，打造出强大的军事力量，以应对可能发生的威胁。

皇权的来源与应用方式，使得本研究可以制作出皇帝权力的信息场。皇帝假托来自上天的权力，对国家进行强有力的治理。

在封建君权产生前，人类文明最具有影响力的意识形态是以宗教的方式呈现的。那么，宗教和君权的关系是什么？

宗教和君权的关系在不同的历史时期和不同的国家有所不同，但一般来说，宗教和君权之间有着密切的关系，典型代表就是神权政治。在一些古代国家中，君主被认为是神的代表，具有神圣的地位和权力。这种神权政治的形式在古埃及、古印度、古代中东等地区出现过。在一些国家中，君权和宗教权力融为一体，还出现过神权王朝。在其他一些国

---

① 于璐：《清代皇家玺印制度与功能解析》，《文史知识》2023 年第 6 期。

家，宗教也被用作统治工具，以维持政治和社会秩序。

总之，宗教和君权之间的关系是多种多样的，但一般来说，宗教可以为统治者提供神圣的合法性和思想支持，而统治者也可以利用宗教来维护政治和社会秩序。

以上研究讨论了君权来源和应用有关的信息场。而除了类似的纵向的上下游研究外，还可以对君主所处的人际关系进行研究，得出以君主为中心视角的人际关系信息场。

本研究以中国古代皇帝为例，将皇帝常交际的人群大致分为四类，即：后宫、随侍、亲眷和官员。这四类人群与皇帝关系紧密、信息交换频繁，他们与皇帝的亲疏关系也体现在他们在皇城内的居址设置上。

在中国历史上，皇宫是皇帝及其家庭成员的居住之处，它是一个由多重围墙、建筑群组成的大型宫殿，并由众多官员进行维护和管理。皇帝和他的家庭成员、妃嫔们居住在皇宫内，其他官员都被安排在宫外的衙署或其他等级较低的官员居住区内。

皇宫后苑是古代中国皇帝和后宫成员居住的地方之一。在古代中国皇宫中，通常有专门的后宫供皇帝的妃嫔居住。依据妃嫔的地位与排名不同，所居住的区域不尽相同。

在中国古代，随侍皇帝的宦官是不具备生育能力和家族继承权的，所以他们通常没有机会组建自己的家庭。而作为皇室的侍从，他们的生活离不开宫廷。

在古代社会中，官员集团住所的大小和地位是有所区别的。作为高级官员的皇帝家族成员通常会居住在皇宫内；而其他普通的官员则不具备居住在皇宫内的权利。到了清代，一小部分官员被允许临时居住在皇宫内，这已经被视作皇帝极大的恩赐。

因此，一般情况下，是否能居住在皇宫里、居址距离皇宫的距离，都是明确的权力级别和身份的象征。

这样的信息场映射到皇城建筑布局上，形成了古代皇城的基本分布形态。今天通过对皇城遗址的研究，依然能轻易找出这样的关系信息，而这类信息是极具价值的，几乎可以解释中国古代封建社会中皇帝全部行为的逻辑依据。这样的信息还具有类比性，除了皇城与建筑，作为可移动文物的皇帝用具、作为不可移动文物的皇帝陵寝群落等也可以使用这样的关系进行推理。而利用皇帝作为对象进行信息场研究，其目的就在于对作为不可移动文物的古代空间场景与历史时期文明的交互关系尝试进行探索。

四　结语

本研究在信息视角下，通过"人—人""人—物""人—空间"三个角度对文物与文明的交互关系进行了研究。人际交往中，产生大量涉及内容和情绪情感的信息，使得与之有关的文物具有独特性。人在创造生产生活工具的过程中，逐渐使单独的器物建立联系，形成一个不断演进的网络。除了能够相互影响、创造物品外，人类文明还具有塑造历史空间的能力。在古代中国，这种能力的极致代表就是创造了皇城的古代皇帝。本研究通过对皇城布局的简单探讨，得出了人与空间之间的关系模型。

　　本研究利用信息作为工具，对文物与古代文明的信息交互关系进行了简单阐述，希望能够打破传统，为博物馆展览、遗址展示与研究提供一种全新的视角，以期给观众带来更好的参观体验、更丰富的知识收获。

编辑：白莉、郭卉

田野考古报告

江苏宿迁嶂山地点晚更新世麋鹿化石补记

陈　曦

（南京师范大学文博系）

王　平

（宿迁市博物馆）

[**摘要**] 本文补充记载了江苏宿迁嶂山地点的一件麋鹿角枝化石，时代为晚更新世。该标本丰富了嶂山动物群的类群组成，证明麋鹿在苏北地区曾与冰期动物共存，其栖息地的萎缩与湿地生境的消失密切相关。

[**关键词**] 嶂山地点；麋鹿；晚更新世；湿地

一　引言

嶂山化石地点位于江苏省宿迁市与新沂市交界处的人工河——新沂河内，是苏北地区为数不多的晚更新世化石地点之一。该地点在 1953 年由贾兰坡首先报道，发现的化石有虎、野猪、鹿类和纳玛古菱齿象。[①] 2020 年，本文作者描述了该地点新出的试掘材料，报道了龟鳖类、扬子鳄（相似种）、淮河古菱齿象、蒙古野驴、梅氏犀、李氏野猪、河套大角鹿、葛氏斑鹿和草原野牛等物种。[②] 2022 年，本文作者在重新检视这批材料时，又发现了一件属于麋鹿的角枝残段。因麋鹿是典型的湿地动物，具有重要的古生态意义；且以往化石麋鹿在淮河流域的出土信息不够明确，故予以补充报道。

二　描述与鉴定

现生大中型鹿类中，麋鹿的角枝形态最为特殊：主干自头部向后延伸，分为前后 2

---

① 贾兰坡：《苏北新沂河的化石产地》，《古生物学报》1953 年第 1 期。

② 陈曦、伍苏明、王平、王宣波、晃剑虹：《江苏宿迁嶂山地点晚更新世脊椎动物化石》，《人类学学报》2020 年第 2 期。

枝；前枝一般再分为 2 ~ 3 叉，后枝长而较直；角枝表面有较多的小刺、瘤突。^① 嶂山标本为麋鹿的左侧角枝，保存了主枝的基部和后枝的前部（图一）；主枝在与后枝分叉处的前后径为 43.4 毫米，在后枝基部的前后径为 34.7 毫米。

嶂山标本虽然残破，但仍保存了一些有用的鉴定特征。根据其较扁的主枝，尤其是发育的小刺，显然应归入麋鹿属（*Elaphurus*）。我国早更新世的麋鹿有双叉麋鹿（*Elaphurus bifurcatus*）^② 和晋南麋鹿（*Elaphurus chinnaniensis*）^③。这两种麋鹿的角枝形态整体相似，前枝皆分成两个较长的角枝，前枝与主枝的夹角近于直角；不同之处在于，前者是在主枝上伸出一段距离后再分叉，后者则是直接在主枝上分叉。相比之下，嶂山标本的前枝基部粗壮，无分叉迹象，后枝小刺发育，且推测后枝与前枝的夹角呈锐角；上述特征与早更新世麋鹿的差别明显，而接近于现生麋鹿。我国中更新世以来的化石麋鹿皆被归入现生的达氏麋鹿（*Elaphurus davidianus*），这里也因循这一做法。

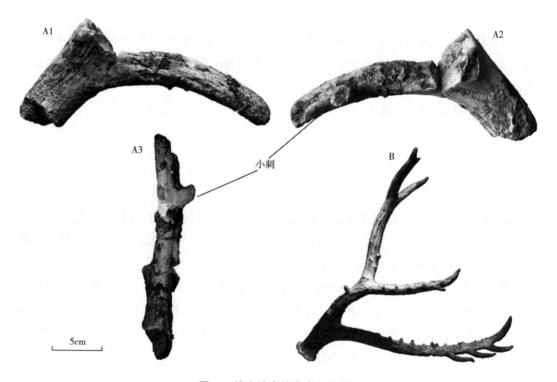

图一 嶂山地点的麋鹿角枝化石

A：麋鹿左侧角枝，A1 为外侧视，A2 为内侧视，A3 为顶侧视；B：现生麋鹿角枝，以及嶂山标本的保存部位（灰色部分）。比例尺适用于 A1、A2、A3；B 为示意图。

---

① 曹克清：《麋鹿》，见盛和林等《中国鹿类动物》，华东师范大学出版社，1992，第 224 ~ 233 页。

② Teilhard de Chardin P, Piveteau J., "Les mammifères fossiles de Nihowan（Chine），"*Annales de Paléontologie*, 1930, no. 19, pp. 1 – 134.

③ 贾兰坡、王建：《西侯度——山西早更新世早期古文化遗址》，文物出版社，1978，第 1 ~ 85 页。

三　古生态意义

麋鹿在清末时从我国野外灭绝，现仅有江苏大丰、湖北石首和北京南海子等数处重新引入的种群。但在整个第四纪，麋鹿的化石/亚化石曾分布在北至辽宁康平，西至陕西宝鸡，南至台湾中部，东至上海崇明的广阔地域，是我国东部季风区最常见的大型哺乳动物之一。[①] 麋鹿的历史分布范围大约从周代开始逐渐萎缩，其灭绝过程与环境变化和人类活动密切相关。根据历史分布和身体结构（蹄、齿、尾、毛）特征，麋鹿应主要适应于平原沼泽生境。[②] 因此，湿地环境的变迁必然是影响其种群兴衰的重要因素。

在淮河下游地区，嶂山动物群是少数有明确出土层位和详细化石描述的动物群之一。该动物群的成员可分为三种生态类型。一是适应寒冷环境的东北区动物，如河套大角鹿和草原野牛，可能为末次冰期的南迁物种。该推断也得到嶂山闸地裂缝中戚咀组钙结核的[14]C测年结果的支持。[③] 二是温带草原－林缘型动物，如淮河古菱齿象、梅氏犀和葛氏斑鹿，是中晚更新世华北地区的广布物种。三是湿地型动物，如大量的龟鳖类以及扬子鳄。根据上述分析，可知嶂山动物群的麋鹿生存在相对寒冷的冰期，但周边有相当发育的湿地生境。鉴于麋鹿可与冰期动物共存，且曾扩散到东北地区，故推测该物种能够适应一定的低温，影响其自然分布的主要环境因子是湖沼湿地。

麋鹿在江苏淮北地区的生存时间至少可延续至周代。沭阳万北遗址新石器时代地层中，出土了大量的麋鹿骨骼，证明麋鹿为古人类的重要肉食来源。[④] 沭阳吕台遗址周代遗存中发现的鹿角铲，也是由麋鹿角枝制成的[⑤]，证明彼时当地仍有麋鹿种群。但对于麋鹿最终从江苏淮北地区消失的时间，目前还难有定论。值得注意的是，沭阳吕台古井发现了大量唐代前期的水生动物遗存，如龟鳖类、扬子鳄、普通水獭、江獭等；其中，江獭的出现说明该地存在大面积的开阔水体。[⑥] 根据历史自然地理研究，在两宋之际"黄河夺淮"之前，淮河流域一直是湖泊湿地十分发育的地区。[⑦] 所以，直至唐宋时期，江苏淮北地区可

---

① 曹克清：《麋鹿研究》，上海科技教育出版社，2005；李文艳：《考古遗址中出土麋鹿骨骼遗存研究》，《文物春秋》2018年第1期。

② 曹克清：《麋鹿研究》，上海科技教育出版社，2005，第1～246页。

③ 彭贵、焦文强：《嶂山闸地裂缝沉积物的[14]C年龄》，《地震地质》1990年第2期。

④ 李民昌：《江苏沭阳万北新石器时代遗址动物骨骼鉴定报告》，《东南文化》1991年第3～4期。

⑤ 宿迁市博物馆、宿迁市文物研究所：《江苏沭阳吕台遗址考古勘探和试掘简报》，《东南文化》2019年第5期。

⑥ 陈曦、伍苏明、王宣波、徐秋元、师宏伟、李权、江左其杲：《江苏沭阳唐代江獭的发现——兼论江獭分布变迁》，《第四纪研究》2023年第3期。

⑦ 邹逸麟：《历史时期华北大平原湖沼变迁述略》，见中国地理学会历史地理专业委员会编《历史地理·第五辑》，上海人民出版，1985，第25～39页。

能仍有适合麋鹿生存的大片湿地。当然，相较于真正的水生动物，栖息在湖沼边缘的麋鹿可能更多地受到人类活动的影响。我们期待，在苏北地区开展更多的历史时期动物考古研究，从而更深入地探讨麋鹿消失的原因。

编辑：徐良

江苏江阴佘城遗址 2001 年度发掘简报

刁文伟　邬红梅

（江阴博物馆）

[**摘要**] 佘城遗址位于江苏省江阴市，2000 年对其进行试掘，次年进行第二次发掘，发现大型建筑基址一处，对城墙进行解剖，收获较大，本报告是对这次发掘的一个总结，其中对城址的年代及其文化属性进行初步的判断，"佘城——长江下游地区青铜时代第一城"的论断基本可以确立。

[**关键词**] 佘城遗址；商代；青铜时代

一　佘城遗址的发现经过

佘城遗址位于江苏省江阴市云亭镇花山村，北距长江 8 公里，南距太湖 20 公里，以佘城城址为中心的整个遗址面积约为 4 平方公里。1999 年，在修建京沪高速公路时，在江阴花山东侧的花山村发现了古文化遗址，南京博物院、无锡博物馆、江阴博物馆随即联合对该遗址进行了抢救性发掘，并命名该遗址为"花山遗址"[①]；次年，俞伟超先生莅临现场，在花山遗址东侧发现城墙、城壕遗迹。当年联合考古对遗迹进行了试掘，并命名为"佘城遗址"[②]。因两个遗址在年代上重合，又相距很近，文化面貌也相似，应该是一个整体，故而试掘后，为了便于今后的发掘、研究、规划，将这两个遗址合并，统称为"佘城遗址"，原"花山遗址"改称"佘城遗址花山区"。对佘城城址的试掘，掌握了城墙的堆筑年代和城墙、城壕间的结构。

2001 年 9 月至 2002 年 6 月，南京博物院和江阴博物馆再次对佘城遗址进行了发掘，重点围绕城址展开，共揭露面积 1510 平方米，发现各类遗迹 21 处，并出土了大量遗物。通过这次的发掘，确定了佘城城址四至的大致范围，对其布局和结构、性质有了初步的认

---

① 江苏花山遗址联合考古队：《江阴花山夏商文化遗址》，《东南文化》2001 年 9 期。
② 江苏佘城遗址联合考古队：《江阴佘城遗址试掘简报》，《东南文化》2001 年 9 期。

识，现将此次发掘内容报告如下。

二 本次发掘的内容

本次发掘主要有两个目的。一是在试掘的基础上继续解剖东、西、北三面城墙，以了解城址的大致范围与轮廓（图一）。为此，在城址的东南、西南和北部分别布探沟，编号为 TG7、TG9、TG6，发掘的情况为：TG6、TG7、TG9 俱垂直跨越城墙，皆发掘至生土层。二是以城址北部区域为本次主要发掘对象（图二），我们采用了分区的方法，按 50 米 × 50 米为单位将城址北部分成了 30 个发掘区，布设探沟的编号为 20 区 TG1、11区 TG2、7 区 TG3、6 区 TG4、1 区 TG5。TG3 和 TG5 发掘至商代地层，因未发现重要遗迹而停止发掘；20 区 TG1 和 6 区 TG4 皆因发现房屋遗迹而向外扩方，其中 TG1 及扩方部分发掘至生土层，以 TG4 为中心的 F2 遗迹发掘至基址而未再下挖；11 区 TG2 以及TG8 位于城墙内侧，主要遗迹为城内的池塘（C1）和灰坑（H13），其中 C1 发掘至生土层，而 H13 未发掘至底。

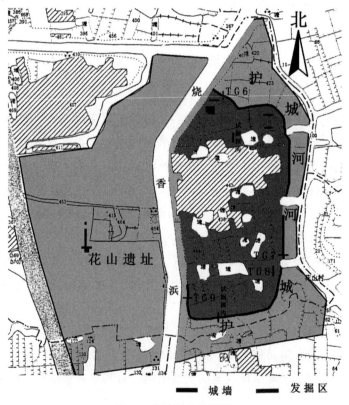

图一 佘城遗址平面图

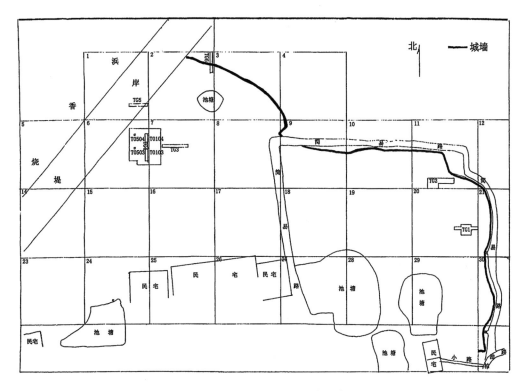

图二 城址北部发掘区、探方分布图

地层以发掘至生土的 20 区 TG1 南壁为例（图三）：

第①层：深褐色耕土层，平均厚度 10～15 厘米。

第②层：褐黄色土，土质疏松，包含物有瓷片和印纹陶片，厚度为 20～35 厘米，为明、清时期地层。

第③层：灰黑色土，土质疏松，含水量大，厚度为 25～55 厘米，出土大量陶片和原始瓷片。陶片以夹砂红褐陶和泥质红陶为主，其次为泥质灰、黑陶，纹饰以素面、梯格纹、云雷纹、折线纹、绳纹、菱格纹为主，器形有鼎、釜、罐、盆、钵等。为商代地层。

第③层下为生土层。

佘城遗址的城址内，地层关系基本统一，也就意味着地层关系相对简单：商代地层、明清地层和现代地层的三层叠压关系。

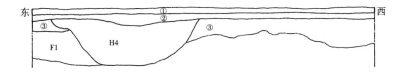

图三 20 区 TG1 南壁剖面图

三　遗迹

（一）城墙：以 TG6、TG7、TG9 为例

1. 2 区 TG6（15 米 × 2 米）西壁剖面（图四）

第①层：褐灰色耕土，较松软，厚度 5 ~ 25 厘米。

第②层：褐黄色软土，包含物有青花瓷片和印纹陶片，厚度为 30 厘米，为明清地层。

第③层：黄灰色黏土，包含物为少许印纹陶片，厚度约 50 厘米，为商代地层。

第③层下为城墙遗迹——Q1①、Q1②、Q1③：

Q1①：浅黄色夹灰斑黏土，黏性大，未见包含物，厚度为 50 ~ 100 厘米。

Q1②：棕黄色夹灰斑黏土，有黏性，未见包含物，厚度约 100 厘米。

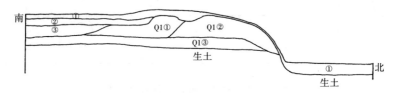

图四　佘城 2 区 TG6 西壁剖面图

Q1③：深灰色黏土，纯净，黏性大，未见包含物，平均厚度 45 厘米。

Q1③下为生土。

2. TG7（12 米 × 2 米）南壁剖面（图五）

第①层：褐灰色耕土，疏松，厚度 15 ~ 100 厘米。

第②层：褐黄色土，土质疏松，包含物有瓷片、砖块和印纹陶片，平均厚度约 25 厘米，为明、清地层。

第③层：棕黄色土，土质疏松，黏性较大，不见包含物，厚度约 50 厘米，城墙堆积塌陷所致，为商代地层。

第③层下为城墙遗迹。

Q1①：黄灰色土，因夹有大块灰斑土，故黏性极大，土质纯净，不见包含物，厚度 50 厘米。

Q1②：棕黄色土，土质纯净，黏性较大，不见包含物，厚度为 40 厘米。

Q1③：黄灰色土，土质类似 Q1①，厚度为 30 厘米。

Q1④：浅灰色土，土质纯净，未见包含物，厚度 20 ~ 25 厘米。

Q1⑤：深灰色土，土质纯净，未见包含物，平均厚度 25 厘米。

Q1⑥：棕黄色土，土质类似 Q1②，平均厚度 30 厘米。

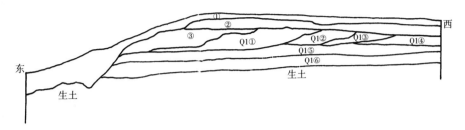

图五 TG7 南壁剖面图

Q1⑥下为生土。

3. TG9（15 米×2 米）南壁剖面（图六）

第①层：褐灰色耕土，厚度为 15 厘米。

第②层：深褐色夹黄斑土，杂乱无章极松散，厚度为 240 厘米，现代地层。

第③层：淡黄灰色土，夹细黑点，松软，包含物有砖块、印纹陶片，厚度约 70 厘米，为明、清地层。

第④层：深黄灰色土，夹黑点，包含物有极少数印纹陶片，厚度为 15～65 厘米。

第⑤层：浅灰色土，包含物极少，平均厚度为 25 厘米。

第⑥层：黑灰色黏土，含水量大，包含物以印纹陶片为主，厚度为 25～60 厘米。

第⑦层：灰黄色土，灰土中夹黄斑、细黑点，黏性大，含水量大，包含物有印纹陶片、砺石等，平均厚度 120 厘米。

第⑧层：浅黄灰土，略显松散，包含物较少。

第④～⑧层为商代地层，第⑧层下为 C2 遗迹及城墙遗迹。

Q1①：深黄灰色土，结合紧密，坚硬，未见包含物，厚度为 250 厘米。

Q1②：黄灰色土，坚硬致密，未见包含物。厚度为 240 厘米。其间夹数层薄薄灰色黏土，未见包含物。

Q1③：灰黑色黏土，夹黄斑，黏性大，未见包含物，厚度为 40 厘米。

Q1③下为生土。

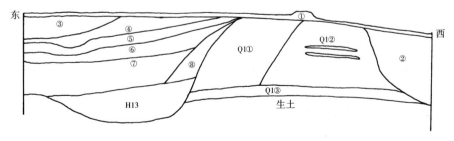

图六 佘城 TG9 南壁剖面图

对佘城城址的确定，是在 2000 年的试掘工作中以保存相对较好的南城墙解剖为突破口的，经过试掘，掌握了城墙堆筑的大致年代、堆筑方法以及墙壕结构的情况，本次发掘的 TG6、TG7、TG9 即是对城址的北、东、西三面将其大至范围确定，试掘的材料对这三条探沟内城墙墙体遗迹的确定具有指导意义。与南城墙类似，TG6 中的 Q1①至 Q1③层，TG7 中的 Q1①至 Q1⑥层，TG9 中的 Q1①至 Q1③层为墙体堆积。首先各层之间的叠压呈斜向叠压状，其次各层的土质都非常纯净，几乎不见包含物。此外还采取了另外两种方法来加固城墙墙体，一种方法是用生土和取自于河床淤泥的青灰色黏土混合后堆筑，如 TG6 中的 Q1①，TG7 中的 Q1①、Q1③。另外一种方法就是在用生土堆筑过程中，用青灰色河床淤泥薄薄地平铺一层，然后再堆生土，如此重复，如 TG9 中的 Q1②，这些堆筑的方法无疑对城墙墙体起到了加固作用。与南城墙相比，北、东、西三面的城墙墙体保存状况较差，北城墙现高 1.5 米，东城墙现残高 1.3 米，西城墙残高 2.8 米，因此皆剩下城墙的墙基了，此外三面城墙的外侧皆遭破坏，城墙的宽度无法得知，在试掘南城墙时发现的壕沟遗迹在此次发掘中也因此而未被发现。结合航拍图最终确认佘城城址的大至范围与轮廓：南北较长，约 600 米；东西较窄，约 300 米；形制近似长方形，城址的北部略大于南部。除西城墙的中段和北段、北城墙的西段因烧香浜和现代建筑的破坏以外，保存下来的城墙现南城墙还耸立，墙顶与地面落差达到 8 米，与外侧农田形成断崖，使城址区成为高出四周的台形遗迹。

（二）房址

此次发掘共发现房址两处，编号为 F1、F2，皆出于城址北部的商代地层中，F1 破坏严重，现介绍 F2。

F2（图七）：位于城址北部的 6、7 两个发掘区内，距北城墙约 50 米。F2 基址直接被明、清地层所叠压，方向 190 度，距地表 55 厘米，堆土形成的建筑基础上未发现有夯打迹象。发现柱洞 93 个，柱洞皆打破该基础。柱洞分为两类，一类为方形土坑型，柱洞的平面呈方形或长方形，坑底略小于坑口，未见夯打和垫塞物的痕迹，深度在 40~80 厘米不等，使用方法为木桩直接竖于坑内，然后再用土回填，木桩的直径为 30~60 厘米，这类柱洞大部分属一坑一柱式，唯 Z17、Z18、Z19、Z78、Z79、Z80 两组为一坑三柱式。第二类柱洞平面近似圆形，直径在 50 厘米左右，洞内填满红烧土，使用方法为木桩置于红烧土之上，这类柱洞在数量上少于第一类柱洞，且大多分布在主体建筑的外围。由于F2 未发现有墙体基槽，以及排列紧密的柱洞按建筑规律来说缺少房屋开间的空间，因此判断 F2 应为干阑式建筑。整个建筑分为主体建筑和辅助建筑两个部分，主体建筑总进深约 22~23 米，分为前后两间，前间宽约 10 米，进深 8 米，有四排柱洞与之对应，基址的南侧有一处直径为 4.5 米的半圆形红烧土堆积，打破了基址，推测它是起承载楼梯的作用。后间略大，宽约 15 米，进深约 11~12 米，与之对应的六排柱洞形制较为统一，皆呈长方形，柱洞间的距离也相对稳定，因此，后间应该是整个建筑的核心部分。辅助建筑为

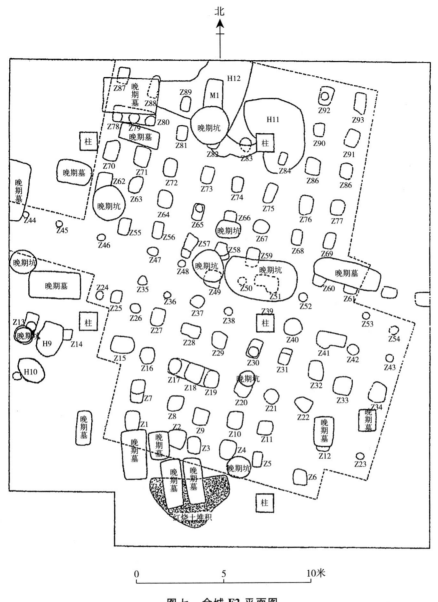

图七 佘城 F2 平面图

廊，廊有外廊和内廊，外廊是与其他建筑的连接部分，其下有两排间距 2.6 米的红烧土圆形柱洞与之对应，内廊是前后两间之间的衔接，同样其下有两排间隔 1.5 米的红烧土圆形柱洞与之对应，由于廊的自身重量较轻，因此与之对应的大多是红烧土圆形柱洞。从发掘情况看，F2 通过廊的延伸向外扩展，其北部和东南部因 M1、H11、H12 以及晚期遗迹的破坏，延伸部分较为模糊。

（三）墓葬 只发现一座墓葬，编号为 M1。

M1（图八）：位于 6 区 T0504 中，为单穴土坑墓，墓向 6 度，开口于②层下，墓口距地表 80 厘米，打破 F2 和 H12，而自身被晚期窖穴打破，残存了墓葬的中后部。墓坑壁较直，墓口与墓底基本垂直。墓室残长 155 厘米，宽 110 厘米，墓深 55 厘米，人骨已朽，无法辨识。随葬器物放置于墓室中部，现存八件，其中 M1∶7、M1∶8 残存一半，器物为硬陶瓿 7 件，原始瓷瓿 1 件。

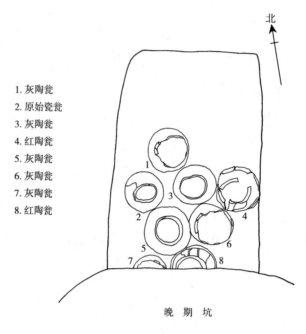

北

1. 灰陶瓿
2. 原始瓷瓿
3. 灰陶瓿
4. 红陶瓿
5. 灰陶瓿
6. 灰陶瓿
7. 灰陶瓿
8. 红陶瓿

晚　期　坑

图八　M1 平面图

（四）池塘、灰坑

此次发掘共发现池塘 2 个（C1、C2），灰坑 13 个（编号为 H1～H13），由于发掘面积的限制以及遗迹本身范围较大，很多此类遗迹因未扩方而没有继续发掘，无法掌握其全貌，下面以 C1 和 H3、H7 这些相对重要和完整的遗迹加以介绍。

C1：位于 11 区 TG2 内，呈西北、东南走向，开口于③层下，打破生土层。深 220 厘米，经解剖，C1 的堆积分为三个部分，上层为 C1（A）层，黄灰色黏土，有较多陶片出土。中层为 C1（B）层，为灰黑色黏土，黏性大，含水量大，出土陶片极多。下层为 C1（C）层，为纯灰色沙性黏土，出土的陶片为两个个体，分别为硬陶瓿的口沿和圈足簋。C1 的性质与 TG9 中的 C2 性质相似，为城墙内侧紧靠城墙的池塘遗迹。

H3：位于 20 区 TG1 西部，开口于②层下，距地表 45 厘米，平面呈不规则椭圆形，长 246 厘米、宽 146 厘米、深 63 厘米。灰坑内的堆积为灰黄色黏土，土质疏松，包含物有陶片和红烧土块。陶片皆为印纹陶和原始瓷，器型有釜、鼎、盆、罐、瓿、豆等。

H7：位于 2 区 TG6 内，开口于②层下，打破城墙遗迹和③层，距地表较浅，约 5～30

厘米，平面呈不规则圆形，坑内呈斜壁圜底状，平面最宽处为 340 厘米、深 125 厘米。灰坑内的堆积为黑灰色黏土，土质疏松含水量大，包含物有石器、陶片、兽骨以及木炭、草灰等有机质残迹。陶片皆为印纹软陶和硬陶、原始瓷，器形有鼎、釜、瓮、盆等。H7 和 H3 性质相似，皆为倾倒垃圾的土坑。

四　出土遗物

佘城遗址出土的遗物主要有陶器、原始瓷、青铜器和石器。陶器和原始瓷是最主要的出土遗物，其中以陶器居多。陶器分为夹砂陶、泥质陶、硬陶和原始瓷三类。夹砂陶中以红陶为主，器型有鼎、釜、甗等，以釜为大宗，素面为主，另有绳纹等；泥质陶以红陶为主，其他有黑陶和灰陶，器型以罐、盆、瓮、罎、簋、豆、盘、器盖、刻槽盆等，纹饰以梯格纹为大宗，还包括折线纹、菱格纹、席纹；硬陶和原始瓷的器型主要有豆、器盖、罐、瓮，纹饰以弦纹、席纹、折线纹为主（见表一）。青铜器器型为削，石器包括石刀、戈、斧等。

表一

	夹砂红陶		泥质红陶		泥质黑陶		泥质灰陶		硬陶和原始瓷	
	数量（片）	比例	数量（片）	比例	数量（片）	比例	数量（片）	比例	数量（片）	比例
TG1③	507	46%	467	42%	38	3%	21	2%	73	7%
H4	58	50%	36	31%	17	15%			6	5%

佘城遗址陶器制作，主要采取手制轮修的手法，夹砂陶的内壁皆抹平，口沿部分往往留下弦痕。而泥质陶、硬陶和原始瓷的罐、瓮、罎等口径小于腹径的器形，内壁布满手窝痕，口沿部分留有弦纹，据此判断大件器物皆用泥条盘筑，再用手撊或抹平，成形后再用慢轮修正，而对小件器物如罐、豆、簋、盂等器物内外皆留有弦痕，制作方法相对要精细些，器型也规整。

（一）陶器

釜　43 件，分为二型。

A 型：41 件。直腹釜，据有无肩分二式。

Ⅰ式：皆为夹砂红褐陶。素面，圆唇，斜沿，侈口，直腹，圜底。H4：4，小侈口，口径 21 厘米。H4：3，直腹，口径 30.8 厘米（图九：1、2）。

Ⅱ式：G1：20，夹砂灰陶，圆唇、侈口、束颈、折肩，直腹稍内斜，圜底。口径 18.5

厘米（图九：3）。

　　B 型：2 件 垂腹釜。G1：43，红褐陶，胎体夹石英砂粒，饰绳纹，尖唇、卷沿，垂腹，圜底。口径 28.6 厘米、腹径 36 厘米、残高 26 厘米（图九：4）。

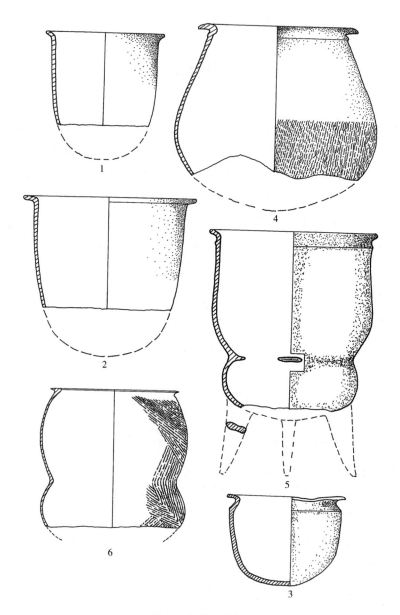

图九　陶釜、陶甗

1、2. A 型 I 式釜（H4：4、H4：3）；3. A 型 II 式釜（G1：20）；4. B 型釜（G1：43）；5、6. 甗（G1：34、H5：2）

　　甗　3 件。G1：34，夹砂红褐陶，素面，侈口，斜沿、圆唇，直腹较深，束腰下呈扁腹形，圜底，足失，甗腰处有 4 个对称箅格，口径 30 厘米、腹径 27.6 厘米、残高 26.5 厘米（图九：5）。H5：2，红褐陶，尖唇，口径 23 厘米（图九：6）。G2：18，红陶，口径 22 厘米。

鼎　7 件，分为三型。

A 型：1 件。罐形鼎。G1：44，夹砂红褐陶，口微侈，圆唇，溜肩、球腹，平底，三矮圆锥足，足尖外撇，口径 14.8 厘米、腹径 19.8 厘米、足高 3 厘米（图十：1）。

B 型：5 件。盆形鼎。H4：5，夹砂红褐陶，浅盘，底近平，足尖外撇，足根部饰二捺窝纹，口径 18 厘米、通高 13.5 厘米（图十：2）。

C 型：1 件。盘形鼎。H4：1，夹砂红褐陶，圆唇、敞口、浅盘、斜腹，底近平，三扁锥形矮足，足外撇，口径 26.4 厘米、高 10.4 厘米（图十：3）。

鬲　1 件。

鼎形鬲。H7：9，夹砂红褐陶，方唇、侈口、弧腹、三圆锥状足，器壁饰绳纹，袋足不明显，口径 16 厘米、通高 16.6 厘米（图十：4）。

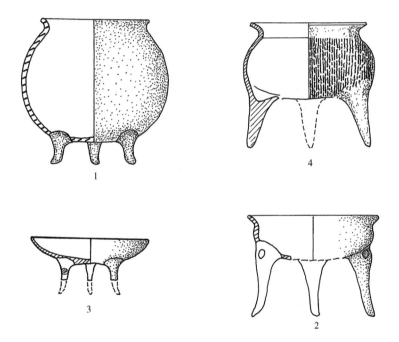

图十　陶鼎、陶鬲
1. A 型鼎（G1：44）；2. B 型鼎（H4：5）；3. C 型鼎（H4：1）；4. 陶鬲（H7：9）

罐　27 件。残存口沿居多，分为三型。

A 型：21 件。侈口罐，根据腹部分为二式。

Ⅰ式：1 件。深腹。G1：47，泥质灰陶，圆唇、溜肩，直腹内收，腹较深，通体饰间断绳纹，领上饰二周戳点纹，口径 16.8 厘米（图十一：1）。

Ⅱ式：20 件。弧腹。TG1③：9，原始瓷，方唇、侈口、弧肩、凹底，底部露红胎，肩部及上腹有青釉痕迹，下腹为青灰色胎，器型不规整，并有众多爆胎现象，素面。口径 12.5 厘米、底径 6.4 厘米、通高 15.4 ~ 16.5 厘米。TG1③：28，泥质红陶，尖唇、溜肩，肩部以下饰席纹。口径 16 厘米。G1：109、G1：110，泥质红陶，口沿略宽些，饰梯格纹。

口径 18.8 厘米、16 厘米（图十一：2~5）。

B 型：4 件。直口罐，根据唇形不同分二式。

Ⅰ式：TG1③:26，泥质红陶，尖唇，弧折肩，斜直腹，底内凹，通体饰折线纹。口径 10 厘米、高 12.8 厘米（图十一：6）。

Ⅱ式：TG1②:25，泥质黑陶，唇面呈"子口状"，广肩，素面。口径 17.6 厘米（图十一：7）。

C 型：2 件。敛口罐。TG1③:41，硬陶，方唇、弧肩、鼓腹，腹上部饰桥形耳，器型满饰菱形回纹及席纹。口径 14 厘米（图十一：8）。

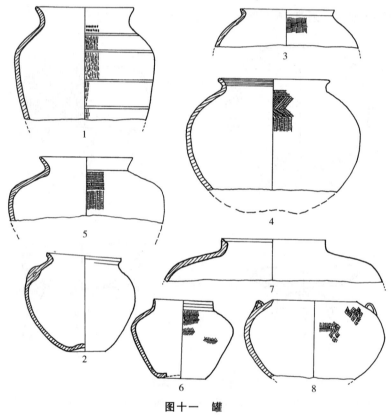

图十一　罐

1. A 型Ⅰ式（G1:47）；2~5. A 型Ⅱ式（TG1③:9、TG1③:28、G1:109、G1:110）；6. B 型Ⅰ式（TG1③:26）；7. B 型Ⅱ式（TG1②:25）；8. C 型（TG1③:41）

瓮　29 件，分二型。

A 型：8 件 直口有领，分为二式。

Ⅰ式：直口。G1:48，泥质红陶，圆唇，领口有四道弦纹，器身饰方格纹。口径 26 厘米（图十二：1）。

Ⅱ式：直口，平斜沿。G1:467，泥质黄陶，领上有一周突箍，广肩，器身满饰复线曲折纹。口径 21.2 厘米。G1:35，硬陶、广肩，口部饰五道弦纹，口径 26 厘米，H13:5，原始瓷，肩部往下饰小席纹，施青釉，口径 14 厘米（图十二：2～4）。

B 型：21 件。侈口，分为二式。

Ⅰ 式：18 件。弧肩。TG1③：33，泥质红陶，圆唇，沿面有弦纹，器身上部饰云雷纹，口径 20 厘米。M1：1，硬陶，直腹内收，凹底，素面，口径 14.1～15 厘米、底径 14 厘米、通高 23.5～27 厘米。M1：2，原始瓷，直腹内收，平底，肩部饰二道弦纹，三个小堆饰，肩部施青釉，外饰折线纹，器型极不规整，釉的颜色差异较大，釉厚处呈黑色，浅处呈青色。口径 14.1～15 厘米、底径 14 厘米、通高 23.5～27 厘米。M1：7，硬陶，弧腹内收，底略内凹，肩上部饰有二周弦纹，并有一对附饰，为三个重叠穿耳，其他素面。口径 15.8 厘米、腹径 31.3 厘米、残高 27.5 厘米（图十二：5～8）。

Ⅱ 式：3 件。溜肩。TG1③：29，泥质红陶，斜腹，器身上部饰梯格纹。口径 30 厘米（图十二：9）。

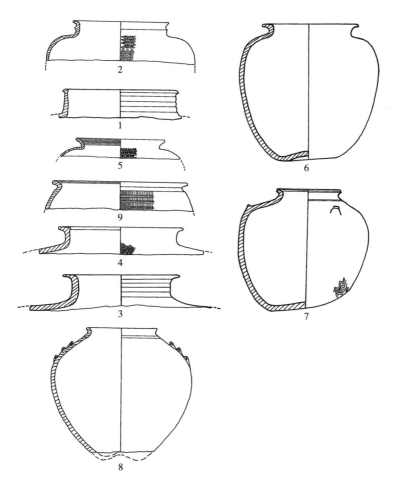

图十二 瓮

1. A 型 Ⅰ 式（G1：48）；2～4. A 型 Ⅱ 式（G1：467、G1：35、H13：5）；5～8. B 型 Ⅰ 式（TG1③：33、M1：1、M1：2、M1：7）；9. B 型 Ⅱ 式（TG1③：29）

罐 1 件（TG1③:32）。泥质红陶，圆唇，侈口，沿面饰弦纹，弧肩，器身饰梯格纹。口径46厘米（图十三:1）。

盆 17 件。分为三型。

A 型：5件。浅腹盆。G1:28，泥质黑陶、圆唇、敞口、折肩、斜弧腹，小平底略内凹。口径26.3厘米、底径8厘米、高12.5厘米（图十三:2）。

B 型：10件。中腹盆。H3:1，泥质红陶，小平底略内凹。口径38厘米、通高17.5厘米、底径12厘米。TG1③:31，泥质红陶，大敞口、圆唇、溜肩、斜弧腹，通体饰梯格纹。口径22厘米（图十三:3、4）。

C 型：2件。深腹盆。TG3③:9，泥质红陶，侈口方唇，唇内凹，溜肩，弧腹，器身饰竖梯格纹，口径22厘米（图十三:5）。

刻槽盆 3件。形制单一，陶质有些区别。TG1③:113，方唇、敛口、弧腹、圈底，器内壁刻划菱格凹槽，口下部饰二道弦纹，下饰梯格纹。口径35.2厘米（图十三:6）。

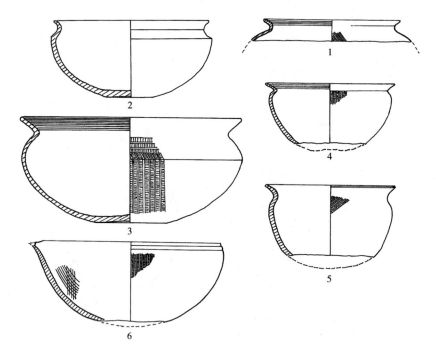

图十三 罐、盆、刻槽盆

1. 罐（TG1③:32）；2. A 型盆（G1:28）；3、4. B 型盆（H3:1、TG1③:31）；5. C 型盆（TG3③:9）；6. 刻槽盆（G1:113）

簋 16件。分为二型。

A 型：12件。敛口。分为三式。

Ⅰ式：斜弧腹。H14:4，泥质黑陶、圆唇、广肩、斜弧腹内收、矮圈足，足下端外撇，肩部饰弦纹和圆饼形堆饰。口径18.4厘米、底径12.4厘米、通高10.5厘米。G1:53，泥质

黑陶、圆唇、折肩、喇叭形圆足、素面。口径 20.5 厘米、底径 12.5 厘米、通高 12.7 厘米
（图十四：1、2）。

Ⅱ式：直弧腹。H7：8，泥质黑陶、尖唇、肩、腹处凸，有四个饼形堆饰，喇叭形圈
足、素面。口径 16 厘米、底径 10.6 厘米、通高 9.2 厘米（图十四：3）。

Ⅲ式：深腹。TG1③：37，泥质灰陶，尖唇、广肩、矮圈足，肩部饰弦纹。口径 13.6
厘米、底径 14.7 厘米、通高 14.6 厘米（图十四：4）。

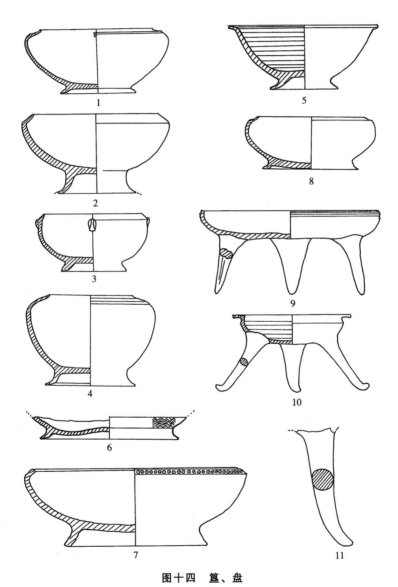

图十四 簋、盘

1、2. A 型Ⅰ式簋（H14：4、G1：53）；3. A 型Ⅱ式簋（H7：8）；4. A 型Ⅲ式簋（TG1③：37）；5、6. B 型
簋（TG1③：36、G1：40）；7、8. A 型盘（G1：52、G1：27）；9. B 型Ⅰ式盘（G1：33）；10、11. B 型Ⅱ式
盘（G1：39、TG3③：8）

B 型：4 件。敞口。TG1③：36，泥质黑陶，折沿、方唇、斜弧腹，喇叭形圈足，口沿及内壁留有众多弦痕。口径 24.8 厘米、底径 11.6 厘米、通高 10.1 厘米。另有一残件。G1：40，泥质黑陶，器型较大，底内凹，矮圈足，外撇，外壁及器底满饰折线纹。底径 22.8 厘米（图十四：5、6）。

盘　7 件。分为二型。

A 型：4 件。圈足盘。G1：52，泥制黑陶，规整，敛口、方唇、斜弧腹，圈足外撇，口沿下饰弦纹夹圈点纹。口径 33.2 厘米、底径 23.6 厘米、通高 12.5 厘米。G1：27，泥质灰陶，尖圆唇，折肩，圈足较矮。口径 17.4 厘米、底径 16 厘米、通高 8.5 厘米（图十四：7、8）。

B 型：3 件。三足盘。根据足的不同分二式。

Ⅰ式：G1：33，泥质灰陶，方唇、口微敛、斜弧腹，平底，三扁锥状足，口部有二圈凹弦纹，足上饰刻划纹。口径 24.5 厘米、通高 13.3 厘米（图十四：9）。

Ⅱ式：G1：39，泥质灰陶，方唇、平沿、弧腹、底近平，三舌形足，足尖外撇，沿面饰二道凹弦纹。口径 19.5 厘米、通高 12.4 厘米。另有一件三足盘足（TG3③：8），红陶，呈圆锥状足，足尖外撇。残高 18.8 厘米（图十四：10、11）。

钵　28 件。分为二型。

A 型：20 件。平底。TG1③：10，泥质红陶，尖唇、鼓腹、平底。口径 10.7 厘米、底径 6.8 厘米、通高 7 厘米。TG6②：4，原始瓷，弧肩，肩部饰弦纹，斜弧腹，平底，肩部施有青灰色釉，并有三个饼形堆饰，器内壁有弦痕。口径 14 厘米。TG1③：11，紫红色硬陶、方唇、弧肩、小平底，腹部有两组凹弦纹，每组两道。口径 12.7 厘米、底径 7.5 厘米、通高 8.2 ~ 9 厘米。TG1③：21，硬陶，圆唇、折肩、斜腹、平底，肩部有数道弦纹。口径 14.6 厘米、底径 6.5 厘米、通高 6.4 厘米（图十五：1 ~ 4）。

B 型：8 件。圜底。H5：1，泥质红陶，圆唇、敛口、弧肩、圜底，肩部饰三道弦纹。口径 10.4 厘米、通高 6.4 厘米。另有两件底缺失。TG1③：35，泥质黑陶，敛口、圆唇、折肩、斜弧腹，肩腹处为二对称方形饼形堆饰，口沿下饰弦纹。口径 18.4 厘米。TG8④：2，原始瓷，方唇，折肩，肩下部内折，斜直腹，肩部弦纹和堆贴半圆形堆饰。口径 14 厘米（图十五：5 ~ 7）。

盂　24 件。分为四型。

A 型：8 件。侈口。据腹部形制不同，分为二式。

Ⅰ式：H12：2，泥质黑陶，圆唇、斜沿、束颈、折肩、弧腹、平底，口沿及腹部饰一周圈点纹，颈部有两个对称小圆镂空。口径 9.1 厘米、底径 5.4 厘米、通高 5.7 厘米。TG1③：20，泥质黑陶，方唇、斜肩、弧腹、小平底，肩部饰有三个圆饼形附饰，其他素面。口径 11.8 厘米、底径 7 厘米、通高 9.6 厘米（图十五：8、9）。

Ⅱ式：G1：16，泥质灰陶，尖圆唇、溜肩、折腹、平底、素面。口径 8.6 厘米、底径 5.8 厘米、通高 5.2 厘米（图十五：10）。

B 型：11 件。敛口。G1：11，黑陶，尖圆唇、斜肩、斜腹、平底，底较厚。口径 8.7 厘米、

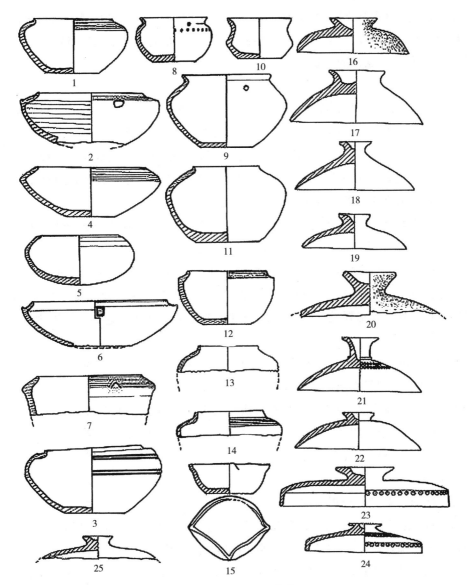

图十五　钵、盂、器盖

1~4. A 型钵（TG1③:10、TG6②:4、TG1③:11、TG1③:21）；5~7. B 型钵（H5:1、TG1③:35、TG8④:2）；8、9. A 型 I 式盂（H12:2、TG1③:20）；10. A 型 II 式盂（G1:16）；11. B 型盂（G1:11）；12~14. C 型盂（G1:15、H14:2、TG6②:5）；15. D 型盂（TG3③:6）；16~19. A 型 I 式器盖（G1:32、G1:8、TG3③:5、G1:21）；20. A 型 II 式器盖（TG1③:23）；21、22. B 型 I 式器盖（G1:31、H10:1）；23. B 型 II 式器盖（G1:24）；24、25. C 型器盖（H7:2、TG1③:40）

底径 8 厘米、通高 10 厘米（图十五:11）。

C 型：4 件。直口。G1:15，硬陶，圆唇、直口、弧腹、平底。口径 10.3 厘米、底径 5.8 厘米、通高 7.2 厘米。H14:2，原始瓷，方唇、直口、弧肩。口径 8 厘米。TG6②:5，原始瓷，方唇内凹，直口，肩部饰弦纹，施青釉，内壁有弦痕。口径 9.4 厘米（图十五:12~14）。

D 型：1 件（TG3③：6）。不规则口。红陶，形制怪异，口部平面呈不规则状，一侧有流，平底呈椭圆形，素面。底最大径 6.3 厘米、通高 4 厘米（图十五：15）。

器盖　49 件。根据钮的形状分为三型。

A 型：21 件。喇叭形钮。根据盖面形状分为二式。

Ⅰ式：G1：32，夹砂陶，喇叭形钮，尖唇。弧形盖面。钮径 6.3 厘米、盖径 15 厘米、通高 4.6 厘米。G1：8，泥质黑陶，喇叭形钮，弧形盖面，圆唇。口径 18 厘米、钮径 7.6 厘米、通高 7 厘米。TG3③：5，泥质灰陶，喇叭形钮，圆唇，弧形盖面。口径 16.2 厘米、钮径 4.1 厘米、通高 6.4 厘米。G1：21，原始瓷，喇叭状钮，弧形盖面。口径 13.8 厘米、钮径 4.2 厘米、通高 4.6 厘米（图十五：16～19）。

Ⅱ式：TG1③：23，夹砂灰陶，圆唇，盖面平广。钮径 7.3 厘米（图十五：20）。

B 型：18 件。环形钮，根据器身的形状分为二式。

Ⅰ式：G1：31，泥质黑陶，环形钮，捉手较高，尖唇，钮与盖交接处饰一道突箍，弧形器盖，盖上部饰二周圈点纹。口径 16.8 厘米、钮径 5.1 厘米、通高 7.1 厘米。H10：1，泥质黑陶，环形钮，弧形器盖。口径 17.2 厘米、钮径 4.2 厘米、通高 4.8 厘米（图十五：21、22）。

Ⅱ式：G1：24，泥质黑陶，环形钮，器盖平广下折，下折处饰一周圈点纹，直口、圆唇。口径 23 厘米、钮径 6 厘米、通高 5.2 厘米（图十五：23）。

C 型：10 件。璧形钮。H7：2，泥质灰陶，璧形钮，盖面斜平下折，下折处饰一周圈点纹。口径 15.8 厘米、钮径 4.3 厘米、通高 3.8 厘米。TG1③：40，原始瓷，璧形钮，盖面施青釉。钮径约 4 厘米（图十五：24、25）。

豆　46 件。分为三型。

A 型：28 件。高把，根据盘的形式分为三式。

Ⅰ式：TG1③：34，泥质灰陶，敛口、尖圆唇，广浅盘式，器把上部有一周突箍，口与腹处有二小堆饰。盘径 22.4 厘米、残高 10.8 厘米（图十六：1）。

Ⅱ式：G1：17，泥质灰陶，敞口、尖圆唇、小浅盘，柄上部有一周突箍，通高 21.6 厘米、盘径 18.3 厘米、底径 12.1 厘米。G1：7，泥质灰陶，小浅盘，方唇。口径 16.5 厘米、底径 11.3 厘米、通高 16.8 厘米（图十六：2、3）。

Ⅲ式：TG8⑥：3，泥质黑灰陶，粗高把，胎呈灰色，外施黑陶衣，把上饰二周云雷纹，底径 16 厘米、残高 10.6 厘米。另有一件高把豆残件（TG3③：7），原始瓷，把较细，把中部略外鼓，上部饰三道凹弦纹，把外壁施釉。残高 14.2 厘米（图十六：4、5）。

B 型：11 件。中把，根据豆盘的形状分为二式。

Ⅰ式：7 区 T0105 ③：1，泥质黑陶，豆盘为浅盘斜腹式，圆唇、敛口、外口沿有二圈凹弦纹。口径 16.8 厘米、底径 11.6 厘米、通高 9.6 厘米。H12：3，黑陶，敞口、斜方唇、浅盘，把上部较细，施黑陶衣。盘径 21 厘米。G1：41，原始瓷，器型规整，尖唇，口内敛，母口，斜弧腹，喇叭形把手，把上饰弦纹，盘内壁有弦痕，盘内及口沿部分有青釉。

盘径 26.3 厘米、底径 16.8 厘米、通高 14.5 厘米。G1:29，硬陶，尖唇，斜弧腹，把上部较直，下部外撇，口径 21.4 厘米、底径 11.2 厘米、通高 12.3 厘米（图十六：6～9）。另有两件中把豆的残件：G1:42，硬陶，把上有对称的一对镂空，器内壁有轮制时留下的弦痕，豆盘缺。把高 9.2 厘米、把底径 14 厘米。G1:54，原始瓷，把底外撇，把身饰九道弦纹，豆盘内底和外壁有施釉痕迹。把底径 15.1 厘米（图十六：10、11）。

Ⅱ式：H7:1，泥质灰陶，豆盘为直口、浅盘。口径 14.5 厘米、底径 9.8 厘米、通高 10.5 厘米（图十六：12）。

C 型：7 件。矮圈足豆。F2:1，黑陶，敛口、尖圆唇、弧肩、斜弧腹，圈足外撇，口沿下饰二道弦纹、三个饼形堆饰。口径 16.8 厘米、通高 9 厘米、底径 11.6 厘米。H4:2，直口、方唇、折肩。口径 18.8 厘米、底径 11.4 厘米、通高 9.8 厘米（图十六：13、14）。

图十六　豆

1. A 型 I 式（TG1③:34）；2、3. A 型 II 式（G1:17、G1:7）；4、5. A 型 III 式（TG8⑥:3、TG3③:7）；6～11. B 型 I 式（7 区 T0105③:1、H12:3、G1:41、G1:29、G1:42、G1:54）；12. B 型 II 式（H7:1）；13、14. C 型（F2:1、H4:2）

鬶 H8:2，泥质黑陶，残存三袋足，上部失，素面（图十七：1）。

鋬手 TG1③:38，灰陶，呈牛角状，截面呈圆形（图十七：2）。

陶质工具 包括纺轮、网坠。

纺轮 5 件。分为二型。

A 型：鼓型。TG1③:12，硬陶质，中间一圆形直孔，腹径 2.9 厘米、孔径 0.6 厘米、通高 1.4 厘米。G1:13，泥质黑陶，腹径 3.6 厘米、孔径 0.55 厘米、通高 2.3 厘米（图十七：3、4）。

B 型：饼型。TG1③:18，泥质灰陶，扁圆形。直径 8.2 厘米、孔径 1 厘米、厚 1 厘米（图十七：5）。

网坠 TG3③:2，泥质黑陶，残，一侧有一周凹槽，下端扁平。残长 6.4 厘米（图十七：6）。

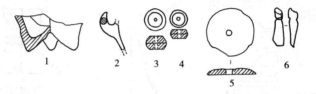

图十七 鬶、鋬手、陶质工具、纺轮、网坠

1. 陶鬶（H8:2）；2. 鋬手（TG1③:38）；3、4. A 型纺轮（TG1③:12、G1:13）；5. B 型纺轮（TG1③:18）；6 网坠（TG3③:2）

（二）青铜器

青铜残块 TG3③:4，呈长方形，残长 3.5 厘米、宽 1.6 厘米、厚 0.5 厘米（图十八：1）。

青铜削 1 件。TG2②:3，锈蚀严重，形制简单，弧刃，长把。通长 15.2 厘米、刃宽 1.9 厘米、厚 0.4 厘米（图十八：2）。

（三）石器

石斧 8 件，分为二型。

A 型：6 件。单孔。TG1③:17，砂岩质，长方形，上部残孔为两面钻，打磨精细，弧刃、中锋。残高 8 厘米、刃宽 7.8 厘米、厚 1.6 厘米。TG1③:15，砂岩质，刃部残缺，平背，孔为单面钻，磨制。残长 6.9 厘米、宽 10.8 厘米、厚 0.9 厘米（图十八：3、4）。

B 型：2 件。有肩斧。TG1③:16，残，砂岩质，呈长方形，肩部不明显，弧刃、偏锋。长 17.8 厘米、宽 9.6 厘米、厚 1.6 厘米（图十八：5）。

石镰 3 件。G1:10，刃部残，弧背、弧刃、中锋。残长 14.8 厘米、宽 6.4 厘米、厚 1.4 厘米。G1:22，残，弧背，平刃，中锋。残长 10.6 厘米、宽 3.7 厘米、厚 1 厘米（图十八：6、7）。

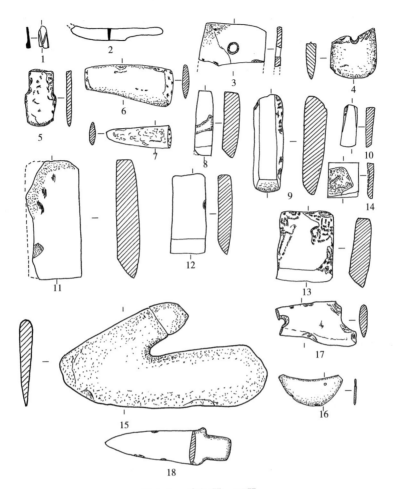

图十八　青铜器、石器

1. 青铜残块（TG3③：4）；2. 青铜削（TG2②：3）；3、4. A 型石斧（TG1③：17、TG1③：15）；5. B 型石斧（TG1③：16）；6、7 石镰（G1：10、G1：22）；8、9. A 型石凿（G1：2、TG1③：3）；10. B 型石凿（H7：7）；11、12. A 型石锛（TG7③：1、G1：6）；13、14. B 型石锛（H7：6、G1：1）；15. 石犁（G1：18）；16. A 型石刀（6 区 T0503：1）；17. B 型石刀（G1：50）；18 石戈（H7：4）

石凿　5 件，分为二型。

A 型：3 件。窄条型。G1：2，平刃，侧锋。通长 5.1 厘米、宽 1.35 厘米、厚 1.3 厘米。TG1③：3，形制与 A 式稍有不同。残长 8 厘米、宽 2.3 厘米、厚 1.9 厘米（图十八：8、9）。

B 型：2 件。扁铲型。H7：7，打磨平直，平刃。长 3.2、宽 1.1、厚 0.8 厘米（图十八：10）。

石锛　5 件，分为二型。

A 型：3 件。TG7③：1，砂岩，呈长方形，平刃，偏锋。通长 9.4 厘米、宽 4.5 厘米、厚 2 厘米。G1：6，通长 6.4 厘米、宽 2.9 厘米、厚 1.2 厘米（图十八：11、12）。

B 型：2 件。H7：6，砂岩，平刃，偏锋。长 5.8 厘米、宽 4.6 厘米、厚 1.6 厘米。G1：1，

通长 2.8 厘米、宽 2.6 厘米、厚 0.45 厘米（图十八：13、14）。

石犁　2 件。G1∶18，页岩，呈三角状，上部较厚，下部被磨制成锋利的刃部，平刃，中锋。通长 33 厘米、高 17 厘米、厚 2 厘米。（图十八：15）。

石刀　3 件，分为二型。

A 型：2 件。6 区 T0503∶1，半月形，弧背，中锋，一对钻小孔（未钻透）。通长 10.7 厘米、宽 4.1 厘米、厚 2.5 厘米（图十八：16）。

B 型：G1∶50，三角形，一端残，有一对钻孔，中锋。残长 12.5 厘米、宽 7.3 厘米、厚 1.3 厘米（图十八：17）。

石戈　1 件。H7∶4，页岩，有阑直内式，援长锋尖，内呈方形。通长 20.9 厘米、宽 5.9 厘米、厚 0.75 厘米（图十八：18）。

五　结语

（一）佘城遗址中城址的年代及四至问题

在讨论这个问题之前，首先有必要了解一下"佘城遗址花山区"的发掘情况：花山区位于佘城城址的西侧，两者直线距离约一百余米，发掘报告称其年代为"早到夏代，下限可至西周早期"。将城址与花山区对比后发现，城址区所出的器物与花山区 G2 遗迹中出土的器物有着共性关系，如陶质上，夹砂红陶、泥质红陶的主体地位，原始瓷、硬陶的大量出现；器型上，釜、鼎、刻槽盆、罐的一致性；纹饰上，梯格纹的主流装饰；等等。因此，将佘城城址的年代定位在花山区的年代跨度之内，即夏代至西周早期是可以确定的。就城址的具体年代而言，打破城墙的遗迹都要晚于城墙的堆筑年代，因此将这些遗迹中的包含物进行分析就极为重要。如：佘城遗址 H7 打破城墙遗迹，因此可作为城址堆筑年代的下限，也就是说城址堆筑的年代不会晚于 H7 的年代。H7∶4 为有阑直内式石戈，其形制介于二里岗上层一期的二件青铜戈（MGM2∶4、CNM6∶1）[1] 与殷墟苗圃 I 期[2]、郑州人民公园一期青铜戈（C7M54∶15）之间；而泥质陶系中出现的许多圈点纹装饰与二里岗上层一期在青铜器上开始流行的连珠纹饰颇为相似，这种装饰手段到殷墟往后就渐渐消失了。佘城遗址与周边遗址的比较：宁镇地区湖熟文化已做过谱系工作[3]，两者相比较，佘城城址的年代更接近于湖熟文化中期的特点：鼎足的锥状外撇式，足根部捺窝纹，侧扁足饰刻划纹和花边装饰；泥质红陶容器类的形制、梯格纹与云雷纹的组合纹饰的相似

---

① 河南省文物考古研究所编著《郑州商城——一九五八～一九八五年考古发掘报告》，文物出版社，2001。

② 中国社会科学院考古研究所编著《殷墟发掘报告：1958—1961》，文物出版社，1987。

③ 张敏：《宁镇地区青铜文化谱系与族属的研究》，载南京博物院编《南京博物院建院六十周年纪念文集》，南京博物院出版，1992。

性；硬陶和原始瓷中部分器型及纹饰也如此。湖熟文化中期的主体年代为商代中期。通过与中原和周边地区的比较，佘城城址的堆筑年代不会晚于商代中期，其延续时间可至中期偏晚时段。

这次发掘的三条探沟均布设于城墙墙体之上，再结合勘探的结果，基本上掌握了城址四面墙体的情况。但就现状而言，其西城墙大部和北城墙西段的情况不是很明朗，这就造成城址西北部的区域范围无法闭合，这是后期的损毁还是本身设计如此，有待于今后的工作才能解决。城墙的堆筑情况，以及墙壕之间的关系问题，通过三条探沟的发掘，也更加清晰明了。在堆筑前，首先要经过设计与规划：利用自然水道，再结合人工挖掘的水道从而形成环壕，用挖掘出来的各类土质，利用干湿间隔的方法进行层层堆筑，以利于坚固。这种堆筑的方法与北方的板筑和夯筑法有着本质上的差别，这与南方地区河流众多、水网密布以及气候的因素有关。

（二）佘城遗址的文化因素分析

上面提到的"佘城遗址花山区"，1998 年第一次发掘，2003 年第二次发掘（报告另刊）。第一次发掘确定了其年代为夏代至西周早期，但是地层关系较为模糊。而第二次发掘的目的就是解决这个问题，在找到了相关的地层叠压关系以后，也就初步理顺了从夏至商代晚期的发展脉络，对佘城遗址的源头也有所了解了。花山区的发掘使本地以釜为代表的炊器发展序列在实物上得到了印证。佘城遗址的文化因素并不是无源之水、无本之木，它的个性化、独立性已经初显端倪。

此次发掘在城址区未发现有早期的遗存，因此佘城遗址早期的文化因素还要依据花山区的发掘资料来判断，其年代为夏至商早期，而中晚期则以佘城城址和花山区 G2 遗迹为主。其所体现出来的文化特性与中原地区商文化的共性之处并不多，从青铜器、玉器、文字等方面来看，可以说完全是两个系统，差距太大。因此就文化属性而言，与其周边同时期的商代古文化相比较才切合实际。

佘城遗址的早期文化因素可以简单归纳为以下三点。一是以花山区发掘的遗迹及其伴出器物为判断的主要依据。二是年代主体为夏代，与之对应的是宁镇地区的"点将台文化"和上海地区的"广富林文化"。其早期文化因素的组成与宁镇地区异曲同工，即河南龙山文化王油坊类型和岳石文化，以及佘城本地文化的三者结合，也就是说佘城遗址是河南龙山文化、岳石文化南迁中的一个节点：河南至江苏里下河地区（周邶墩遗址、南荡遗址）至宁镇地区至佘城再到上海广富林遗址（佘城遗址具体的分期另文），迁徙的轨迹较为清晰。三是早期遗存的材料相对薄弱，特别是遗迹不多，本地的因素不够明显，还需要今后不断地发掘、补充和丰富。

佘城遗址位于太湖的北部，其西面紧靠宁镇地区，属湖熟文化的范畴，东部为马桥文化①的分布范围。与西部的湖熟文化相比较，两者共同之处、可比之处很多，因青铜器、石器发现较少，不作重点对照，而以陶器作为主要参照对象。夹砂陶（炊器类）：佘城遗址以釜为主体，另有鼎、甗两类；湖熟文化以鬲为主，另有鼎、甗，两者相似之处主要表现在鼎、甗类的器足和鼎侧的牛角状把手。泥质陶上的比较：泥质红陶皆为两者的主体，并且梯格纹的主流装饰也完全一致，这是两者的共性。至于硬陶和原始瓷类，两者也区别不大。就此可以看出，两者差异主要体现在炊器上：釜和鬲是两者各自的典型炊器，这是区分两者的标志性实物，决定了佘城遗址的文化性质必须与湖熟文化区分开来，即使是两者的共性关系很多。

佘城遗址与马桥文化相比较，是差异性大于共性。共性主要是在硬陶、原始瓷类陶器上。两者的主要区别为：炊器，马桥文化是鼎和甗，与佘城遗址的釜、鼎、甗组合，彼此之间可谓天壤之别，无任何可比之处；泥质陶，从陶系、纹饰上来看也没有任何关系可言。换言之，两者标志性的器物差异太大，因此佘城遗址与马桥文化不可能属于同一个系统，两者也必须区分开来。既然佘城遗址不能被纳入湖熟文化或马桥文化的范畴，那该怎样判断其文化因素呢？

苏州绰墩遗址②第一至第五次发掘简报中关于马桥文化的遗存，介绍了部分炊器组合，其中两件釜（H40：1、G3：2）形制与佘城遗址所出大量的釜的形制相似，而泥质陶器中的梯格纹主流装饰、豆（H75：5）、罐形簋（H75：2）等也与佘城遗址同类器相似。绰墩遗址的马桥文化遗存，文化因素较为复杂，有马桥因素，有佘城遗址的文化因素。江苏常熟③、吴县④、上海亭林遗址⑤、浙江萧山⑥等地的考古材料中，有关马桥文化的遗存，仔细分析不难看到有大量佘城遗址的文化因素，过去认为这些文化因素是"受湖熟文化的影响"而纳入"后马桥文化"⑦当中，现在看来，佘城遗址才是它们真正的源头。"后马桥文化"与佘城遗址文化因素的重合度，将会是今后太湖地区夏商文化研究的重要课题之一。就此可以推断，佘城遗址的文化因素对外的影响是较大的，特别是对太湖东岸、南岸的辐射，有城址作为依托，形成了一个区域分布。

值得一提的是，2006 年，笔者在参与的对无锡阖闾城遗址的考古调查⑧和试掘中，发

① 上海市文物管理委员会：《马桥：1993—1997 年发掘报告》，上海书画出版社，2002。
② 苏州博物馆编《绰墩山——绰墩遗址论文集》，《东南文化》2003 年增刊 1。
③ 南京大学历史系考古专业、常熟博物馆：《江苏常熟钱底巷遗址发掘报告》，《考古学报》1996 年第 4 期。
④ 姚德勤：《江苏吴县南部地区古遗址调查简报》，《考古》1990 年第 10 期；吴县文管会：《江苏吴县越溪张墓村遗址调查》，《考古》1989 年第 2 期；南京博物院：《江苏越城遗址的发掘》，《考古》1982 年第 5 期；南京博物院：《江苏吴县澄湖古井群的发掘》，载苏州地区文化局、苏州市文物管理委员会、苏州博物馆编《苏州文物资料选编》，内部资料，1980。
⑤ 孙维昌：《上海市金山县查山和亭林遗址试掘》，《南方文物》1997 年第 3 期。
⑥ 林华东：《对湖熟文化正名、分期及其它》，《东南文化》1990 年第 5 期。
⑦ 宋建：《马桥文化的去向》，《中国考古学会第九次年会论文集》，文物出版社，1993。
⑧ 无锡市第三次全国文物普查办公室：《阖闾城遗址考古复查获重要成果》，《中国文物报》2008 年 10 月 31 日，第 5 版。

现在该遗址的堆积中有马家浜文化、商周时期的地层和重要遗迹，特别惊奇的是商周时期的遗迹竟然是阖闾大城内的东小城。在城墙解剖过程中还发现，其城墙堆筑方法以及环壕结构，与佘城城址有着相似之处。在整理过程中，又发现两个城址的出土器物有着惊人的相似之处，器物群体特征也类似，显然两者有着紧密的关系。按阖闾城东小城的实测面积比佘城小得太多，且地处太湖西北岸，其战略意义重大，故而判断有可能是佘城文化在太湖边的一处军事要冲，其作用更多倾向于驻军。

此外，近年来在江阴本地，以佘城遗址为中心的周边区域，在笔者参与的周庄倪家巷、山观望海墩、青阳南楼[①]、滨江开发区、江阴老城区古井等古文化遗址的调查或发掘中，都发现了与佘城遗址相类似的商周时期的遗迹和遗物。如此看来，佘城遗址并不是一个文化因素孤立的遗址，花山区的材料解决了佘城遗址文化因素的来源问题，而周边众多考古材料又证明了佘城遗址依托城址为辐射源，将其文化因素辐射至周边地区。由此，"佘城文化" 的提出已经具备了最基本的条件，当然，单薄的考古材料尚需要不断地充实。

（三）佘城遗址的性质问题

佘城遗址地处长江下游，地势低平，水网交织，因此在其结构布局上显现出浓郁的地方特色，即充分利用宽阔的河道（护城河）优势构筑起城池的外围屏障，并以此作为连接城内外的交通通道，并解决城内供水问题。这与中原地区的古城址存在着较大的差异，这种差异表现在城市的结构、布局、城墙的堆筑方法上。地域和环境的不同是造成这种差异的根本原因，佘城城址作为 "长江下游地区青铜时代第一城"[②]，对此后本地区城市的发展和演进（如淹城、阖闾城大城）产生了巨大影响。

佘城城址目前所出土器物群中，青铜器极为罕见，且都是小件器物和铜渣，与中原地区是无法相提并论的，这是边远与核心区域的发展不平衡所造成的。青铜冶炼技术代表当时最先进的生产力，由此可以推断出，当时的太湖周边在核心技术以及矿源争夺方面无法与中原地区抗衡。但原始瓷、硬陶技术的出现，以及大型陶器的制作，如圈足盘（G1∶52），成为青铜礼器的替代品，这也是在缺乏核心技术之后另辟蹊径的一种创新之举。

佘城遗址 F2 是大型干阑式建筑，排列有序的柱洞和 30 厘米以上直径的木桩痕迹，显示出该建筑具有较大的规模，前后两间之间以廊来连接，体现出两者不同的功能和作用，以城址为背景，F2 的建筑形式与中原地区同时期平地式夯土台基建筑形式的房址一样，是早期宫殿的雏形，是早期 "前堂后寝制"[③] 建筑模式的重要佐证。

---

① 南京博物院等：《南楼——2006 年度发掘报告》，中国社会科学出版社，2018，第 61 ~ 85 页。

② 孙秀丽：《高城墩·佘城遗址考古研讨会综述》，《中国文物报》2000 年第 3 版。

③ 杨鸿勋：《从盘龙城商代宫殿遗址谈中国宫廷建筑发展的几个问题》，《文物》1976 年第 2 期。

干阑式建筑在环太湖地区有着自身的发展渊源，从河姆渡遗址①、龙南遗址②发展到佘城遗址，佘城 F2 是此类建筑中的杰出代表，它与中原地区同时期城址中出现的大型宫殿一样具有权力象征意义，佘城的性质，显然已经超越了军事化的范畴，而可能成为一个具有多重性质的方国城址。

　　附记：本次考古发掘领队为陆建方，先后参与发掘的有杭涛、韩建立、刁文伟、邬红梅等。

编辑：徐峰

① 浙江省文物管理委员会、浙江省博物馆：《河姆渡遗址第一期发掘报告》，《考古学报》1978 年第 1 期。
② 苏州博物馆、吴江市文物管理委员会：《吴江梅堰龙南新石器时代村落遗址第三、四次发掘简报》，《东南文化》1999 年第 3 期。

河南省内乡县赵洼遗址发掘简报

席　乐

（中国社会科学院考古研究所）

杨俊峰　曾庆艳

（南阳市文物保护研究院）

[摘要] 2019 年 11 月，南阳市文物考古研究所为配合青海—河南 ±800 千伏特高压直流输电工程对赵洼遗址进行了考古发掘，揭露面积 300 平方米，清理灰坑 12 个，水井 1 口，出土了一批二里头文化和东周时期的陶器、石器等遗物。此次发掘为揭示二里头文化早期在南阳地区分布情况、地域特征，东周时期区域文化及南北文化交流等提供了新的实物资料。

[关键词] 内乡县；赵洼遗址；二里头文化；东周文化

赵洼遗址隶属河南省南阳市内乡县王店镇赵洼村，与万湾、河东村、周营、喻营等村环绕相邻，东部、北部有默河流经（图一）。遗址位于赵洼村东北部，现地表为耕地，种植小麦和蔬菜等作物，范围内地势较平坦，南部、东南部较缓，西北部稍高。地理坐标 N：33°06′44″，E：111°28′36″，海拔 126 米。

2019 年 11 月，为配合青海—河南 ±800 千伏特高压直流输电工程建设，南阳市文物考古研究所派员对该遗址进行抢救性发掘，布 10 米 ×10 米探方三个，编号为 T1、T2、T3，揭露面积 300 平方米。清理灰坑 12 个，水井 1 口，出土了一批二里头至汉代的陶器、石器等不同质地的文化遗物。现将考古收获简要介绍如下。

一　地层堆积

遗址周围地势比较平坦，地层堆积基本一致。以 T1 北壁为例，地层堆积情况介绍如下（图二）。

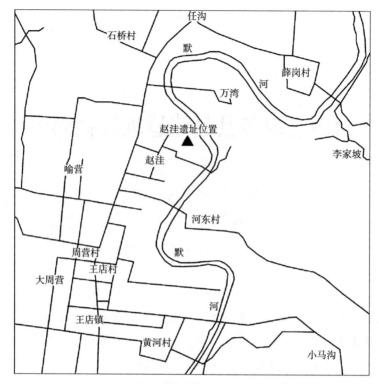

图一 赵洼遗址位置图

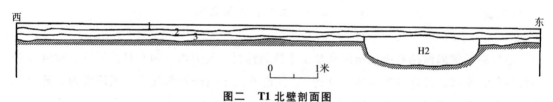

图二 T1 北壁剖面图

1. 耕土层；2. 汉代文化层；3. 东周文化层

第①层：耕土层。黄褐色黏土，土质坚硬，厚 0.15~0.20 米。本层堆积呈水平状分布整个探方，包含有大量的植物根须及近现代砖瓦。

第②层：汉代文化层。黄色土，土质稍硬，结构致密，厚 0.15~0.20 米。包含物有汉代的砖瓦块。

第③层：东周文化层。黄褐色土，土质稍硬，结构致密，厚 0.20~0.25 米。本层分布不均，包含物较少，多为破碎细小的陶片，可辨器型有鬲、盆、豆、罐、缸、瓮等。

第③层以下为生土。

二 二里头文化遗存

（一）遗迹

遗迹主要为 2 个灰坑。

H5 位于 T2 东南部，开口于②层下，坑口距地表深度为 0.50 米，向下打破生土。灰坑平面呈不规则形，坑壁陡直，较光滑，平底，无加工痕迹。口长 4.2 米、宽 3.5 米、深0.70 米。坑内填土呈深灰褐色，土质疏松。填土中包含陶片、石器、草木灰、红烧土颗粒等。陶片分为夹砂陶和泥质陶，夹砂陶较少，泥质陶较多，可辨器型有圆腹罐、泥质罐、圈足盘等（图三）。

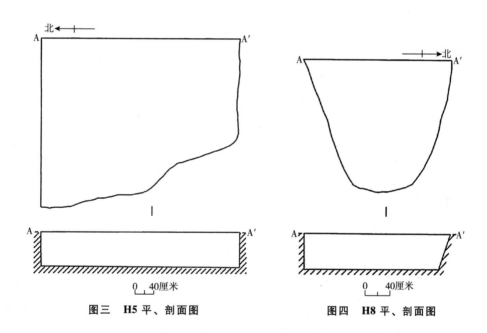

图三 H5 平、剖面图　　　　　　　图四 H8 平、剖面图

H8 位于 T3 西北部偏西，开口于②层下，坑口距地表深度为 0.45 米，向下打破生土。灰坑平面形状为椭圆形，斜壁平底，坑壁较光滑，无加工痕迹。口长 2.4 米、宽 2.1米、深 0.60 米。坑内填土呈深灰褐色，质地疏松。填土中包含有陶片、草木灰等。陶片分为夹砂陶和泥质陶，纹饰以绳纹为主，少量素面陶，可辨器型有深腹罐、圆腹罐、鼎等（图四）。

（二）遗物

遗物数量共 14 件，包括陶器和石器等。

1. 陶器

出土陶器 9 件。可辨器型有深腹罐、圆腹罐、鼎、泥质罐、圈足盘等。陶片较破碎，陶质以夹砂陶为主，有少量泥质陶。以黑陶居多，也有少量的灰陶和红陶。陶器表面多有纹饰，素面陶较少，纹饰以绳纹为主，也有少量附加堆纹。

深腹罐　2 件。以夹砂陶为主，依据沿部与腹部特征可分为二型。

A 型，1 件。标本 H8∶4，夹砂黑皮灰胎陶，侈口，斜折沿，微束颈，弧腹，腹部饰细绳纹。口径 18 厘米，残高 8.9 厘米（图五∶3）。

B 型，1 件。标本 H8∶3，夹砂黑皮灰胎陶，口沿平折，沿下角较小，上腹斜直，腹饰细绳纹。口径 24.8 厘米，残高 11.4 厘米（图五∶4）。

圆腹罐　2 件。均为夹砂灰陶。标本 H8∶2，口沿斜侈，束颈稍高，溜肩，鼓腹，口外堆贴花边一周，肩部以下饰绳纹。口径 20 厘米，残高 8.8 厘米（图五∶2）。标本 H5∶4，夹细砂灰陶，口沿斜侈，方唇，束颈明显，素面。口径 20 厘米，残高 5 厘米（图五∶6）。

鼎　1 件。标本 H8∶1，夹砂黄褐陶，口沿平折，沿下角较小，上腹斜直，肩部饰两周弦纹和一对鸡冠耳錾，肩部以下饰绳纹。口径 24 厘米，残高 11.2 厘米（图五∶1）。

鼎足　1 件。标本 H8∶5，夹砂黑皮灰胎陶，足下端残，似为扁平三角形，足左右两侧饰交错绳纹，外侧边缘有压窝纹。残高 10.7 厘米（图五∶5）。

泥质罐　2 件。均为泥质灰陶。标本 H5∶3，侈口，圆唇，鼓腹，颈部饰一周花边纹，颈部以下饰交错绳纹。口径 28 厘米，残高 19 厘米（图五∶7）。H5∶6，侈口，卷沿，圆唇，弧腹，中腹以下残，腹饰附加堆纹和绳纹。残高 18.1 厘米（图五∶8）。

圈足盘　1 件。标本 H5∶2，泥质灰陶，卷沿，弧腹，圜底，足部残，素面磨光。口径 24 厘米，残高 5 厘米（图五∶9）。

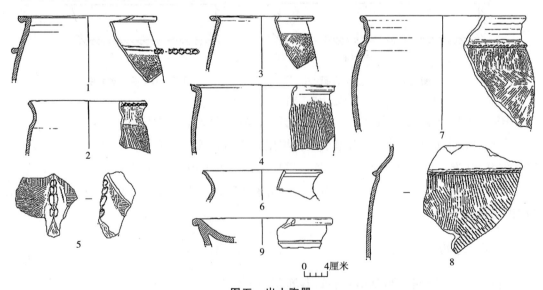

0　4厘米

图五　出土陶器

1. 鼎（H8∶1）；2、6. 圆腹罐（H8∶2、H5∶4）；3、4. 深腹罐（H8∶4、H8∶3）；5. 鼎足（H8∶5）；7、8. 泥质罐（H5∶3、H5∶6）；9. 圈足盘（H5∶2）

2. 石器

共 5 件，均为磨制工具，器类有凿、铲、镰等。

石凿　1 件。标本 T1③：4，青石质，仅存刃部，窄条形，截面呈正方形，刃部不明显，有使用痕迹。残高 6 厘米（图六：1）。

石铲　2 件。均为青石质。标本 T1③：6，平面呈长方形，刃部残，弧顶，近顶部有一对钻穿孔。残高 11.8 厘米，残宽 8.2 厘米（图六：2）。标本 T1③：7，平面呈梯形，仅存上部，平顶，中部有一对钻穿孔。残高 7.2 厘米，残宽 6.8~8.6 厘米（图六：3）。

石镰　2 件。均为砂岩。标本 T1③：8，直背，刃部微内凹，单面刃，前端残。残长 8.3 厘米，残宽 5 厘米（图六：4）。标本 H5：9，平面近似三角形，截面为长条形，单面刃，后端残。残长 8 厘米，残宽 4.6 厘米（图六：6）。

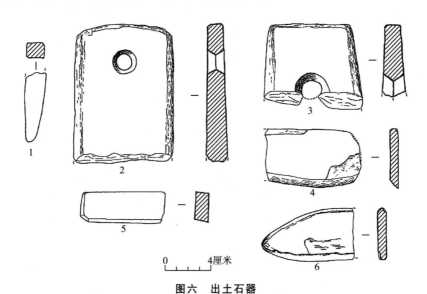

图六　出土石器

1. 石凿（T1③：4）；2、3. 石铲（T1③：6、T1③：7）；4、6. 石镰（T1③：8、H5：9）；5. 石条（T1③：9）

三　东周文化遗存

（一）遗迹

遗迹为水井 1 眼和灰坑 10 个。

1. 水井

J1　位于 T1 西北部，开口于 2 层下，坑口距地表 0.45 米，向下打破 3 层和生土。该井平面形状为圆形，井壁微斜，平底，井壁较光滑，无加工痕迹。现存口径为 1.2 米，现存深度 1.2 米。井内填土呈深灰褐色，土质疏松。填土中包含有陶片、草木灰、红烧土等，陶片分为夹砂陶和泥质陶，可辨器型有鬲、豆、罐、壶等（图七）。

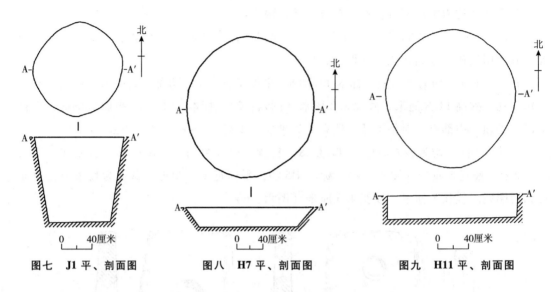

图七 J1 平、剖面图　　　　图八 H7 平、剖面图　　　　图九 H11 平、剖面图

2. 灰坑

皆开口于②层下，向下打破③层及生土。坑口平面有近圆形、不规则形、椭圆形等。形制结构有直壁平底、斜壁平底两种。现以 H7、H11 为例介绍。

H7 位于 T2 中东部，开口于②层下。坑口距地表深度为 0.50 米，向下打破③层和生土。坑口平面呈近圆形，坑壁光滑，斜壁平底，无加工痕迹。口长 1.9 米、宽 1.8 米、深 0.20 米。坑内填土呈深灰褐色，土质稍硬。填土中包含少量陶片、草木灰等。可辨器型有鬲、豆、罐等（图八）。

H11 位于 T1 中部偏西，开口于②层下。坑口距地表深度为 0.45 米，向下打破③层和生土。坑口平面呈近圆形，直壁平底，坑壁光滑，无加工痕迹。口长 1.8 米、宽 1.7 米、深 0.30 米。坑内填土呈深褐色，土质稍硬。填土中包含少量陶片、草木灰等。可辨器型有鬲、豆、罐等（图九）。

（二）遗物

共 23 件，包括陶器和石器。

1. 陶器

共 22 件。可辨器型有鬲、盆、豆、罐、盂、盘、缸、瓮等。出土陶片较破碎，陶系以泥质灰陶为主，夹砂灰陶次之，泥质红陶占一定比例，也有少量黑皮陶。陶器表面多有纹饰，素面陶较少，纹饰以绳纹为主，有少量弦纹。

鬲 8 件。以夹砂陶为主，依据口沿特征，可分两型。

A 型，3 件。小口，折沿。分二式。

I 式，1 件。高领。标本 J1∶7，夹砂灰陶，敞口，口部近直，沿面较宽，圆唇，溜肩，斜直腹，唇部以下饰绳纹。口径33.2厘米，残高12.1厘米（图十：1）。

Ⅱ式，2件。无领。标本H3：3，夹砂红陶，侈口，方唇，斜直腹，颈部起一凸棱，凸棱以下饰细绳纹。口径24厘米，残高6.1厘米（图十：2）。标本H4：3，夹砂黑陶，侈口，圆唇，直腹，颈部以下饰绳纹。口径23.6厘米，残高6.1厘米（图十：3）。

B型，5件。大口，卷沿。分二式。

Ⅰ式，3件。微侈口，微束颈。标本H3：4，泥质红陶，圆唇，颈部绳纹未抹尽，肩部饰绳纹。口径36厘米，残高7.7厘米（图十：4）。标本H7：1，泥质灰陶，方唇，溜肩，唇部以下饰绳纹。口径35.2厘米，残高5.9厘米（图十：5）。标本H7：3，泥质灰陶，方唇，颈部以下饰绳纹。口径30厘米，残高2.6厘米（图十：6）。

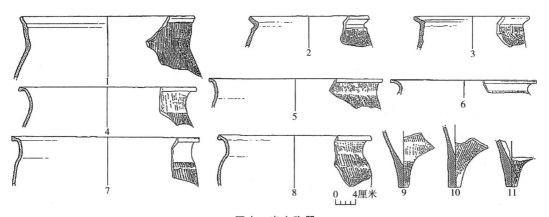

图十　出土陶器

1~8. 鬲（J1：7、H3：3、H4：3、H3：4、H7：1、H7：3、H3：2、H3：1）；9~11. 鬲足（H3：6、H3：7、J1：2）

Ⅱ式，2件。侈口，束颈。标本H3：2，夹砂红褐陶，方唇，溜肩，肩部饰一周凹弦纹及粗绳纹。口径37.2厘米，残高9.5厘米（图十：7）。标本H3：1，夹砂灰陶，圆唇，鼓肩，颈部绳纹未抹尽，肩部饰两周凹弦纹及粗绳纹。口径30.8厘米，残高10.1厘米（图十：8）。

鬲足　3件。可分三式。

Ⅰ式，1件。标本H3：6，夹砂灰陶，截锥状足，足跟较细，弧裆较高，饰绳纹。残高11厘米（图十：9）。

Ⅱ式，1件。标本H3：7，夹砂灰陶，截锥状足，足向外撇，饰绳纹。残高12厘米（图十：10）。

Ⅲ式，1件。标本J1：2，夹砂灰陶，截锥状足，足根粗壮，饰绳纹。残高9.2厘米（图十：11）。

盆　2件。标本H4：5，泥质灰陶。敞口，斜方唇，斜腹，下腹残。口径27.8厘米，残高2.9厘米（图十一：7）。标本H4：2，泥质灰胎黑皮陶，平底。底径33.2厘米，残高2.6厘米（图十一：8）。

豆　3件。以灰陶为主,均为素面,依据盘部特征分二式。

Ⅰ式,2件。浅弧盘。标本J1:4,泥质灰陶,微敛口,圆唇,矮柄,喇叭状圈足。口径16厘米,足径8厘米,高12.6厘米(图十一:9)。标本J1:5,夹砂灰陶,敛口,方唇,浅弧盘,细柄,腹部有轮制痕迹。口径12厘米,残高5.9厘米(图十一:10)。

Ⅱ式,1件。浅盘。标本J1:6,泥质灰陶,柄稍粗,圈座稍窄。足径7.8厘米,残高11.2厘米(图十一:11)。

罐　1件。标本J1:3,夹砂黑皮红胎陶,侈口,尖唇,束颈,颈部饰一周凹弦纹,颈部以下饰方格纹。口径33.2厘米,残高7.3厘米(图十一:4)。

罐耳　1件。标本J1:1,夹砂灰陶,桥型耳,立于罐肩。残高7.3厘米(图十一:5)。

盂　1件。标本H3:5,泥质灰黑陶,侈口,卷沿,圆唇,束颈,圆鼓腹,上腹部饰两周凹弦纹。口径24厘米,残高9.6厘米(图十一:6)。

缸　1件。标本H4:4,泥质灰陶。微敞口,圆唇,口部泥条外卷形成厚圆唇,领部饰一周凸弦纹。口径39.2厘米,残高5.3厘米(图十一:1)。

瓮　2件。根据沿部和肩部特征,可分二型。

A型,1件。平折沿,鼓肩。标本J1:8,夹砂灰陶,直口,方唇,唇面内凹,短束颈,肩部饰数周凸弦纹,肩部以下饰细绳纹。口径26厘米,残高9.7厘米(图十一:2)。

B型,1件。外卷沿,斜肩。标本H7:2,泥质灰陶,口微侈,卷沿,圆唇,矮领,束颈,肩部饰绳纹。口径16.4厘米,残高15厘米(图十一:3)。

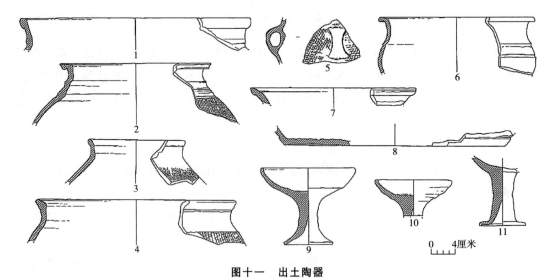

图十一　出土陶器

1. 缸(H4:4);2、3. 瓮(J1:8、H7:2);4. 罐(J1:3);5. 罐耳(J1:1);6. 盂(H3:5);7、8. 盆(H4:5、H4:2);9~11. 豆(J1:4、J1:5、J1:6)

2. 石器

石条　1件。标本 T1③：9，窄长条形，截面呈近长方形。长 7.3 厘米，宽 2.7 厘米（图六：5）。

四　结语

赵洼遗址文化堆积不厚，地层简单，出土遗物不多，但还是取得了一些重要的资料。它包含了二里头文化时期和东周时期的文化堆积，尤以二里头文化遗存最为重要。该遗址的考古发掘，让我们对豫南地区二里头文化遗存及区域特征有了进一步的认识，并对此区域的东周文化遗存有了进一步的了解。

（一）分期与年代

赵洼遗址发现的二里头文化遗存较少，仅有灰坑 H5、H8 等。将 H5 和 H8 出土的深腹罐、花边口圆腹罐等与偃师二里头遗址的陶器①对比，可以发现遗址的陶器具有典型二里头文化风格，故认为该遗址二里头文化遗存属于二里头文化二里头类型。与南阳地区邓州穰东遗址②、方城县八里桥遗址③、淅川下王岗遗址④等二里头文化遗址进行对比分析，发现该遗址出土的花边口圆腹罐与穰东遗址 AⅠ式花边口圆腹罐相似，而后者年代相当于二里头文化第二期。故认为赵洼遗址二里头文化遗存年代相当于二里头文化第二期。

赵洼遗址东周文化层堆积较薄，各单位出土陶器的陶系、纹饰、器类和器物形制相差不大，其延续时间应当不会太久。出土陶器数量也较少，以泥质灰陶为主，夹砂灰陶次之，泥质红陶占一定比例，也有少量黑皮陶。陶器表面多饰绳纹，也有少量弦纹。以绳纹鬲、泥质灰陶细柄豆为典型器物。B 型Ⅱ式鬲与湖北丹江薄家湾遗址 BⅤ式鬲⑤形制相似；Ⅰ式豆与湖北广水巷子口遗址 AⅠ式豆⑥形制相似；Ⅲ式鬲足与湖北随州市王家台遗址 AⅡ式鬲足⑦形制相似。薄家湾遗址年代为春秋中期至战国早期；巷子口遗址年代为春秋中期或稍晚；王家台遗址年代为春秋战国之交，因此我们推测赵洼遗址东周遗存的年代大致在春秋中期至战国早期。又根据层位关系，大致推测第③层堆积时代约为春秋中期，开口

① 中国社会科学院考古研究所：《二里头陶器集粹》，中国社会科学出版社，1995。
② 河南省文物考古研究所：《河南邓州市穰东遗址的发掘》，《华夏考古》1999 年第 2 期。
③ 北京大学考古学系、南阳市文物研究所、方城县博物馆：《河南方城县八里桥遗址 1994 年春发掘简报》，《考古》1999 年第 12 期。
④ 中国社会科学院考古研究所山西队、河南省文物局南水北调办公室：《河南淅川下王岗遗址二里头文化遗存发掘简报》，《中原文物》2020 年第 3 期。
⑤ 湖北省文物考古研究所：《湖北丹江口市薄家湾遗址发掘简报》，《江汉考古》2011 年第 1 期。
⑥ 湖北省文物考古研究所、广水市博物馆：《湖北广水巷子口遗址发掘简报》，《江汉考古》2008 年第 1 期。
⑦ 随州市博物馆：《湖北随州市王家台遗址发掘简报》，《江汉考古》2011 年第 3 期。

于第②层下的灰坑和水井的时代则为春秋中晚期或春秋战国之际。

（二）收获与认识

赵洼遗址地处南阳盆地，该地区的二里头文化遗存发现较少，缺乏大面积的发掘揭露，资料发表也不够完整和系统。现已发掘的二里头遗址仅有邓州穰东、方城八里桥、淅川下王岗、南阳市王营等遗址。该遗址二里头文化遗存的发现对于研究二里头文化的分布范围具有重要的价值，补充了南阳地区二里头文化的实物资料，对了解二里头文化早期的分布范围、地域特征、传播方式、地域统治以及中华文明探源研究等具有重要意义。

赵洼遗址东周时期文化遗存的发掘为研究东周时期的物质文化、社会生活提供了丰富的资料，也为研究区域文化与南北文化交流提供了新的实物资料。本遗址的分期为完善南阳地区该时期遗址的分期序列提供了新的资料，结合相关遗址层位和器物形态分析，可确立以陶器为标尺的分期与编年，推进年代学研究。

附记：本次发掘领队为杨俊峰。

编辑：祁海宁

广西钟山县红花古墓群发掘简报

覃 芳

（广西文物保护与考古研究所）

杨瑞职 钱 斌

（钟山县文物管理所）

[**摘要**] 广西钟山县红花古墓群是县级文物保护单位。2020 年广西文物保护与考古研究所、北京联合大学、钟山县文物管理所组成联合考古发掘队，对古墓群中的两座墓葬进行了考古发掘。出土器物以陶器为主，器型有罐、壶、碗、盆、灯、盂、纺轮等，铜器有镜、剑、碗、盆、镳壶等。这两座墓的时代应为东汉晚期。

[**关键词**] 红花古墓群；陶器；东汉墓葬

2019 年，钟山县红花镇中心卫生院新医疗大楼项目建设用地范围内发现古墓葬两座，两座古墓均位于广西壮族自治区贺州市钟山县红花镇红花街红花镇中心卫生院内，中心坐标为北纬 24°35′31.2″，东经 111°10′17.0″。距离县城约 15 公里（图一）。两座古墓所属红花古墓群，为县级文物保护单位。红花墓群分布在红花街后山岭长 2 公里，宽约 1 公里的岭坡上。其下东面为红花街，南面为红花镇政府和燕子寨村，钟山至恭城、富川公路沿思勤江从红花街前贯穿南北。地表可见封土堆分布，封土堆直径 10 ~ 22 米，高 1 ~ 2.5 米。1970 年、1986 年先后清理两座砖室墓，墓砖铭文："阳嘉元年""永嘉六年"，并且出土一批瓷器。1980 年 7 月 26 日，钟山县人民政府将其公布为县级文物保护单位。

受广西壮族自治区文物局的委托，广西文物保护与考古研究所、北京联合大学、钟山县文物管理所组成联合考古发掘队，于 2020 年 10 月 29 日 ~ 11 月 9 日，对两座古墓葬进行考古发掘。

一 墓葬形制

两座墓葬均为竖穴土坑墓，以下分别介绍。

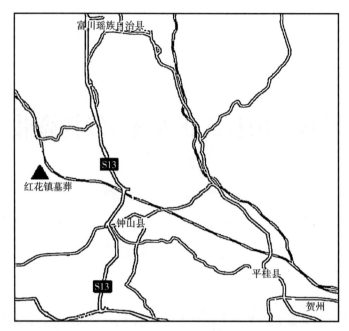

图一　墓葬位置示意图

M1：墓向 94°。该墓葬位于半山坡上，南部、西部靠近卫生院围墙。有封土堆，东西宽约 2.5 米，南北长约 10.0 米，高约 1.5 米。墓呈"凸"字形。墓长 6.5 米、宽 3 米、深 2.3～2.52 米，其墓道长 1.31 米、宽 0.7～0.8 米，墓道陡峻，设台阶式墓道，有 4 级台阶（图二）。有棺床，长 2.5 米、宽 1.5～1.8 米、高 0.15 米。从墓室底部散落的铁棺钉看，该墓原有棺椁葬具，由于朽痕不清晰，大小不详。墓室东、西两侧设置排水沟，西部排水沟长 1.8 米、宽 0.3 米、深 0.05 米；东部排水沟长 3.6 米、宽 0.3 米、深 0.05 米。陪葬器物大部分出土于棺床前部，推测原有木架，木架腐烂后导致器物叠放。

M2：墓向 128°。该墓葬位于半山坡上，在 M1 东面。有封土堆，高约 2.7 米，由于后期破坏，边缘不是很清晰，有一盗洞，填有杂土及现代垃圾（图三）。墓呈"凸"字形。墓长 6.5 米、宽 2.41 米、深 1.2～1.5 米，其墓道长 1.2 米、宽 0.52～0.72 米，在墓道出土一件残陶盆。陪葬器物主要出土于墓室前部的器物坑中，器物坑比后室底 0.2 米，长 1.35 米、宽 1.6 米。棺椁葬具均已腐朽无存。

二　出土器物

M1 随葬品较为丰富，共计出土器物 52 件（不含铜钱）。按质地可分为陶器、铜器、铁器、装饰品等。其中陶器 33 件、铜器 9 件、铁器 8 件、玻璃器 2 件。

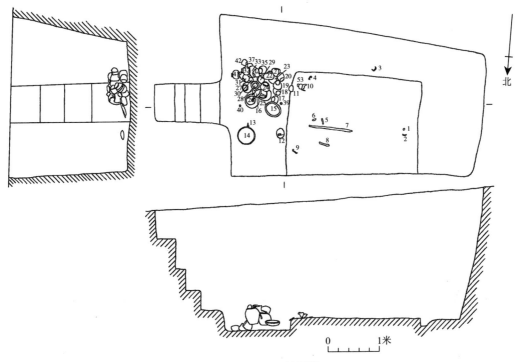

图二　M1 平、剖面图

1. 铜钱；2、3、4、5、6. 棺材钉；7. 铁剑；8. 铁凿；9. 棺材钉；10. 铜碗；11、12. 铜镜；13. 铜碗；14、15. 铜盆；16. 镳壶；17. 陶罐；18. 陶壶；19、20. 陶罐；21、22. 双耳罐；23. 陶罐；24、25、26. 深腹罐；27、28. 双耳罐；29. 陶罐；30. 双耳罐；31、32、33、34、35、36、37、38. 陶罐；39、40. 纺轮；41. 双耳罐；42. 陶罐；43. 鼻塞；44. 耳珰；45、46、47、48. 陶罐；49. 陶盂；50. 陶罐；51. 深腹罐；52. 铜灯；53. 铜碗

（一）陶器

壶　1 件。标本 M1∶18，泥质硬陶，灰白胎。敛口，圆唇，长束颈，扁鼓腹，高圈足。肩部饰两对称桥形耳，从颈至上腹饰 8 周凹弦纹，圈足根部有对圈两圆孔。内壁施釉口与颈部，外壁施釉口与上腹。完整。口径 9.8 厘米、腹径 19.6 厘米、底径 11.0 厘米、高 20.9 厘米（图四∶5）。

双耳罐　6 件。根据口沿分为两型。

A 型，2 件。侈口，可分二式。

I 式，1 件。标本 M1∶27，泥质硬陶，灰白胎。尖圆唇，圆肩、束颈，上鼓腹，下腹内收，底微内凹。口沿与颈间有一周凸棱，肩部饰两对称桥形耳，颈与上腹拍印细方格纹，肩部饰一周双线细凹弦纹。口沿小部分缺失。口径 11.7 厘米、腹径 18.9 厘米、底径 12.6 厘米、高 17.9 厘米（图四∶8）。

II 式，1 件。标本 M1∶28，泥质硬陶，灰白胎。尖圆唇，束颈，鼓腹，平底。口沿与颈间有一周凸棱，肩部饰两对称桥形耳，肩与上腹各饰一周细凹弦纹。肩部一小片青釉。

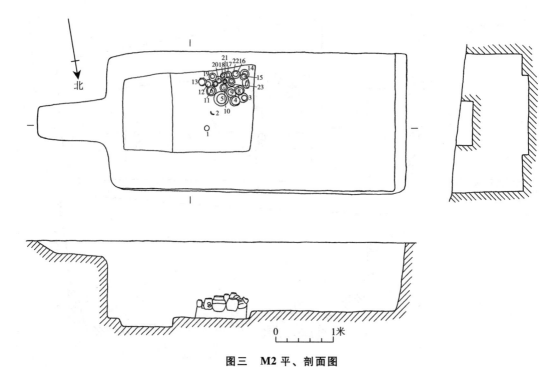

图三　M2 平、剖面图

1. 陶碗；2. 铜碗；3. 陶壶；4. 深腹罐；5. 四耳罐；6、8. 深腹罐；9. 陶罐；10. 双耳罐；11. 陶盂；12. 双耳罐；
13. 深腹罐；14. 陶罐；15、16. 双耳罐；17. 直身罐；18. 陶罐；19. 双耳罐；20. 深腹罐；21. 双耳罐；22. 陶罐；
23. 双耳罐；24、25. 陶盂

口部微缺。口径 10.0 厘米、腹径 15.7 厘米、底径 11.0 厘米、高 13.6 厘米（图五：1）。

B 型，4 件。敛口，可分二式。

Ⅰ式，3 件。标本 M1：30，泥质硬陶，灰白胎。圆唇，束颈，溜肩，扁鼓腹，平底。口沿与颈间有一周凸棱，肩部饰两对称桥形耳，肩部饰一周凹弦纹，素面。口部微缺。口径 10.0 厘米、腹径 16.5 厘米、底径 11.5 厘米、高 12.1 厘米（图五：2）。标本 M1：41，泥质硬陶，灰白胎。圆唇，束颈，溜肩，扁鼓腹，平底。口沿与颈间有一周凸棱，肩部饰两对称桥形耳，肩部饰一周凹弦纹，施青釉至下腹部。完整，下腹部被挤压变形。口径 8.7 厘米、腹径 17.9 厘米、底径 11.2 厘米、高 13.9 厘米（图五：3）。标本 M1：22，泥质硬陶，灰白胎。圆唇，束颈，溜肩，扁鼓腹，平底。口沿与颈间有一周凸棱，肩部饰两对称桥形耳，肩部饰一周凹弦纹，施青釉至下腹部。完整，下腹部被挤压变形。口径 10.2 厘米、腹径 17.7 厘米、底径 11.4 厘米、高 13.7 厘米（图四：7）。

Ⅱ式，1 件。标本 M1：21，泥质硬陶，灰胎。圆唇，束颈，溜肩，鼓腹，下腹斜收，底微内凹。口沿与颈间有一周凸棱，肩部饰两对称桥形耳，有一耳缺失。肩与腹部各饰一周双线凹弦纹。唇口微缺。口径 11.3 厘米、腹径 17.7 厘米、底径 11.8 厘米、高 14.5 厘米（图四：6）。

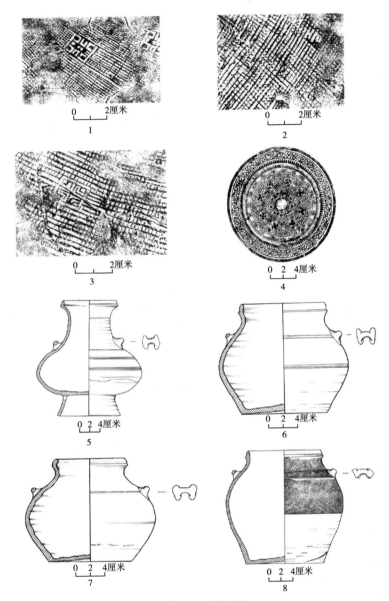

图四　M1 出土器物

1. 几何戳印纹拓片（M1：24）；2. 细方格纹拓片（M1：25）；3. 几何戳印纹拓片（M1：51）；4. 四神四兽规矩镜拓片（M1：12）；5. 壶（M1：18）；6. B Ⅱ式双耳罐（M1：21）；7. B Ⅰ式双耳罐（M1：22）；8. A Ⅰ式双耳罐（M1：27）

罐　23 件。按腹部的不同分为两型。

A 型，4 件。深弧腹，可分四式。

Ⅰ式，1 件。标本 M1：26，泥质硬陶，灰白胎。尖圆唇外翻，短颈，圆肩，上鼓腹，下腹斜收，底微内凹。肩与腹部印细方格纹，肩部饰一周双线凹弦纹。完整。口径 17.0 厘米、腹径 26.6 厘米、底径 19.0 厘米、高 26.5 厘米（图六：2）。

Ⅱ式，1 件。标本 M1：25，泥质硬陶，灰白胎。尖圆唇外翻，短颈，圆肩，上鼓腹，下腹斜收，平底。肩与上腹拍印细方格纹，口沿到上腹施青釉。破碎后拼接较完整，口沿有小

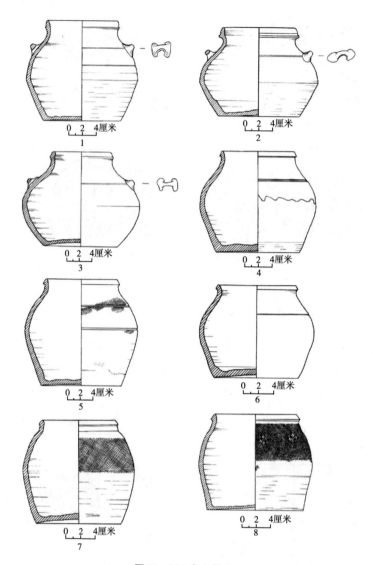

图五　M1 出土器物

1. A Ⅱ 式双耳罐（M1：28）；2. B Ⅰ 式双耳罐（M1：30）；3. B Ⅰ 式双耳罐（M1：41）4. B Ⅳ 式罐（M1：
17）；5. B Ⅲ 式罐（M1：19）；6. B Ⅳ 式罐（M1：20）；7. B Ⅰ 式罐（M1：23）；8. A Ⅳ 式罐（M1：24）

部分缺失。口径 16.4 厘米、腹径 23.5 厘米、底径 18.6 厘米、高 22.0 厘米（图六：1）。

Ⅲ式，1 件。标本 M1：51，泥质硬陶，灰红胎。尖圆唇外翻，短颈，斜肩，上鼓腹，下腹斜收，底内凹。颈与上腹拍印细方格纹，肩部拍印有几何戳印纹。破碎后拼接较完整，仅口部微缺。口径 16.0 厘米、腹径 22.2 厘米、底径 17.2 厘米、高 20.1 厘米（图八：3）。

Ⅳ式，1 件。标本 M1：24，泥质硬陶，灰白胎。尖圆唇外翻，束颈，溜肩，鼓腹，下腹微内收，底微内凹。肩与上腹拍印细方格纹，肩部拍印有几何戳印纹。完整。口径 10.7 厘米、腹径 15.2 厘米、底径 12.9 厘米、高 12.7 厘米（图五：8）。

B 型，19 件。鼓腹，可分六式。

Ⅰ式，5 件。标本 M1：34，泥质硬陶，灰胎。尖圆唇外翻，短颈，溜肩，鼓腹，平底微内凹。素面。完整，腹部微变形。口径 8.0 厘米、腹径 13.4 厘米、底径 10.2 厘米、高 11.8 厘米（图六：7）。标本 M1：38，泥质硬陶，青灰胎。尖圆唇外翻，短颈，溜肩，鼓腹，平底微内凹。肩与上腹拍印细方格纹。唇口微缺。口径 9.2 厘米、腹径 14.5 厘米、底径 11.0 厘米、高 12.6 厘米（图七：3）。标本 M1：42，泥质硬陶，灰红胎。尖圆唇外翻，短颈，溜肩，鼓腹，平底微内凹。肩与上腹拍印细方格纹。完整。口径 9.6 厘米、腹径 14.1 厘米、底径 10.6 厘米、高 13.2 厘米（图七：4）。标本 M1：23，泥质硬陶，灰红胎。尖圆唇外翻，短颈，溜肩，鼓腹，平底微内凹。肩与上腹拍印细方格纹。破碎后拼接较完整，口部微缺。口径 9.4 厘米、腹径 14.5 厘米、底径 10.9 厘米、高 12.7 厘米（图五：7）。标本 M1：50，泥质硬陶，灰褐胎。尖圆唇外翻，短颈，溜肩，鼓腹，平底微内凹。肩与上腹拍印细方格纹。完整。口径 9.5 厘米、腹径 13.8 厘米、底径 10.7 厘米、高 12.7 厘米（图八：2）。

Ⅱ式，3 件。标本 M1：47，泥质硬陶，灰红胎。尖圆唇外翻，束颈，斜肩，扁圆腹，下腹斜收，平底。肩部拍印细方格纹。破碎后拼接较完整，唇口微缺。口径 9.0 厘米、腹径 14.9 厘米、底径 11.0 厘米、高 12.3 厘米（图七：7）。标本 M1：45，泥质硬陶，灰胎。尖圆唇外翻，束颈，斜肩，扁圆腹，下腹斜收，平底。素面。口部小部分缺失。口径 8.0 厘米、腹径 13.8 厘米、底径 10.0 厘米、高 11.4 厘米（图七：5）。标本 M1：32，泥质硬陶，青灰胎。尖圆唇外翻，束颈，斜肩，扁圆腹，下腹斜收，平底。素面。完整，腹部微变形。口径 8.8 厘米、腹径 14.2 厘米、底径 10.7 厘米、高 11.5 厘米（图六：5）。

Ⅲ式，2 件。标本 M1：19，泥质硬陶，灰胎。尖圆唇外翻，束颈，圆肩，上鼓腹，下腹内收，平底。肩与上腹拍印细方格纹，肩与上腹各饰一周凹弦纹。唇口及底中部微缺。口径 10.3 厘米、腹径 16.6 厘米、底径 11.8 厘米、高 15.2 厘米（图五：5）。标本 M1：36，泥质软陶，橙色胎。尖圆唇外翻，束颈，圆肩，鼓腹，下腹内收，底微内凹。肩与上腹各饰一周凹弦纹，腹部拍印细方格纹。破碎后拼接口及肩部微缺。口径 10.8 厘米、腹径 16.9 厘米、底径 12.0 厘米、高 13.5 厘米（图七：1）。

Ⅳ式，4 件。标本 M1：35，泥质硬陶，青灰胎。尖圆唇外翻，束颈，溜肩，鼓腹，下腹内收，平底。肩部饰一周凹弦纹。口部微缺。口径 10.4 厘米、腹径 15.3 厘米、底径 11.5 厘米、高 12.0 厘米（图六：8）。标本 M1：20，泥质硬陶，青灰胎。尖圆唇外翻，束颈，溜肩，鼓腹，下腹内收，平底。肩部饰一周凹弦纹。口部小部分缺失。口径 10.0 厘米、腹径 14.6 厘米、底径 10.8 厘米、高 11.5 厘米（图五：6）。标本 M1：48，泥质硬陶，灰褐胎。尖圆唇外翻，束颈，溜肩，鼓腹，下腹内收，平底。肩部饰一周凹弦纹。完整。口径 10.2 厘米、腹径 15.1 厘米、底径 11.4 厘米、高 12.1 厘米（图七：8）。标本 M1：17，泥质硬陶，灰白胎。尖圆唇外翻，束颈，溜肩，鼓腹，下腹内收，平底。肩部饰一周双线凹弦纹，口沿与上腹施青釉。完整。口径 10.2 厘米、腹径 16.2 厘米、底径 11.6 厘米、高 13.6 厘米（图五：4）。

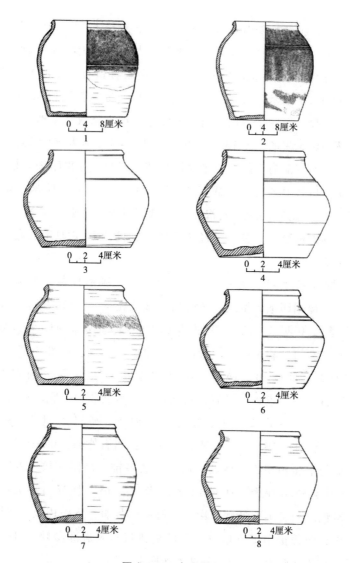

图六　M1 出土器物

1. A Ⅱ 式罐（M1：25）；2. A Ⅰ 式罐（M1：26）；3. B Ⅴ 式罐（M1：29）；4. Ⅴ 式罐（M1：31）；5. B Ⅱ 式罐
（M1：32）；6. B Ⅴ 式罐（M1：33）；7. B Ⅰ 式罐（M1：34）；8. B Ⅳ 式罐（M1：35）

　　Ⅴ式，3 件。标本 M1：29，泥质硬陶，青灰胎。尖圆唇外翻，束颈，斜肩，扁圆腹，
下腹斜收，底微内凹。肩部饰一周凹弦纹。完整。口径 9.3 厘米、腹径 16.3 厘米、底径
11.6 厘米、高 12.0 厘米（图六：3）。标本 M1：33，泥质硬陶，青灰胎。尖圆唇外翻，束
颈，斜肩，扁圆腹，下腹斜收，底微内凹。肩与上腹饰三周凹弦纹。完整。口径 9.4 厘
米、腹径 16.2 厘米、底径 10.7 厘米、高 12.2 厘米（图六：6）。标本 M1：31，泥质硬陶，
灰白胎。尖圆唇外翻，束颈，斜肩，扁圆腹，下腹斜收，底微内凹。肩部饰一周双线凹弦
纹，上腹有一周折纹。较完整，唇部微缺。口径 9.7 厘米、腹径 16.0 厘米、底径 10.6 厘
米、高 12.3 厘米（图六：4）。

　　Ⅵ式，2 件。标本 M1：46，泥质软陶，红胎。尖圆唇外翻，束颈，圆肩，上鼓腹，下

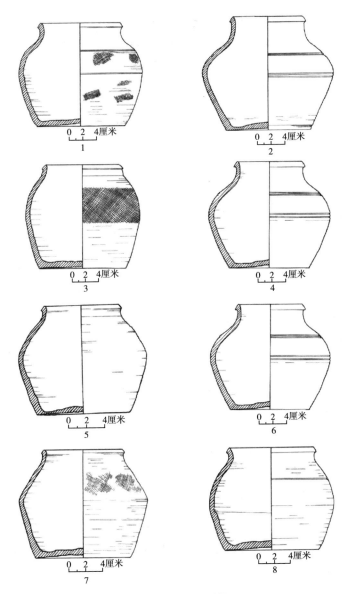

图七　M1 出土器物

1. B Ⅲ 式罐（M1：36）；2. B Ⅵ 式罐（M1：37）；3. B Ⅰ 式罐（M1：38）；4. B Ⅰ 式罐（M1：42）；5. B Ⅱ 式罐（M1：45）；6. B Ⅵ 式罐（M1：46）；7. B Ⅱ 式罐（M1：47）；8. B Ⅳ 式罐（M1：48）

腹斜收，底微内凹。肩与上腹饰一周双线凹弦纹。口部及肩部部分缺失。口径 9.7 厘米、腹径 18.0 厘米、底径 12.0 厘米、高 15.2 厘米（图七：6）。标本 M1：37，泥质软陶，红胎。尖圆唇外翻，束颈，圆肩，上鼓腹，下腹斜收，底微内凹。肩与上腹饰一周双线凹弦纹。破碎后拼接唇部大部分缺失。口径 9.6 厘米、腹径 18.2 厘米、底径 11.8 厘米、高 15.3 厘米（图七：2）。

　　陶盅　1 件。M1：49，泥质硬陶，灰白胎。侈口，圆唇，束颈，斜肩，鼓腹下垂，下腹斜收，平底。肩部饰一周双线凹弦纹，施青釉不及底，大部分已剥落。口部部分缺失。

口径 8.5 厘米、腹径 12.1 厘米、底径 6.5 厘米、高 7.8 厘米（图八：1）。

纺轮　2 件。M1:39，泥质硬陶，灰胎。轮制如算珠，中有案孔大小略有差别，中间最大轮径处有尖。完整。直径 3.3 厘米、孔径 0.5 厘米、厚 2.9 厘米（图八：4）。M1:40，泥质硬陶，灰胎。轮制如算珠，中有案孔大小略有差别，中间最大轮径处有尖。完整。直径 3.0 厘米、孔径 0.5 厘米、厚 2.6 厘米（图八：5）。

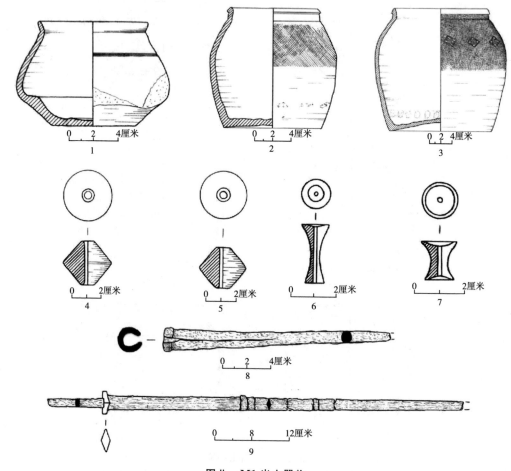

图八　M1 出土器物

1. 陶盂（M1:49）；2. B I 式罐（M1:50）；3. A Ⅲ 式罐（M1:51）；4. 纺轮（M1:39）；5. 纺轮（M1:40）；6. 鼻塞（M1:43）；7. 耳珰（M1:44）；8. 铁凿（M1:8）；9. 铁剑（M1:7）

（二）玻璃器：2 件。

耳珰　1 件。M1:44，亚腰形，两端喇叭形，一端较大，一端略小，中间穿孔，深蓝色琉璃。完整。最大直径 1.4 厘米、小直径 1.15 厘米、孔径 0.16 厘米、长 1.5 厘米（图八：7）。

鼻塞　1 件。M1:43，亚腰形，较大一端微内凹，略小，一端平坦，中间穿孔，深蓝色琉璃。完整。最大直径 1.2 厘米、小直径 0.8 厘米、孔径 0.15 厘米、长 2.6 厘米（图八：6）。

（三）铁器8件。

棺材钉　6件。2件较完整，余残缺，平面U字形，器体扁平，两端较尖。标本M1：3，钉长8.5厘米、钉高3.7厘米、面宽1.7厘米（图九：2）。标本M1：9，钉长7.0厘米、钉高2.7厘米、面宽1.25厘米（图九：4）。残缺的有标本M1：2（图九：1）、标本M1：4、M1：5、M1：6（图九：3）。

铁凿　1件。标本M1：8，方头残缺，后端有銎，可安柄。残长18.5厘米（图八：8）。

铁剑　1件。标本M1：7，残断，原有剑鞘套住，剑身尚存木鞘痕迹。剑身细长，青铜菱形剑格，扁平柄。残长89.6厘米、身宽2.8厘米（图八：9）。

（四）青铜器9件，另有铜钱1串。

铜钱　1串。标本M1：1，锈蚀严重，全部已残缺，无法辨别数量及钱文。

铜盆　2件。标本M1：14，锈蚀严重，只残存一小段盆的口沿。标本M1：15平唇微向上折，弧腹，圜底近平。器外沿下饰两对称衔环耳。口沿残缺小部分，口沿至腹部有一道裂痕广口。口径31.6厘米、底径15.0厘米、高6.4厘米（图十：4）。

鐎壶　1件。标本M1：16，带盖，盖上有环形钮，壶为侈口，长颈，扁腹，撇三足，U形底，把手作扁菱形中空。盖缘与口缘处有枢轴贯连，可启合，壶腹中部有一周凸出的平边。平边及足部有小部分缺失，把手亦有部分缺失。腹中宽边18.0厘米、口径8.8厘米、腹径14.4厘米、通高22.8厘米（图十：3）。

铜灯　1件。标本M1：52，圆盘，斜壁，圜底近平，把端残，三乳足，略外敞。口沿部分缺失。口径9.4厘米、通高5.0厘米（图九：8）。

铜碗　3件。根据器型可分两型。

A型，2件。锈蚀严重，易碎。为一对，大小相同。标本M1：53，唇口，斜弧腹，喇叭口形高圈足。器内底部折入形成一凹平底，腹部饰二周凸弦纹。口沿及下腹小部分缺失。口径10.7厘米、底径6.4厘米、高6.8厘米（图九：5）。标本M1：13，唇口，斜弧腹，喇叭口形高圈足。器内底部折入形成一凹平底，腹部饰二周凸弦纹。残存足部及部分口沿和腹部。口径10.7厘米、底径6.5厘米、高6.7厘米（图九：6）。

B型，1件。标本M1：10，器物锈蚀严重，敞口，尖圆唇，斜弧腹，圜底微向内凹。半部分缺失，仅残存半部分。口径14.5厘米、底径7.5厘米、高5.9厘米（图九：7）。

铜镜　2件。一大一小，大的较完整，小的锈蚀严重。

标本M1：12，四神四兽规矩镜。圆形，镜面微凸。宽缘，圆形钮，圆形钮座。钮座外饰一周凸弦纹，钮座与凸弦纹之间饰九乳钉纹，乳钉纹之间用卷曲纹间隔开，往外依次饰规矩纹八乳钉纹及四神，四兽纹；其外为一周铭文带，铭文20字释读为："枣言之纪從镜始箸龍在左白虎在右长保二親。"铭文外围一周竖弦纹，镜缘饰锯齿纹和云纹。破碎后拼

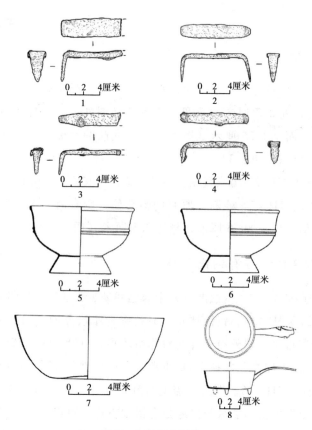

图九　M1 出土器物

1. 棺材钉（M1∶2）；2. 棺材钉（M1∶3）；3. 棺材钉（M1∶6）；4. 棺材钉（M1∶9）；5. A 型铜碗（M1∶53）；
6. A 型铜碗（M1∶13）7. B 型铜碗（M1∶10）；8. 铜灯（M1∶52）

接较完整。直径 17.2 厘米、缘宽 2.4 厘米、缘厚 0.4 厘米（图十∶1）。

标本 M1∶11，规矩镜。圆形，镜面微凸。宽缘，圆形钮，圆形钮座，锈蚀严重，缘部有小部分缺失及镜身中部有小部分缺失，大部分纹饰无法辨别，由内往外可辨别饰规矩纹八乳钉纹四兽纹，其外为一周铭文带，一周竖弦纹，镜缘为三角锯齿纹。直径 11.8 厘米、缘宽 1.5 厘米、缘厚 0.4 厘米（图十∶2）。

M2 随葬品共计出土器物 25 件。按质地可分为陶器、铜器，陶器 24 件、铜器 1 件。

（一）陶器 24 件。

四耳罐　1 件。标本 M2∶5，泥质硬陶，灰白胎。侈口，尖圆唇，束颈，溜肩，上鼓腹，下腹斜收，底内凹。口沿与颈间有一周凸棱，肩部饰两两对称桥形耳。肩与腹各饰一周凹弦纹，肩与腹部拍印细方格纹，施青釉。唇口部分缺失，四器耳有三耳缺失。口径 18.0 厘米、腹径 28.0 厘米、底径 19.0 厘米、高 28.0 厘米（图十二∶2）。

直身罐　1 件。标本 M2∶17，泥质硬陶，灰褐胎。敛口，方圆唇，斜肩，直腹，底微内凹。上腹饰两对称桥形耳，肩部饰一周凹弦纹，上腹饰四周凹弦纹。唇口微缺，两器耳

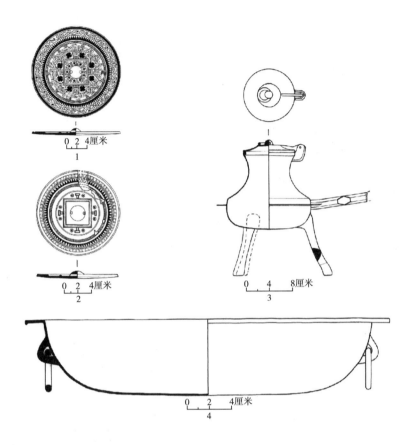

图十　M1 出土器物

1. 铜镜（M1∶12）；2. 铜镜（M1∶11）；3. 鐎壶（M1∶16）；4. 铜盆（M1∶15）

缺失一个。口径 9.5 厘米、底径 14.2 厘米、高 12.5 厘米（图十一：7）。

双耳罐　7 件。根据口型可分两型。

A 型，3 件，侈口。可分 3 式。

Ⅰ式，1 件。标本 M2∶15，泥质硬陶，灰黄胎。圆唇，斜肩，上鼓腹，下腹斜直，底微内凹。口沿与颈间有一周凸棱，肩部饰两对称桥形耳，肩与上腹拍印细方格纹。器身颜色不均，一侧灰白，一侧淡黄。口部及肩部部分缺失。口径 9.2 厘米、腹径 15.0 厘米、底径 10.4 厘米、高 13.5 厘米（图十一：5）。

Ⅱ式，1 件。标本 M2∶21，泥质硬陶，灰白胎。尖圆唇，斜肩，短颈，扁圆腹，下腹折而内收，底微内凹。口沿与颈间有一周凸棱，肩部饰两对称桥形耳及一周双线凹弦纹，施淡青釉。唇口微缺。口径 8.9 厘米、腹径 12.6 厘米、底径 7.2 厘米、高 9.4 厘米（图十一：2）。

Ⅲ式，1 件。标本 M2∶12，泥质硬陶，灰白胎。尖圆唇，溜肩，扁圆腹，下腹斜收，底微内凹。口沿与颈间有一周凸棱，肩部饰两对称桥形耳，肩与上腹各饰一周凹弦纹。釉已剥落。唇口微缺。口径 8.5 厘米、腹径 15.2 厘米、底径 9.7 厘米、高 12.7 厘米（图十一：4）。

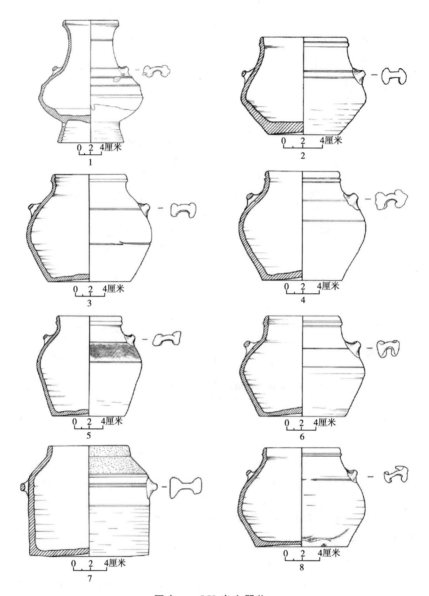

图十一　M2 出土器物

1. 壶（M2:3）；2. AⅡ式双耳罐（M2:21）；3. BⅠ式双耳罐（M2:10）；4. AⅢ式双耳罐（M2:12）；5. AⅠ式双耳罐（M2:15）；6. BⅢ式双耳罐（M2:16）；7. 直身罐（M2:17）；8. BⅡ式双耳罐（M2:19）

B 型，4 件，敛口。可分 3 式。

Ⅰ式，2 件。标本 M2:23，泥质硬陶，灰白胎。圆唇，溜肩，束颈，鼓腹，下腹斜收，底微内凹。口沿与颈间有一周凸棱，肩部饰两对称桥形耳及一周双线凹弦纹。施淡青釉。两器耳缺失一个。口径 11.0 厘米、腹径 18.0 厘米、底径 12.5 厘米、高 14.4 厘米（图十二：1）。标本 M2:10，泥质硬陶，灰白胎。圆唇，溜肩，束颈，鼓腹，下腹斜收，底微内凹。口沿与颈间有一周凸棱，肩部饰两对称桥形耳，肩与腹部各饰一周凹弦纹。青釉不及底，部分已剥落。两器耳缺失一个。口径 10.2 厘米、腹径 17.3 厘米、底径 11.6

厘米、高 14.4 厘米（图十一：3）。

Ⅱ式，1 件。标本 M2：19，泥质硬陶，灰白胎。圆唇，斜肩，短颈，弧腹，底微内凹。口沿与颈间有一周凸棱，肩部饰两对称桥形耳及一周凹弦纹。完整。口径 8.6 厘米、腹径 14.5 厘米、底径 10.7 厘米、高 11.1 厘米（图十一：8）。

Ⅲ式，1 件。标本 M2：16，泥质硬陶，灰白胎。圆唇，溜肩，短颈，鼓腹，下腹斜收，底微内凹。口沿与颈间有一周凸棱，肩部饰两对称桥形耳，肩与腹部各饰一周凹弦纹。口沿与上腹施青釉。完整。口径 9.8 厘米、腹径 16.8 厘米、底径 11.7 厘米、高 13.0 厘米（图十一：6）。

罐　10 件。按腹部不同，分两型。

A 型，6 件。深弧腹，可分 3 式。

Ⅰ式，3 件。标本 M2：4，泥质硬陶，灰白胎。尖圆唇外翻，斜肩，短颈，上腹微鼓，下腹斜收，底内凹。颈与上腹拍印细方格纹，内下腹按印有一周按纹。唇口微缺。口径 15.0 厘米、腹径 20.0 厘米、底径 16.8 厘米、高 20.5 厘米（图十二：3）。标本 M2：8，泥质硬陶，青灰胎。尖圆唇外翻，斜肩，短颈，上腹微鼓，下腹斜收，底内凹。内肩与内下腹各有一周按印纹，颈与上腹拍印细方格纹。完整。口径 14.5 厘米、腹径 19.8 厘米、底径 16.2 厘米、高 20.8 厘米（图十二：6）。标本 M2：6，泥质硬陶，淡红胎，尖圆唇外翻，斜肩，短颈，上腹微鼓，下腹斜收，底内凹。内肩与内下腹各有一周按印纹，颈与上腹拍印细方格纹。完整。口径 15.5 厘米、腹径 20.8 厘米、底径 16.6 厘米、高 20.5 厘米（图十二：4）。

Ⅱ式，2 件。标本 M2：7，泥质软陶，红胎。短颈，圆肩，上鼓腹，下腹斜收，底微内凹。罐身有所剥落，可辨别肩及上腹拍印有细方格纹。口沿及颈部大部分缺失。口径 11.4 厘米、腹径 15.7 厘米、底径 12.8 厘米、高 14.2 厘米（图十二：5）。标本 M2：13，泥质软陶，橙色胎。短颈，溜肩，上鼓腹，下腹斜收，底微内凹。质地较软口沿及颈部大部分缺失，罐身也有所剥落。口径 10.2 厘米、腹径 14.7 厘米、底径 11.6 厘米、高 14.2 厘米（图十三：1）。

Ⅲ式，1 件。标本 M2：20，泥质硬陶，青灰胎。尖圆唇外翻，斜肩，短颈，上鼓腹，下腹斜收，底微内凹。肩与上腹拍印细方格纹。完整。口径 10.6 厘米、腹径 15.4 厘米、底径 10.8 厘米、高 12.8 厘米（图十三：4）。

B 型，4 件。鼓腹，可分 2 式。

Ⅰ式，2 件。标本 M2：22，泥质硬陶，灰胎。尖圆唇外翻，短颈，溜肩，鼓腹，下腹斜收，近平底。局部施有青釉，部分已剥落。完整。口径 8.7 厘米、腹径 14.6 厘米、底径 11.2 厘米、高 10.5 厘米（图十三：5）。标本 M2：18，泥质硬陶，灰胎。尖圆唇外翻，短颈，溜肩，鼓腹，下腹斜收，近平底。局部施有青釉，部分已剥落。完整。口径 9.0 厘米、腹径 14.0 厘米、底径 11.0 厘米、高 10.3 厘米（图十三：3）。

Ⅱ式，2 件。标本 M2：14，泥质硬陶，灰白胎。尖圆唇外翻，束颈，溜肩，鼓腹，下腹斜收，平底。肩部饰一周凹弦纹，口部部分缺失。口径 10.4 厘米、腹径 18.4 厘米、底

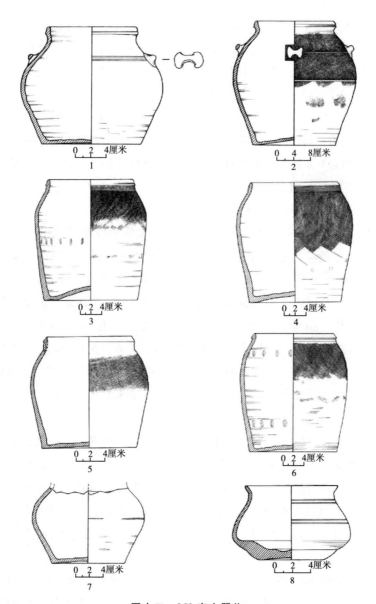

图十二 M2 出土器物

1. B I 式双耳罐（M2:23）；2. 四耳罐（M2:5）；3. A I 式罐（M2:4）；4. A I 式罐（M2:6）；5. A II 式罐（M2:7）；6. A I 式罐（M2:8）；7. B II 式罐（M2:9）；8. II 式陶盂（M2:11）

径 12.8 厘米、高 14.8 厘米（图十三:2）。标本 M2:9，泥质软陶，红胎。口沿到肩已缺失，可辨别有：溜肩，鼓腹，下腹斜收，腹部饰一周凹弦纹。口径 10.1 厘米、腹径 15.7 厘米、底径 10.2 厘米、残高 10.1 厘米（图十二:7）。

陶盂 3 件，侈口，可分 2 式。

I 式，2 件。标本 M2:24，泥质硬陶，灰白胎。圆唇，束颈，斜肩，鼓腹，下腹斜收，平底。口沿与颈间有一周凹弦纹，局部施有淡青釉。完整。口径 8.9 厘米、腹径 11.4 厘米、底径 7.0 厘米、高 7.5 厘米（图十三:6）。标本 M2:25，泥质硬陶，灰白胎。圆唇，束颈，斜肩，鼓腹，下腹斜收，平底。口沿与颈间有一周凹弦纹，局部施有淡青釉。唇口微缺。口径9.0厘米、腹径11.2厘米、底径6.8厘米、高7.6厘米（图十三：7）。

Ⅱ式，1件。标本M2：11，泥质硬陶，灰白胎。尖圆唇，束颈，斜肩，鼓腹下垂，平底。肩与上腹各饰一周双线细凹弦纹。口部缺失。口径9.3厘米、腹径12.8厘米、底径7.2厘米、高7.8厘米（图十二：8）。

碗 1件。标本M2：1，泥质硬陶，灰白胎。敞口，圆唇，弧腹，高圈足。口部饰一周凹弦纹，局部施青釉。口部部分缺失。口径11.0厘米、底径6.2厘米、高7.0厘米（图十三：8）。

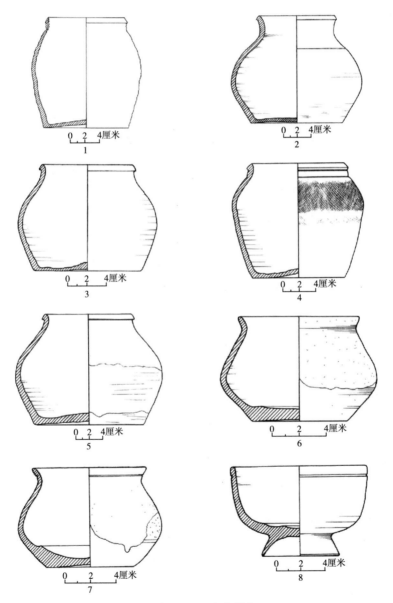

图十三 M2出土器物

1. AⅡ式罐（M2：13）；2. BⅡ式罐（M2：14）；3. BⅠ式罐（M2：18）4. AⅢ式罐（M2：20）；5. BⅠ式罐（M2：22）；6. Ⅰ式陶盉（M2：24）；7. Ⅰ式陶盉（M2：25）；8. 碗（M2：1）

壶 1 件。标本 M2∶3，泥质硬陶，灰白胎。微敛口，圆唇，长束颈，扁鼓腹，高圈足。肩部饰两对称桥形耳，上腹有三周折棱，从颈到上腹饰有五周凹弦纹，圈根部有对圈两圆孔，口沿到上腹施青釉。足部小部分缺失。口径 10.0 厘米、腹径 19.0 厘米、底径 11.9 厘米、高 21.2 厘米（图十一∶1）。

（二）青铜器 1 件。

青铜碗 1 件。标本 M2∶2，残破不成形，器型特征与标本 M1∶13 铜碗大小相近。

三 结语

两座墓葬均为"凸"字形土坑墓，M1 出土器物较为齐全，组合器物完整，陶器有罐、壶、碗、盆、灯、盂、纺轮等，铜器有镜、剑、碗、盆、镶壶等，仅鼻塞和耳珰为琉璃；M2 被盗过，但是陶器基本没有被盗，其组合与 M1 相似。两座墓葬的器物特征也相似，墓葬形制及出土的陶器，与钟山铜盆东汉后期墓葬相类。M2 的墓葬形制与铜盆东汉后期 M1 相近：墓室前端有长方形器物坑，斜坡式墓道，在距离器物坑底部高出 0.80 米起斜坡。从器物组合看，M1 有两面铜镜、两个铜碗，与铜剑、纺轮同时出现在墓葬中，可能是夫妻合葬墓。在随葬器物方面，施釉陶器比东汉前期大量增加，双耳罐普遍出现，颈稍长、尖圆唇的陶罐流行。墓葬中出现两头弯折的铁棺钉，说明墓葬棺椁开始使用铁钉固定。综合 M1、M2 的墓葬形制与出土器物特征，这两座墓的时代推断为东汉晚期。

附记： 参加此次发掘的单位有广西文物保护与考古研究所、北京联合大学、钟山县文物管理所，参与考古发掘的人员有覃芳、刘新敏、杨瑞职、钱斌、董爱珍、钟凌丽、张丽娟、钟青等，参与后期整理工作的有覃芳、杨瑞职、董良平、钱斌、董爱珍、钟青、黄可佳、赵军等。出土器物修复及绘图由李蓓、李俊儒完成。对他们的辛勤工作，在此一并致谢！

编辑：陈曦

南京大报恩寺遗址 J18、J25 发掘简报

杨平平

（南京市考古研究院）

[摘要] 2015 年 10 月和 2017 年 12 月，南京市考古研究院于大报恩寺遗址北区和南区各发现一口古井，编号为 J18 和 J25。J18 出土石、陶、瓷、铜、木等各类文物 60 余件，其中包括铜钱 41 枚，推测该井始建于北宋，明洪武年间改造，永乐时期废弃。J25 出土陶、瓷、紫砂、铜等各质地文物 40 余件，特别是出土较多清代早中期青花瓷，推测该井建造于清代早期，延续至清代中晚期。两井的发掘，为该寺院历史研究提供了重要的实物资料。

[关键词] 大报恩寺水井；宋代；清代；青花瓷

2015 年 10 月和 2017 年 12 月，南京市考古研究院为配合"南京大报恩寺遗址公园"的建设，于大报恩寺遗址北区的东南侧和南区的东南侧分别发现古井 1 口，这是该遗址发现的第 18、25 口古井，编号为 2015NBJ18、2017NBJ25（以下简称 J18、J25）（图一）。

一　J18

（一）位置与结构

J18 位于宋代塔基东南约 50 米处，发现时叠压在一座民国建筑基础之下，上部被该建筑破坏，现井口低于周边地表约 3.5 米（图二）。

J18 平面呈圆形，为土圹砖券式。土圹直径 4 米，经解剖，井圹与井壁之间上部为夯土，残深 0.24 米，其下用碎砖瓦填充。井现存深度 15.4 米，根据用砖不同，明显分为上下两段。

上段从开口至深 8.5 米处，现井口内径 1.8 米，至深 7.3 米处始内收，至 8.5 米处收至 1.2 米。用砖有两种，一种为南京明代常用的大砖，原长 40 厘米、宽 20 厘米、厚 10 厘米，为便于砌筑井圈，截去一段，残长 20~32 厘米，有一砖见"洪武八年造"铭文；另一种为小砖长，26 厘米、宽 13 厘米、厚 5 厘米。从现存井口向下至 2.2 米处，皆用大砖

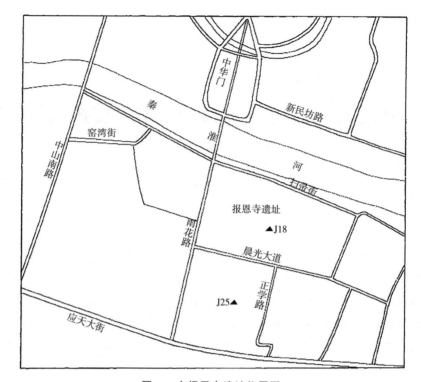

图一　大报恩寺遗址位置图

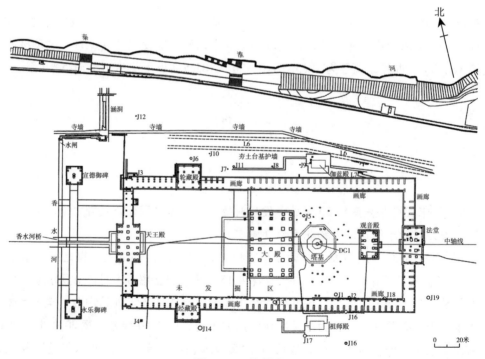

图二　J18 位置图

顺丁结合而砌，从 2.2 米向下至 2.7 米，皆用小砖顺砌，从 2.7 米下至 4.6 米，大小砖顺丁结合混用，其下皆用大砖顺砌，特殊的是，在距井口 8.1 米，用一圈形似大砖的木块砌制。

下段自深 8.5 米至井底，口径 1.2 米，从深 13 米处始内收至底部 1.1 米，皆用长 26 厘米、宽 14.5 厘米、厚 3 厘米的小砖错缝顺砌而成，且井壁有白石灰抹面痕迹。井底有木质井盘，用七块宽 13 ~ 20 厘米、厚 10 厘米的木条拼成（图三）。

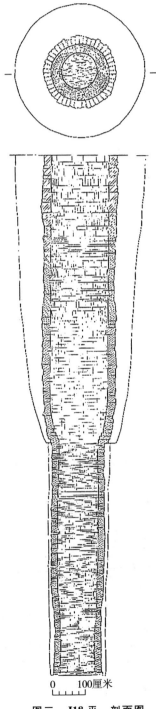

0   100厘米

图三　J18 平、剖面图

（二）井内堆积与出土器物

发掘前，J18 内部已被填实，井内堆积分为两层：从现井口至井下 14.2 米为第①层，填充大量残碎石构件、青砖瓦和少量琉璃构件碎块等，应为废弃后的人工回填层；第②层为自然堆积，淤土呈灰黑色，深 1.2 米，出土瓷器、陶器、铜钱、建筑构件、木器等。

1. 第①层，出土文物有琉璃构件和石质构件等。

黑釉龙纹构件残件　2 件，橙红色胎，模印龙纹凸起。J18①∶1，可辨为龙首，施黑釉，残长 36 厘米、宽 26 厘米（图四）。J18①∶2，可辨为龙身，残长 68 厘米、宽 50 厘米、厚 20 厘米。

石构件残件　若干。器表雕刻水波纹、卷草纹等。可辨柱头 1 件，J18①∶3，呈花瓣形（图六）。

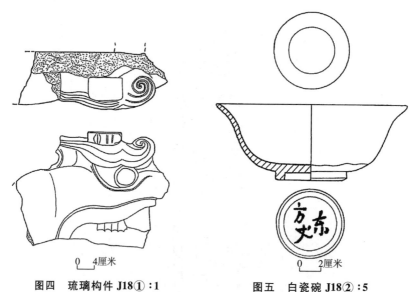

0　4厘米

图四　琉璃构件 J18①∶1　　　　图五　白瓷碗 J18②∶5

图六　石质柱头 J18①∶3

2. 第②层，出土文物有瓷器、陶器、铜钱、木桶、琉璃构件等57件。

（1）瓷器，共6件。

白瓷碗 1件。J18②：5，圆唇，侈口，弧腹，圈足。灰白胎，施化妆土至圈足外墙，内外釉色白中泛黄，釉面有细小开片和棕眼，釉至下腹不及底，器内底有环形涩圈呈酱褐色。素面，足底墨书"东方丈"三字。口径17.6厘米、底径6厘米、高6.8厘米（图五）。

青瓷高足杯 2件。尖圆唇，侈口，直腹略弧下收，高圈足外撇。内外施青釉，足端和足底无釉，釉面有开片和棕眼。J18②：4，灰白胎，素面，口径12厘米、底径4.2厘米、高9.6厘米（图七）。J18②：6，深灰胎，青釉泛灰，高圈足呈竹节状，器内外壁有线型刻划纹，内底刻圆，圆内隐约可见刻划花纹。口径13厘米、底径4.2厘米、高8.8厘米（图八）。

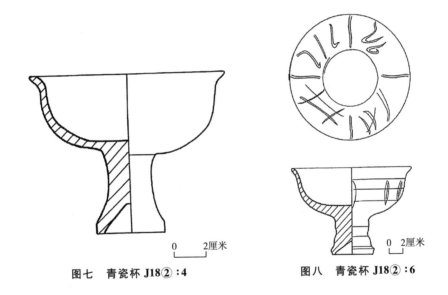

图七　青瓷杯 J18②：4　　　　图八　青瓷杯 J18②：6

青瓷碗 1件。J18②：2，尖唇，侈口，弧腹，圈足，足墙外斜削，足内浅挖，底心有小突起。灰白胎，内外施青釉，足端和足底无釉，釉面有大开片和小棕眼，素面。口径17.4厘米、底径5.8厘米、高7.6厘米（图九）。

青瓷盘 2件。J18②：1，尖唇，侈口，弧腹，矮圈足。白胎泛黄，胎薄，内外施青釉，足底无釉。器内底与器壁相接处有凹弦纹一圈，器内壁模印缠枝花卉纹。口径15.6厘米、底径9.6厘米、高3.4厘米（图十）。J18②：11，尖圆唇，侈口，弧腹，圈足。白胎泛黄，满施青釉泛黄，有开片，足底靠中心有环形涩圈，内底亦有环形涩圈，涩圈中心施釉，釉下刻划不明纹饰。口径15.6厘米、底径8.6厘米、高4.2厘米（图十一）。

（2）陶器，共6件。

黑釉陶罐 1件。J18②：15，圆唇，微敞口，直颈，溜肩，弧鼓腹下收，平底圈足，外底心有突起。颈肩处贴塑对称双竖系，系表有凸棱。灰白胎夹沙粒，内外施黑釉，釉不及底。口径7.2厘米、底径9.2厘米、高24厘米（图十二）。

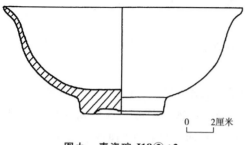

图九　青瓷碗 J18②：2

图十　青瓷盘 J18②：1

韩瓶　5 件。均子母口，溜肩，微弧腹，平底。器表可见明显轮状修胎痕，制作粗糙。依据是否有系和施釉，可分为两型。

A 型，1 件。J18②：10，颈腹相接处有贴塑双竖系，器表施青黄釉，釉有剥落，足底无釉。底内凹，口径 7 厘米、底径 7.6 厘米、高 28 厘米（图十三）。

B 型，4 件，无系，无釉。J18②：3，口径 3.8 厘米、底径 6 厘米、高 20.6 厘米；J18②：12，口径 5.2 厘米、底径 5.2 厘米、高 24 厘米（图十四）；J18②：14，口径 5.2 厘米、底径 5.2 厘米、高 25.6 厘米；J18②：13，口径 5.2 厘米、底径 4.6 厘米、高 26 厘米（图十五）。

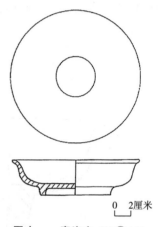

图十一　青瓷盘 J18②：11

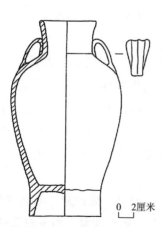

图十二　黑釉陶罐 J18②：15

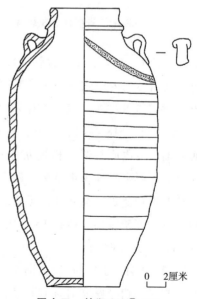

图十三　韩瓶 J18②：10

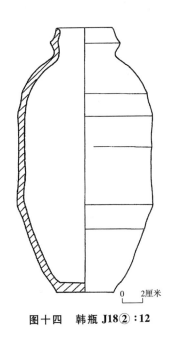

图十四　韩瓶 J18②：12

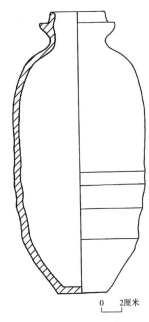

图十五　韩瓶 J18②：13

（3）铜钱，共41枚。元末明初钱、明钱和宋钱三种。

元末明初钱14枚，全为大中通宝，背字"十"。明钱为洪武通宝6枚。其余为宋钱，有皇宋通宝、政和通宝、治平元宝、熙宁元宝、祥符通宝、元隆通宝、绍兴通宝、元符通宝、淳祐元宝、大观通宝、圣宋元宝、治平元宝、元丰通宝、元祐通宝、至道元宝。

（4）建筑构件，共3件。均残破，包括滴水、板瓦、瓦当等。

黑釉龙纹滴水残件　1件。J18②：18，浅灰胎，模印龙纹凸起，仅见尾部。残长14厘米、宽9.4厘米（图十六）。

绿釉板瓦残件　1件。J18②：17，浅黄胎，扇面，中间凹部施绿釉。残长29厘米、宽30厘米、厚2厘米（图十七）。

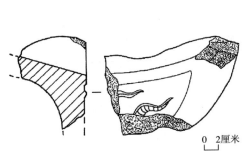

图十六　黑釉龙纹滴水残件 J18②：18

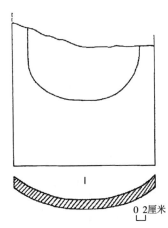

图十七　绿釉板瓦残件 J18②：17

兽面纹瓦当残件 1 件。J18②：16，深灰胎，中部模印兽面纹。当面直径 15.6 厘米、厚 2 厘米（图十八）。

（5）木器，共 1 件。

木桶 1 件。J18②：9，圆形，上方有直提手与桶身榫卯连接，桶上口径 33 厘米、底径 29.4 厘米、高 32.8 厘米（图十九）。

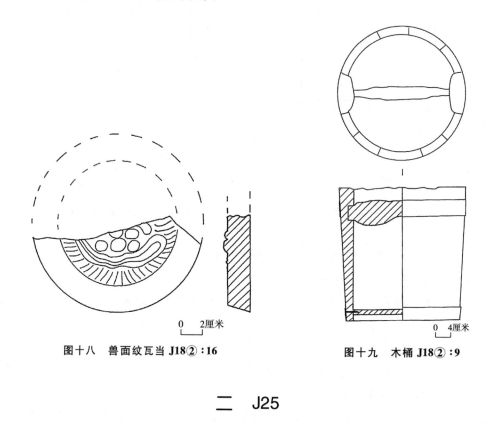

图十八 兽面纹瓦当 J18②：16　　　　　图十九 木桶 J18②：9

二　J25

（一）位置与结构

J25 位于大报恩寺遗址发掘南区的东南侧（图二十）。J25 开口于表土层下，平面呈近圆形，土圹砖券式。井口距现地表 0.8 米，井深 6.14 米。井口向下 1.2 米砖壁破坏严重，内径 1.3 米；1.2 米下至井底砖壁保存较好，内径 0.7 米，砌筑方法为：1.2 米至 4.16 米，由长 0.24 米、宽 0.10～0.12 米、厚 0.04 米的小青砖顺丁结合砌成，少许砖长 0.18 米、宽 0.10 米、厚 0.02 米，上为平砖顺砌，下为两顺一丁砖共 9 组；4.16 米向下至 5.52 米处，由 17 层陶质小瓦侧立砌成，小瓦宽 0.08 米、厚 0.01 米，长度不详；5.52 米至井底，由与上部规格相同的小青砖顺砌而成，底部井盘为木质，厚约 0.10 米（图二十一）。

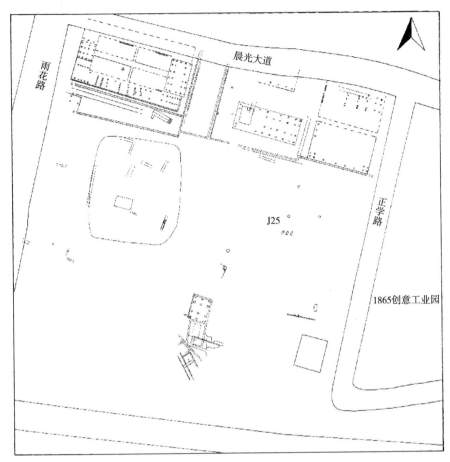

图二十　J25 位置图

（二）井内堆积与出土器物

根据该井填土的土质土色不同，可分两层，第①层从井口至井下 4.1 米，黄褐色土，较杂，质地松散，含较多的砖块瓦砾残片，应为废弃堆积；第②层从深 4.1 米至井底，灰黑色土，质地松软，含较多碎陶瓷片等，应为自然堆积。

出土器物主要集中在第②层，可辨器型有青花瓷器、陶器、紫砂器、铜钱等遗物 40 件。

1. 瓷器 25 件，分为青花瓷器和其他瓷器，器型主要有碗、盘、碟等器物。

（1）青花瓷器，共 22 件。

碗　15 件。

花押款碗　1 件。J25：25，圆唇，口微侈，弧腹，平底圈足。外底青花弦纹中间一方形花押款。口径 18 厘米、底径 8 厘米、高 8 厘米（图二十二）。

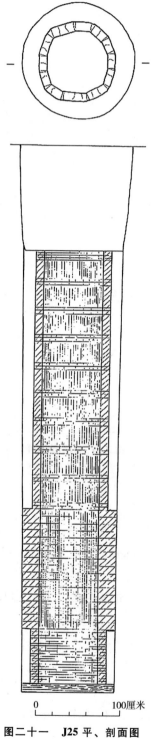

0　　　　　　100厘米

图二十一　**J25 平、剖面图**

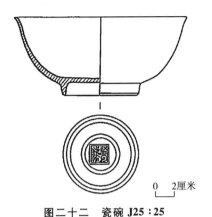

图二十二　瓷碗 J25∶25

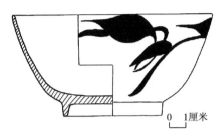

图二十三　瓷碗 J25∶24

　　花卉纹碗　2 件。尖圆唇，敞口，斜弧腹，圈足。灰白胎，青花呈蓝灰，底足露胎，粘砂粒。J25∶24，外壁青花环饰花卉四朵，器身较多棕眼，口径 12 厘米、底径 6 厘米、高 6 厘米（图二十三）。J25∶13，口施薄酱黄釉，足端外向斜削，内壁上下青花双圈弦纹，内底内壁花卉纹，外壁近口沿双圈弦纹，下绘大叶花卉纹，外底少许棕眼，口径 18 厘米、底径 8 厘米、高 8 厘米（图二十四）。

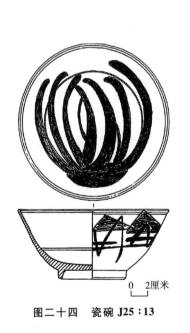

图二十四　瓷碗 J25∶13

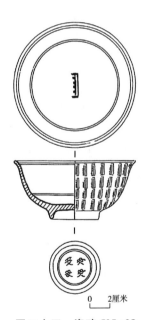

图二十五　瓷碗 J25∶28

　　"寿"字碗　2 件。J25∶28，尖圆唇，口微侈，弧腹，平底圈足。足圈刮釉露胎，胎细白。内壁上下青花双圈弦纹，内底中心梵文"寿"字，外壁近口沿和足墙外各一圈和双圈弦纹，其间满饰四圈梵文"寿"字，外底一圈弦纹，中心有"四朵花"类花押款，整器青料呈色鲜艳，稍有晕色，外底少许棕眼，口径 11.6 厘米、底径 4.6 厘米、高 5.5 厘米（图二十五）。J25∶29，方唇，口微敞，弧腹，平底圈足。胎细白，口沿和足圈施酱黄釉，内壁上下青花双圈弦纹，内底中心篆书"寿"字，外壁近口沿和足墙外各双圈和三圈弦纹，其间满饰四圈梵文"寿"字，外底双圈弦纹，中心有一方形"福"字款，整器青料呈蓝灰，外底少许棕眼，口径 15 厘米、底径 6.8 厘米、高 6.6 厘米（图二十六）。

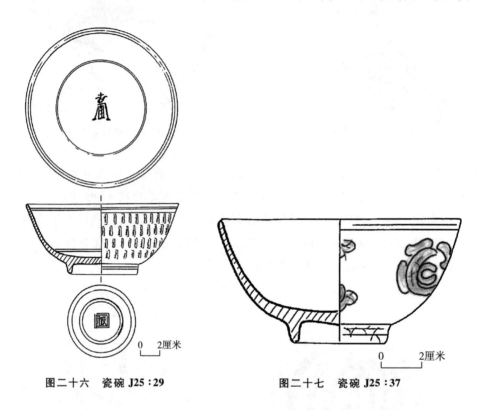

图二十六　瓷碗 J25∶29　　　　　　图二十七　瓷碗 J25∶37

团狮纹碗　2 件。J25∶37，尖唇，敞口，弧腹，圈足。胎质细致灰白，足圈刮釉呈砖红色。口施酱黄釉，内壁釉面已泛浅褐，有明显的使用痕迹，外壁近口沿青花双圈弦纹，下为对称三团狮纹，外底一圈弦纹，青料呈色已极浅，口径 12 厘米、底径 4.8 厘米、高 6 厘米（图二十七）。J25∶30，尖唇，侈口，弧腹，圈足。足圈刮釉露胎，胎质细白。内口青花边饰，内底双圈弦纹内绘团狮纹，外口双圈弦纹，中间绘花卉四团狮纹，之下一周勾云纹，足墙外双圈弦纹，外底双圈弦纹内"永□席珍佳制"款，青料呈色较鲜艳，口径 15 厘米、底径 6.6 厘米、高 7.6 厘米（图二十八）。

狮纹碗　1 件。J25∶26，圆唇，口微侈，弧腹，圈足。口施酱褐釉，外壁近口沿青花双圈弦纹，下为狮纹、花卉纹带，下腹部为一圈弦纹，青料呈蓝灰，器表有棕眼，口径 17.2 厘米、底径 7.6 厘米、高 8.2 厘米（图二十九）。

庭院人物纹碗　1 件。J25∶22，圆唇，口微侈，弧腹，圈足。胎质细白，足圈刮釉露胎。内壁上下青花双圈弦纹，内底中心绘松树、月亮、水禽等景。外壁近口沿和足墙外各双圈和三圈弦纹，其间青花绘庭院、花草、松树、人物故事等景。外底双圈弦纹，中间方形双圈花押款。整器青料呈蓝灰，外底少许棕眼。口径 14.4 厘米、底径 7.2 厘米、高 6.7 厘米（图三十）。

缠枝花卉纹碗　1 件。J25：18，尖唇，口微侈，弧腹，圈足。胎质细白，足圈刮釉露胎，粘有砂粒。内壁上下青花双圈弦纹，内底中心绘一"十"字状纹，旁边于釉上刻一

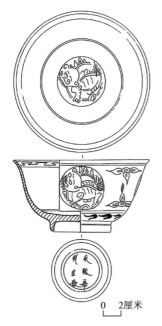

图二十八　瓷碗 J25：30

图二十九　瓷碗 J25：26

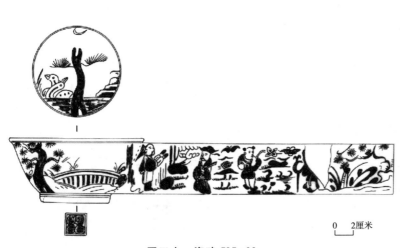

图三十　瓷碗 J25：22

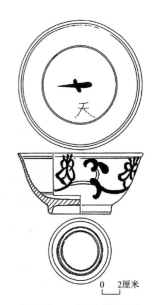

图三十一　瓷碗 J25：18

"天"字。外壁近口沿双圈弦纹，下环饰缠枝花卉纹。足墙外半圈宽弦纹，外底双圈弦纹，整器青料呈蓝灰，外底少许棕眼。口径14.2厘米、底径7.2厘米、高6.6厘米（图三十一）。

花卉纹碗　1件。J25：35，尖唇，口微敛，弧腹，圈足。胎质灰白，足圈刮釉露胎。外壁上下青花双圈弦纹，其间折枝花卉纹，外底一圈弦纹，中心凸起。口径12厘米、底径4.4厘米、高6.2厘米（图三十二）。

弦纹碗　1件。J25：40，圆唇，敞口，弧腹，矮圈足。胎质灰白，圈足无釉露胎。内壁上部和中部、外壁上下各饰青花宽弦纹一圈，内底纹饰因残不辨，外底中心凸起。口径11.2厘米、底径4.4厘米、高5.6厘米（图三十三）。

菊纹碗　1件。J25：32，圆唇，口微侈，弧腹，圈足。胎质细白，足圈刮釉露胎。内壁上下青花双圈弦纹，内底中心花卉纹一朵，外壁上下双圈或三圈弦纹，其间青花菊纹和杂宝纹等，外底双圈弦纹，中心"四朵花"类花押款，整器青料呈深蓝。口径11.4厘米、底径4.6厘米、高5.6厘米（图三十四）。

图三十二　瓷碗 J25：35

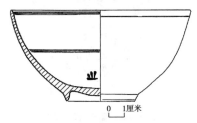

图三十三　瓷碗 J25：40

"大清道光年制"款碗　1件。J25：14，尖圆唇，侈口，弧腹，圈足。足圈刮釉露胎，胎细致灰白。口施浅酱黄釉，内壁釉色白中泛绿，外壁釉呈豆青色，外底中心青花方框"大清道光年制"款。口径17.6厘米、底径6厘米、高7.2厘米（图三十五）。

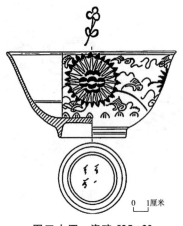

图三十四　瓷碗 J25：32

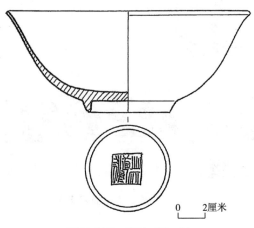

图三十五　瓷碗 J25：14

杂宝纹碗　1件。J25:33，尖圆唇，口微侈，弧腹，圈足。胎质细白，足圈刮釉露胎。内壁上下青花双圈弦纹，内底杂宝纹。外壁近口沿双圈弦纹，外壁可能对称绘三朵花卉纹，因器残破仅见两朵。外底靠足圈双圈弦纹，中心一方形花押款。口径9厘米、底径4.6厘米、高3.5厘米（图三十六）。

盘　3件。

"寿"字盘　3件。形制相同，皆圆唇，敞口，弧腹，圈足。胎质细白，底足无釉。内底中心以青料单线勾勒"寿"字轮廓，内涂染青料，三器内底"寿"字写法稍异，"寿"字外卷云纹一圈，内壁环饰三圈梵文"寿"字，外壁对称绘四杂宝纹，内壁上下、外壁上下及足墙外各施一圈或两圈青花弦纹。J25:21，青料呈深蓝，口径23.6厘米、底径14厘米、高5厘米。J25:23，青料呈深蓝，口径24厘米、底径14厘米、高5厘米（图三十七）。J25:19，青料呈蓝灰，口径24厘米、底径14厘米、高5.2厘米。

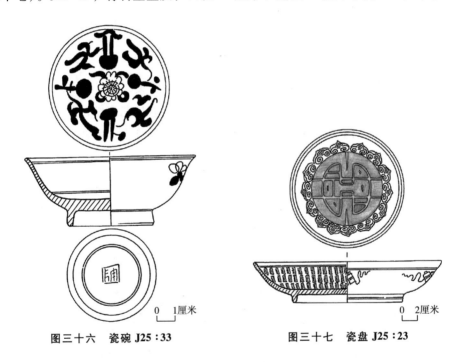

图三十六　瓷碗 J25:33　　　　图三十七　瓷盘 J25:23

碟　1件。

落叶纹碟　1件。J25:39，圆唇，口微敛，弧腹，圈足。胎质细白，口施酱黄釉，足圈刮釉露胎，碟内以青花绘落叶一片，旁题"一叶得秋意，新春再芳菲"，青料呈色明艳。口径11.6厘米、底径5厘米、高2.8厘米（图三十八）。

盏　1件。

点纹盏　1件。J25:38，圆唇，敞口，弧腹，圈足。胎质灰白，足圈无釉露胎。内壁上下青花双圈弦纹，内底三圆点纹，外壁上部三团状纹，其间密集填饰小圆点纹，整器青料呈蓝灰，器身少许棕眼。口径9.8厘米、底径4厘米、高4.6厘米（图三十九）。

图三十八　瓷盏 J25：39

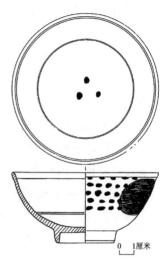

图三十九　瓷盏 J25：38

杯　2 件。

"康熙年制"款杯　1 件。J25：34，尖唇，敞口，斜弧腹，圈足。胎质灰白，足圈刮釉露胎。内壁和外壁上下皆青花双圈弦纹，内底和外壁皆缠枝花卉纹，外壁底部一圈仰莲纹，纹饰皆由青料双线或单线勾勒而成，内不填色，呈色较鲜艳，足底方形双圈内"康熙年制"款。口径 9.6 厘米、底径 4.4 厘米、高 5.6 厘米（图四十）。

花卉纹杯　1 件。J25：31，尖唇，侈口，弧腹，圈足。胎质细白，足圈刮釉露胎。内外壁上下皆青花双圈弦纹，内底折枝花卉纹，外壁缠枝花卉纹，整器青料呈蓝灰。口径 6.4 厘米、底径 3.4 厘米、高 3.8 厘米（图四十一）。

图四十　瓷盏 J25：34

图四十一　瓷杯 J25：31

（2）其他瓷器，共 3 件。

霁蓝釉小碗　2 件。形制相同，尖圆唇，口微侈，弧腹，圈足，足端内向斜削，挖足较深。胎质细白，内壁和口沿施透明釉，外壁施霁蓝釉，底足无釉。J25：27，口径 11.4 厘米、底径 4.8 厘米、高 5.7 厘米（图四十二）；J25：20，口径 11.2 厘米、底径 4.5 厘米、高 5.3 厘米。

白瓷盘　1 件。J25：36，尖唇，侈口，弧腹，圈足。胎质细白，内外施薄釉，足圈刮釉露胎。口径 14 厘米、底径 8.2 厘米、高 3 厘米（图四十三）。

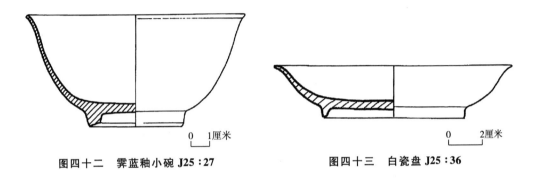

图四十二　霁蓝釉小碗 J25：27　　　　　　图四十三　白瓷盘 J25：36

2. 陶器，共 15 件，包括釉陶罐、紫砂壶。

釉陶罐　14 件。形制基本相同，皆为圆唇，直口，口沿外翻，溜肩，微鼓腹斜收，平底或内凹。砖红色胎，夹细砂。酱褐色釉或灰白釉，器内一般施口部，器表一般自口部施及上腹部，局部有流釉。口部有鸟嘴状流，对应一侧有执柄。其中有 11 件，于执柄两侧对称置双竖系，尺寸普遍较大。J25：1，口径 8.8 厘米、底径 10 厘米、高 21.6 厘米；标本 J25：4，口径 6.8 厘米、底径 9.6 厘米、高 17.4 厘米；J25：5，口径 7.2 厘米、底径 9.2 厘米、高 19.6 厘米；J25：6，口径 7 厘米、底径 8.8 厘米、高 14.2 厘米；J25：10，口径 7.2 厘米、底径 9.6 厘米、高 20.4 厘米（图四十四）；J25：11，口径 7.2 厘米、底径 9 厘米、高 17.4 厘米；J25：7，口径 6.8 厘米、底径 10 厘米、高 20.4 厘米；J25：8，口径 7.2 厘米、底径 9.6 厘米、高 20.8 厘米；J25：3，口径 6.8 厘米、底径 8 厘米、高 14.4 厘米；J25：9，口径 6.8 厘米、底径 10 厘米、高 19 厘米（图四十五）；J25：12，口径 7 厘米、底径 9 厘米、高 16 厘米。另外 3 件，无系，尺寸较小，J25：17，口径 7 厘米、底径 8.2 厘米、高 11 厘米；J25：16，口径 7 厘米、底径 8.8 厘米、高 11 厘米；J25：15，口径 7.2 厘米、底径 8 厘米、高 11.6 厘米（图四十六）。

紫砂壶　1 件。J25：2，方唇，直口，口唇部加厚，中间一圈弦纹深凹，短直颈，平肩略溜，直腹，平底内凹。紫红色胎，夹细砂。肩部对称置一对双圆孔横系，一侧系下腹部置壶嘴，嘴身横剖面略呈四边形。外底有一阳文篆体款，应为四字，可辨"周元林制"。口径 9.2 厘米、底径 17 厘米、高 18.6 厘米（图四十七）。

3. 铜钱，6 枚，分别为"顺治通宝"4 枚，"康熙通宝"和"乾隆通宝"各 1 枚。

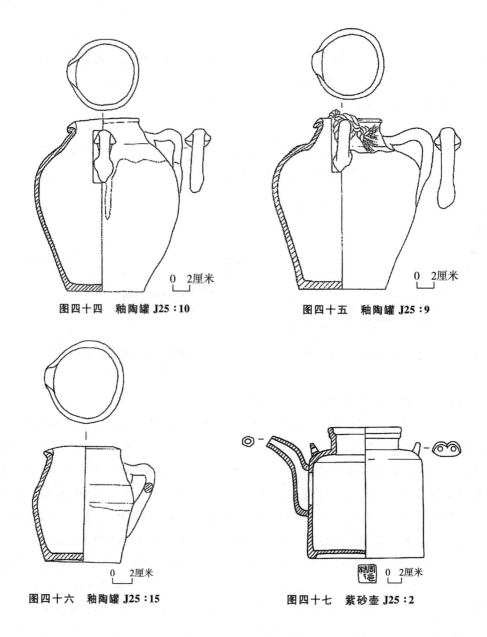

图四十四　釉陶罐 J25：10　　　　　　　　图四十五　釉陶罐 J25：9

图四十六　釉陶罐 J25：15　　　　　　　　图四十七　紫砂壶 J25：2

三　结语

　　J18 砌造用砖时代特征鲜明，下段自 8.5 米至井底，用砖与大报恩寺宋井 J16 用砖规格基本一致，上段自井口至 8.5 米处，使用与洪武时期明南京城墙用砖规格一致的大砖，且发现有"洪武八年"纪年，说明该井应经过两次建造，第一次建造在北宋，第二次建造在明初。从 J18 出土物来看，自然堆积的②层有北宋白瓷碗和铜钱，元末明初龙泉窑青瓷高足杯、青瓷盘和铜钱，以及元代和明初洪武时期铜钱等，亦说明该井延续时间从北宋至明初。该井叠压在大报恩寺左侧画廊廊基下。文献记载，明永乐六年（1408），寺毁于火，明永乐十年（1412）明成祖朱棣下令重建，至宣德三年完工，改称大报恩寺①。由此推断，该井应于永宣时期因重建大报恩寺而遭填埋废弃。

J25 井内自然堆积层出土遗物中，不仅出土了清代早中期的铜钱，和"大清道光年制""康熙年制"的瓷器，且其他瓷器从青花釉色，以及花卉、落叶、杂宝、"寿"字等纹饰主题来看，都与清代早中期青花瓷器特征一致，如青花梵文"寿"字碗（J25∶28、J25∶29）和"寿"字盘（J25∶21、J25∶23、J25∶19）皆与江西万安水库乾隆五十年墓出土器物类似②，青花团狮纹碗（J25∶37、J25∶30）与东海平潭碗礁一号出水瓷器 87 号碗相似③，落叶纹瓷碟（J25∶39）装饰主题与南昌市佑民寺清代窖藏出土的康熙初年青花瓷碟一致④。因此我们推测该井建造于清代早期，清末因大报恩寺毁于太平天国战火而废弃。⑤

附记：本文为国家社科基金重大项目"南京大报恩寺遗址考古发现与研究"（项目编号：18ZDA221）的阶段性成果。本次考古发掘领队为祁海宁，参与发掘的有龚巨平、周保华、韩常明。参加资料整理的有龚巨平、周保华、杨平平、董补顺、祝乃军、孙林如。

编辑：祁海宁

---

① （明）葛寅亮撰、何孝荣点校《金陵梵刹志》卷三十一《聚宝山报恩寺》，天津人民出版社，2007，第 272 页。
② 张柏主编《中国出土瓷器全集（江西卷）》，科学出版社，2008，第 237 页。
③ 碗礁一号水下考古队编著《东海平潭碗礁一号出水瓷器（三）》，科学出版社，2006，第 168 页。
④ 张柏主编《中国出土瓷器全集（江西卷）》，科学出版社，2008，第 232 页。
⑤ （清）释悟明撰，陈平平等点校《敕建报恩寺梵刹志》卷一《殿堂》，凤凰出版社，2014，第 6 页。

安徽省安庆市山口乡明墓发掘简报

陈　璟

（苏州市考古研究所）

叶子瑜

（安庆博物馆）

[摘要] 2016 年，安庆博物馆对市郊山口乡的一处明代墓葬进行了抢救性考古发掘。已清理发掘的 M1、M2 均为浇浆墓，葬具为髹漆木棺，出土金器、石碑等 4 件文物。据出土碑文，该墓为一夫二妻合葬墓，建造年代为明万历五年（1577）。男性墓主游氏属于普通的士人阶层。出土于 M1 墓主口中的金冥钱，或与 "口中含币" 的丧葬习俗有关，为研究明代安庆地区士人阶层丧葬习俗增添了新的实物资料。

[关键词] 安庆；明代；浇浆墓；金冥钱

2016 年 2 月，安庆博物馆对位于安徽省安庆市山口乡的一处一夫二妻合葬浇浆墓（编号：M1、M2）进行了抢救性考古发掘。墓葬地处安庆城西，位于石门湖西北岸，南临皖河（图一）。此处原地形为山岗，当地人称 "裴家咀山"，因工程建设，现已推平为公路。根据出土墓碑可知，男性墓主为明代万历年间 "庠英" 游氏（M1a），合葬者为原配李氏（M2）和继室王氏（M1b）。现将发掘情况简报如下。

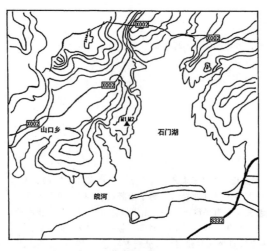

图一　墓葬位置示意图

一 墓葬形制

游氏夫妇合葬墓方向相同，游氏与继室王氏（M1a、M1b）夫妇合葬于西侧；原配李氏（M2）独列于东侧，规模较小。封土状况不详。

游氏与继室王氏（M1a、M1b）夫妇合葬墓为竖穴土坑浇浆双室墓，呈东西方向排列，方向330°。揭开墓葬表层后发现，部分浇浆层已遭到破坏，北侧发现一现代盗洞。在清理 M1 东侧填土过程中发现 M2，亦为竖穴土坑浇浆墓。

1. M1　开口于耕土层下，墓圹呈长方形，南北长2.9米、东西宽2.05米、残深3.6米。浇浆层平面呈梯形，北宽南窄，南北长2.4米、北侧宽1.6米、南侧宽1.46米、高1.6米。浇浆层顶部较为平整，系分层浇筑，共八层，质地紧密坚实。棺木顶部浇浆层可分为五层（厚度均为0.1米左右）。北侧盗洞仅打破第四层浇浆层，未进入棺室。位于棺木四周和两棺间隙处所浇筑的是第六至八层浇浆层（厚度均为0.33米左右），棺木底部为生土层，未发现有垫层，或系撒上草木灰直接浇筑而成。

葬具均为髹漆木棺，为一圹双棺。男性墓主游氏（M1a）居左，棺长2.05米、北宽0.57米、南宽0.45米、高0.53米。继室王氏（M1b）居右，棺长1.95米、北宽0.56米、南宽0.47米、高0.55米。M1a棺体略长。二棺表面均髹黑漆，口略小于底，棺盖与棺身以子母扣和榫卯进行扣合，并用铁钉加固。

M1a棺体漆皮大部分已剥落，尸骨腐朽严重，但轮廓依稀可见，葬式为仰身直肢，头北脚南，身高约1.7米。清理至口部时，发现一枚金质冥钱（M1:1）。M1b棺体保存状况较好，棺外髹黑漆，内髹红漆，色彩鲜亮，并伴有黄色积水，尸骨腐朽严重，但轮廓较为清晰，葬式为仰身直肢，头北脚南，身高约1.6米（图一:2）。清理至口部时，发现另一

图一　M1 棺内清理后状态

1. M1a；2. M1b

枚金质冥钱（M1：2）。

2. M2   位于 M1 东侧约 1 米处，开口于耕土层下，墓圹呈长方形，南北长 2.36 米、东西宽 1.03 米、残深 2.6 米。浇浆层平面呈长方形，南北长 2.06 米、东西宽约 0.73 米、高 1.1 米。

葬具为一具髹漆单棺，棺身通体髹黑漆。棺长 1.9 米、北宽 0.48 米、南宽 0.45 米、高 0.56 米，头向 330°。浇浆层较薄，厚度均为 0.15～0.2 米。经清理，由于棺体早年遭白蚁侵蚀，棺木朽坏较为严重，尸骨亦腐朽严重，但轮廓依稀可见，葬式为仰身直肢，头北脚南，身高约 1.55 米，未发现随葬品（图二）。

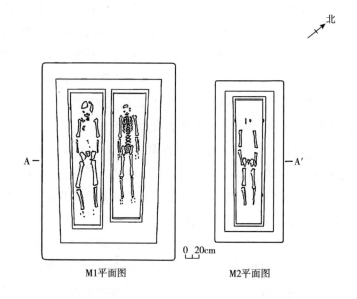

M1平面图   M2平面图

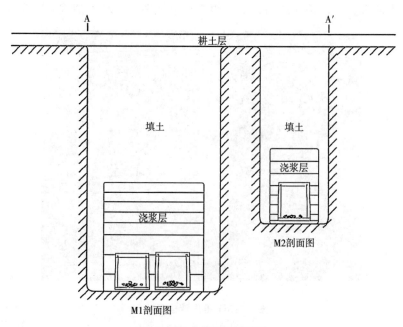

M1剖面图

M2剖面图

图二　M1、M2 平剖面图

二 出土器物

M1 共出土器物4件，有金器和石质碑刻，现一并介绍如下：

1. 金器 2件（M1：1～2）。

"积玉堆金"金冥钱 1件（M1：1）。金质，钱径36毫米、穿径6毫米、肉厚1毫米，重2.24g。出土于M1a棺内墓主口部。此钱系金片裁剪而成，方孔圆形，主纹饰由点连线构成，近外缘处有阴刻弦纹一周以示外郭，由外到内以重环弦纹相隔，外郭弦纹内装饰卷草纹；内圈由四出纹分隔，每道出纹两侧并饰波曲纹，并被分隔成上下左右四个区域，錾刻钱文"堆金积玉"分列其中，楷书，直读；内郭四周旁亦装饰点线纹，并与四出纹相连，钱穿系錾凿而成（图三）。

图三 "积玉堆金"金冥钱（M1：1）照片及拓本

1. "积玉堆金"金冥钱正面；2. "积玉堆金"金冥钱反面；3. "积玉堆金"金冥钱拓本

"天下太平"金冥钱 1件（M1：2）。金质，直径33毫米、穿径4毫米、肉厚1毫米，重2.59g。出土于M1b棺内墓主口部。此钱系金片裁剪而成，方孔圆形，圆度不甚中规，主纹饰亦由点连线构成，近外缘处有阴刻弦纹一周以示外郭；穿孔略呈四决，穿孔的上下或左右，有半圆形阴刻弧线两道，两两相背，互相对称，四条弧线共同构成穿孔的两道内郭；弧线两边向外延伸直到外郭，与穿孔另外两个略作内弧的边一并形成四出纹，并被分隔为上下左右四个区域，錾刻钱文"天下太平"分列其中，楷书，直读，钱文与前者相较略显拙朴。钱穿亦系錾凿而成（图四）。

2. 石质碑刻 2通（M1：3～4）。

纪年墓碑 1通（M1：3）。通长1.58米、宽0.62米、厚0.14米、座长0.73米。长方形型底座，青石质。出土于M1南侧1米处，碑体出土时已断裂。碑文为双钩体楷书，环饰祥云纹、莲花纹。从右至左镌刻碑文："万历五年岁在丁丑□□月谷旦"；"明显考庠

1　　　　　　　　　2　　　　　　　　　3

图四　"天下太平"金冥钱（M1∶2）照片及拓本

1. "天下太平"金冥钱正面；2. "天下太平"金冥钱反面；3. "天下太平"金冥钱拓本

英万川游公、嫡母李氏、继母王氏之墓"；"孝男：游士谦、士显、士泰、孙：必达等祀"。碑文中"万"字第一横划皆作缺笔状（图五）。

无字碑　1 通（M1∶4）。长 0.91 米、宽 0.45 米、厚 0.11 米。凸型底座，碑体呈白色，石灰岩质。出土时平铺于 M1 南侧约 1 米处，碑上无任何文字。

1　　　　　　　　　　　　　　　2

图五　M1 出土纪年墓碑（M1∶3）照片及拓本

1. 纪年墓碑照片；2. 纪年墓碑拓本

三 结语

由于该合葬墓出土碑文中有明确的纪年及墓主信息，可以确定这是一处明代晚期的一夫二妻合葬墓。根据长江中下游区域内已发掘的明代墓葬来看，以糯米浆拌三合土的浇浆墓是这一时期常见丧葬形式。已发掘的 M1、M2 均为竖穴土坑浇浆墓，与湖北省武穴市的张懋夫妇合葬墓①、江苏省江阴市的叶家宕明墓②形制基本相同。后二者棺内遗物的保存状况均较为完好，而山口乡明墓则因墓底未设置浇浆层等问题，棺内渗水严重，加之安庆地区的酸性土壤腐蚀，以及白蚁的常年侵蚀，棺内的遗物及遗骨保存情况较差。

从墓葬的选址和形势来看，山口乡明墓位于石门湖西北岸的一处高地上，背靠自然山势，东西山系怀抱相连，南侧视野开阔，形似"太师椅"，符合古代堪舆学中对于"吉地"的基本要求。根据 M1、M2 所在地的墓葬散布情况来看，这片墓地均为游氏家族所有，可能是有一定规划的家族墓园。依据地表现存的其他碑文可知，墓群的使用年代从明代延续至清代中期。

通过释读碑文（M1：3）可知，身为"庠英"的游姓墓主应属于普通的士人阶层，结合墓葬的营筑规模来看，墓主还应具有一定的经济实力。检索清康熙《安庆府志》可知，晚明时期活跃在安庆士人阶层的游氏家族有游于诗、游于礼，其中游于诗之子名叫游士进，其孙为游必胜，与 M1 出土碑文中墓主的子孙字辈相同，由此推定 M1 男性墓主也应属"于"字辈者③，而碑文中的"万川"应为游氏家族的郡望或男性墓主的别号。关于出土无字碑（M1：4）的性质，推测可能是为制作墓志（圹记）而预备的石材，但因特殊原因未能刊刻及使用。

在出土遗物方面值得注意的是，与多数已发掘的明墓不同，M1 出土的二枚金冥钱均出土于墓主的口部，应与"口中含币"习俗有关。④ 追溯历史，"口中含物"习俗滥觞于新石器晚期，在大汶口文化的一些遗址中曾发现有死者口含石或陶球等现象，至商周时期墓葬中大量发现口含玉、贝的礼俗，逐渐演化为后世死者的"口中含币"。关于此墓出现的"口中含币"现象，亦可视为这种习俗的延续。⑤

安庆山口乡明墓为纪年墓，碑文明确记载的明万历五年（1577）具有时间标尺意义。M1 男性墓主属于有一定经济实力的士人阶层，墓葬的发现为研究晚明安庆地区士人阶层

---

① 湖北省文物考古研究所编著《张懋夫妇合葬墓》，科学出版社，2007，第 3 页。
② 江阴博物馆：《江苏江阴叶家宕明墓发掘简报》，《文物》2009 年第 8 期。
③ 游氏兄弟事亲孝友，或著书，或入仕，皆福泽乡里，饥馑之年亦开义仓赈济灾民，其善行事迹皆见载于方志。详参（清）张楷《（康熙）安庆府志》，中华书局，2009，第 823、876 页。
④ 王维坤：《丝绸之路沿线发现的死者口中含币习俗研究》，《考古学报》2003 年第 2 期。
⑤ 关于该墓"口中含币"的现象等诸问题已另撰小文。详见陈璟《安徽安庆明代纪年墓出土金冥钱》，《中国钱币》2018 年第 6 期。

的丧葬习俗增添了实物资料。

附记：参加本次发掘的人员有叶子瑜、胡荣贵、王欣、宋庆新、李雪梅、陈璟；绘图由朱超、陈璟完成；摄影由王欣、徐鹏完成；拓片由陈璟制作完成。

编辑：祁海宁

征稿启事

《东亚文明》是由南京师范大学社会发展学院文博系主办的学术集刊，旨在加强国内学者与东亚学界同仁的交流，促进东亚考古与文博事业不断发展。

《东亚文明》立足国内，面向东亚，所涉领域包括考古学、文物学、博物馆学、历史学、文化遗产保护展示等方向，常设栏目有"先秦考古""历史时期文物考古""区域历史文化""文明互鉴""科技考古""考古学史""博物馆与文化遗产保护""田野考古报告"等。现面向国内外专家、学者及相关人士征集优秀稿件，期望不吝赐稿。

为保证集刊编辑工作的顺利进行，现将有关事宜说明如下：

一、论文主题明确，具有原创性，论据充分、有力。来稿以 12000 字左右为宜，原则上不超过 18000 字，考古发掘报告篇幅可适当增加。

二、论文所用插图须清晰，图片像素要求在 300dpi 以上；图、表应有编号、说明文字；线图、拓片应统一排列，并附有线段比例尺。

三、论文注释详尽、准确。著作类包括作者、著作名称、出版社、出版时间、页码；历史文献类可在作者前加时代；译著类可在作者前加国别。期刊类论文包括作者、论文名称、期刊名、出版年与期数；集刊或文集类论文，包括作者、论文名称、集刊或文集主编、集刊或文集名称及卷数、出版社、出版时间、页码。来稿一律采用脚注。具体格式请参照本刊揭载论文。

四、译文须得到原作者或相关责任者的许可。

五、来稿请附 200 字左右的内容摘要、3~5 个关键词。

六、来稿请另附作者姓名、单位全称、职称、通信地址、邮政编码、联系电话、电子信箱等详细信息，以便联系。属于课题基金项目的论文，请在论文最后注明基金项目类别、课题项目名称及编号。

七、来稿可通过 E－mail 提交电子文本，请勿一稿多投。稿件收到后，编委会即请相关专家审阅。本刊将优先采用符合本刊格式规范的稿件。来稿一律不退，请作者自留底稿。

八、遵循学术争鸣原则，尊重作者学术观点，文责自负；但编委会有权对文字内容进行适当修改或提出修改意见，如不同意，投稿时请予声明。

　　九、本刊第五辑征稿时间为 2024 年 1 月 1 日～2024 年 4 月 30 日。

　　十、集刊一经出版，将向作者寄赠样书两册，并酌付薄酬。

　　如有不尽事宜，请随时与本刊编辑部联系，热烈欢迎各位方家的建议与批评！

　　联系人：南京师范大学社会发展学院文博系　刘可维

　　地　　址：南京市鼓楼区宁海路 122 号南京师范大学随园校区社会发展学院

　　邮　　编：210097

　　E－mail：njudongyawenming@ 163. com

《东亚文明》编委会

2023 年 10 月

图书在版编目（CIP）数据

东亚文明. 第4辑／南京师范大学文物与博物馆学系
主编. -- 北京：社会科学文献出版社，2023.12
　ISBN 978 - 7 - 5228 - 2672 - 1

　Ⅰ.①东…　Ⅱ.①南…　Ⅲ.①考古 - 研究 - 东亚
Ⅳ.①K883.1

　中国国家版本馆 CIP 数据核字（2023）第 197849 号

东亚文明　第 4 辑

主　　编／南京师范大学文物与博物馆学系

出 版 人／冀祥德
组稿编辑／任文武
责任编辑／李　淼
责任印制／王京美

出　　版／社会科学文献出版社·城市和绿色发展分社（010）59367143
　　　　　地址：北京市北三环中路甲 29 号院华龙大厦　邮编：100029
　　　　　网址：www. ssap. com. cn
发　　行／社会科学文献出版社（010）59367028
印　　装／三河市东方印刷有限公司

规　　格／开本：787mm × 1092mm　1/16
　　　　　印张：22.25　字数：489 千字
版　　次／2023 年 12 月第 1 版　2023 年 12 月第 1 次印刷
书　　号／ISBN 978 - 7 - 5228 - 2672 - 1
定　　价／98.00 元

读者服务电话：4008918866